Reiner Wimmer, Vier jüdische Philosophinnen

Studium generale

Reiner Wimmer

Vier jüdische Philosophinnen

Rosa Luxemburg, Simone Weil,
Edith Stein, Hannah Arendt

Attempto Verlag Tübingen

Beim ›Archiv der sozialen Demokratie‹ der Friedrich Ebert Stiftung in Bonn, beim Karl Alber Verlag in Freiburg, beim Edith Stein Karmel in Tübingen und beim S. Fischer Verlag in Frankfurt a. M. bedanken sich Autor und Verlag für die freundliche Genehmigung zum Abdruck der Philosophinnenporträts.

Die Aufnahme Simone Weils entstammt dem Band: Jacques Gabaud, Simone Weil. Freiburg 1968. – Das Foto Edith Steins wurde dem Buch von Waltraud Herbstrith, Das wahre Gesicht Edith Steins. Aschaffenburg ⁶1987 entnommen. – Das Porträt Hannah Arendts findet sich bei Elisabeth Young-Bruehl, Hannah Arendt. Frankfurt a. M. 1987.

CIP-Titelaufnahme der Deutschen Bibliothek

Wimmer, Reiner: Vier jüdische Philosophinnen : Rosa Luxemburg, Simone Weil, Edith Stein, Hannah Arendt / Reiner Wimmer. – Tübingen : Attempto-Verl., 1990 (Studium generale / Universität Tübingen)
ISBN 3-89308-105-4

2. Auflage 1991

Lektorat: Hubert Klöpfer, Tübingen. Umschlaggestaltung: Gebhardt Binder, Tübingen.
Satz: Klaus Meyer, Tübingen. Druck: Rottenburger Druckerei, Rottenburg.

Inhalt

Vorwort

Das vorliegende Buch gibt eine Vorlesungsreihe wieder, die ich während des Wintersemesters 1988/89 an der Universität Konstanz hielt und zum darauffolgenden Sommersemester in Tübingen wiederholte – im Rahmen des dortigen Studium generale. Die Vorlesungen werden hier weitgehend so wiedergegeben, wie ich sie gehalten habe. Lediglich bei den Zitaten wurde gelegentlich gekürzt.

Ursprünglicher Anlaß dieser Reihe war der 50. Jahrestag jener Reichspogromnacht vom 9./10. November 1938, mit welcher die Judenvernichtung in Deutschland begann. Eine Einführungsvorlesung diente der Besinnung – auch auf die damals endgültig gescheiterte, von Juden immer wieder angestrebte Symbiose mit deutscher Nation und Kultur. Sie fragt darüber hinaus nach dem jüdischen Selbstverständnis der vier vorzustellenden Frauen in seiner je spezifischen Ausprägung. Ihr überaus reiches Leben und Werk wird dann in jeweils drei Kapiteln entfaltet. Wenn sich dabei herausstellt, daß der theoretisch-philosophische Gehalt ihres Werks keine explizit jüdischen Quellen hat, so fußt die von diesen Frauen gelebte Einheit von Denken und Handeln, Theorie und Praxis im Kern doch wohl auf einem spezifisch jüdisch-messianischen Zukunftsglauben. Diese Einheit wird in den Vorlesungen dadurch verdeutlicht, daß das theoretische Werk dieser Philosophinnen in ihre jeweilige Lebenssituation eingebettet und so in seinem Antwortcharakter wahrnehmbar wird.

Bei der Niederschrift des Vorworts kam mir – sicher nicht ohne Grund – mehrfach ein anderes in den Sinn: Kierkegaards Vorwort zu seiner schönen Abhandlung »Die Krankheit zum Tode«. Dort heißt es: »Vielen wird vielleicht die Form dieser ›Entwicklung‹ seltsam vorkommen, sie wird ihnen zu streng erscheinen, um erbaulich, und zu erbaulich, um streng wissenschaftlich sein zu können.« Da dies auch von meiner Arbeit gelten mag, möchte ich mit Kierkegaard fortfahren: »Was das letztere angeht, so habe ich darüber keine Meinung.« Ich füge nur hinzu, daß jedenfalls die vier hier porträtierten Frauen in der Philosophie etwas anderes sahen als ein quälendes (und quälend langweiliges) Kreisen um die eigene Vergeblichkeit – mit dem immer gleichen

Ergebnis nämlich: daß man doch nichts Sicheres sagen könne. Was die vielleicht zu große Strenge betrifft, so wurde hier immerhin versucht, eine Mitte zu halten zwischen der bloßen Biographie und einer systematischen Entfaltung bzw. Kritik des Werks. Vieles konnte nur angedeutet und manches Wichtige mußte ganz weggelassen werden. Da aber diese beispielgebenden Frauen bis heute mehr gelobt und zur Zeugenschaft zitiert, als wirklich gelesen werden, schien es mir geboten, die Substanz ihres Denkens wenigstens zu umreißen, dessen wirkliche Aktualität und auch seine Grenzen. Ich kann nur hoffen, daß das in verständlicher, lesbarer – und vor allem anregender Weise gelungen ist.

Bedanken möchte ich mich noch bei der ›Vereinigung der Freunde der Universität Tübingen‹ für die großzügige Unterstützung – und bei Herrn Olaf Müller für die sorgfältige Lektüre und Redaktion des Manuskripts.

Ich widme das Buch den jüdischen Opfern des nationalsozialistischen Gewaltregimes.

Konstanz und Tübingen, im Mai 1990 *Reiner Wimmer*

Einleitung

Eine Vorlesungsreihe oder ein Buch mit dem Titel *Vier Jüdische Philosophinnen* zu versehen, zieht leicht den Vorwurf auf sich, dies Attribut als Ausgrenzung zu verwenden, scheint es doch, als könne man das Wort ›Jude‹ oder ›jüdisch‹ nicht zur Kennzeichnung von Menschen benutzen, ohne sie zu diffamieren und Vorurteilen auszuliefern. Aber ich denke auch, daß sich Antisemitismus nicht durch schamhaftes Verschweigen beseitigen läßt, welches doch bloß geboren ist aus der Furcht vor schlafenden Hunden. Sondern wir können den Antisemitismus nur bekämpfen, wenn wir ihn an uns und anderen bewußt machen, ihn beim Namen nennen und aufspüren, wo er sich findet. Die empirische Vorurteilsforschung hat festgestellt, daß 15 bis 20 Prozent der Bundesbürger manifest und weitere 30 Prozent latent antisemitisch eingestellt sind.[1] Warum eigentlich? Es gibt doch kaum noch Juden in Deutschland – so könnte man zynisch zu bedenken geben. Aber gerade dies mag ein Grund für das fortwährende Rumoren sein, daß – wie Henryk Broder formuliert hat[2] – die Deutschen den Juden Auschwitz nie verzeihen werden. Unser schlechtes Gewissen will ›dem Juden‹ das vor nunmehr fünfzig Jahren Geschehene heimzahlen: Der Mord an ihm hat uns vor allen Völkern mit Schande und einer untragbaren, nicht wieder-gut-zu-machenden Schuld beladen. Dagegen hilft keine Empfehlung, sich erneut in den aufrechten Gang und ins Vergessen einzuüben. Das Verdrängte – wir erleben es – kehrt um so mächtiger wieder, Auschwitz ist uns näher denn je – und das ist gut so. Wir können unserer Vergangenheit nicht entfliehen, wir dürfen es nicht einmal versuchen. Die Nachgeborenen trifft gewiß keine Schuld am Geschehenen, aber das von ihren Eltern verübte Unrecht gehört zu ihrer Geschichte; deren Schuld ist unser Schicksal.

---

1 Alphons Silbermann und Julius H. Schoeps (Hrsg.), Antisemitismus nach dem Holocaust. Bestandsaufnahmen und Erscheinungsformen in deutschsprachigen Ländern. Köln 1986.

2 Henryk M. Broder, Der ewige Antisemit. Über Sinn und Funktion eines beständigen Gefühls. Frankfurt 1986, S. 125 ff.

Wer sich mit Rosa Luxemburg, Simone Weil, Edith Stein oder Hannah Arendt beschäftigt – Frauen, die zweifellos zu den bedeutendsten, beeindruckendsten und anregendsten Gestalten dieses Jahrhunderts gehören – kann, so meine ich, um ihr Judentum bzw. um die Tatsache, daß sie aufgrund ihrer Abstammung oder Herkunft als Jüdinnen angesehen und behandelt wurden, keinen Bogen machen. Zwar war nicht jede ein Opfer nationalsozialistischer Ausrottungspolitik: Rosa Luxemburg starb ja schon 1919, wenn auch durch Mörderhand; Simone Weil starb 1943 im englischen Exil – und war als französische Jüdin, die sich zuletzt in dem von der Vichy-Regierung verwalteten Teil Frankreichs aufgehalten hatte, seinerzeit noch nicht zur Emigration genötigt worden; Hannah Arendt starb 1975 in ihrer Wohnung bei New York, wurde allerdings schon 1933 durch die nationalsozialistischen Unterdrückungs- und Verfolgungsmaßnahmen zur Emigration zunächst nach Frankreich, 1941 dann in die USA gezwungen. Im Juli 1933 hatte sie die Gestapo vorübergehend verhaftet, und 1940 war sie eine Zeit lang im Konzentrationslager Gurs in Südfrankreich interniert. Wieder anders bei Edith Stein: Sie lebte im Kloster des Karmel-Ordens in Köln, als die Judenverfolgung pogromartige Ausmaße annahm. Um ihre Mitschwestern nicht zu gefährden, ließ sie sich zum Karmel von Echt in den Niederlanden versetzen. Mit der Besetzung des Landes durch deutsche Truppen war auch diese Zuflucht gefährdet; und man vermochte Edith Stein nicht mehr vor dem Zugriff der SS zu schützen. So endete sie wie Millionen ihrer jüdischen Brüder und Schwestern in den Vernichtungslagern.

Gleichwohl: wenn man das Judentum dieser Frauen nicht ignorieren darf, weil es zu ihrer aufgezwungenen oder frei anerkannten Identität gehörte, dann darf man auch an dem kollektiven Schicksal nicht vorbeigehen, das der Nationalsozialismus den europäischen Juden bereitete, war dieses Schicksal prinzipiell doch für jeden vorgesehen, dessen die nationalsozialistischen Organe habhaft werden konnten. Natürlich – so wenig einen Menschen seine Herkunft disqualifiziert, so wenig bedeutet sie an sich schon ein besonderes Qualitätsmerkmal. Das philosophische Werk dieser Frauen ist nicht schon deshalb bedeutsam, weil es von Jüdinnen stammt; seine Güte muß sich jeweils aus ihm selbst erweisen. Aber man würde ihr Werk um die Situation verkürzen, in welche es – gewollt oder ungewollt – gestellt ist, würde man vom Judentum der Urheberinnen, dem Lebensgeschick und den Zeitumständen absehen, die ihr Schaffen prägten oder zumindest beeinflußten.

Zu den Charakteristika dieser vier Frauen gehört ja gerade, daß sie militaristische und totalitäre Tendenzen ihrer Zeit scharfsichtig analysierten und illusionslos beurteilten. So kämpfte Rosa Luxemburg schon zur Jahrhundertwende mit klarem Blick für die unvermeidlichen Folgen der zügellosen Aufrüstung in Deutschland gegen imperialistische Abenteuer und koloniale Großmannssucht. So entwirft Simone Weil im Sommer 1932 ›vor Ort‹ eine nüchterne Analyse der deutschen Machtverhältnisse zu diesem das Geschick Europas entscheidenden Zeitpunkt. Sich und ihren sozialistischen Genossen in Frankreich gab sie damit Rechenschaft über den Machtkampf der drei einander tödlich bekriegenden Bewegungen des Nationalsozialismus, des Kommunismus und der Sozialdemokratie (die sich dabei aber alle – in je eigener Weise – auf die Idee des Sozialismus beriefen). So erwarteten Edith Stein und Hannah Arendt illusionslos das Kommende und suchten sich und die Ihren vor der Vernichtung durch Emigration zu bewahren. Letztere, die als einzige der vier das Ende von Nationalsozialismus und Zweitem Weltkrieg erlebte, hat einen gut Teil ihrer gedanklichen Arbeit auf Vergegenwärtigung und Durchdringung dessen verwandt, was totalitäre Herrschaft für die bedeutet, welche sie ausüben, und für die, die sie erleiden – wie neben ihr etwa Max Horkheimer und Theodor W. Adorno, wenn auch auf andere Weise und von anderen Voraussetzungen aus. Gemeint sind die Untersuchungen über »Elemente und Ursprünge totalitärer Herrschaft«,[3] ihr Bericht über den Eichmann-Prozeß,[4] womit sie in Deutschland weiteren Kreisen bekannt wurde, und die bewußtseins- und sozialgeschichtlichen Studien zum europäischen Judentum. Eine frühe Sammlung von sechs Essays erschien erstmals 1948, 1976 dann, um zwei weitere vermehrt, auf deutsch unter dem Titel der leitenden Abhandlung »Die verborgene Tradition«,[5] schließlich in New York auf englisch nochmals erweitert, und im gleichen Jahr: »The Jew as Pariah. Jewish Identity and Politics in the Modern Age«.

Gerade dieser Teil ihres Werks führt noch einmal zurück zu den einleitenden Gedanken. Im »Epilog« des Buchs über den Eichmann-Prozeß verdeutlicht sie ihre These von der »Banalität des Bösen« an der Person des Beklagten gegen das Ansinnen, ihn als »perversen Sadisten« oder als »moralisches Ungeheuer« anzusehen. In einem fingierten Plädoyer für seine Verurteilung zum

---

[3] Hannah Arendt, The Origins of Totalitarianism. New York 1951, 1958, 1966 etc. (dt.: Elemente und Ursprünge totaler Herrschaft. Frankfurt a. M. 1955 u. ö.).

[4] Dies., Eichmann in Jerusalem. A Report on the Banality of Evil. New York 1963, 1965 (dt.: Eichmann in Jerusalem. Ein Bericht von der Banalität des Bösen. München 1964, Reinbek bei Hamburg 1978 u. ö.).

[5] Dies., Die verborgene Tradition. Acht Essays. Frankfurt a. M. 1976.

Tode aufgrund von Verbrechen gegen die Menschheit faßt sie zusammen, weshalb trotz der zulässigen, auch von Eichmann geäußerten Vermutung, daß viele, vielleicht die Mehrzahl an seiner Stelle ähnlich gehandelt hätten – weshalb trotz alledem die individuelle Schuldfrage doch zu stellen und hier auch zu bejahen erlaubt, ja geboten ist:

Sie haben das während des Krieges gegen das jüdische Volk begangene Verbrechen das größte Verbrechen der überlieferten Geschichte genannt, und Sie haben Ihre Rolle darin zugegeben. Sie haben hinzugefügt, daß Sie nie aus niederen Motiven gehandelt, die Juden niemals gehaßt hätten und daß Sie dennoch nicht anders hätten handeln können und sich bar jeder Schuld fühlen. Dies ist schwer zu glauben, aber es ist nicht völlig unmöglich, daß Sie ungefähr die Wahrheit sagen; in dem uns vorgelegten Beweismaterial findet sich einiges, nicht sehr vieles, das zweifelsfrei gegen Ihre Darstellung in Fragen des Gewissens, der Motivation und des Schuldbewußtseins bei den von Ihnen begangenen Verbrechen spricht. Sie haben auch gesagt, daß Ihre Rolle in der ›Endlösung der Judenfrage‹ ein Zufall gewesen sei und daß kaum jemand an Ihrer Stelle anders gehandelt hätte, ja daß man gleichsam jeden beliebigen Deutschen mit der gleichen Aufgabe hätte betrauen können. Daraus würde folgen, daß nahezu alle Deutschen so schuldig sind wie Sie, und was Sie damit eigentlich sagen wollten, war natürlich, daß, wo alle, oder beinahe alle, schuldig sind, niemand schuldig ist. Dies ist in der Tat eine weitverbreitete Meinung, der wir uns jedoch nicht anschließen können. Vielleicht erinnern Sie sich an die Geschichte aus der Bibel von Sodom und Gomorrha, den beiden Städten, die durch Feuer vom Himmel zerstört wurden, weil alle Einwohner sich gleichermaßen vergangen hatten. Und diese Strafe, die alle traf, hat nichts mit den heute gängigen Begriffen einer ›Kollektivschuld‹ zu tun, denen zufolge Menschen angeblich schuldig werden oder sich schuldig zu fühlen haben für Dinge, die nicht von ihnen, wenn auch in ihrem Namen, begangen wurden, für Handlungen, an denen sie nicht teilhatten und aus denen sie keinen Vorteil zogen. In einem Gerichtshof, der nicht das sogenannte Weltgericht der Geschichte zu repräsentieren beansprucht, gibt es nur persönliche Schuld und Unschuld, die sich auf Grund objektiver Tatbestände nachweisen lassen muß. Mit anderen Worten, auch wenn achtzig Millionen Deutsche getan hätten, was Sie getan haben, wäre das keine Entschuldigung für Sie.

Zum Glück brauchen wir uns hierauf nicht weiter einzulassen. Sie selbst haben sich ja nicht auf einen objektiv vorliegenden Tatbestand, sondern nur auf die potentiell gleiche Schuld aller anderen berufen, die mit Ihnen in einem Staatsverband lebten, dessen politischer Endzweck das Begehen unerhörter und beispielloser Verbrechen geworden war. Durch welche Zufälle innerer und äußerer Art Sie auch immer auf den Weg geraten sein mögen, auf dem Sie dann Verbrecher wurden – zwischen dem, was Sie tatsächlich getan haben, und dem, was andere möglicherweise unter den gleichen Umständen auch getan hätten, liegt eine nicht überbrückbare Kluft. Uns gehen hier nur Ihre wirklichen Handlungen etwas an, und weder die möglicherweise nichtverbrecherische Natur Ihres Innenlebens und Ihrer Motive noch die möglicherweise verbrecherischen Neigungen Ihrer Umgebung. Sie haben sich, als Sie Ihre Lebensgeschichte erzählten, als einen Pechvogel dargestellt, und in Kenntnis der Bedingungen, unter denen Sie lebten, sind wir bis zu einem gewissen Grad sogar bereit, Ihnen zuzugestehen, daß es höchst unwahrscheinlich ist, daß Sie unter günstigeren Umständen je in diesem oder einem anderen Strafprozeß als Angeklagter erschienen wären. Aber auch wenn wir unterstellen, daß es reines Mißgeschick war, das aus Ihnen ein willfähriges Werkzeug in der Organisation des Massenmordes gemacht hat, so bleibt eben doch die Tatsache bestehen, daß Sie mithalfen, die Politik des Massenmordes auszuführen, und also diese Politik aktiv unterstützt haben. Denn wenn Sie sich auf Gehorsam berufen, so möchten wir Ihnen vorhalten, daß die Politik ja nicht in der Kinderstube vor sich geht und daß im politischen Bereich der Erwachsenen das Wort Gehorsam nur ein anderes Wort ist für Zustimmung und Unterstützung. So bleibt also nur übrig, daß Sie eine Politik gefördert und mitverwirklicht haben, in der sich der Wille kundtat, die Erde nicht mit dem jüdischen Volk und einer Reihe anderer Volksgruppen zu teilen, als ob Sie und Ihre Vorgesetzten das Recht gehabt hätten, zu entscheiden, wer die Erde bewohnen soll und wer nicht. Keinem Angehörigen des Menschengeschlechts kann zugemutet werden, mit denen, die solches wollen und in die Tat umsetzen, die Erde zusammen zu bewohnen. Dies ist der Grund, der einzige Grund, daß Sie sterben müssen.[6]

Hannah Arendt fordert dazu auf, die verschiedenen Möglichkeiten zum Bösen in der eigenen Person zu erforschen und aufzudecken, so wie Sokrates sich die Aufforderung am Tempel von Delphi zu eigen gemacht hatte – »Erkenne dich selbst!«. In Platons Dialog »Phaidros« äußert er:

Noch immer bin ich nicht so weit, dem Delphischen Spruch gemäß mich selber zu kennen. Da scheint es mir nun lächerlich, solange man noch in dieser Hinsicht keine Erkenntnis hat, nach Anderweitigem zu sehen. Deshalb [prüfe ich mich], ob ich wohl auch so ein Tier sei, gar noch viel verschlungener und ungemütlicher als Typhon, oder ein sanfteres und einfacheres Lebewesen, das eines göttlichen und von Ungemütlichem freien Wesens von Natur teilhaftig ist.[7]

Die gleiche Einstellung formulierte kürzlich David Grossmann, einer der bedeutendsten Schriftsteller Israels:

Wenn man nur in sich [selbst] schon tief genug gräbt, findet man ja alle Möglichkeiten des Menschlichen wieder, auch die schrecklichsten.[8]

Diese Einsicht verlangt aber nicht, sich schuldig zu fühlen für Taten, die man nicht begangen hat, oder Täter zu ›entschulden‹. Sie sind und bleiben für ihre Verbrechen verantwortlich.

---

6 H. Arendt, Eichmann in Jerusalem (wie Anm. 4), S. 328–329.

7 Platon, Phaidros, 229e5–230a6.

8 David Grossmann und Peter von Becker, »Wir sind im Krieg und wollen Frieden. Ein Gespräch mit dem israelischen Schriftsteller David Grossmann«, in: Die Zeit, Nr. 38 vom 16. 9. 1988, S. 71 f.

In jener zu Recht berühmt gewordenen Rede unseres Bundespräsidenten zum 40. Jahrestag der bedingungslosen Kapitulation heißt es:

Der 8. Mai ist ein Tag der Erinnerung. Erinnern heißt, eines Geschehens so ehrlich und rein zu gedenken, daß es zu einem Teil des eigenen Innern wird. Das stellt große Anforderungen an unsere Wahrhaftigkeit. (...)

Es gibt entdeckte und verborgen gebliebene Schuld von Menschen. Es gibt Schuld, die sich Menschen eingestanden oder abgeleugnet haben. Jeder, der die Zeit mit vollem Bewußtsein erlebt hat, fragt sich heute im Stillen selbst nach seiner Verstrickung. Der ganz überwiegende Teil unserer heutigen Bevölkerung war zur damaligen Zeit entweder im Kindesalter oder noch gar nicht geboren. Sie können nicht eine eigene Schuld bekennen für Taten, die sie gar nicht begangen haben. (...) Aber die Vorfahren haben ihnen eine schwere Erbschaft hinterlassen.

Wir alle, ob schuldig oder nicht, ob alt oder jung, müssen die Vergangenheit annehmen. Wir alle sind von ihren Folgen betroffen und für sie in Haftung genommen. (...)

Es geht nicht darum, Vergangenheit zu bewältigen. Das kann man gar nicht. Sie läßt sich ja nicht nachträglich ändern oder ungeschehen machen. Wer aber vor der Vergangenheit die Augen verschließt, wird blind für die Gegenwart. Wer sich der Unmenschlichkeit nicht erinnern will, der wird wieder anfällig für neue Ansteckungsgefahren.

Das jüdische Volk erinnert sich und wird sich immer erinnern. Wir suchen als Menschen Versöhnung.

Gerade deshalb müssen wir verstehen, daß es Versöhnung ohne Erinnerung gar nicht geben kann. Die Erfahrung millionenfachen Todes ist ein Teil des Innern jedes Juden in der Welt, nicht nur deshalb, weil Menschen ein solches Grauen nicht vergessen können. Sondern die Erinnerung gehört zum jüdischen Glauben. »Das Vergessenwollen verlängert das Exil, und das Geheimnis der Erlösung heißt Erinnerung.« Diese oft zitierte jüdische Weisheit will wohl besagen, daß der Glaube an Gott ein Glaube an sein Wirken in der Geschichte ist. (...)

Würden wir unsererseits vergessen wollen, was geschehen ist, anstatt uns zu erinnern, dann wäre dies nicht nur unmenschlich. Sondern wir würden damit dem Glauben der überlebenden Juden zu nahe treten, und wir würden den Ansatz zur Versöhnung zerstören.

Für uns kommt es auf ein Mahnmal des Denkens und Fühlens in unserem eigenen Innern an.[9]

Inzwischen muß die Erinnerung weiter ausgreifen. Nicht nur was in nationalsozialistischer Zeit geschah, ist zu bedenken, sondern auch was danach geschah – oder vielmehr: nicht geschah. Vor einiger Zeit machte man mich auf

---

9 Richard von Weizsäcker, »Der 8. Mai 1945. Ansprache bei einer Gedenkstunde im Plenarsaal des Deutschen Bundestages am 8. 5. 1985«, in: Ders., Reden und Interviews, Bd. I (hrsg. vom Presse- und Informationsamt der Bundesregierung). Bonn 1986, S. 279–295.

eine Ausstellung aufmerksam, in der die Judenvernichtung anhand des Schicksals einiger Tübinger Familien anschaulich wurde. Die Empfehlung kam von einer Dame, und sie gestand mir ihre Betroffenheit angesichts der Fotos dieser Menschen. Das sei ja viel unmittelbarer als alles Zahlenwerk. Sie sagte dann weiter, man habe ihr berichtet, die meisten Juden Tübingens seien Rechtsanwälte und Ärzte gewesen; unter ihnen habe sich kaum ein Handwerker befunden. Ich murmelte etwas wie: Juden seien eben intelligenter – eine dümmliche Antwort, welche auf fatale Weise eine antisemitische These vom Anderssein der Juden wiederholte. Stattdessen hätte die angeführte Tatsache – wenn sie denn eine ist – von mir *erklärt*, verständlich gemacht werden müssen. Eine solche Erklärung hatte meine Gesprächspartnerin immerhin zur Hand: Die Juden seien eben reicher gewesen als Nichtjuden, weshalb ihre Kinder studieren konnten. Das muß nicht falsch sein. Aber im Gesprächszusammenhang diente es wie üblich der unausgesprochenen These, dieser Reichtum sei im Grunde illegitim und auf Kosten der nichtjüdischen Bevölkerung erworben. Wer die Geschichte des Judentums im christlichen Abendland auch nur oberflächlich kennt, weiß natürlich, daß diese Klischees ihren realen, wenngleich verdrängten sozialökonomischen Hintergrund haben: Es war dem Juden des Mittelalters und der frühen Neuzeit vor seiner bürgerlichen Emanzipation nicht möglich, ein Handwerk auszuüben; er wurde in keine Zunft aufgenommen. Andererseits war es dem Christen untersagt, für das Ausleihen von Geld Zins zu nehmen. Der Jude war also auf diesen Beruf verwiesen, denn ohne eine Möglichkeit, Geld zu borgen, konnte ja auch ein Christ – ob nun Politiker oder Gewerbetreibender – größere Geschäfte nicht abwickeln. Und da ihm alle Handwerke verschlossen blieben, sah sich der Jude außer auf das Bankwesen, auf Handel, Medizin, die Juristerei und das Gelehrtentum verwiesen. Meine Gesprächspartnerin wollte mir unausgesprochen bedeuten: das Schicksal der Juden aus dieser Dokumentation habe sie ergriffen, sie habe Mitleid empfunden; aber was ihnen angetan wurde, sei auch wieder verständlich: alles Rechtsanwälte und Ärzte, viel Sozialprestige, Reichtum und Gelehrsamkeit, wofür Nichtjuden hätten bezahlen müssen. Bloßgelegt erscheint hier in unseren Tagen eine der – so möchte man sagen – ›klassischen‹ Wurzeln des sich periodisch in Pogromen entladenden Judenhasses – im Dritten Reich vermehrt um die Theorien von der rassischen Minderwertigkeit und einer entsprechenden Gefährdung des deutschen Volkskörpers sowie zum einen der angeblichen Weltherrschaft des kapitalistischen Finanzjudentums, zum anderen einer angeblichen Weltrevolutionsstrategie des russisch-jüdischen Bolschewismus.

Meine Gesprächsepisode belegt das von scharfsichtigen Beobachtern immer wieder konstatierte Phänomen eines latenten Antisemitismus in Deutschland, welcher sich tradierter Vorurteile unreflektiert weiter bedient. Zu entsprechendem Anlaß wird dies auch öffentlich artikuliert, etwa wenn der Bürgermeister meines Heimatortes Korschenbroich bei Mönchengladbach vor einigen Jahren angesichts leerer Haushaltskassen meinte, man müsse wohl, um den Etat auszugleichen, »schon einige reiche Juden erschlagen« – oder wenn bei der Debatte um eine menschenwürdige Prozeß- und Haftpraxis für Terroristen die auf Rechts- und Moralprinzipien pochenden FDP-Abgeordneten Baum bzw. Hirsch aufgrund ihrer jüdisch klingenden Namen in Leserbriefen unter anderem als »Judenschweine« apostrophiert werden und ihnen nachträglich noch der Tod im KZ gewünscht wird.

Vor Antisemitismus schützt natürlich auch die oft beschworene ›Gnade der späten Geburt‹ nicht. Im Gegenteil: Gerade diese Formel dient der Verdrängung. Aber eine solche Aufforderung ergeht seit über vierzig Jahren. Die moralisch-emotionale Identifikation einer überwältigenden Mehrheit – sagen wir 90–95 % – mit dem nationalsozialistischen Regime war so tief, seine vernichtende Niederlage aufgrund der eigenen Allmachtspropaganda so schmerzhaft, das Schuldgefühl angesichts der nun offenbaren Greueltaten so überwältigend, daß die allermeisten den Anblick ihrer moralischen Schwäche und Schuld, das Bewußtsein ihrer gräßlich enttäuschten Liebe und tödlich getroffenen Hoffnungen nicht zu ertragen vermochten. Sie beschlossen instinktiv, sich vom Geschehenen ab- und anderem zuzuwenden, dem dringlichen Geschäft der eigenen Lebenssicherung und des Wiederaufbaus. Die Tiefenpsychologie bedient sich zur Beschreibung dieses Sachverhalts eben der Kategorie ›Verdrängung‹. Man konnte und wollte sich mit den eigenen Taten, Untaten, Unterlassungen, mit der eigenen Täuschung und Enttäuschung nicht befassen; es wäre zu schmerzhaft und zu beschämend gewesen. Deshalb verdrängte man. Der Effekt war, jedenfalls oberflächlich: Vergessen. Man *wollte* sich nicht mehr erinnern – und nach einiger Zeit *konnte* man es auch nicht mehr. Aber nichts war geklärt, man hatte sich dem Lernen und Reifen verweigert, der Suche nach einem neuen, das eigene Versagen mit einbegreifenden Lebenssinn.

Hinzu kamen äußere Umstände und eine politische Entwicklung, die diesen Prozeß förderten: ein rascher Verfall der antideutschen Kriegskoalition; damit die Bestätigung des alten Feindbildes: stalinistische Diktatur und russischer Welteroberungsdrang – wobei geflissentlich übersehen wurde, daß Hitlers Politik es war, welche dem Kommunismus Zugang in die Mitte Europas verschaffte, den Verlust der Ostgebiete verschuldete und die Vertreibung der deutschen Bevölkerung daraus. Bis heute dient das alles der Aufrechnung von deutschen Morden in den KZs, bei der Eroberung Polens und Rußlands. – Zunächst aber galt es nach Kriegsende, wie gesagt, das eigene Überleben zu sichern, später dann die Trümmer zu beseitigen und den Wiederaufbau zu beginnen – genügend Gründe, den Blick nur nach vorne zu richten.

Der alliierte Versuch, die deutsche Bevölkerung der Westzonen zu entnazifizieren, tat bald ein übriges: Die Übertragung dieser Verfahren an deutsche Instanzen – aufgrund der schieren Unmöglichkeit, Millionen Fälle ohne konstruktive Mitwirkung selbst zu bearbeiten – bedeutete bereits das Ende dieses gutgemeinten, aber eben nur aufgezwungenen und nicht aus innerem Bedürfnis unternommenen Versuchs. Anstatt die schuldig gewordenen Deutschen mit ihren Taten und Unterlassungen zu konfrontieren, zur geistigen Auseinandersetzung mit dem von ihnen weitgehend aktiv getragenen System anzuregen, – stellte man sich gegenseitig sogenannte ›Persilscheine‹ aus, die von den Spruchkammern meist für bare Münze genommen wurden: Massenhaft stuften sie überzeugte Nazis als ›Mitläufer‹ oder ›Entlastete‹ ein. Wie hätte es – den kollektiven Unwillen zur kritischen Beschäftigung vorausgesetzt – auch anders kommen können? Wie klein war doch die Schar von überlebenden Gegnern und solchen, die nicht irgendwie an der Unterdrückungs- oder Vernichtungsmaschinerie beteiligt waren, gegenüber einer unübersehbaren Menge von ehemaligen Hitleranhängern!

Schließlich bleibt noch das folgende zu bedenken: von der bundesdeutschen Justiz wurde Aufklärung und Verurteilung von NS-Verbrechen meist nur halbherzig betrieben – manchmal auch bewußt verzögernd, so daß die schuldig Gewordenen bei ihrer Selbstrechtfertigung auf keinen nennenswerten Widerstand stießen. Am schlimmsten, d. h. schonendsten verfuhr die Justiz dabei mit ihren eigenen Repräsentanten: Es ist kein einziger NS-Richter wegen seiner Vergehen im Dritten Reich verurteilt worden. Den Höhepunkt dieser Selbstentschuldungs- und -freisprechungspraxis – viele Richter und Staatsanwälte waren einfach in den bundesdeutschen Justizapparat übernommen worden – bildete der Fall Hans-Joachim Rehses. Rehse, der nach Roland Freisler meistbelastete Richter am Volksgerichtshof, war am 3. Juli 1967 vom Landgericht Berlin zu fünf Jahren Zuchthaus verurteilt worden wegen Beihilfe zum Mord in drei Fällen und Beihilfe zum versuchten Mord in vier Fällen. Rehse und die Staatsanwaltschaft legten Berufung ein, am 30. April 1968 hob der 5. Strafsenat des Bundesgerichtshofes das Urteil auf und verwies die Sache ans Landgericht Berlin zurück »mit der unverhüllten Empfehlung freizusprechen«.[10] Ein neues Schwurgericht in Berlin folgte der Empfehlung und äußerte sich darüber hinaus aber auch zum Charakter des Volksgerichtshofs: Es habe sich hier »um ein unabhängiges, nur dem Gesetz unterworfenes Gericht im Sinne des § 1 Gerichtsverfassungsgesetz« gehandelt.[11] Das Bestreben hatte gesiegt, der gesamten Richterschaft des Dritten Reichs die Verantwortung zu nehmen – für Unrechtstaten gerade in der Rechtsprechung. In den folgenden Jahrzehnten gab es zwar Versuche, diesen »Generalpardon für den Volksgerichtshof« anzufechten, jedoch vergeblich: Am 26. September 1986 wurde auch das letzte hier anhängige Strafverfahren eingestellt. Ingo Müller resümiert:

Die Justiz des Dritten Reichs bleibt ein unerledigter Fall. Der Volksgerichtshof, Symbol für eine Justiz ohne Recht, war wohl ihr augenfällig brutalster Teil, aber eben doch nur ein Teil. Wären dessen Richter bestraft worden, hätte man die Vielzahl der Sonder-, »Rassenschande-« und Kriegsrichter nicht freisprechen können. Mit der Verurteilung auch nur eines ehemaligen NS-Richters wäre eine Lawine losgetreten worden, welche die Mehrheit der Nachkriegsrichter erfaßt hätte und die vor Mitgliedern des Bundesgerichtshofes, des Bundesverwaltungsgerichts und sogar des Bundesverfassungsgerichts nur schwer hätte aufgehalten werden können. »Der Volksgerichtshofsrichter Rehse konnte nicht gemordet haben«, merkte der Journalist Jörg Friedrich sarkastisch an, »sonst wäre die bundesdeutsche Justiz mit Hunderten von Mördern errichtet worden«.

Allzuoft waren die Freisprüche für die Nazi-Justiz nur um den Preis zu erreichen gewesen, daß die Terrorgesetze und die Scheinverfahren des Dritten Reichs als »rechtsstaatlich einwandfrei« erklärt, die Unrechtsakte verharmlost und die Justizopfer quasi noch einmal verurteilt wurden.

Wie zum Beispiel das Landgericht Wiesbaden am 24. März 1952 feststellte, war die vom Reichsjustizministerium veranlaßte Übergabe jüdischer, russischer und ukrainischer Strafgefangene an die SS zur »Vernichtung durch Arbeit« nicht rechtswidrig. Daß sämtliche Juden, unabhängig von der Höhe ihrer Verurteilung, unter diese Regelung fielen, fand das Gericht »zwar ungerecht, aber die Spannung zwischen Gesetzesnorm [gemeint ist die rechtswidrige Geheimübereinkunft zwischen Reichsjustizminister und Reichsführer SS] und Gerechtigkeit hatte noch nicht ein unerträgliches Maß erreicht«. Und die Wiesbadener Richter kamen zu dem Schluß: »Die Freiheitsberaubung der Häftlinge, soweit sie Juden waren, war daher objektiv nicht rechtswidrig.«[12]

---

10 Ingo Müller, Furchtbare Juristen. Die unbewältigte Vergangenheit unserer Justiz. München 1987, S. 282.

11 Zitiert nach I. Müller, aaO., S. 284.

12 Ebda, S. 285. – Vgl. dazu Jörg Friedrich, Freispruch für die Nazi-Justiz. Die Urteile gegen NS-Richter seit 1948. Reinbek bei Hamburg 1983; Ders., Die kalte Amnestie. NS-Täter in der Bundesrepublik. Frankfurt a. M. 1984.

Die eigene Schuld an Vorgängen im Dritten Reich nicht mehr wahrnehmen zu können und zu wollen, hat Ralph Giordano als »die zweite Schuld« der Deutschen bezeichnet. Sie machte den vom Nationalsozialismus vollzogenen »Verlust der humanen Orientierung« endgültig und infiltrierte die nachwachsende Generation mit einer Lebenslüge: man hätte von alldem nichts gewußt und sei selber Opfer gewesen, Opfer politischer Irreführung und Repression. »Angesichts solcher Unwahrhaftigkeit, Feigheit und Heuchelei«, wie Giordano sagt,[13] versteht sich, daß er, der als Halbjude zuletzt nur versteckt in den Kellern zerbombter Häuser überleben konnte, daß er Klage führt über die Scham und Last, ein Deutscher zu sein. Aber Giordano wollte diese Last nicht abwerfen, nach Israel oder in die USA emigrieren. Er ist *deutscher* Jude und weiß sich, auch wenn Deutschland ihm nicht die ersehnte Heimat ist, außerhalb dieses Landes erst recht heimatlos. Viele Juden, die hier ihr Zuhause hatten, emigrieren konnten und so ihr Leben retteten, haben sich zeitlebens in der Verbannung gefühlt und zurückgesehnt. Ein jüngstes Beispiel: Vom 10. bis 17. Oktober 1988 sahen 570 Juden aus Karlsruhe nach fünfzigjährigem Exil die Stadt ihrer Kindheit wieder. Im Bericht von Klaus Sondergeld heißt es darüber:

Die Sehnsucht nach der Wiederbegegnung mit der Stadt, den Nachbarn und Bekannten von damals, jüdischen und anderen, muß groß gewesen sein. Viele Antwortbriefe auf die Einladung [der Stadt] berichten von Heimweh der einst brutal Vertriebenen. Ein Ehepaar schrieb gar auf einer nach Amerika hinübergeretteten Kostbarkeit, auf Büttenpapier aus dem Jahr 1936 mit dem Bild der evangelischen Stadtkirche und des Rathauses. Nur zu ganz besonderen Anlässen haben sie in den vergangenen 52 Jahren ein Blatt davon benutzt. Und Herman Greenwald [offenbar anglisiert für ›Grünwald‹] drückte wohl das Gefühl vieler aus, als er auf der Busfahrt vom Flughafen nach Karlsruhe sagte, nun könne er in Frieden sterben. Herman Greenwald starb, neunzigjährig, in der ersten Nacht in seiner Geburtsstadt.[14]

Ralph Giordano hat seinem Buch »Die zweite Schuld« ein Wort Heinrich Heines aus dessen Pariser Exil vorangestellt:

Ich weiß, daß ich eine der deutschesten Bestien bin, ich weiß nur zu gut, was dem Fische das Wasser ist, daß ich aus diesem Lebenselement nicht heraus kann und daß ich – um das Fischgleichniß beyzubehalten – zum Stockfisch vertrocknen muß, wenn ich – um

---

13 Ralph Giordano, Die zweite Schuld oder Von der Last Deutscher zu sein. Hamburg / Zürich 1987, S. 10.

14 Klaus Sondergeld, »Juden in Karlsruhe, Es tut immer weh. Zum erstenmal wieder in der Stadt ihrer Kindheit«, in: Die Zeit, Nr. 45 vom 4. 11. 1988, S. 22.

das wäßrige Gleichniß beyzubehalten – aus dem Wasser des deutschthümlichen herausspringe. Ich liebe sogar im Grunde das Deutsche mehr als alles auf der Welt, ich habe meine Lust und Freude dran, und meine Brust ist ein Archiv deutschen Gefühls.

Jene unter uns, denen der Verlust essentieller Lebensbedingungen erspart blieb, können vielleicht nur schwer diesen Schmerz nachempfinden, die Wunde des Ausgestoßenseins und das lebenslange Leiden daran.

Es war keine blinde Illusion, sondern gab Zeugnis vom besten Teil unserer geistigen Identität, daß viele Juden trotz der Nazi-Schrift an allen Wänden nicht glauben *konnten*, glauben *wollten*, Deutschland sei ihnen keine Heimat mehr. Ironischerweise ist es Heine, der mit seinem Lorelei-Gedicht aus dem Zyklus »Die Heimkehr« von 1823/24 dem romantischen Heimatgefühl des Deutschen, gleich welcher Herkunft, vollendeten Ausdruck gab. Viele werden nicht wissen, daß dieses zum Volkslied gewordene Gedicht von Heine stammt – übrigens auch ein Erfolg des »Dritten Reichs« und seiner Kulturpolitik, die antrat, das deutsche Geistesleben von allem Jüdischen zu reinigen. Zur Erinnerung folgen die ersten und letzten Zeilen:

Ich weiß nicht, was soll es bedeuten,
daß ich so traurig bin;
Ein Märchen aus alten Zeiten,
Das kommt mir nicht aus dem Sinn.

(...)

Ich glaube, die Wellen verschlingen
Am Ende Schiffer und Kahn;
Und das hat mit ihrem Singen
die Lore-Lei getan.

Man versteht die Beliebtheit dieses Gedichtes, vor allem als gesungenes Lied. Es feiert die sirenenhafte Naturgewalt des Gesanges und ist dabei doch frei von jeder Naivität. Es hüllt eine reale Landschaft in magisches Halbdunkel, aus dem eine verführerische Zauberin aufleuchtet – ein kunstvolles Arrangement mit virtuosen Goldlichteffekten. Es bringt Schönheit, Sehnsucht, Schmerz und Bedrohlichkeit in archetypischen Bildern zur Sprache, in Bildern, deren sattsam erprobte Unwiderstehlichkeit sich hier noch einmal wohl kalkuliert bewährt. Es leiht einer Traurigkeit den Wohlklang seiner Sprache, beläßt diese Traurigkeit aber zugleich in einer Ungewißheit ihrer Gründe, die es jedem Mitsingenden möglich macht, in sie einzuschwingen und nun auch seinerseits ein wenig traurig zu sein, ohne zu wissen, warum.[15]

---

15 Peter Horst Neumann, »›Judas Wüstenlieder sind unsere deutschen Volksgesänge‹. Über das Lorelei-Gedicht und Heines Selbstverständnis als Deutscher und Jude«, in: Merkur 42 (1988), S. 199–209, hier S. 202.

Peter Horst Neumann vermerkt im folgenden, daß Heine vor und nach Abfassung dieses Gedichts, also vor und nach 1823, um sein jüdisches Selbstverständnis rang. Er hatte nach Abbruch des Jurastudiums an der Universität Göttingen Anschluß ans literarische Leben in Berlin gewonnen.

Berlin hatte sich nach dem preußischen Judenedikt von 1812 zu einer der liberalsten Städte Deutschlands entwickelt. Dieses Edikt, unter dem Eindruck der preußischen Niederlage und der Judenbefreiung in den von Napoleon besetzten Gebieten erlassen, sicherte den Juden de jure sämtliche Bürgerrechte, mit Ausnahme des Zugangs zu Staatsämtern. 1822 wurde es zurückgenommen und durch ein neues ersetzt, das wesentliche Einschränkungen enthielt und Juden nun auch den Zugang zu akademischen Ämtern verwehrte. Schon zuvor hatten im Zuge der Restaurationspolitik antijüdische Tendenzen das öffentliche Klima vergiftet. 1819 kam es an verschiedenen Orten zu Ausschreitungen, von denen auch Heines Familie in Hamburg betroffen war. Das neue Judenedikt von 1822 aber betraf Heines bürgerliche Zukunft und die Zukunft der jüdischen Intelligenz in Preußen unmittelbar. Nur durch die Taufe konnte der einzelne sich seiner Wirkung entziehen, indem er aufhörte, Jude zu sein.[16]

Nach schweren inneren Kämpfen läßt Heine sich 1825 taufen. Wenn er auch öffentlich nicht mehr als Jude gelten will, so bleibt er doch *innerlich* einer, wie vor allem seine späten Gedichte beweisen, z. B. die »Lamentationen« oder die »Hebräischen Melodien« aus der Sammlung »Romanzero« – wie auch sein Privatleben belegt, aus dem gleich noch eine Anekdote zu berichten ist.

Um als Dichter anerkannt und unter seinesgleichen aufgenommen zu werden, darf Heine nicht Jude sein, muß er seine Herkunft verleugnen, ohne das doch wirklich zu vermögen. Dieser Zwiespalt, diese ›Zerrissenheit‹ quält ihn ein Leben lang. »Ich weiß nicht, was soll es bedeuten, / Daß ich so traurig bin« erhält von daher konkreten Sinn, und es erscheint mir nicht verwegen, mit Peter Horst Neumann die beiden folgenden Zeilen »Ein Märchen aus alten Zeiten, / Das kommt mir nicht aus dem Sinn« auf einen Text zu beziehen, den Heine kurze Zeit nach der Abfassung des Gedichts niederschrieb, und in dem, wie Neumann sagt, »die Utopie eines Friedens zwischen Juden und Christen, Juden und Deutschen beschworen«[17] wird – ich meine den Fragment gebliebenen Roman »Der Rabbi von Bacherach«, »in dem sich Deutsches und Jüdisches, deutsche Rheinromantik und Judenschmerz auf eine herzbewegende Weise verbinden«.[18] Bacharach, gegenüber dem Lorelei-

[16] NEUMANN, Judas Wüstenlieder (wie Anm. 15), S. 203.
[17] Ebda, S. 208. [18] Ebda, S. 206.

Felsen gelegen, ist der Ort eines Pogroms, welcher den Rabbiner Abraham mit seiner jungen Frau Sara zur Flucht zwingt, rheinaufwärts nach Frankfurt. Hier wird der Strom nicht als todbringend, sondern als lebensrettend erfahren: Während des Seder-Festes am Pessach-Abend tragen zwei Fremde eine Kindsleiche ins Haus des Rabbiners, der die Situation sofort erfaßt – man will ihn des Menschenopfers beschuldigen, um das Volk zu Raub und Mord aufzureizen. Als Abraham das seiner ahnungslosen Frau Sara erklärt, fällt diese vor Schreck und Entsetzen in Ohnmacht. Er trägt sie auf seinen Armen, an den Rhein und flieht mit ihr in einem Boot stromaufwärts. Dann heißt es weiter:

Sei es nun durch den einförmigen Ruderschlag, oder durch das Schaukeln des Fahrzeuges, oder durch den Duft jener Bergesufer, worauf die Freude wächst, immer geschieht es, daß auch der Betrübteste seltsam beruhigt wird, wenn er in der Frühlingsnacht, in einem leichten Kahne, leicht dahinfährt auf dem lieben, klaren Rheinstrom. Wahrlich, der alte, gutherzige Vater Rhein kanns nicht leiden, wenn seine Kinder weinen; tränenstillend wiegt er sie auf seinen treuen Armen, und erzählt ihnen seine schönsten Märchen und verspricht ihnen seine goldigsten Schätze, vielleicht gar den uralt versunkenen Nibelungenhort. Auch die Tränen der schönen Sara flossen immer milder und milder, ihre gewaltigsten Schmerzen wurden fortgespült von den flüsternden Wellen, die Nacht verlor ihr finstres Grauen, und die heimatlichen Berge grüßten wie zum zärtlichsten Lebewohl. Vor allem aber grüßte traulich ihr Lieblingsberg, der Kädrich, und in seiner seltsamen Mondbeleuchtung schien es, als stände wieder oben ein Fräulein mit ängstlich ausgestreckten Armen, als kröchen die flinken Zwerglein wimmelnd aus ihren Felsenspalten, und als käme ein Reuter den Berg hinaufgesprengt in vollem Galopp; und der schönen Sara war zu Mute, als sei sie wieder ein kleines Mädchen und säße wieder auf dem Schoße ihrer Muhme aus Lorch, und diese erzähle ihr die hübsche Geschichte von dem kecken Reuter, der das arme, von den Zwergen geraubte Fräulein befreite, und noch andre wahre Geschichten vom wunderlichen Wispertale drüben, wo die Vögel ganz vernünftig sprechen, und vom Pfefferkuchenland, wohin die folgsamen Kinder kommen, und von verwünschten Prinzessinnen, singenden Bäumen, gläsernen Schlössern, goldenen Brücken, lachenden Nixen.

(...)

So zogen der schönen Sara die alten Geschichten durch den Sinn, wie ein hastiges Schattenspiel; die Bilder vermischten sich auch wunderlich, und zwischendurch schauten halb bekannte, halb fremde bärtige Gesichter und große Blumen mit fabelhaft breitem Blattwerk. Es war auch als murmelte der Rhein die Melodien der Agade, und die Bilder derselben stiegen daraus hervor, lebensgroß und verzerrt, tolle Bilder: der Erzvater Abraham zerschlägt ängstlich die Götzengestalten, die sich immer hastig wieder von selbst zusammensetzen; der Mizri wehrt sich furchtbar gegen den ergrimmten Moses; der Berg Sinai blitzt und flammt; der König Pharao schwimmt im Roten Meere, mit den Zähnen im Maule die zackige Goldkrone festhaltend; Frösche mit Menschenantlitz schwimmen hintendrein, und die Wellen schäumen und brausen, und eine dunkle Riesenhand taucht drohend daraus hervor.

Das war Hattos Mäuseturm, und der Kahn schoß eben durch den Binger Strudel. (...)

Da verzog sich plötzlich all das eindringende Dunkel und Grausen, der düstere Vorhang ward vom Himmel fortgerissen, es zeigte sich oben die heilige Stadt Jerusalem, mit ihren Türmen und Toren; in goldner Pracht leuchtete der Tempel; auf dem Vorhofe desselben erblickte die schöne Sara ihren Vater, in seinem gelben Sabbatschlafrock und vergnügt mit den Augen lachend; aus den runden Tempelfenstern grüßten fröhlich alle ihre Freunde und Verwandte; im Allerheiligsten kniete der fromme König David, mit Purpurmantel und funkelnder Krone, und lieblich ertönte sein Gesang und Saitenspiel, – und selig lächelnd entschlief die schöne Sara.

Neumann schreibt hierzu abschließend:

Ich glaube, daß Deutsches und Jüdisches nie eine innigere, schmerzreichere, aber auch tröstlichere Verbindung eingegangen sind als in dieser Erzählung. Sie sind hier ganz eines – die Berge werden heimatlich genannt, der deutsche Strom ist ein gutherziger Vater auch seiner jüdischen Kinder, seine Märchen sind ebenso ihre Märchen wie die Erzählungen von Moses und Pharao, ja er murmelt den Verfolgten die alten jüdischen Melodien der Haggada: der Rhein singt hebräische Lieder. Anders als in dem Lorelei-Gedicht werden die Wellen hier Schiffer und Kahn nicht verschlingen; nicht die Naturgewalten sind ihnen todbringend, sondern ihre christlich-deutschen Verfolger. Der Strom ist ihre Rettung. Wir begegnen hier einer anderen Rhein-Romantik als der uns vertrauten, in den Literaturgeschichten beschriebenen. Auch sie schöpft aus Sagen und Märchen, auch sie blickt ins Mittelalter zurück, aber sie ist anderer, dunklerer historischer Daten eingedenk. Diese Rhein-Romantik kennt sehr wohl die Gründe ihrer Traurigkeit, alte und zugleich sehr aktuelle Gründe – es sind dieselben, die das Lorelei-Gedicht verschweigt. Gleichwohl hat Heine in der denkwürdigen Rheinfahrt des Rabbis von Bacherach die Utopie eines Friedens zwischen Juden und Christen, Juden und Deutschen beschworen, jene Utopie, an die er aus schmerzlicher eigener Erfahrung nicht glauben konnte. In einem Traum hat er sie beschworen, im Traum einer deutschen Jüdin auf der Flucht.[19]

Und da die kulturgeschichtliche und politisch-soziale Sphäre von der privatpersönlichen gar nicht zu trennen ist, war diese Utopie auch Heines eigener Traum. Das belegt charmant und eindrücklich zugleich eine Geschichte aus den letzten, den Krankheitsjahren des Dichters in Paris. Die einem Besucher erzählte Anekdote zitiere ich hier nach der Wiedergabe bei Neumann:

Wenn uns in diesen nächsten Tagen der kleine Weill besucht, so soll Ihnen, lieber Freund, auch noch eine andere Probe meiner Pietät für den alten Mosaismus gegeben

[19] Ebda, S. 208.

werden. Weill war ehedem Vorsänger in der Synagoge, er besitzt eine metallreiche Tenorstimme und trägt die alten Wüstengesänge Judas in ihrer ursprünglichen Reinheit der Tradition, von ihrer ganzen monotonen Einfachheit an bis zu der vollen Höhe alttestamentlicher Koloratur vor. Meine gute Frau, die gar nicht ahnt, daß ich ein Jude bin, wundert sich nicht wenig, wenn sie dieses unerhörte musikalische Lamento, dies Tremolieren und Quinkelieren zu Ohren bekömmt. Als Weill seine erste Pièce vortrug, verkroch sich der Pudel Minko unter dem Sofa, und Cocotte, der Papagei, wollte sich zwischen dem Käfiggitter erhängen. »Monsieur Weill! Monsieur Weill!« rief Mathilde ängstlich, »treiben sie doch nich allemal Spaß zu weit!« Weill fuhr fort. Die Gute aber wendete sich an mich und fragte dringend: »Henri, sage mir, was sind das für Lieder?« – »Es sind unsere deutschen Volksgesänge«, erwiderte ich; ich bin bei dieser Aussage hartnäckig verblieben.[20]

Neumann bemerkt:

Es ist kaum zu glauben, man staunt: Heine ist seit anderthalb Jahrzehnten mit einer Frau verheiratet, die nicht weiß, daß ihr Mann ein Jude ist. Man erschrickt. Aber was für eine Freiheit, was für eine Gleichgültigkeit und Entkrampfung mußte es für Heine bedeuten, so eng, so vertraut mit einem Menschen zusammenzuleben, der nicht wahrnahm, daß er Jude war! Ich denke, nur in Paris und nur mit dieser Frau war es möglich; und deswegen liebte er beide. Mathilde ahnt nicht, was hier durchs Zimmer weht, wenn der Synagogensänger dem leidenden Dichter hebräische Psalmen singt; und wenn Heine sie dafür ein wenig verspottet, so darf man doch glauben, daß er ihr zugleich dankbar war für ihre Ahnungslosigkeit. Sie bekommt als Antwort: »Es sind unsere deutschen Volksgesänge«. Für sie ist Heine ein Deutscher, und weil das hebräisch Gesungene fremd genug tönt, kann es ihrer Ahnungslosigkeit auch als deutsch gelten. Henri ist es recht, für sie nur *ein* Fremder zu sein und nicht zwei Fremde in einer Person: Deutscher *und* Jude. In ihrem Nicht-Wissen ist seine Doppel-Identität aufgehoben. Die Wüstengesänge Judas sind für diesen kurzen Augenblick deutsche Volkslieder. Ein Wunsch erfüllt sich im Witz – es ist dieselbe Wunscherfüllung wie bei der Rheinfahrt des Rabbis von Bacherach, als Heine den deutschen Rhein hebräische Melodien singen ließ. So schloß sich auch hier, in der aus Heines Spätzeit überlieferten Anekdote, noch einmal der Riß, der das Deutsche vom Jüdischen trennt. Aber die Voraussetzung dafür war eine freundliche Lüge.[21] –

Doch was hat – so ließe sich fragen – dieser Bezug auf eine untergegangene lebens- und geistesgeschichtliche Situation mit Rosa Luxemburg, Simone Weil, Edith Stein und Hannah Arendt als *Philosophinnen* zu tun? Nun, von ihrer Persönlichkeit, ihrer Lehre und Praxis her sprengen diese Frauen eine geläufige Vorstellung von Philosophie als esoterischer Disziplin und dem Phi-

---

20 Zitiert nach Neumann, ebda, S. 208 f.

21 Ebda.

losophieren als einer Tätigkeit im Elfenbeinturm. Sie erneuern sozusagen das Selbstverständnis der griechischen Antike, als mit Sokrates und den Sophisten Philosophie eine *öffentliche* Tätigkeit war, die Belange des Gemeinwohls betraf, aber ineins damit auch die der persönlichen Lebensführung eines jeden. Alle vier haben sich – als Frauen wohlgemerkt – intensiv, manchmal ein Leben lang, mit politischen Fragen befaßt, und zwar in theoretischer wie praktischer Hinsicht. Und was mich vorhin beschäftigte, war doch Teil jener Wirklichkeit, in der sie lebten, leben mußten.

Aber nicht nur *politische* Philosophie, sondern – sieht man auf Simone Weil – auch Religionsphilosophie und bei Edith Stein die Phänomenologie im Gefolge ihres jüdischen Lehrers Edmund Husserl, später dann die Aufnahme der Philosophie und Theologie des Thomas von Aquin und des Johannes vom Kreuz belegen als Themen die Weite des kreativ-geistigen Strebens dieser Frauen. Auch hier, wie schon bei der politischen und Sozialphilosophie, ist es die *Einheit* von Denken und Leben, von Theorie und Praxis, welche fasziniert – vor allem wenn wir ihre starke, natürlich jeweils anders geprägte Affektivität und Leidenschaft hinzunehmen, mit der sie alle dachten und in gedanklicher wie moralischer Konsequenz handelten. Dieser Reichtum schließlich hinterläßt – nimmt man Simone Weil aus, die mit 34 Jahren allzu jung starb – den Eindruck von Erfülltheit, ja Abgeschlossenheit – gerade auch bei Rosa Luxemburg und Edith Stein, deren Leben durch Gewalt endete.

Welche Rolle aber hat das Judentum im Denken und Leben dieser Frauen gespielt? Bei Rosa Luxemburg, soweit ich sehen kann, keine wesentliche: sie, die in einem Elternhaus aufwuchs, das sich bewußt vom gläubigen Judentum seiner polnisch-galizischen Umgebung abgrenzte und der aufgeklärten klassischen Kultur Deutschlands verpflichtet war, mußte in ihrem Leben selbstverständlich mannigfach antisemitische Äußerungen hinnehmen. Aber ihre sozialistische Position machte spezielle Stellungnahmen dazu – ebenso wie zur Entrechtung der Frau – unnötig. Peter Nettl, Rosas wohl bedeutendster Biograph, schreibt:

> Die untergeordnete Stellung der Frau war, ebenso wie der Antisemitismus, eine soziale Erscheinung, die erst der Sozialismus beseitigen würde; bis dahin hatte es keinen Sinn, viel Wesens darum zu machen. Aber Desinteresse an dem öffentlichen Problem war nicht gleichbedeutend mit privater Gleichgültigkeit[22] –

soll heißen: In der persönlichen, nächsten Umgebung verbat sich Rosa Lu-

[22] Peter Nettl, Rosa Luxemburg. Köln / Berlin 1967, S. 641.

xemburg mit der ihr eigenen scharfen Zunge jede Äußerung und jedes Verhalten, das sie als Frau oder Mensch jüdischer Herkunft beleidigte.

Schwieriger beantwortet sich unsere Frage bei Simone Weil. Auch sie wuchs in einem areligiösen Elternhaus auf – in Straßburg, Paris und anderen Orten. Aus ihrer Studentinnenzeit ist eine schroff antireligiöse Haltung überliefert. Später aber bekannte Simone, ihre christliche Umgebung habe sie tief geprägt und sie sei sich schon früh bewußt gewesen, daß die eigene »Lebensauffassung christlich war. Darum ist es mir niemals in den Sinn gekommen, ich könnte *in* das Christentum *ein*treten. Ich hatte den Eindruck, darin geboren zu sein«.[23] Simone Weil ist dann später aus diesem Atheismus heraus, der für sie im Rückblick schon reinstes Christentum war, und deshalb ohne ihn eigentlich zu verlassen, auch explizit ins Christentum »eingetaucht« – in seiner katholischen Ausprägung, welche ja die ihrer Umgebung war, freilich ohne der Kirche durch Taufe beizutreten; sie wollte jemand sein und bleiben, der das religiöse Menschsein in seiner Totalität und Katholizität verkörpert und – nach deren wahrem Verständnis – keine religiöse Wahrheit auszuschließen bereit ist, mag sie selbst – christlich betrachtet – sich in das Gewand des Heidentums gekleidet haben.

Eigenartigerweise hat Simone Weil solch religiöse Wahrheit im jüdischen Glauben fast gar nicht oder nur verzerrt wahrnehmen können. Sie hat den Gott des Alten Testamentes abgelehnt, sich dabei aber vor allem an den Geschichtsbüchern orientiert, in denen Jahve als Führer eines militaristischen Volkes und Befehlshaber eines pedantischen Opferkultes erscheint. Unberücksichtigt dagegen blieben die Bücher der Propheten, welche genau diese beiden Auswüchse falsch verstandener Gottesverehrung vehement kritisierten und immer wieder kritisieren mußten, – so tief saß jene Überzeugung, sich bloß militärisch den umgebenden Großmächten gegenüber behaupten und nur mit einem aufwendigen Opferdienst des göttlichen Wohlwollens versichern zu können.

Aber Simone Weil lehnte nicht allein die jüdische Religion ab, sondern auch, sich selbst als Jüdin zu sehen. Das ist ihr wiederum als Verleugnung der personalen und lebensgeschichtlichen Identität vorgeworfen worden, als selbst nicht mehr durchschauter Ausdruck jüdischen Selbsthasses: sie habe den Zwiespalt zwischen ihrer Herkunft und dem christlichen Bekenntnis

---

[23] Brief an Pater Perrin vom 15. Mai 1942, abgedruckt in: SIMONE WEIL, Das Unglück und die Gottesliebe. München 1953, 1961, S. 46f., und in: DIES., Zeugnis für das Gute. Traktate, Briefe, Aufzeichnungen. Olten 1976, 1979, S. 104.

nicht auszuhalten vermocht, deshalb die Disparität von jüdisch-alttestamentarischem Erbe und der kulturell anders geprägten griechisch-römisch-katholischen Umgebung ins Unterbewußtsein verdrängt. Ich bin anderer Meinung und komme damit abschließend zum gleichgewichtigen Identitätsproblem des »Erwählten« und »Verfluchten«, denn dies sind weitgehend äußere Suggestionen. Heine wehrte sich dagegen, rassisch abgestempelt und damit abgetan zu sein, fühlte sich aber dennoch als Jude, auch wenn er den Glauben seiner Väter nicht mehr teilte. Der Nationalsozialismus hat Menschen, die keine Juden sein wollten und sich auch nicht als solche fühlten, rein aufgrund ihrer Abstammung zwangsweise dazu gemacht und sie einem Schicksal zugeführt, das auch im Überlebensfall nicht zu bewältigen war, weil es in keinerlei Zusammenhang mit ihrer Identität stand – es sei denn, sie knüpften wieder eine Beziehung rückwärts zu den Vorfahren und akzeptierten so ein Stück weit die aufgezwungene Selbstauffassung. Nach der Besetzung Nordfrankreichs durch deutsche Truppen hielt sich Simone Weil im Gebiet der Vichy-Regierung auf, welche in gleicher Weise Juden aus öffentlichen Ämtern entfernte und internierte. Sie verlor ihre Stellung als Lehrerin und protestierte dagegen, führte ins Feld, gar keine Jüdin zu sein. Denn wodurch – so fragte Simone – werde man dazu? Entweder durch den Glauben oder durch Abstammung: den jüdischen Glauben lehne sie ab, und ihre Abstammung vom biblischen Volk sei nicht nachweisbar.

Damit wirft Weil die brisante Frage auf, was einen Menschen zum Juden macht. Sie wird gerade auch von denen, die sich selbst dafür halten, nicht einheitlich beantwortet, ja die Antworten widersprechen sich manchmal und schließen einander aus. Was für den einen essentiell ist, wird von anderen abgelehnt – sei es nun Glaube, Tradition, Sitte und Brauchtum, Kultur, der Staat Israel, das Land Palästina, die Familie oder Abstammung. Es gibt anscheinend kein eindeutigeres Kennzeichen als allein die Behauptung, das Bekenntnis. Jeanne Hersch, Schweizerin und jüdische Philosophin, 1912 geboren, viele Jahre Professorin an der Universität Genf, geht dieser Frage nach – mit ihrem Beitrag zu einer Sammlung, in der weitere zwanzig Intellektuelle über das eigene Judentum Rechenschaft ablegen. Dort heißt es schließlich zu den verschiedenen Bestimmungen:

> Es besteht etwas Wahres, etwas, was das Judesein betrifft, in jeder Antwort – unter der Bedingung aber, daß dieses ›etwas Wahre‹ in der Schwebe bleibt, daß man es nicht festnagelt als objektive Gegebenheit. Es gibt kein eindeutiges Kriterium für das Judesein, und vielleicht ist gerade diese Unmöglichkeit die Quelle eines Sinnes. Wahrscheinlich ist es immer ein unzutreffender Ausdruck, wenn man einem Anderen sagt: ›*Du* bist Jude‹

(außer wenn man auf diese Weise eine Brüderlichkeit bestätigen will). Die Aussage aber ›*Ich* bin Jude‹ ist kräftig, einfach – und nicht ganz eindeutig.[24]

Deshalb muß es, so meine ich, genügen, wenn man von jemand die Auskunft erhält: ›Ich bin Jude‹, aber auch: ›Ich bin es nicht‹. Andere sollten mit diesem Attribut nur versehen werden – um Jeanne Hersch nochmals zu zitieren – »wenn man auf diese Weise eine Brüderlichkeit bestätigen will«.

Ist es aber dann nicht inkonsequent, Simone Weil, die ausdrücklich keine Jüdin sein wollte, in unsere Reihe aufzunehmen? Ja, vom hier eingenommenen Standpunkt aus ist das illegitim. Aber vielleicht führt solche Anstößigkeit gerade zu einer tieferen Auseinandersetzung mit den Folgen aufgezwungener Identität und den damit seit Jahrhunderten gepflegten und so tief verwurzelten Vorurteilen – mit dem Vergehen also, in einem anderen zunächst den Juden zu sehen, bevor man ihn als Menschen und als jene individuelle Person wahrnimmt, die er ist.

Im Unterschied zu Rosa Luxemburg und Simone Weil haben sich Edith Stein und Hannah Arendt als Jüdinnen gesehen. Das Verblüffende an ersterer ist dabei, daß sie – denkt man an die Zerrissenheit Heines – ihr christliches *und* ihr jüdisches Bekenntnis offenbar in vollkommener innerer Kongruenz leben konnte. Sie trat einem Orden bei, dem vom Berge Karmel in Palästina, welcher diese Einheit konstitutiv verkörpert. Bekanntlich gibt es schon im Neuen Testament antijüdische oder jedenfalls so interpretierbare Äußerungen. Aber Edith Stein durfte sich von dem Wort Jesu im Johannesevangelium legitimiert fühlen – aus dem Gespräch mit der Samariterin am Jakobsbrunnen: »Das Heil kommt von den Juden« (4,22). Sie konnte sich darüber hinaus auf Paulus berufen, den ja die Frage so tief bewegte, wie man zugleich Jude und Christ sein *und* wie man Christ sein kann und kein Jude – ein Problem, das seine gesamte Theologie durchzieht. Vor allem die Kapitel 9–11 des Römerbriefs mußten ihr kostbar sein, in denen Paulus seinen tiefen Schmerz darüber zum Ausdruck bringt, daß die Juden sich noch nicht zu Christus bekehrt hatten, obwohl sie doch alle Voraussetzungen besaßen; und er bietet an, selber verflucht, verworfen und getrennt von Christus zu sein, damit seine Brüder gerettet würden (9,2 f.). In einem großartigen geschichtstheologischen Entwurf drückt Paulus schließlich seine Zuversicht aus, daß am Ende der Zeiten auch Israel gerettet wird: »Gott hat alle in den Ungehorsam eingeschlossen, um sich aller zu erbarmen« (11,32).

---

[24] Jeanne Hersch, »Stellungnahme«, in: Hans Jürgen Schultz (Hrsg.), Mein Judentum. Stuttgart 1978, München 1986, S. 33–41, hier S. 40.

Diese Zuversicht galt einem Volk, das schließlich – wie kein anderes – Opfer der Weltgeschichte wurde. Wir Deutschen, als seine schlimmsten Henker, dürfen eine solche Zuversicht keinesfalls in Anspruch nehmen. Gnade – auch für uns – liegt allenfalls beschlossen im Ernst des Gedenkens. Dem versuchen die folgenden Seiten zu dienen.

Rosa Luxemburg

I

Rosa Luxemburg (ursprünglich: Rosalie Luxenburg) wurde am 5. März 1871 in Zamość (Samosch, Zamesch, Zamost), einer Stadt südlich von Lublin, geboren. Polen existierte damals als selbständiger Staat nicht mehr. Auf dem Wiener Kongreß 1815 waren die westlichen Provinzen an Preußen gefallen, der Südosten Polens an Österreich, Zentralpolen, der Osten und Nordosten mit Litauen an Rußland. Rosa Luxemburg kam also im russischen Teil Polens zur Welt. Sie war das jüngste von fünf Geschwistern. Ihre Eltern waren Juden. Eliasch Luxemburg betrieb Holzhandel, war in Deutschland zur Schule gegangen und hatte dorthin Geschäftsbeziehungen. In der Familie sprach man deutsch und polnisch, nicht aber jiddisch. Ein Drittel der Einwohner von Zamość waren damals jüdischer Abstammung. Peter Nettl schreibt über Zamość in seiner maßgebenden Rosa-Luxemburg-Biographie:

Die Stadt war ein Zentrum der Haskala-Bewegung, einer aufklärerischen Reaktion gegen den religiösen Übereifer der Chassidim; einer der bedeutendsten Schriftsteller dieser Bewegung, Jizchak Leib Perez, wurde in Zamość geboren und verbrachte dort einen großen Teil seines Lebens. Die jüdische Gemeinde der Stadt war eine der stärksten und kultiviertesten in ganz Polen. Aber die Familie Luxemburg hatte an diesem Leben wenig oder keinen Anteil. Sie hatte sich schon in der Generation von Rosas Großvater assimiliert. Solche Assimilationen waren in Zamość häufiger als anderwärts, und zwar eben wegen der traditionellen Verbindungen zur westlichen Literatur und Bildung, die die Stadt besaß; anderswo mußten Juden, die sich assimilieren wollten, Anschluß bei einer polnischen Umwelt von viel niedrigerem Kulturniveau suchen. (...) Da die Familie kein bewußt jüdisches Leben führte, war sie weitgehend auf sich selbst angewiesen. Es ist nichts davon bekannt, daß sie engere polnische Freunde gehabt hätte. Rosas ältere Brüder besuchten höhere Schulen in Bromberg (Bydgoszcz). Im Haus verstand und las man Deutsch; der deutschen romantischen Literatur galt eine besondere Vorliebe, wie sie damals unter Wiener und Berliner Juden eher anzutreffen war als in Polen. Die Kinder hatten alle klassische Namen – Maximilian, Joseph, Anna, Rosa selbst –, die ebensogut deutsch wie polnisch waren. (...) Die jüdische Gemeinde von Zamość jedenfalls schätzte Familien wie die Luxemburgs nicht; es ist bezeichnend, daß keines der Kinder jemals eine Rolle in jüdischen Bewegungen oder Angelegenheiten spielte.[1]

---

1 Peter Nettl, Rosa Luxemburg. Köln / Berlin 1967, S. 62–64.

Vor allem drei politisch-soziale Probleme drückten das Land. Einmal die russische Fremdherrschaft: Das polnische Unabhängigkeitsstreben war trotz der vorangegangenen Teilungen des Landes – 1. Teilung 1772, 2. Teilung 1793, 3. Teilung und Auflösung des Staates 1795 – nicht erloschen. Der bis dahin letzte Aufstand gegen die russische Herrschaft fiel ins Jahr 1863. 1881 sollte Zar Alexander II. von polnischen Revolutionären ermordet werden. Nach verschiedenen Befreiungsversuchen während der ersten Hälfte des 19. Jahrhunderts hatte Moskau eine rigorose Russifizierungspolitik eingeleitet: Im Gefolge des Aufstands von 1863 waren 14 000 polnische Beamte entlassen und durch russische ersetzt worden. Die polnische Sprache wurde als Verwaltungs- und Unterrichtssprache verboten. In den Schulen durfte nur russisch gesprochen werden. Zaristische Spitzel an Schulen, Universitäten, in der Politik erzeugten ein Klima von Unterdrückung und Denunziation, worin politische Agitation und Revolte gediehen.

Das zweite war ein soziales Problem. Vor allem die Kleinbauern lebten verarmt und hochverschuldet in teilweise leibeigenschafts- oder sklavenähnlichen Verhältnissen. Rußland hatte zwar 1861 die Leibeigenschaft aufgehoben und eine Bodenreform eingeleitet; aber diese Landzuteilung blieb unzureichend. Die Bauern besitzen keine Vorbildung zu selbständiger Wirtschaftsführung, so daß ihre Bodenerträge bei steigendem Steuerdruck gering bleiben und die Verschuldung gegenüber den Grundherren wächst. Notwendige Folgen sind ein wachsendes Landproletariat und soziale Unzufriedenheit, die sich in Unruhen periodisch Luft macht, welche aber von den Staatsorganen mit scharfer Unterdrückung beantwortet werden. Den unter Alexander II. (1855–1881) mehrfach in Gang gesetzten, jedoch nur halbherzig durchgeführten Reformen folgen nach Anschlägen, Attentaten, Erhebungen (vor allem gegen die Russifizierungspolitik) stets autokratische polizeistaatliche Reglementierungsmaßnahmen. Politische Geheimbündelei, Beteiligung an Aufruhr oder Attentaten werden häufig mit der Todesstrafe geahndet oder einer Deportation nach Sibirien.

Die soziale Unzufriedenheit führt immer wieder – und damit sind wir beim dritten Problem – in Rußland wie Polen zu Pogromen, so etwa 1881/82 und 1903. Die osteuropäischen Juden fühlten sich Deutschland verbunden – einmal durch ihre jiddische Sprache, zum zweiten durch die dortige Emanzipation der Juden seit dem Ende des 18. Jahrhunderts, zum dritten aufgrund des Vorbildcharakters der deutschen Klassik von Literatur und Musik, schließlich durch die preußische, später kaiserliche Aufgeschlossenheit der Emanzipationsbewegung gegenüber. Den jüdischen Bürger, auch wenn er aufgrund der ihm von der christlichen Umwelt traditionell zugewiesenen sozialen Einordnung kein Bauer, sondern Händler war, trafen die politischen und sozialen Spannungen also doppelt, sah er sich doch nicht nur wie jeder Pole der russischen Unterdrückung ausgesetzt, sondern auch derjenigen durch nicht-jüdische Mitbürger.

Rosa Luxemburg war noch keine drei Jahre alt, als sie mit der Familie aus Galizien nach Warschau zog. Ihr Vater versprach sich von dem Umzug wohl bessere Geschäfte, vielleicht auch günstigere Bildungsmöglichkeiten für seine Kinder. Rosa hatte ein Hüftleiden, das man fälschlich als Knochentuberkulose diagnostizierte. Sie mußte als Fünfjährige deswegen ein Jahr lang im Bett zubringen. Doch führte das zu keiner Besserung. Zeitlebens zog sie beim Gehen das Bein nach, aber durch den ihr eigenen Willen und mit Hilfe weiter Röcke war der körperliche Mangel nicht bemerkbar, außer wenn sie ging. Rosa war von kleiner Gestalt, auch als Erwachsene. So bestieg sie später in größeren Versammlungen des öfteren einen Stuhl, wenn kein Rednerpult zur Verfügung stand, um sich besser bemerkbar zu machen.

Während der Schulzeit beginnt Rosa zu schreiben: Verse, Novellen, Übersetzungen ins Russische. Ihre literarischen Neigungen sind offenkundig. Als Kaiser Wilhelm I. 1884 Warschau besucht, schreibt sie ein Gedicht in polnischer Sprache, das, so Peter Nettl, »halb ehrerbietig, halb sarkastisch gehalten« ist und »vielleicht nicht nur als Beleg für ihre frühe antimonarchistische Gesinnung zu werten ist, sondern ebensosehr als Protest gegen das übermäßige Wesen, welches ihr Vater von diesem Ereignis machte«.[2] Das Gedicht lautet übersetzt:

> Endlich werden wir dich sehen,
> Mächtiger des Westens.
> Vielleicht werde sogar ich dich zu Gesicht bekommen,
> wenn du durch den Sächsischen Garten spazierst.
> Du mußt dir nicht einbilden, ich käme zu Hofe.
> Es liegt mir nicht das Geringste
> an Ehrenbezeugungen von Euresgleichen.
> Andererseits wüßte ich doch zu gern,
> was man so redet in Euren Kreisen.
> Mit dem Zaren sollst du ja per du sein.
> Was Politik angeht, bin ich zwar noch ein dummes Schaf,
> also mach ich keine langen Worte,
> Doch vergiß eines nicht, mein kleiner Wilhelm:

---

[2] Nettl, Rosa Luxemburg (wie Anm. 1), S. 67.

Sag diesem listigen Lumpen von Bismarck,
er soll die Friedenshosen nicht zuschanden wetzen.
Du tust es für Europa, Kaiser des Westens.[3]

Die letzten drei Jahre ihrer Schulzeit, von 1884 bis 1887, besucht Rosa das Zweite Warschauer Frauengymnasium. Unterrichtssprache ist Russisch. Den Schülern polnischer Herkunft ist es aber auch außerhalb des Unterrichts verboten, sich in ihrer Muttersprache zu unterhalten. Die Schüler bespitzeln einander. Dem, der polnisch spricht, droht Relegation von der Schule.

Rosa schließt sich einem geheimen polnischen Fortbildungszirkel an, in dem polnische Kultur und Sprache gepflegt und auch politische Themen diskutiert werden. Hier lernt sie die Ziele einer vorerst noch kleinen oppositionellen Gruppe kennen, die 1882 gegründet worden war und sich »Sozialistisch-Revolutionäre Partei Proletariat« nannte. Diese beschäftigte sich vor allem mit ökonomischen Problemen und sieht in deren Lösung einen Weg aus der sozialen Misere. Sie stellt zunächst politische Aktionen hintan und bedient sich nicht des polnischen Nationalismus zur Durchsetzung ihrer Ziele. Vielmehr geht es um eine Veränderung der sozialen Verhältnisse in *ganz* Rußland und zwar durch den Kampf der unterdrückten Arbeiterschaft. Daher auch der Name »Proletariat«. Ihre Mitgliedschaft beschränkt sich auf die städtische Intelligenzija.

Dem »Proletariat« gelingt es im April 1883, in Polen mehrere Streiks zu organisieren. Die Regierung setzt Truppen ein, und als eine Reihe von Anschlägen auf Polizisten verübt werden, nimmt man das zum Anlaß, die Mehrzahl der führenden Mitglieder einzukerkern oder zu hängen. Obwohl sie nur kurze Zeit existierte und die erstrebte Massenbasis noch nicht finden konnte, gilt »Proletariat« als Keimzelle der späteren entweder nationalistisch oder internationalistisch orientierten marxistischen Parteien Polens.

Nach dem Abitur am 14. Juni 1887, wo sie in vierzehn Fächern die Note »ausgezeichnet« und in allen übrigen »sehr gut« erhält, kommt Rosa in Kontakt mit Martin Kasprzak, der aus Posen und damit dem zu Preußen gehörenden Teil Polens stammt. Kasprzak hatte sich der deutschen Sozialdemokratie angeschlossen, war 1887 wegen umstürzlerischer Aktivitäten in Posen zu zwei Jahren Gefängnis verurteilt worden, konnte aber aus der Haft entfliehen und in Warschau untertauchen. Hier gründete er im Dezember das Warschauer

---

[3] Frederik Hetmann, Rosa Luxemburg. Die Geschichte der Rosa Luxemburg und ihrer Zeit. Weinheim / Basel 1976, Frankfurt/Main 1979, S. 25 (im folgenden zitiert als ›Luxemburg-Biographie‹).

Arbeiterkomitee, aus dem sich allmählich das sogenannte »Zweite Proletariat« entwickelte. Rosa widmete sich unter seiner Anleitung der politischen Agitation. Während der Jahre 1887–1890 erfaßten neue Streikwellen das Land, und zum 1. Mai fanden nun regelmäßig Arbeiterdemonstrationen statt. Es gab Zusammenstöße der Streikenden mit Truppen, aber eine neuerliche Verhaftungswelle löschte auch das »Zweite Proletariat« fast völlig aus. Rosa war aufgrund ihrer Aktivitäten höchst gefährdet und wurde 1889 – vor drohender Verhaftung gewarnt – mit Hilfe ihres Mentors Kasprzak unter dem Stroh eines Bauernwagens außer Landes geschafft.

Neben Paris war Zürich das Ziel osteuropäischer politischer Emigranten. Rosa Luxemburg wählt Zürich und immatrikuliert sich an der dortigen Universität. Sie belegt zunächst Mathematik und Philosophie, später Volkswirtschaft und Öffentliches Recht, hört aber auch Astronomie, Botanik und Zoologie. Ihr Studium schließt sie 1897 mit der Promotion ab, und zwar mit einer Arbeit unter dem Titel »Die industrielle Entwicklung Polens« – zur wissenschaftlichen Untermauerung ihrer politischen Überzeugungen von der klassen-, nicht nationenspezifischen und insofern übergreifenden ökonomischen Unterdrückung. Das Doktordiplom datiert vom 20. Juli 1898, weil es erst nach Einreichung der 160 Pflichtexemplare ausgefertigt werden konnte. Hier wird der »virgini doctissimae spectatissimae Rosae Luxemburg Varsoviensi« attestiert, daß sie sowohl Dissertation wie Abschlußprüfung mit »magna cum laude« abgeschlossen habe.[4]

Selbstverständlich betrieb Rosa Luxemburg die nationalökonomischen und juristischen Studien nicht um ihrer selbst, sondern der sozialistischen Sache willen. Inzwischen hatte diese Sache organisatorisch große Fortschritte gemacht. 1890 wurde im Deutschen Reich das Sozialistengesetz von 1878 aufgehoben, die SPD erstarkte und gewann für osteuropäische sozialistische Bewegungen und ihre Emigranten Vorbildcharakter. Nach der Zerschlagung des »Zweiten Proletariats« und des »Polnischen Arbeiterbundes«, einer Nachfolgeorganisation des »Proletariats«, gab es Versuche im Ausland, wenigstens die Emigrantengruppen zu einer einheitlichen polnischen sozialistischen Partei zusammenzufassen. Daheim selbst hatte die Dreiteilung des Landes zur Folge, daß sich während der neunziger Jahre in den einzelnen Landesteilen mit Ausnahme von Russisch-Polen jeweils eigene Parteiorganisationen bilde-

[4] Zitiert nach FREDERIK HETMANN (Hrsg.), Rosa Luxemburg. Ein Leben für die Freiheit. Reden – Schriften – Briefe. Ein Lesebuch. Frankfurt a. M. 1980, S. 33 (im folgenden zitiert als ›Luxemburg-Lesebuch‹).

ten, so in Preußisch-Polen (das Westpreußen und die Provinz Posen umfaßte) mit Anschluß an die SPD, und in Österreichisch-Galizien mit Anschluß an die Sozialdemokratische Partei Österreich-Ungarns. Diese Gründungen hatten von vornherein eine starke nationalistische Note: Ihnen ging es neben und manchmal vor jeder sozialen Umwälzung um Befreiung von der jeweiligen Fremdherrschaft. Hier lag die Wurzel für andauernde Konflikte zu den übernational, ja internationalistisch gesonnenen Exilorganisationen.

Ende 1892 vereinigten sich die polnischen Sozialisten im Exil zur Polnischen Sozialistischen Partei (Polska Partia Socjalistyczna, abgekürzt: PPS). Man hoffte auf einen Zusammenschluß mit den bestehenden sozialistischen Parteiorganisationen in Preußisch-Polen und in Galizisch-Polen. Aber dies mißlang, das nationale Eigengewicht war zu stark, so daß die PPS außer für Sozialisten im Exil zunächst nur für Russisch-Polen ein Mandat besaß. Auf internationalen Kongressen jedoch traten die Polen als Einheit auf – bis zur Gründung der »Sozialdemokratie des Königreiches Polen« (SDKP) in den Jahren 1893/94 durch Rosa Luxemburg und ihre politischen Freunde. Sowohl PPS als auch SDKP verstanden sich nicht als rein polnische Organisationen. Wie sie sich von der deutschen Sozialdemokratie inspirieren ließen, versuchten sie andererseits, gewonnene Einsichten den deutschen und russischen Genossen zu vermitteln.

An der Spitze der deutschen Sozialdemokratie stehen August Bebel (1840–1913), Wilhelm Liebknecht (1826–1900), der Vater Karl Liebknechts, und Karl Kautsky (1854–1938). Alle drei stützen sich auf Analysen und Konzeptionen von Karl Marx (1818–1883) und Friedrich Engels (1820 bis 1895), denen sie zum Teil auch persönlich begegnet waren.

Den russischen Marxismus im Exil repräsentiert die überragende Gestalt Georgi Plechanows (1856–1918). Plechanow hatte 1883 mit den Narodniki (Volkstümler) gebrochen, sich dem Marxismus zugewandt und die Gruppe »Befreiung der Arbeit« gegründet. Anders als die Narodniki erwartete er eine sozialistische Umwälzung nicht mehr vom russischen Bauern, sondern vom Arbeiter, speziell vom industriellen Proletariat der Großstädte. Plechanow war von Engels selbst autorisiert worden, den Marxismus nach Rußland zu tragen. Zwischen Plechanow und der PPS, die unter Leo Jogiches über hervorragende Kontakte zu russischen Revolutionären verfügte, entspann sich ein Konkurrenzkampf, welcher die Exilbewegung schwächte.

Leo Jogiches studierte zusammen mit Rosa Luxemburg in Zürich Nationalökonomie. Er war 1867 in Wilna als Lew Jogiches geboren und galt als konspiratives Genie. Jogiches stammte aus einer reichen jüdischen Familie, weshalb er in den ersten Jahren seines Exils über genügend Geldmittel für seine politischen Aktivitäten verfügte. Wie Paul Fröhlich, der erste Biograph Rosa Luxemburgs, schreibt, galt Jogiches' Großvater als

ein großer Talmud-Gelehrter, der Vater aber war aufgeklärt und stark russifiziert. In der Familie wurde kaum jiddisch gesprochen. Bereits auf dem Gymnasium begann Leo mit revolutionärer Propaganda unter den Kameraden. Er verließ die Schule vorzeitig, um sich ganz der politischen Arbeit zu widmen. Um das Jahr 1885 gründet er die ersten revolutionären Kreise in Wilna.[5]

Im Herbst 1888 wird Jogiches zum ersten Mal verhaftet und eingesperrt. Als er ins russische Militär eingezogen werden soll, entzieht er sich dem durch die Flucht ins Ausland. Im Winter 1890 kommt er mit Papieren auf den Namen Leon Grosowski nach Zürich und tritt zunächst der Gruppe um Plechanow bei, mit dem er sich aber, wie gesagt, bald überwirft. Aus der Bekanntschaft zu Rosa Luxemburg erwächst rasch eine intensive Arbeits- und Lebensbeziehung, die mit dafür verantwortlich ist, daß auch Rosa in Gegnerschaft zu Plechanow gerät.

Leo Jogiches wird allgemein als eine schwierige, spröde, verschlossene Persönlichkeit geschildert, der Tarnung und konspirative Tätigkeit zur zweiten Natur geworden war. Um so erstaunlicher, daß derart gegensätzliche Menschen – Rosa temperamentvoll, offen, selbstbewußt und unabhängig – einander so rasch kennen, schätzen – ja lieben lernten. Ihre Beziehung währte fünfzehn Jahre lang, bis 1906/07, als Rosa ein Verhältnis mit dem 22jährigen Kostja Zetkin, Sohn ihrer Freundin Clara, eingeht.[6] Die politische Zusammenarbeit aber dauert bis zu ihrem Tode und Jogiches war es, der dafür sorgte, daß Täterschaft und Hintergründe von Rosas Ermordung aufgedeckt wurden, was ihn seinerseits das Leben kostete. Er wird am 10. März 1919 in Berlin verhaftet, ins Untersuchungsgefängnis Moabit transportiert und dort von einem Kriminalbeamten durch Kopfschuß – angeblich bei einem Fluchtversuch – getötet.[7]

Erste bedeutende Frucht der Zusammenarbeit von Leo Jogiches und Rosa Luxemburg war die Gründung der Zeitschrift »Sprawa Robotnicza« (Sache der Arbeiter). Deren erste Nummer erschien im Juli 1893 in Paris, worin die Redaktion ihr Programm bekanntgab: Kampf dem kapitalistischen Klassen-

[5] Paul Fröhlich, Rosa Luxemburg. Gedanke und Tat. (^{1}1939, ^{2}1949) Frankfurt a. M. 1967 (mit einem Nachwort von Iring Fetscher), S. 28.

[6] Vgl. Hetmann, ›Luxemburg-Biographie‹ (wie Anm. 3), S. 157–161.

[7] Ebda, S. 273–276.

feind, Solidarität mit der russischen Arbeiterklasse im Streit gegen den zaristischen Absolutismus, internationale sozialistische Bewegung. Insofern das Programm Polens Unabhängigkeit nicht einmal Erwähnung tat, befand sich die Zeitschrift im Gegensatz zur Führung der PPS. Rosa Luxemburg gehörte von Anfang an zu den führenden Köpfen der Redaktion, und übernahm diese ab 1894 offiziell. Finanzielle Mittel stellte Jogiches bereit, und Rosa weilte als leitende Redakteurin oft in Paris, wo sie die Drucklegung überwachte.

Rosa Luxemburg war eine eifrige Briefschreiberin. Aus ihren Episteln leuchtet uns eine gefühlsstarke Persönlichkeit entgegen, die Welt und Menschen in ihrer Umgebung mit wachen Sinnen in sich aufnimmt, einfühlsam beobachtet und mit kritischem Intellekt bewertet. Die umfangreichste Sammlung stellen 918 erhalten gebliebene Briefe und Karten dar, die Rosa an Jogiches schrieb. Sie wurden von Feliks Tych herausgegeben.[8] Aus der Ferne, in den ersten Jahren vor allem von Paris aus, verlangt sie nach mehr Zuwendung und Einfühlung, verletzt von Jogiches' nüchtern-knappen, nur auf das Theoretische und Organisatorische bezogenen Äußerungen. Wenigstens ein Zeugnis dieses Kampfes sei hier angeführt. In einem längeren Brief aus Paris vom 21. 3. 1895 heißt es:

> Siehst Du, wie gemein Du bist, ich merke schon, daß jedes Wort beim blödesten Geschäft Dich 2 mal, ja 10–100 mal mehr interessiert als mein persönlicher Herzensgruß. Und insonderheit irgendetwas über die PPS, da leuchten Dir sofort die Augen, vollkommen anders, als wenn ich Dir etwas über mich schreibe, daß ich müde bin, daß ich Sehnsucht habe etc.
>
> Weißt Du, ich habe sehr rüde Absichten. Wirklich, ich habe mir hier ein wenig über unsere Beziehungen Gedanken gemacht, und wenn ich zurückkomme, werde ich Dich so gestreng in die Klauen nehmen, daß Du piepst. Du wirst sehen! Ich werde Dich vollkommen terrorisieren. Du mußt Dich *demütigen*, mußt Dich ergeben und beugen, das ist die Bedingung unseres weiteren Zusammenlebens. Ich muß Dich zerbrechen, Deine Hörner zermalmen, anders halte ich es nicht aus mit Dir. Du bist ein schlechter Mensch, das ist mir jetzt sonnenklar, nachdem ich Deine ganze seelische Physiognomie ausfindig gemacht habe. Und ich werde diese Schlechtigkeit in Dir drosseln, so wahr ich lebe, sol-

---

[8] Feliks Tych (Hrsg.): Róza Luksemburg. Listy do Leona Jogichesa-Tyszki, I–III. Warszawa 1968; eine Auswahl ist in der deutschen Übersetzung von Mechthild Fricke-Hochfeld und Barbara Hoffmann, Rosa Luxemburg. Briefe an Leon Jogiches. Mit einer Einleitung von Feliks Tych. Frankfurt a. M. 1971, erschienen. – Zur Gesamtkorrespondenz Rosa Luxemburgs vgl. die bibliographischen Angaben (bis 1963) bei Nettl, Rosa Luxemburg (wie Anm. 1), S. 837–839, und die Bemerkungen in Hetmann, ›Luxemburg-Lesebuch‹ (wie Anm. 4), S. 11.

che Pflänzchen sollten nicht frei wachsen. Ich habe das Recht, das zu tun, weil ich 10 mal besser bin als Du und ganz bewußt über diese, die stärkste Seite Deines Charakters, den Stab breche. Ich werde Dich jetzt ohne alle Barmherzigkeit terrorisieren, bis ich Dich weich habe, und Du beginnst, zu empfinden und Dich den Menschen gegenüber verhältst wie ein gewöhnlicher guter Mensch. Ich hege gleichzeitig für Dich unbegrenzte Liebe und unversöhnliche Strenge Deinen schlechten Charaktereigenschaften gegenüber. Bedenke dies – *nimm Dich in acht!* Denn schon stehe ich mit dem Klopfer in der Hand und gleich nach der Ankunft beginne ich, Dich auszuklopfen.

Sicher wirst Du von den obigen Worten nicht viel verstehen, doch ich werde Dir das nach der Rückkehr erklären. Und als Auftakt meines Terrorismus: merke Dir, sei gut! Schreibe warmherzige, gute Briefe, schreibe mir nicht so förmlich, Deinerseits eine taktlose Schroffheit. Äffe nicht meine Briefe nach, sei demütig und geruhe, mir Deiner Liebe Ausdruck zu verleihen, und fürchte nicht, Du hättest Dich erniedrigt, wenn Du mir heute für 3 Groschen mehr erwiesen hast als ich Dir. Fürchte und schäme Dich nicht, Gefühle für mich zu äußern (wenn Du jetzt welche *hast*, dann *das* betreffend, erlege ich Dir keinen Zwang auf), magst Du auch in Angst sein, daß ich sie vielleicht mit ungenügender Aufmerksamkeit aufnehme. Lerne ein wenig, im Geiste niederzuknien und das *nicht nur* in den Augenblicken, wenn ich mit offenen Armen nach Dir rufe, sondern auch dann, wenn ich Dir den Rücken zukehre. Kurz, sei freigebiger, innerlich hochherziger, gehe mit Deinen Gefühlen etwas edelmütiger um. Ich verlange das! Leider spüre ich schon an mir selbst gewissen charakterlichen Makel vom dauernden Umgang mit Dir, aber das weckt mich um so energischer zum Kampf mit Dir. Bedenke, Du *mußt* Dich ergeben, weil ich Dich besiegen werde durch die Kraft der Liebe.

Einziger, bleib gesund, ich umarme und küsse Dich tausendmal.
Schatz, *ich bitte Dich, schicke für mich etwas Geld*. Aber sofort. (...).[9]

Vom 6. bis 12. August 1893 findet in Zürich der III. Internationale Sozialistenkongreß statt. Im Juli war die erste Nummer der Zeitschrift »Sprawa Robotnicza« (Arbeitersache) erschienen. Zum Kongreß hatte man Delegierte aller sozialistischen Parteiorganisationen zugelassen, gegliedert nach Ländern. So konnten Parteien und Gruppierungen mit unterschiedlicher Ausrichtung Vertreter in eine nationale Delegation entsenden. Die Gruppe um die »Sprawa Robotnicza« beanspruchte für Rosa Luxemburg ein Mandat innerhalb der polnischen Delegation, das aber von der PPS-Führung verweigert wurde. Die Leitung des Kongresses unter dem belgischen Sozialisten Emile Vandervelde plädierte für ihre Zulassung, Ignacy Daszyński aus Österreich-Polen, der im Exil damals bekannteste polnische Sozialist, dagegen. Hier bot sich für die weithin unbekannte Rosa Luxemburg eine willkommene Gelegenheit zum ersten Auftritt innerhalb der sozialistischen Internationale. Ihre flammende

[9] Zitiert nach FRICKE-HOCHFELD / HOFFMANN, Rosa Luxemburg (wie Anm. 8), S. 51 f.

Rede beeindruckte sehr,[10] und wenn auch auf Betreiben Plechanows und Engels' der Antrag auf Zulassung abgelehnt wurde, so war doch ein wichtiges Resultat erzielt: die internationalistischen Ziele ihrer Gruppe waren mit einem Schlage innerhalb der sozialistischen Bewegung bekannt geworden.

Als 1896 der nächste Internationale Sozialistenkongreß in London zusammentrat, stand ihr Recht, als eigenständige, wenn auch kleine Sektion des polnischen Sozialismus Gehör zu finden, schon auf viel festeren Füßen. Diesmal schrie Daszyński: »Wir können nicht dulden, daß unsere Bewegung unter solchen Lumpen wie Rosa Luxemburg (...) leidet. (...) Wir müssen unsere internationale Armee befreien von einer Bande publizistischer Räuber, die unsere Freiheitsbewegung vernichten will.« Aber der Kongreß bestätigte Rosa Luxemburgs Mandat, der folgende ebenfalls, und nach 1900 gab es die PPS-Führung auf, Einspruch zu erheben.[11]

Der Streit mit der polnischen Sozialistischen Partei führte zu dem Beschluß, eine neue Partei zu gründen. Sie nannte sich »Sozialdemokratie des Königreichs Polen« (SDKP) und sollte schon in ihrem Namen durch die Verwendung des emphatischen Begriffs »Königreichs« jeden Gedanken an die Wiedererrichtung eines polnischen Staates abweisen. Die neue Partei verstand sich als Nachfolgerin des »Proletariat« und insoweit als Repräsentant der sozialistischen Bewegung im russischen Teil Polens, weshalb sie natürlich in Konkurrenz zur PPS trat; ihr Antinationalismus erwartete die Revolution als eine gesamtrussische.

Was ließ Rosa Luxemburg so allergisch auf nationalistische Tendenzen im Sozialismus reagieren und bei jeder sich bietenden Gelegenheit gegen sie ankämpfen? Sie war der festen Überzeugung, daß der Nationalismus die sozialistische Sache nur schwächen könne; in Konkurrenz miteinander würde der Sozialismus der Verlierer sein.

Politisch rechtfertigte sie ihr antinationalistisches Programm mit dem Nachweis, daß der Nationalismus das Refugium des Bürgertums war (...). Machten sich die Sozialisten nationalistische Bestrebungen zu eigen, so ketteten sie sich nur hoffnungslos an eine Bourgeoisie, die selbst politisch impotent war. (...) Vor die Wahl gestellt, entweder mit Unterstützung der Sozialisten für die Unabhängigkeit Polens zu kämpfen oder, unter Verzicht auf dieses Ziel, gemeinsam mit der Autokratie gegen das Gespenst der sozialen Revolution anzugehen, würde sich die Bourgeoisie bestimmt auf die Seite der Autokratie schlagen.[12]

---

10 Vgl. die Schilderungen Vanderveldes bei FRÖHLICH, Rosa Luxemburg (wie Anm. 5), S. 53, und NETTL, Rosa Luxemburg (wie Anm. 1), S. 83.

11 NETTL, Rosa Luxemburg (wie Anm. 1), S. 84 f.

12 Ebda, S. 99.

Die These vom notwendigen Internationalismus des Sozialismus durchzieht Rosa Luxemburgs gesamtes theoretisches Werk. Äußerste Brisanz gewinnt sie im Ersten Weltkrieg, und zwar in der Auseinandersetzung mit den Sozialdemokraten, die sich zur Unterstützung der deutschen Kriegsführung hatten verführen lassen.

»Sprawa Robotnicza« war unter Luxemburgs Leitung kein langes Leben beschieden. Die Resonanz in Polen blieb aus. Polizeiaktionen hatten sozialistische Organisationen im Land fast ganz ausgelöscht. Mit der Nr. 24 vom Juni 1896 stellte die Zeitschrift ihr Erscheinen ein. Rosa publizierte nun vor allem in deutschen sozialistischen Blättern, im ›Vorwärts‹, der ›Neuen Zeit‹, der ›Sächsischen Arbeiterzeitung‹ und den ›Sozialistischen Monatsheften‹, später dann vor allem in der ›Leipziger Volkszeitung‹.

Das Jahr 1897 brachte indes weitere Fortschritte für die Organisation der sozialistischen Bewegung. in Rußland schlossen sich jüdische Arbeiter, deren soziales Bewußtsein am weitesten gebildet war, zum »Algemenen Jiddischen Arbeter-Bund« zusammen – kurz »Bund« genannt. Ihm folgte ein Jahr später die Gründung der »Sozialdemokratischen Arbeiterpartei Rußlands« (russische Abkürzung: RSDRP, deutsche Abkürzung: SDAPR). Der SDKP traten im Dezember 1899 die litauischen Sozialdemokraten bei, so daß der Parteiname geändert wurde in: »Sozialdemokratie des Königreichs Polen und Litauen« (abgekürzt: SDKPiL). Dieser Zuwachs hob auch Rosa Luxemburgs Stellung sowohl im deutschen wie im polnisch-russischen Raum.

> Der Wunsch, sich ihren wachsenden Ruf in einem größeren Wirkungskreis, als ihn die Emigrantenführung der SDKPiL bot, nutzbar zu machen, reifte um diese Zeit zu dem Entschluß, nach Deutschland zu gehen.[13]

Leo Jogiches, der Arbeits- und Lebensgefährte, war aus politischen und persönlichen Gründen gegen ihre Übersiedlung: die polnische Bewegung würde den besten Kopf verlieren. Sie setzte dem entgegen, daß man jene Polen in Schlesien und Posen vor der PPS retten und bei der deutschen Sozialdemokratie für die eigene Sache werben müsse. Treibende Kraft jedoch war – so vermutet Nettl[14] – ihr Ehrgeiz, in Deutschland Karriere zu machen, darüber hinaus aber das Bestreben, der sozialistischen Bewegung zu dienen, und zwar dort, wo die Einflußmöglichkeiten offenbar am größten waren.

Als nichtdeutsche Sozialistin hätte Rosa Luxemburg schnell Probleme mit den Behörden bekommen. Deshalb geht sie, um deutsche Staatsbürgerin zu

[13] Ebda, S. 114. [14] Ebda, S. 116.

werden, vor dem Standesamt in Basel die Ehe mit Gustav Lübeck ein, dem Sohn eines deutschen Emigranten in der Schweiz. (Ihre Verbindung wird fünf Jahre später wieder gelöst.) Nun ist der Weg nach Deutschland frei, und im Mai 1898 trifft sie in Berlin ein. Rückblickend hat sie die Zürcher Jahre als sozialistische Lehrzeit angesehen; in Deutschland wird Rosa die nächsten zwanzig Jahre, bis zu ihrem Tod leben.

Für Berlin muß sie sich um eine Zuzugsgenehmigung kümmern und eine Wohnung suchen; letzteres macht Schwierigkeiten. Die Großstadt und deren Menschen wecken ihren Widerwillen. Freunden in Zürich schreibt sie:

> Berlin macht auf mich im allgemeinen den widrigsten Eindruck: kalt, geschmacklos, massiv – die richtige Kaserne, und die lieben Preußen mit ihrer Arroganz, als hätte jeder von ihnen den Stock verschluckt, mit dem man ihn einst geprügelt.[15]

Ein paar Tage nach ihrer Ankunft schreibt sie einen langen Brief an Jogiches, in dem auch etwas sichtbar wird von der Schwere dieser jetzt vollzogenen Entscheidung und der doch innerlich erfahrenen Notwendigkeit hierzu. Sie spricht von dem »Leben, das mich verfolgt« wie ein Hund, der »einen packen und nicht loslassen kann« und den Anspruch auf »mein Portiönchen Glück« zunichte macht.[16]

Rosa spricht bei der SPD-Geschäftsstelle in Berlin vor und bietet sich für die Wahlkampfarbeit unter den Polen Schlesiens an. Ihre Agitation bei den Reichstagswahlen im Juli ist erfolgreich; dadurch verpflichtet sie sich die Partei und erhält ein Mandat für den Stuttgarter Parteitag Anfang Oktober 1898. Auf seiner Tagesordnung stehen das Koalitionsrecht, der Bergarbeiterschutz, die Maifeier 1899, die Beteiligung an den preußischen Landtagswahlen, die deutsche Zoll- und Handelspolitik. Unterdrückt aber schwelt der Konflikt um eine wichtige Grundsatzfrage. Eduard Bernstein hat in einer Artikelserie der ›Neuen Zeit‹ mit dem Titel »Probleme des Sozialismus« der SPD den Rat gegeben, sich vom seiner Ansicht nach überholten marxistischen Klassenkampf- und Revolutionsvokabular zu trennen und sich stattdessen zu dem zu bekennen, was sie in Wirklichkeit sei: eine demokratisch-sozialistische Reformpartei. Bernsteins Kernsatz in der Januar-Nummer lautet:

> Ich gestehe es offen, ich habe für das, was man gemeinhin unter ›Endziel des Sozialismus‹ versteht, außerordentlich wenig Sinn und Interesse. Dieses Ziel, was immer es sei, ist mir nichts, die Bewegung alles.

[15] Ebda, S. 136, sowie HETMANN, ›Luxemburg-Biographie‹ (wie Anm. 3), S. 65.

[16] FRICKE-HOCHFELD / HOFFMANN, Rosa Luxemburg (wie Anm. 8), S. 71.

Statt Revolution propagiert Bernstein soziale Reformen. Damit beginnt die Reformismusdebatte, welche einen Großteil der theoretischen Aktivitäten Rosas in den kommenden Jahren absorbiert. (Darauf wird gleich näher eingegangen.)

Durch Vermittlung von Freunden kann Rosa Luxemburg im Herbst 1898 die Chefredaktion eines SPD-Blattes übernehmen, der ›Sächsischen Arbeiter-Zeitung‹ in Dresden. Aber ihre Tätigkeit ist nur von kurzer Dauer. Nachdem sie das Zentralorgan der SPD, den in Berlin erscheinenden ›Vorwärts‹, wegen mangelnder politischer Linie attackiert hatte, entspann sich eine bittere Polemik mit Intrigen in der Parteiführung gegen sie. Zudem war manchem führenden SPD-Politiker und Mitarbeiter in ihrer Redaktion die Tatsache ein Dorn im Auge, daß es eine Frau war und noch dazu eine in Grundsatzdiskussionen beschlagene und furchtlose Frau, die die Leitung eines wichtigen Parteiorgans innehatte. Der Streit eskaliert, und Rosa sieht sich schon im November gezwungen, von der Redaktion des Blattes zurückzutreten. Sie kehrt nach Berlin zurück.

Rosa Luxemburg unternimmt dennoch einen zweiten Versuch zur Leitung einer Parteizeitung – diesmal der ›Leipziger Volkszeitung‹, in der sie schon häufiger Artikel publiziert hatte –, scheitert aber erneut: auch hier unter anderem deshalb, weil sich die männlichen Redaktionskollegen von einer Frau nichts sagen lassen – mag sie auch noch so gescheit sein (oder vielmehr deswegen). Rosa gibt den Posten wegen mangelnder Unterstützung auf.

Nun zur Revisionismus-Debatte: welches sind ihre Hintergründe? Sowohl die SPD als auch die Freien Gewerkschaften hatten seit Aufhebung der Sozialistengesetze im Jahre 1890 einen gewaltigen Aufschwung genommen. Die Mitgliederzahl der SPD stieg bis 1914 auf über eine Million, die der Gewerkschaften war von 1890 bis 1914 von weniger als 300 000 auf über 2,5 Millionen angewachsen. Unter den sozialistischen Parteien überragte die SPD alle anderen, und den deutsche Gewerkschaften war es gelungen, die britischen bzw. amerikanischen Organisationen zahlenmäßig zu überflügeln. Wie groß war aber ihre wirkliche Macht? Tatsächlich bildete auch 1914 das gewerkschaftlich organisierte Proletariat nur eine Minderheit. In den staatlichen Betrieben und Verwaltungen einerseits, in der Schwerindustrie und im Bergbau andererseits waren die Arbeitnehmervertretungen am schwächsten. Ihre größte Organisationsdichte erreichten sie in Industrie, Handwerk, Handel und Verkehr, und dort vor allem bei den gelernten Arbeitern in den kleinen und mittleren Betrieben mit 10 bis 100 Mitgliedern.

Die Handwerker und die Industriearbeiterschaft wurden vom wilhelminischen Obrigkeitsstaat mit seiner halbfeudal-militaristischen und bürokratischen Gesellschaftsstruktur nicht akzeptiert. Deshalb schufen sie sich in vielfältigen Organisationen eine eigene Welt, die das Leben des Arbeiters und seiner Familie von der Wiege bis zum Grabe umgab, eine Heimat, in der sie Geborgenheit fanden und ein Bewußtsein von Würde und Kraft zu entfalten vermochten. Aber trotz dieser gewaltigen organisatorischen Macht und Geschlossenheit war der gewerkschaftliche Einfluß auf die Politik, waren die konkreten politischen Gestaltungsmöglichkeiten gering. Beziehungen zu den führenden Wirtschaftskreisen fehlten völlig. Erkennbare Wirkungen auf die Kommunal- und die Landespolitik gab es nur in Süddeutschland. Im preußischen Abgeordnetenhaus blieben die Arbeiter eine kleine Minderheit. Anders im sozialpolitischen Raum:

> In den Vertretungs- und Verwaltungskörperschaften der Arbeiterversicherung, in den Gewerbe- und Kaufmannsgerichten und den kommunalen Arbeitsnachweisen saßen bereits 1910 fast 100 000 Sozialdemokraten. (...) Soweit die Partei an der Entwicklung eines eigenen, neuen sozialistischen Menschentyps arbeitete und sich nicht auf den Ausbau der Organisation konzentrierte, kämpfte sie vor allem für ein demokratisches – allgemeines – Wahlrecht und – zusammen mit den Gewerkschaften – für den Acht-Stunden-Tag und andere sozialpolitische Verbesserungen. Sie verzichtete aber weitgehend auf jedes aktiv-revolutionäre Eingreifen in die große Politik, das den Rahmen der bürgerlichen Gesellschaften zu sprengen gedroht hätte. Man glaubte um so mehr, den Anbruch des Sozialismus passiv abwarten zu können, da man davon überzeugt war, daß dieser mit dem unvermeidlichen Zusammenbruch des Kapitalismus naturnotwendig kommen würde.[17]

Flechtheim, aus dessen Einleitung zum ersten Band seiner Auswahl ich zitiere – Flechtheim also fährt fort:

> Eine reformistische Tagespolitik drückte der Partei ihren Stempel auf, je mehr es ihr und den Gewerkschaften gelang, in die Bereiche der Sozialpolitik, der Kommunalpolitik, ja sogar auch der Landespolitik – im Süden, nicht in Norddeutschland! – einzudringen. Nicht die marxistischen oder revisionistischen Theoretiker, sondern die Gewerkschaftssekretäre, Parteibeamten und Kommunalpolitiker bestimmten immer stärker den Charakter der Partei. So übertrieb Rosa Luxemburg vielleicht gar nicht so sehr, wenn sie den sozialdemokratischen Parteitag als eine Versammlung von Bonzen und Budikern attackierte. War die Sozialdemokratie ausgezogen, die bestehende Gesellschaft zu verändern, so hatte diese schon vor 1914 jener ihren Stempel aufzudrücken vermocht. – Man

---

17 Ossip K. Flechtheim (Hrsg.), Rosa Luxemburg. Politische Schriften. Frankfurt a. M. 1966, 1975, Bd. I, S. 8.

kann aber nicht nur allgemein eine Verbürgerlichung und Bürokratisierung der Sozialdemokratie feststellen, sondern auch eine Anpassung an spezifisch ›Wilhelminische‹ Wesenszüge. Der Kampf mit der wilhelminischen Autokratie führte dazu, daß die SPD gerade im Verlauf dieses Prozesses selber immer autoritärer wurde (...;) um dem äußerst straff organisierten und disziplinierten Gegner selber schlagkräftig entgegentreten zu können, glaubte die SPD schon bald, das Prinzip der Organisationsdisziplin ganz groß schreiben zu müssen.[18]

Auf diesem Hintergrund ist Bernsteins Reformismus oder Revisionismus zu sehen. Er beschrieb durchaus die Mehrheitsmeinung in der SPD, wo man sich nichts sehnlicher wünschte als ein Ende der beständigen Diskriminierung und Isolation.

Eduard Bernstein (1850–1932) lebte in London und war Schüler von Engels, zeitweise sogar dessen Sekretär. Erst 1901 kehrte er nach Deutschland zurück. Die in jener Artikelserie der ›Neuen Zeit‹ umrissene Kritik der Marxschen Analysen und Programme führte er später in seinem Buch »Die Voraussetzungen des Sozialismus und die Aufgaben der Sozialdemokratie« weiter aus. Im Laufe dieser Darlegungen behandelte Bernstein so ziemlich alle grundlegenden Probleme sozialistischer Theorie und Praxis, und bei den führenden Sozialdemokraten wie Karl Kautsky, in dessen Zeitschrift Bernsteins Artikelserie ja erschien, fand er anfangs durchaus Zustimmung.[19] Erst als Parvus (Pseudonym von Alexander I. Helphand), damaliger Chefredakteur der ›Sächsischen Arbeiter-Zeitung‹, in einer Reihe von Beiträgen Anfang 1898 die Thesen Bernsteins vehement angriff – Bernstein seine Aufsatzreihe unterbrach, um Parvus zu entgegnen, hob der Streit an und eskalierte binnen kurzem: Von der Frage, was Marx wirklich gemeint habe, verlagerte sich die Diskussion rasch dahingehend, ob die gegenwärtigen politischen und sozialen Verhältnisse Bernstein oder Parvus recht gaben.

Eine Zwischenbemerkung zu den Bezeichnungen ›Reformismus‹, ›Revisionismus‹ und ›Opportunismus‹:

In der Theorie und zu Beginn der ›Unruhen‹ verstand man unter Revisionismus insbesondere die Gesamtheit der Gedanken, die Eduard Bernstein zur Revision der Marxschen Dialektik geäußert hatte, und Revisionisten waren diejenigen, die sich seinen Ansichten anschlossen. Reformismus bezeichnete einen mehr praktischen Aspekt, nämlich das Bestreben, durch Reformen, ohne Revolution, zum Sozialismus zu kommen. Am verschwommensten – und zugleich abschätzig gemeint – war der Begriff des Opportunismus; man verstand darunter die Ausnutzung taktischer Gelegenheiten ohne Rück-

[18] Ebda, S. 11.

[19] Vgl. NETTL, Rosa Luxemburg (wie Anm. 1), S. 150f.

sicht auf die Prinzipien. Im Lauf der geschilderten Ereignisse wurden diese Wörter weitgehend austauschbar. Der Begriff des Opportunismus wurde zu einer großen Müllgrube, in der schließlich Revisionisten, Reformisten und alle anderen Feinde dessen, der ihn gebrauchte, Platz hatten.[20]

Rosa Luxemburg bekommt zunächst auf dem Stuttgarter Parteitag im Sommer 1898 Gelegenheit zur Stellungnahme. Hier attackiert sie aber nicht Bernstein unmittelbar, sondern einen seiner Parteigänger, Wolfgang Heine, der dessen Standpunkt verteidigt hatte:

Die Reden von Heine und anderen haben bewiesen, daß sich in unserer Partei ein äußerst wichtiger Punkt verdunkelt hat, nämlich das Verständnis von der Beziehung zwischen unserem Endziel und dem alltäglichen Kampfe. Da wird gesagt: Das vom Endziel ist eine hübsche Stelle in unserem Programm, die gewiß nicht vergessen werden darf, aber in keiner unmittelbaren Beziehung zu unserem praktischen Kampfe steht. Vielleicht findet sich eine Anzahl Genossen, die so denkt: eine Spekulation über das Endziel sei eigentlich eine Doktorfrage. Ich behaupte demgegenüber, daß für uns als revolutionäre, als proletarische Partei keine praktischere Frage existiert als die vom Endziel. Denn bedenken Sie: Worin besteht eigentlich der sozialistische Charakter unserer ganzen Bewegung? Der eigentliche praktische Kampf zerfällt in drei Punkte: den gewerkschaftlichen Kampf, den Kampf um die Sozialreform und den Kampf um die Demokratisierung des kapitalistischen Staates. Sind diese drei Formen unseres Kampfes eigentlicher Sozialismus? Durchaus nicht. (...) Was macht uns dann in unserem alltäglichen Kampfe zur sozialistischen Partei? Es ist nur die Beziehung dieser drei Formen des praktischen Kampfes zum Endziel. Nur das Endziel ist es, welches den Geist und den Inhalt unseres sozialistischen Kampfes ausmacht, ihn zum Klassenkampf macht. Und zwar müssen wir unter Endziel nicht verstehen, wie Heine gesagt hat, diese oder jene Vorstellung vom Zukunftsstaat, sondern das, was einer Zukunftsgesellschaft vorangehen muß, nämlich die Eroberung der politischen Macht. (Zuruf: »Dann sind wir ja einig!«) Diese Auffassung unserer Aufgabe steht im engsten Zusammenhang mit unserer Auffassung von der kapitalistischen Gesellschaft, dem festen Boden unserer Anschauung, daß die kapitalistische Gesellschaft sich in unlösbare Widersprüche verwickelt, die im Schlußresultat eine Explosion notwendig machen, einen Zusammenbruch, bei dem wir den Syndikus spielen werden, der die verkrachte Gesellschaft liquidieren wird.[21]

Zu Bernstein selbst, und zwar zu seinen in der ›Neuen Zeit‹ publizierten Artikeln äußerte sich Rosa Luxemburg in Beiträgen, die vom 21. bis 28. September 1898 in der ›Leipziger Volkszeitung‹ erschienen. Diese bildeten später den ersten Teil ihrer Schrift »Sozialreform oder Revolution«, welche ein Jahr da-

---

[20] Ebda, S. 202 Anm. 1.

[21] Zitiert nach HETMANN, ›Luxemburg-Lesebuch‹ (wie Anm. 4), S. 48.

nach in Leipzig herauskam. Der zweite Teil war eine Kritik von Bernsteins Buch, das Januar 1899 in Stuttgart erschien.[22] Eine detaillierte Wiedergabe ihrer Argumente ist hier nicht möglich. Nur das zentrale Anliegen soll knapp umrissen und anhand ihres Vorworts dokumentiert werden.

Im Kampf gegen Bernsteins Revisionismus sieht sie sich als Verteidigerin des klassischen revolutionären Erbes, als Hüterin der Marxschen Orthodoxie. In Bernsteins Thesen drückt sich für sie eine Tendenz aus, die eigentlichen Grundlagen aufzugeben und sich der bürgerlichen Gesellschaft anzupassen; so als gelte der Kampf nur höheren Löhnen und besseren Arbeitsbedingungen. Dieser Tendenz tritt Rosa Luxemburg mit aller Kraft entgegen; darin sieht sie eine grundsätzliche Bedrohung für den Sozialismus:

Der Titel der vorliegenden Schrift kann auf den ersten Blick überraschen. Sozialreform *oder* Revolution? Kann denn die Sozialdemokratie *gegen* die Sozialreform sein? Oder kann sie die soziale Revolution, die Umwälzung der bestehenden Ordnung, die ihr Endziel bildet, der Sozialreform *entgegenstellen*? Allerdings nicht. Für die Sozialdemokratie bildet der alltägliche praktische Kampf um soziale Reformen, um die Besserung der Lage des arbeitenden Volkes noch auf dem Boden des Bestehenden, um die demokratischen Einrichtungen vielmehr den einzigen Weg, den proletarischen Klassenkampf zu leiten und auf das Endziel, auf die Ergreifung der politischen Macht und Aufhebung des Lohnsystems hinzuarbeiten. Für die Sozialdemokratie besteht zwischen der Sozialreform und der sozialen Revolution ein unzertrennlicher Zusammenhang, indem ihr der Kampf um die Sozialreform *das Mittel*, die soziale Umwälzung aber der *Zweck* ist. (...)

Da aber das sozialistische Endziel das einzige entscheidende Moment ist, das die sozialdemokratische Bewegung von der bürgerlichen Demokratie und dem bürgerlichen Radikalismus unterscheidet, das die ganze Arbeiterbewegung aus einer müßigen Flickarbeit zur Rettung der kapitalistischen Ordnung in einen Klassenkampf *gegen* diese Ordnung, um die Aufhebung dieser Ordnung verwandelt, so ist die Frage »Sozialreform oder Revolution?« im Bernsteinschen Sinne für die Sozialdemokratie zugleich die Frage: Sein oder Nichtsein? In der Auseinandersetzung mit Bernstein und seinen Anhängern, darüber muß sich jedermann in der Partei klar werden, handelt es sich nicht um diese oder jene Kampfweise, nicht um diese oder jene *Taktik*, sondern um die ganze *Existenz* der sozialdemokratischen Bewegung. (...)

(...) Die durch Bernstein theoretisch formulierte opportunistische Strömung in der Partei ist nichts anderes, als eine unbewußte Bestrebung, den zur Partei herübergekommenen kleinbürgerlichen Elementen die Oberhand zu sichern, in ihrem Geiste die Praxis und die Ziele der Partei umzumodeln. Die Frage von der Sozialreform und der

[22] Beide Teile samt einem Vorwort Rosa Luxemburgs für die Buchausgabe sind u. a. zugänglich in: Flechtheim, Rosa Luxemburg, Bd. I (wie Anm. 17), und in: Marxistische Blätter (Hrsg.), Rosa Luxemburg. Ausgewählte politische Schriften in 3 Bänden, Bd. I. Frankfurt/Main 1971 (Reihe »Marxistische Taschenbücher«).

Revolution, vom Endziel und der Bewegung ist von anderer Seite die Frage vom *kleinbürgerlichen oder proletarischen Charakter der Arbeiterbewegung*.

Deshalb liegt es gerade im Interesse der proletarischen Masse der Partei, sich mit der gegenwärtigen theoretischen Auseinandersetzung mit dem Opportunismus aufs lebhafteste und aufs eingehendste zu befassen. Solange die theoretische Erkenntnis bloß das Privileg einer Handvoll »Akademiker« in der Partei bleibt, droht ihr immer die Gefahr, auf Abwege zu geraten. Erst wenn die große Arbeitermasse selbst die scharfe zuverlässige Waffe des wissenschaftlichen Sozialismus in die Hand genommen hat, dann werden alle kleinbürgerlichen Anwandlungen, alle opportunistischen Strömungen im Sande verlaufen. Dann ist auch die Bewegung auf sicheren, festen Boden gestellt. »Die Menge tut es.«

Zunächst durch Parvus, dann aber vor allem durch Rosa Luxemburg war sich die Partei der Gefahr bewußt geworden, welche ihr von dem Programm der Revisionisten drohte. Während sich diese als fortschrittlich verstanden, hatte das Beharren auf der Notwendigkeit einer Revolution paradoxerweise konservative Funktion. Rosas Interventionen führten zum Erfolg. Auch der Parteivorstand, nun gegen seine ursprüngliche Intention nicht mehr in der Lage, die Diskussion im Sand verlaufen zu lassen, bezog (wenn auch verspätet) öffentlich oder zumindest hinter den Kulissen gegen Bernstein Stellung. Karl Kautsky, sein Freund, trat noch im gleichen Jahre 1899 mit einer Schrift an die Öffentlichkeit (»Bernstein und das sozialdemokratische Programm«), in dem er als Vater des Erfurter Programms von 1891 die marxistischen Prinzipien verteidigte. Auch formelle Parteitagsbeschlüsse 1899 in Hannover, 1901 in Jena und 1903 in Dresden gaben Rosa Luxemburg recht. Sehr rasch hatte sie – gestern noch eine Ausländerin und Emigrantin aus der Schweiz – in der deutschen SPD Fuß gefaßt, ja war über Nacht ins Zentrum öffentlicher, mit Leidenschaft geführter Diskussionen gerückt und hatte binnen kurzem sogar einen großartigen Sieg errungen; die Partei war in dieser Auseinandersetzung hinter sie getreten, und für einige Jahre wußte sie sich von ihr gestützt, in ihr aufgehoben, bis neue Probleme und neue Umwälzungen die Fronten veränderten.

Aber von welcher Art war dieser Sieg? War der Bernsteinsche Reformismus wirklich gebannt? War diese »Fünfte Kolonne der bürgerlichen Konterrevolution« – wie man sich später auszudrücken pflegte – tatsächlich vernichtet? Warum wandten sich gerade auch die Führer der SPD dann schließlich doch so vehement gegen Bernstein und seine Anhänger? Rosa Luxemburg hatte mit der für sie charakteristischen Schärfe herausgestellt, daß die Sozialdemokratie in Konsequenz des reformistischen Ansatzes sich nicht mehr als unersetzliche Vertreterin der sozialen und politischen Interessen des

Proletariats hätte ansehen können. »Hatte Bernstein recht, dann war die Ausschließlichkeit der Sozialdemokratie als Lebensform und als Organisation nicht aufrechtzuerhalten«. Das aber berührte unmittelbar die Eigeninteressen der Parteiführer und -mitglieder.

Die Parteiführer hatten ihre Karriere in totaler Opposition zur Gesellschaft gemacht; ihre Anhänger hatten sich in der SPD einen Ersatz für die Gesellschaft geschaffen, die sie ausgestoßen hatte. (...) Um die Jahrhundertwende war die SPD ein Staat im Staate, und ihre legitimen Lenker hatten ein wohlerworbenes Interesse an der Aufrechterhaltung dieses Status quo.[23]

Nettl spitzt dieses Dilemma zu, indem er behauptet, die Partei würde ihre Daseinsberechtigung nur dadurch aufrechterhalten können, daß sie sich nun aus Selbsterhaltungsinteresse von der Gesellschaft fernhalten müsse; deshalb dürfe sie in den Kampf zu ihrer Veränderung nicht eintreten, sondern müsse stattdessen eine Gegengesellschaft aufbauen; erfolgreiche Reformen würden die Partei liquidieren helfen, und daran habe sie natürlich kein Interesse.[24]

In diesem Licht betrachtet war Rosa Luxemburgs Sieg ein falscher Sieg. Erst mit der russischen Revolution von 1905 wurde ihr das klar. Sie wollte die Revolution wirklich und nicht deren bloße Beschwörung, um eine reformistische Praxis ideell zu überhöhen und die Parteieinheit weltanschaulich abzusichern. Rosa Luxemburg hatte später gewissermaßen gegen den eigenen Erfolg zu kämpfen.

Ihre ganze spätere Konzeption des Massenstreiks, gefolgt von der viel umfassenderen Theorie des Imperialismus, war ein Korrektiv für die selbstzufriedene Isolierung, die Apotheose des Status quo und seine Verlängerung ad infinitum, die sie selbst so fleißig und wortgewaltig hatte herbeiführen helfen.[25]

Die Folge war, daß sich in der Partei Theorie und Praxis immer weiter voneinander entfernten. Praxis war die Beteiligung an Wahlen, Versuche zur Blockbildung mit bürgerlichen Parteien, Gewerkschaftsarbeit. Die relative Erfolglosigkeit solcher Bemühungen, eine wachsende Bürokratisierung der Parteiarbeit und die innerparteilichen Ausdifferenzierungen waren dann aber aufzufangen und einzubetten in tradierte Revolutionsrhetorik.

Rosas Massenstreikkonzeption hat indes noch eine andere Stoßrichtung: Die Kritik am organisatorischen Zentralismus der *deutschen* Sozialdemokratie ist auch eine implizite Kritik an *Lenins* zentralistischer Parteikonzeption.

---

23 NETTL, Rosa Luxemburg (wie Anm. 1), S. 243.

24 Ebda, S. 244. 25 Ebda, S. 245.

Aufgeführt findet sich das alles im Artikel »Organisationsfragen der russischen Sozialdemokratie«, 1904 zunächst auf russisch in der Zeitschrift ›Iskra‹ (›Funke‹), dann auch auf deutsch in der ›Neuen Zeit‹ erschienen.[26] Lenin war von der Prämisse ausgegangen, die Arbeiter- und Bauernmassen des russischen Reichs seien noch nicht reif für eine revolutionäre Umwälzung, und hatte deshalb die Partei als einzige Trägerin des revolutionären Bewußtseins auch zur Führerin und Vorkämpferin der Revolution erhoben; ja, er war noch weitergegangen und hatte zwischen Führern und Geführten, Befehlenden und Gehorchenden in der Partei selbst unterschieden, insofern sie von einem Zentralkomitee, einer revolutionären Elite, regiert werden sollte. Rosa Luxemburg teilt weder Lenins Analyse der russischen Verhältnisse noch akzeptiert sie seine Antwort auf diese Situationsbeschreibung: Sie zeigt, welche revolutionären Fortschritte Rußland allein im letzten Jahrzehnt gemacht hatte und daß diese Fortschritte »jedesmal das spontane Produkt der entfesselten Bewegung selbst« waren[27] und nicht Erfolge einer taktisch planenden Partei, einer alles voraus wissenden und konzipierenden revolutionären Avantgarde. Rosa wirft Lenin im Grunde abstraktes, ungeschichtliches, undialektisches Denken vor, das im Widerspruch zum Historischen Materialismus von Marx steht. Jedes Stadium des revolutionären Kampfes schaffe sich die ihm angemessene Organisationsform und werfe veraltete Formen ab. Für Rosa kann es weder blinde Unterordnung der Partei unter eine alles bestimmende Zentralgewalt geben noch die scharfe Abgrenzung ihres organisierten Kerns von der übrigen Arbeiterbewegung. Solche Verfestigung dialektischen Denkens belegt sie auch an der eigentlich berechtigten Forderung nach unbedingter Disziplin: Lenin meine eine mechanische, bewußtlose Disziplin, Rosa will eine freiwillige, auf Einsicht beruhende: »Die freiwillige Koordinierung von bewußten politischen Handlungen einer gesellschaftlichen Schicht«, die mit »Kadavergehorsam« von Beherrschten nichts gemein habe.[28] Für Rosa leiden deutsche Sozialdemokratie und Lenins Parteikonzeption an dem gleichen Grundübel: ihrem Konservativismus. Eine die Führung beanspruchende, zentralistisch organisierte Partei halte ein bestimmtes Entwicklungsstadium des revolutionären Prozesses fest, sichere und konserviere das Errungene und verstelle dadurch die unvorhersehbare, unplanbare Zukunft, vereitele zukünftige Möglichkeiten des Kampfes. Dieser Konservativismus verstärke sich noch dadurch, daß Lenin die Partei oder ein Zentralkomitee mit unbegrenz-

[26] FLECHTHEIM, Rosa Luxemburg (wie Anm. 17), Bd. III, S. 83–105.

[27] Ebda, S. 92. [28] Ebda, S. 90.

ten Machtbefugnissen ausstatte.[29] – Rosa Luxemburg haben die unmittelbar folgenden revolutionären Entwicklungen des Jahres 1905 in Rußland recht gegeben: Nicht die Revolutionäre – Rosa oder Lenin oder Trotzki – waren es oder Parteikader, welche diese Entwicklungen auslösten oder vorantrieben, sondern Arbeiter selbst, unorganisiert, wie sie waren. Rosa hat ihre Kritik unter völlig veränderten Voraussetzungen im Jahre 1918 teilweise erneuert – nämlich nach dem erfolgreichen Umsturz Lenins und seiner bolschewistischen Partei – wir werden darauf noch eingehen. Die Erfahrungen des Stalinismus und der inneren Erstarrung des russischen Kommunismus bis in die jüngste Zeit geben ihr recht.

II

Die erste sozialistische Revolution, die diesen Namen verdient, auch wenn sie letztlich nicht zum Erfolg führte, stellten die das ganze zaristische Reich erschütternden ökonomisch und politisch motivierten Arbeiter- und Bauernaufstände der Jahre 1905/06 dar. Obwohl deren Vorgeschichte »etwas vom Aufziehen eines Gewitters« hat[30] und obwohl der Marxismus theoretisch die Revolution als geschichtsnotwendig, als unvermeidlich wie ein Naturereignis ansah, hat doch niemand das, was kam, vorausgesehen: »Die Revolution überrascht die Revolutionäre«.[31] Ich gebe im folgenden ein kurzes Resümee nach der Darstellung bei Hetmann.[32]

Die Ereignisse hatten vor allem zwei Ursachen: einmal eine gewaltige ökonomische Krise, die mit der Jahrhundertwende einsetzt, zum anderen den 1904 beginnenden Russisch-Japanischen Krieg, der mit einer Niederlage endet und seinerseits die Wirtschaftskrise verschärft. Mißernten hatten zu großen Hungersnöten geführt. Ab 1902 kommt es im südrussischen Raum zu einer Reihe von Massenstreiks, die sich insofern von westeuropäischen Beispielen unterscheiden, als sie nicht jeweils nur eine Berufsgruppe erfassen und auch politischer Ziele wegen geführt werden. Häufig enden diese Streiks in Straßenkämpfen und werden vom Militär niedergeschlagen; fast immer sind zahlreiche Tote zu beklagen. Die Solidarisierung der Bevölkerung schreitet

29 Ebda, S. 93 f.

30 Hetmann, ›Luxemburg-Biographie‹ (wie Anm. 3), S. 134.

31 Nettl, Rosa Luxemburg (wie Anm. 1), S. 289 (Überschrift zu Kap. VII).

32 Hetmann, ›Luxemburg-Biographie‹ (wie Anm. 3), S. 134–157.

fort, weil immer mehr den Zusammenhang zwischen wirtschaftlicher Misere und politischer Herrschaftsform begreifen.

Der Krieg mit Japan, den russische Provokationen ausgelöst hatten, führt nicht zur Solidarisierung des Volks. Die Niederlagen auf dem Schlachtfeld, derVerlust von Rohstoffquellen und Absatzmärkten sowie der kriegsbedingte Mangel an Arbeitskräften steigern die ökonomische Not weiter Bevölkerungskreise. In vielen Betrieben kommt es zu Massenentlassungen, zu Kurzarbeit oder Lohnsenkungen.

In Russisch-Polen erwägen oppositionelle Parteien, die Situation für revolutionäre Aktionen zu nutzen. Die PPS denkt vornehmlich an einen Aufstand, der Polen nationale Unabhängigkeit bringen soll, während die SDKPiL ihrer Tradition entsprechend eine klassenkämpferische Position vertritt und die proletarische Revolution in ganz Rußland propagiert, also gemeinsame Aktionen russischer und polnischer Arbeiter und Bauern befürwortet. Von Krakau aus verkündet sie ihre politischen Forderungen: Beseitigung des zaristischen Absolutismus und allgemeine Wahlen für eine legislative Versammlung.

Erst mit den dramatischen Geschehnissen vom Januar 1905 in Petersburg werden die Revolutionäre im Exil, Lenin und Plechanow, Luxemburg und Jogiches, aufmerksam. Am 23. Januar, einem Sonntag, hatten sich 200 000 Arbeiter vor dem Winterpalais des Zaren versammelt, um ihn auf ihre Not aufmerksam zu machen. Sie fordern Amnestie der politischen Gefangenen, Trennung von Staat und Kirche, Einführung des Achtstundentags, Minimallöhne sowie eine Volksvertretung, die durch allgemeine Wahlen zustandekommen soll.

Der Zar aber hatte die Stadt verlassen und den Oberbefehl dem Großfürsten Wladimir übertragen. Der läßt den Platz umstellen und in die Menge schießen. Das Blutbad ist ein Fanal für Generalstreiks in Petersburg, Moskau und anderen Großstädten Rußlands und Russisch-Polens.

Aus einem Zusammenschluß von Streikkomitees bildet sich in Petersburg ein ›Rat‹ von Arbeiterdeputierten, der erste ›Sowjet‹. Das Petersburger Beispiel wird in Moskau und anderen Städten aufgegriffen, und bald entwickeln sich die Sowjets von Gremien der proletarischen Selbstverwaltung zu Zentralen des politisch-revolutionären Kampfes. Den Vorsitz des Petersburger Sowjets übernimmt im November 1905 der aus dem Exil herbeigeeilte Leo Trotzki.[33]

Unmittelbar nach dem ›Blutsonntag‹ fordert der Hauptvorstand der SDKPiL in einem Aufruf mit der Überschrift »Generalstreik und Revolution in Petersburg« die

[33] Ebda, S. 138.

Arbeiter von Russisch-Polen zur Solidarität mit ihren russischen Brüdern auf und verlangt die Errichtung einer demokratischen Republik mit vollen politischen Rechten.[34]

Die PPS verhält sich zunächst abwartend, unterstützt dann aber das Vorgehen ihrer Schwesterpartei.

Im ganzen russischen Reich kommt es nun zu Demonstrationen, Streiks und Zusammenstößen mit dem Militär. Nach den Arbeitern solidarisieren sich in manchen Provinzen die Bauern mit den Aufständischen, verweigern Abgaben oder besetzen Güter, in vielen Städten schließen sich ihnen Studenten und Schüler an. Die Reaktionen von Polizei und Militär bleiben meist hart: Waffengewalt, Verhaftungen, Erschießungen sind an der Tagesordnung.

Der Zar schwankt angesichts der Revolutionsbewegung zwischen zwei Alternativen: Militärdiktatur oder Zugestehung beschränkter demokratischer Grundrechte. Von seinen Beratern läßt er sich schließlich dazu überreden, das sogenannte ›Oktober-Manifest‹ zu erlassen, in dem Pressefreiheit, Freiheit der Rede und Versammlungsfreiheit versprochen werden. Außerdem kündigt er Wahlen zu einer Nationalversammlung (Duma) an. Das Dekret verfolgt eine doppelte Absicht. Es will durch Einführung einer konstitutionellen Monarchie das Zarentum retten, gleichzeitig aber die revolutionäre Bewegung aufspalten, da erwartet wird, daß die gemäßigten Gruppierungen dem Manifest zustimmen und die Radikalen isolieren werden.[35]

Was von diesen Ankündigungen zu halten ist, zeigen die folgenden Wochen: Unruhen unter den Matrosen in Sewastopol werden blutig niedergeschlagen, über Russisch-Polen wird der Belagerungszustand verhängt, in Petersburg und Moskau werden Streiks mit Waffengewalt unterdrückt. Am 7. November trifft Lenin, über Schweden und Finnland kommend, in Petersburg ein, und Rosa Luxemburg begibt sich Ende Dezember von Berlin aus über Ostpreußen nach Warschau: beide wohl im Glauben, die Revolution trete in ihr entscheidendes Stadium. Aber das zaristische Militär ist zum Generalangriff übergangen:

Standrechtliche Massenhinrichtungen, Verhaftungen, Deportationen. Längs der Eisenbahnlinie Moskau-Kasan führt ein Garderegiment eine regelrechte Strafexpedition durch. Im Kaukasus, in der Ukraine, in den baltischen Provinzen wird gehängt, erschossen, gemordet. Ganze Dörfer werden niedergebrannt. Tausende Menschen kommen um. Zehntausende werden eingekerkert, verbannt.[36]

Auch Rosa Luxemburg und Leo Jogiches werden Anfang 1906 verhaftet (Jogiches hatte sich schon längere Zeit in Warschau aufgehalten und galt als unbe-

[34] Ebda, S. 140. [35] Ebda, S. 144. [36] Ebda, S. 149.

strittener Führer der SDKPiL). Erst am 8. August kann sie Warschau verlassen, nachdem die SPD für ihre Haftentlassung 3000 Rubel als Kaution gestellt hatte. Sie fährt zunächst nach Petersburg, trifft in Finnland Lenin, mit dem sie über die Ursachen für das Scheitern der Revolution diskutiert, verfaßt die Broschüre »Massenstreik, Partei und Gewerkschaften« und schickt das Manuskript zur Drucklegung nach Hamburg voraus; zurückgekehrt stellt sie sich Ende September dem Parteitag der SPD in Mannheim. Jogiches wird Anfang 1907 zu acht Jahren Zwangsarbeit in Sibirien verurteilt, kann jedoch wenig später dem Zuchthaus entkommen und begibt sich sofort zu Rosa nach Berlin.

Diese hatte während der gesamten Zeit gleichsam an zwei Fronten zu kämpfen: einmal an der polnisch-russischen in revolutionärer Agitation, zum anderen an der deutschen, um SPD und Gewerkschaften von dem Vorbildcharakter dieser revolutionären Bewegung zu überzeugen. Die russischen Vorgänge nämlich weckten zwar große Aufmerksamkeit, ja Begeisterung, aber doch nur so, daß man meinte, nun räume das Volk dort endlich mit dem rückständigen zaristischen Regime auf und nehme sich seine demokratischen Rechte; dadurch erreiche auch die sozialistische Bewegung in Rußland ein organisatorisches Niveau, das in Deutschland längst schon bestehe; im übrigen seien die ökonomischen und politischen Verhältnisse unvergleichbar. Man feierte in der SPD die russischen Revolutionäre, unterstützte sie auch praktisch, vor allem durch finanzielle Zuwendungen. Auf den unteren, aber auch auf den oberen Ebenen der Partei, gerade auch im Vorstand, verbreitete sich neuer Kampfgeist; die langjährige Revisionismus-Debatte war gerade abgeschlossen, und man empfand die revolutionären Geschehnisse als Bestätigung der klassischen Grundpositionen.

Aber diese Stimmung blieb doch eher oberflächlich und war nicht von Dauer. Rosa Luxemburg propagierte allenthalben ihr Konzept des Massenstreiks als einer offensiven Waffe im Kampf auch um politische Ziele. Doch die deutschen Gewerkschaftler sahen in Arbeitsniederlegungen, die nicht ihrer Initiative entsprangen und sich nicht ihrer Kontrolle unterwarfen, eine Gefährdung des eigenen Bestands, und Streiks für politische Zwecke galten als Mißbrauch ihrer Macht und Kompetenz. Sie verbaten sich zudem jede Mitsprache der Partei in eigenen Strategiedebatten. Auf dem Kölner Gewerkschaftskongreß vom Mai 1905, wo über diese Fragen heiß debattiert wurde, fiel das Wort vom Generalstreik als einem »Generalunsinn«,[37] im Februar

[37] Vgl. NETTL, Rosa Luxemburg (wie Anm. 1), S. 294.

1906 schlossen der Parteivorstand und die Generalkommission der Gewerkschaften

ein Abkommen, worin er ihr Autonomie in allen Gewerkschaftsfragen zugestand. Praktisch verzichtete die Partei darauf, den Gewerkschaften eine politische Linie vorzuschreiben, mit denen diese nicht voll einverstanden waren. Die Abmachung wurde geheimgehalten; das bewies, daß sie ein Abgehen von der anerkannten Praxis darstellte. Mit der Teilnahme des Parteivorstands am revolutionären Aufschwung von 1905 – sie hatte ohnehin bald nachgelassen – war es nun endgültig vorbei.[38]

Die Tiefenströmung sowohl in der Partei als auch in den Gewerkschaften war nach wie vor pragmatisch und folglich zumindest unbewußt revisionistisch: Man hielt am revolutionären Programm, an der revolutionären Ideologie fest, sah sich aber gleichzeitig dazu legitimiert, im Alltagskampf um der sozialistischen Sache willen Kompromisse einzugehen, sich den Umständen flexibel anzupassen. Demgegenüber erblickte Rosa Luxemburg in der gewerkschaftlichen Ablehnung von Massenstreiks bzw. deren Beschränkung auf eng definierte Fälle – als rein defensives Kampfinstrument – eine Verkennung dessen, was die Situation erforderte, wonach die gesellschaftliche Entwicklung verlangte.

Der Parteitag der SPD vom September 1905 in Jena bot Rosa Luxemburg erneut das Forum zur Auseinandersetzung mit ihren Gegnern. Bei der Aussprache zu einer Resolution August Bebels über die Pflicht der Arbeiterklasse, jedes geeignete Mittel zur Abwehr antidemokratischer Maßnahmen zu ergreifen, vor allem das der Massenarbeitseinstellung, eine Resolution, die schließlich mit 287 gegen vier Stimmen bei vier Enthaltungen angenommen wurde, sieht sie Partei und Gewerkschaften in der – wie Rosa es nennt – »bürgerlichen« Auffassung befangen, ohne Führung durch eine Organisation – Partei oder Gewerkschaft – gehe jede Volkserhebung in die Irre oder müsse scheitern. Stattdessen behauptet sie und sucht dies an den Ereignissen in Rußland zu belegen, daß die Masse sehr wohl zielbewußt und stark sei, auch ohne Organisation und etablierte Führer, daß sich vielmehr umgekehrt Organisation und Führerschaft in und mit der Aktion bilden (können). Rosa setzt also ihr Vertrauen ganz auf das Volk und sein sich unter der Bedrückung entwickelndes Klassenbewußtsein, während sie etablierten Organisationen mißtraut und diese eher als Hemmschuh der Entwicklung ansieht. Da alle Verantwortung für die Revolution bei den sich zur Selbstbefreiung anschikkenden Massen liegt, besteht nach Rosa auch kein moralisches Bedenken, ob

[38] Ebda, S. 196.

das Volk zum Kampf aufgefordert werden dürfe, bei dem es doch unvermeidlich zu Blutvergießen kommt. Der aus eigenem Antrieb und für die eigenen Interessen Kämpfende gibt sein Leben aus freien Stücken; so entsteht erst gar nicht das dem Paternalismus entspringende Problem, ob Führer oder Partei dazu berechtigt seien, das Leben der Untergebenen für einen Kampf, vielleicht sogar mit unsicherem Ausgang, zu wagen.

Hier macht sich schon Rosa Luxemburgs neue Klassenkampftheorie bemerkbar. Es geht nicht mehr wie in der Revisionismusdebatte defensiv um die Bewahrung des revolutionären Erbes, sondern nun deutet sie dieses Erbe offensiv aus: Nicht die Organisation, sondern die Aktion kommt zuerst, und die Organisation hat zu folgen bzw. geht daraus hervor. Nettl schreibt, damit werde »die traditionelle deutsche Anschauung auf den Kopf gestellt«.

> Und noch ärgerlicher war, was als Begründung dafür angeführt wurde: die Überlegenheit des russischen Beispiels. Das hieß lange Jahre des Fortschritts in Deutschland und zugleich den Anspruch der SPD auf die revolutionäre Führerstellung in der Internationale beiseite wischen. In den nächsten neun Jahren soll Rosa Luxemburg die latente Aktionsdoktrin von 1905 in dem Maße ausbauen und systematisieren, wie sie sich der sozialdemokratischen Orthodoxie entfremdete.[39]

Bebel hat auf dem Parteitag die für Rosas revolutionären Enthusiasmus vielleicht ruinöseste Taktik praktiziert, indem er ihre Forderungen ins Lächerliche zog. Selbst von Gewerkschaftsseite hatte man in ziemlich unverfrorener Manier die »›revolutionäre‹ Artikel schreibenden Theoretiker« aufgefordert, sich doch am russischen Freiheitskampf zu beteiligen, und Rosa eine »Imitation der Jungfrau von Orleans« genannt.[40] Ende des Jahres bricht sie nach Russisch-Polen auf und ist im September des folgenden Jahres wieder in Deutschland. Auf der Rückfahrt schreibt sie:

> Ich kann Ihnen ohne jede Übertreibung und in voller Ehrlichkeit versichern, daß jene Monate, die ich in Rußland zubrachte, die glücklichsten meines Lebens gewesen sind. Ich fühle mich tief betrübt, daß ich aus Rußland fort bin und herüber nach Deutschland muß.[41]

Was machte sie so glücklich? Sie hatte an den bislang wichtigsten und erhebendsten Kämpfen der sozialistischen Bewegung teilgenommen. Wofür sie in Theorie und Praxis seit zwanzig Jahren stritt, war wenigstens vorübergehend

39 Nettl, Rosa Luxemburg (wie Anm. 1), S. 303.

40 Ebda, S. 294.

41 Zitiert nach Hetmann, ›Luxemburg-Lesebuch‹ (wie Anm. 4), S. 113.

für die nun Fünfunddreißigjährige Realität geworden. Und auch ihre theoretischen Annahmen hatten sich als richtig erwiesen: Nicht die sozialistischen Parteien in Polen und Rußland waren Auslöser und Führer der Revolution, sondern die Arbeiter und Bauern beider Länder. Damals »suchten sich alle sozialistischen Parteien den Ereignissen anzupassen, dem rollenden Rad der Geschichte zu folgen und ihre Politik, so gut es ging, auf die Aktion der Massen abzustimmen«.[42] Während an der Spitze von PPS und SDKPiL die ideologischen Streitigkeiten weiter ausgetragen, ja vertieft wurden, war die revolutionäre Praxis an der Basis darüber hinweggegangen. Zu Beginn der Revolution zählte die SDKPiL keine tausend aktive Mitglieder – im Februar 1906 waren es schon rund 30 000. Der Grund hierfür ist wohl die außerordentliche Rührigkeit der Parteiführung, vor allem Rosa Luxemburgs: unermüdlich unterstütze sie Aktivisten mit Analysen der Lage und gab ihrem Kampf damit eine unerläßliche Orientierung, ohne sich deshalb in taktischen Details zu verlieren oder den Leuten etwas vorzuschreiben.

Rasch hatte die SDKPiL die Revolution in ihrem Gang eingeholt; statt ihr zu folgen, wollte sie nunmehr führen. Es herrschte Einverständnis darüber, daß der nächste Schritt der bewaffnete Aufstand sei, und zu Anfang des Jahres 1906 wurde Julian Marchlewski nach Belgien geschickt, um Waffen zu kaufen. Niemand wußte, wann der Augenblick für diese Initiative kommen würde und ob er überhaupt je kommen würde. Auf keinen Fall konnte ihn die Partei diktieren; er würde nur dann eintreten, wenn die Massen die Revolution weiter vorantrieben. Darüber hatte Rosa Luxemburg nie einen Zweifel gelassen: nur eine neue Welle von Aktionen konnte den nötigen Anstoß geben. Wie nun die erforderliche Atmosphäre schaffen? Das war Rosa Luxemburgs Aufgabe, und wir müssen jetzt untersuchen, wie sie sie anpackte.[43]

Zuerst war ein Programm zu erstellen. Dieser Aufgabe hatte sich Rosa schon früher gewidmet und das Programm mit einem Kommentar versehen, den sie auf polnisch zunächst (1904/05) bei einer in Zürich erscheinenden Zeitschrift (›Przeglad Robotniczy‹), dann 1906 als Broschüre in Warschau veröffentlichen ließ. Ihr Titel lautete: »Was wollen wir? Kommentar zum Programm der SDKPiL.«

Um wenigstens einen oberflächlichen Eindruck von der inhaltlichen Weite und Differenziertheit des Programms zu vermitteln, seien die Hauptforderungen hier angeführt:

---

42 Nettl, Rosa Luxemburg (wie Anm. 1), S. 311.

43 Ebda, S. 328.

1. die Proklamierung der Republik im ganzen russischen Reich;
2. die Gleichberechtigung aller Nationalitäten, die das russische Reich bewohnen; Zusicherung der Freiheit ihrer kulturellen Entwicklung: Nationalschule und Freiheit im Gebrauch der Muttersprache; Landesselbstverwaltung, das heißt Autonomie für Polen;
3. das allgemeine, gleiche, direkte und geheime Wahlrecht;
4. Stadt- und Gemeindeselbstverwaltung; Wahlen zu den Stadt- und Gemeindeverordnetenversammlungen auf der Grundlage des allgemeinen, gleichen, geheimen und direkten Wahlrechts;
5. die Wählbarkeit der Beamten und Richter durch die Bevölkerung und ihre Verantwortung für die Einhaltung der Gesetze;
6. die Gleichheit aller vor dem Gesetz;
7. die Unantastbarkeit der Person und der Wohnung;
8. Rede-, Presse-, Vereinigungs- und Versammlungsfreiheit;
9. die Gewissensfreiheit;
10. die Gleichberechtigung der Frauen;
11. die Abschaffung des stehenden Heeres und die Einführung der Miliz;
12. obligatorische und unentgeltliche Volksschulen, Unterhalt der Schulkinder auf Staatskosten, unentgeltliche Hochschulbildung für die besonders Befähigten;
13. die Aufhebung der Zölle und der indirekten Steuern und die Einführung einer einheitlichen gestaffelten Einkommens-, Vermögens- und Erbschaftssteuer;
14. die Arbeiterschutzgesetzgebung;
    a) der achtstündige Arbeitstag mit dem Verbot der Nachtarbeit dort, wo letztere nicht unbedingt notwendig ist, mit Pausen für das Frühstück und für das Mittagessen sowie mit einer Sonntagsruhe, die mindestens 36 Stunden ohne Unterbrechung dauert;
    b) Arbeitsverbot für Frauen zwei Wochen vor der Niederkunft und vier Wochen danach ohne Lohnabzug und unter Zusicherung ärztlicher Beihilfe; völliges Arbeitsverbot für Frauen in den schädlichsten Berufen, wie zum Beispiel in den Tabak- und Streichholzfabriken usw.;
    c) Arbeitsverbot für Kinder bis zu 14 Jahren in Fabriken, Werkstätten, bei der Heimarbeit, im Handel, in der Landwirtschaft sowie die Einschränkung der Arbeit Jugendlicher beiderlei Geschlechts bis zu 16 Jahren auf sechs Stunden täglich;
    d) gesetzliche Vorschriften zum Schutz der Gesundheit und des Lebens der Arbeiter in den Fabriken, Werkstätten, Grupen, in der Landwirtschaft und bei der Heimarbeit (Arbeitshygiene);
    e) obligatorische Versicherung aller Arbeiter in der Industrie, im Handel, in der Landwirtschaft und des Hauspersonals gegen Krankheitsfälle, Unfälle, Invalidität und für das Alter;
    f) Fabrikinspektion unter Teilnahme und Kontrolle der Arbeiter.[44]

---

[44] Vgl. die Auszüge in Hetmann, ›Luxemburg-Lesebuch‹ (wie Anm. 4), S. 156–184, so-

Wie geschildert, hatte Zar Nikolaus II. am 30. Oktober 1905 das sogenannte »Oktober-Manifest« erlassen, es aber schon elf Tage später dadurch widerrufen, daß er Generalstreik und Aufstände militärisch niederwerfen ließ. Die führenden Kreise der SDKPiL, unter ihnen Rosa Luxemburg, waren mittlerweile ihrerseits zur Auffassung gelangt, daß bloße Streiks oder auch ein Generalstreik allein die Dinge nicht mehr vorwärtsbewegen würden, und bereiteten den bewaffneten Kampf vor. Aber der schwindende Massenelan, die erneute Oppression und taktische Fehler der Revolutionäre z. B. in Petersburg ließen den Aufstand allmählich zerfallen. Auch in Polen machten sich Zerfallserscheinungen bemerkbar:

> Der Kampf gegen die Regierung war zu kostspieligen Scharmützeln mit den militanten Anhängern der Nationaldemokraten entartet, und die Führung war genötigt, von ›sinnlosen Raufereien‹ abzuraten – sowohl zwischen den beiden sozialistischen Parteien als auch zwischen sozialistisch und liberal organisierten Arbeitern. Die praktische Periode der Revolution war vorüber; jetzt galt es, die Erfahrungen zu verarbeiten und theoretisch zu analysieren. Das war eine große Aufgabe für Rosa Luxemburg.[45]

Sie unterzog sich ihr noch während der Rückkehr nach Deutschland bei Gesprächen mit russischen Revolutionären in Petersburg und mit Lenin in Finnland, dann aber an die Adresse ihrer deutschen Genossen gerichtet vor allem mit der noch dort abgeschlossenen Schrift »Massenstreik, Partei und Gewerkschaften«.[46]

Welche Lehren zieht Rosa aus den russischen Erfahrungen? Zunächst setzt sie sich mit Engels auseinander und relativiert dessen Kritik an Bakunins anarchistischer Theorie des Massenstreiks: Engels' Verdikt sei nur als Kritik am Anarchismus zu lesen; das von ihm aufgestellte Dilemma (in Rosas Formulierung: »entweder ist das gesamte Proletariat noch nicht im Besitz mächtiger Organisationen und Kassen, dann kann es den Generalstreik nicht durchführen, oder es ist bereits mächtig genug organisiert, dann braucht es den Generalstreik nicht«) habe für die Vergangenheit unbedingt Geltung gehabt und zum Aufbau mächtiger sozialistischer Organisationen geführt, die dem politischen Kampf gewachsen waren. Aber die russische Revolution habe gezeigt,

---

wie Institut für Marxismus-Leninismus beim ZK der SED (Hrsg.), Rosa Luxemburg. Gesammelte Werke, Bd. I–VI. Berlin (DDR) 1972–1975, Bd. II, S. 37–89 (im folgenden zitiert als ›Werk-Ausgabe‹).

45 Nettl, Rosa Luxemburg (wie Anm. 1), S. 335.

46 Flechtheim, Rosa Luxemburg (wie Anm. 17), Bd. I, S. 135–228; Marxistische Blätter, Rosa Luxemburg (wie Anm. 22), Bd. II, S. 27–101; Institut für Marxismus-Leninismus, Werk-Ausgabe (wie Anm. 44), Bd. II, S. 91–170.

daß eine anarchistische Konzeption des Massenstreiks nicht die allein gültige sei, und insofern müsse auch der Marxismus seine diesbezüglichen Einschätzungen revidieren. Die erste von ihr befürwortete Revision betrifft eine, wie sie sagt, »allgemeine *Auffassung* des Problems«. Der Massenstreik kann nicht propagiert, beschlossen und dann auf Kommando in Szene gesetzt werden, genausowenig wie er totgeschwiegen oder verboten werden kann. Der Massenstreik sei in Rußland kaum je diskutiert worden; er habe sich spontan ereignet, als die Situation reif war.

Wenn uns also die russische Revolution etwas lehrt, so ist es vor allem, daß der Massenstreik nicht künstlich »gemacht«, nicht ins Blaue hinein »beschlossen«, nicht »propagiert« wird, sondern daß er eine historische Erscheinung ist, die sich in gewissem Moment aus den sozialen Verhältnissen mit geschichtlicher Notwendigkeit ergibt.

Nicht durch abstrakte Spekulationen also über die Möglichkeit oder Unmöglichkeit, den Nutzen oder die Schädlichkeit des Massenstreiks, sondern durch die Erforschung derjenigen Momente und derjenigen sozialen Verhältnisse, aus denen der Massenstreik in der gegenwärtigen Phase des Klassenkampfes erwächst, mit anderen Worten: nicht durch *subjektive Beurteilung* des Massenstreiks vom Standpunkte des Wünschbaren, sondern durch *objektive Untersuchung* der Quellen des Massenstreiks vom Standpunkte des geschichtlich Notwendigen kann das Problem allein erfaßt und auch diskutiert werden.

Von Gegnern war Rosa Luxemburg vorgeworfen worden, sie halte sich nicht an den Wortlaut der auf dem SPD-Parteitag in Jena 1905 verabschiedeten Resolution August Bebels. Sie findet solches Insistieren auf deren Buchstaben lächerlich.

Im dritten Teil der Schrift dokumentiert sie ihre Auffassung durch einen knappen, packend geschriebenen Abriß der Geschichte russischer Arbeiterbewegungen von 1896 an, wo in Petersburg ein Generalstreik ausbrach, der schon alle Grundzüge des späteren allgemeinen Aufstands in sich trug. Rosa polemisiert dagegen, daß man sich einen univoken, schematischen Begriff dessen mache, was ein Massenstreik tatsächlich sei. In Deutschland werde

ausschließlich vom politischen Massenstreik gesprochen. Es wird dabei an einen einmaligen grandiosen Ausstand des Industrieproletariats gedacht, der aus einem politischen Anlaß von höchster Tragweite unternommen, und zwar auf Grund einer rechtzeitigen gegenseitigen Verständigung der Partei- und der gewerkschaftlichen Instanzen unternommen, dann im Geiste der Disziplin in größter Ordnung durchgeführt und in noch schönster Ordnung auf rechtzeitig gegebene Losung der leitenden Instanzen abgebrochen wird, wobei die Regelung der Unterstützung, der Kosten, der Opfer, mit einem Wort, die ganze materielle Bilanz des Massenstreiks im voraus genau bestimmt wird.

Doch die russische Wirklichkeit sah anders aus:

Alle Momente des Massenstreiks sowie sein Charakter sind nicht bloß verschieden in verschiedenen Städten und Gegenden des Reiches, sondern vor allem hat sich ihr allgemeiner Charakter mehrmals im Laufe der Revolution geändert. Die Massenstreiks haben in Rußland eine bestimmte Geschichte durchgemacht, und sie machen sie noch weiter durch. Wer also vom Massenstreik in Rußland redet, muß vor allem seine Geschichte ins Auge fassen.

Eine ungeschichtliche, schematische Auffassung halte die Revolution für ein Ereignis, das plötzlich, auf einmal und vollendet ins Dasein tritt; es ist entweder ganz da oder überhaupt nicht. Auch mag sich dem nur auf äußere Aktivitäten konzentrierten Beobachter die Tiefendimension des Geschehens verbergen. Rosa Luxemburg macht klar, daß selbst die an einer ersten Massenaktion Beteiligten Zeit brauchen, um sich des Geschehens zu vergewissern und es in seiner vollen Bedeutung zu vollziehen:

Die plötzliche Generalerhebung des Proletariats im Januar [1905] unter dem gewaltigen Anstoß der Petersburger Ereignisse war nach außen hin ein politischer Akt der revolutionären Kriegserklärung an den Absolutismus. Aber diese erste allgemeine direkte Klassenaktion wirkte gerade als solche nach innen um so mächtiger zurück, indem sie zum erstenmal das Klassengefühl und Klassenbewußtsein in den Millionen und aber Millionen wie durch einen elektrischen Schlag weckte. Und dieses Erwachen des Klassengefühls äußerte sich sofort darin, daß der nach Millionen zählenden proletarischen Masse ganz plötzlich scharf und schneidend die Unerträglichkeit jenes sozialen und ökonomischen Daseins zum Bewußtsein kam, das sie Jahrzehnte in den Ketten des Kapitalismus geduldig ertrug. Es beginnt daher ein spontanes allgemeines Rütteln und Zerren an diesen Ketten.

Daß der politische Kampf sich während dieser Periode rasch in einen ökonomischen wandelt, begreift Rosa nicht als Rückschritt, sondern als ein notwendiges Stadium im revolutionären Prozeß, um nämlich das soziale Defizit, welches sich während der vorangegangenen Jahrzehnte ständig vergrößert hatte, mit einem Schlag zu beseitigen:

Der ökonomische Kampf war hier also in Wirklichkeit nicht ein Zerfall, eine Zersplitterung der Aktion, sondern bloß eine Frontänderung, ein plötzlicher und natürlicher Umschlag der ersten Generalschlacht mit dem Absolutismus in eine Generalabrechnung mit dem Kapital, die, ihrem Charakter entsprechend, *die Form* einzelner zersplitterter Lohnkämpfe annahm. Nicht die politische Klassenaktion wurde im Januar durch den Zerfall des Generalstreiks in ökonomische Streiks gebrochen, sondern umgekehrt: nachdem der in der gegebenen Situation und auf der gegebenen Stufe der Revolution mögliche Inhalt der politischen Aktion erschöpft war, zerfiel sie oder schlug vielmehr in eine ökonomische Aktion um.

Die Revolutionsbewegung geht in Wellen durch das russische Reich, und jede dieser Wellen bringt Neues, ist keine bloße Repetition von schon Geschehenem, weil sich nicht nur durch äußere Umstände die revolutionären Erfordernisse ändern, sondern weil proletarische Aktion und proletarisches Bewußtsein aneinander wachsen und so aus sich heraus auf ein reiferes Niveau gelangen. Rosa sucht diese Tendenz anhand des zweiten und dritten allgemeinen Massenstreiks vom Oktober und Dezember 1905 zu belegen.

Aus ihrer Analyse leitet sie dann in Abschnitt IV einige allgemeinere Gesichtspunkte ab, die vor allem das Element des Spontanen betreffen. Diesen Teil beschließend gibt sie eine Charakteristik des kennzeichnenden Heroismus und Überschwangs revolutionärer Aktionen:

> Mit dem Augenblick, wo eine wirkliche ernste Massenperiode beginnt, verwandeln sich alle »Kostenberechnungen« in das Vorhaben, den Ozean mit einem Wasserglas auszuschöpfen. Es ist nämlich ein Ozean furchtbarer Entbehrungen und Leiden, durch den jede Revolution für die Proletariermassen erkauft wird. Und die Lösung, die eine revolutionäre Periode dieser scheinbar unüberwindlichen Schwierigkeiten gibt, besteht darin, daß sie zugleich eine so gewaltige Summe von Massenidealismus auslöst, bei der die Masse gegen die schärfsten Leiden unempfindlich wird. Mit der Psychologie eines Gewerkschaftlers, der sich auf keine Arbeitsruhe bei der Maifeier einläßt, bevor ihm eine genau bestimmte Unterstützung für den Fall seiner Maßregelung im voraus zugesichert wird, läßt sich weder Revolution noch Massenstreik machen. Aber im Sturm der revolutionären Periode verwandelt sich eben der Proletarier aus einem Unterstützung heischenden vorsorglichen Familienvater in einen »Revolutionsromantiker«, für den sogar das höchste Gut, nämlich das Leben, geschweige das materielle Wohlsein, im Vergleich mit den Kampfidealen geringen Wert besitzt.

Im Abschnitt V räumt Rosa Luxemburg mit dem Vorurteil auf, die wirtschaftlichen und sozialen Verhältnisse in Deutschland seien den russischen so haushoch überlegen, daß ein wirklicher Vergleich und entsprechend eine Anwendung der russischen Kampferfahrungen nicht in Frage komme. Einen klaren Unterschied sieht sie im Rechtswesen: In Deutschland herrschen trotz sozialer Unterdrückung und preußischem Militarismus rechtsstaatliche Verhältnisse, das absolutistische Regime im Zarenreich ist zu einem guten Teil Willkürherrschaft der Polizei und des Militärs. Hier hat das wilhelminische Reich einen Vorsprung, welcher aber mit einem Schlage aufgeholt werden könne, wenn die politische Stoßrichtung der russischen Revolution erfolgreich ist. Was aber den ökonomisch-sozialen Aspekt betrifft, so zeigt Rosa konkret und detailliert auf, wie sehr gerade auch in Deutschland die Dinge noch im argen liegen. Sie spricht vom Elend der gewerkschaftlich noch weitgehend unorganisierten Landarbeiter, Bergarbeiter, Textilarbeiter, Heimarbeiter,

Eisenbahn- und Postangestellten. Die in Rußland angestrebte Koalitionsfreiheit oder der dort vielerorts geforderte Achtstundentag sei auch für Deutschland »ein schönes fernes Ideal«; die Abschaffung der Akkordarbeit, der Heimarbeit, der Sonntagsarbeit sei hier wie dort nicht geleistet.

Im Abschnitt VI fragt Rosa Luxemburg, wie stark in organisatorischer Hinsicht die heimischen Gewerkschaften denn noch werden sollten, bevor sie sich ihres Sieges im Kampf sicher sein könnten. Zudem sei es verfehlt, in der Zerschlagung einer Organisation schon den Untergang der Bewegung zu sehen. Der Kampf führt bei einem starken Gegner nie sofort zum Sieg. In jedem Fall bedeutet Kampf eine Stärkung der inneren Kraft, eine Vergewisserung der Ziele und nächsten Schritte, die auf dem Wege zu tun sind. »Dies ist aber eben die den proletarischen Klassenorganisationen entsprechende spezifische Methode des Wachstums: im Kampfe sich zu erproben und aus dem Kampfe wieder reproduziert hervorzugehen«. Nicht daß Partei und Gewerkschaften in Zeiten relativer Ruhe keine Aufgabe hätten; wenn sie auch nicht die Revolution inszenieren können, so können sie doch erzieherisch und propagandistisch tätig sein, der Masse von Unterprivilegierten ein Gefühl und Bewußtsein ihrer Klassenzugehörigkeit und Aufgabenstellung vermitteln – sie so auf das vorbereiten, was kommen wird, weil es kommen muß.

Im nächsten Abschnitt erweitert Rosa Luxemburg ihre historische Perspektive. Sie ordnet die russische Revolution ein in den Gang bürgerlicher Revolutionen der Neuzeit und konzipiert diesen Gang als unabgeschlossene Folge von Schritten – zunächst die französische Revolution, dann die deutsche Märzrevolution von 1848, schließlich die russische – wo jeder Schritt über den vorhergehenden hinausführt, entsprechend den politischen und ökonomischen Verhältnissen, an denen sich das Bewußtsein, die Interessen der Menschen reiben, entzünden und fortentwickeln.

Im Schlußabschnitt schließlich führt Rosa Luxemburg aus, daß die weitgehende organisatorische Trennung von Sozialdemokratie und Gewerkschaften den Eindruck erwecke, es handele sich auch um zwei verschiedene Bewegungen, die eine für den politischen, die andere für den ökonomischen Sektor. Sie zeigt auf, daß diese Trennung Resultat der bürgerlich-parlamentarischen Epoche ist. Von daher rühre auch der reformistische Zug sowohl von Partei- wie auch Gewerkschaftsarbeit: Im parlamentarischen Raum suche man die politischen, im gewerkschaftlichen Raum die sozialen Lebensbedingungen des Proletariats zu verbessern. Es bestehe aber die Gefahr, über den partialisierten Gegenwartsaufgaben das große Zukunftsziel aus den Augen zu verlieren: eine ganzheitliche Umgestaltung der gesamten politisch-sozialen

Wirklichkeit. Auch täuschen sich Rosas Meinung nach jene Gewerkschaftsführer, welche politische Unabhängigkeit von der Partei fordern und politisch neutral sein wollen, über die wirklichen Abhängigkeiten, wie sie von Außenstehenden durchaus wahrgenommen werden. Die Gewerkschaften verdanken Existenz und Fortbestand wie auch ihre Attraktivität der sozialdemokratischen Parole des Klassenkampfes mit dem Ziel einer »Diktatur des Proletariats«, wobei die parlamentarische Arbeit nur eine vorübergehende Rolle spielt, einem bestimmten bürgerlichen Entwicklungsstadium zugehört.

Ich habe die Lehren Rosa Luxemburgs aus den russischen Ereignissen hier ausführlich referiert – einmal als Beispiel ihrer weittragenden Analysen sozialer und politischer Vorgänge, zum anderen, weil die Haltung zur Revolution den wichtigsten Ausgangspunkt ihrer theoretischen Arbeiten aus der Folgezeit bildet: neben der Kriegsfrage war das der Anlaß zu schweren Differenzen mit der SPD-Führung und schließlich ihrer Loslösung von der Partei. Die Schrift »Massenstreik, Partei und Gewerkschaften« richtet sich zwar an ein deutsches Publikum, kann aber auch als Weiterführung ihrer Auseinandersetzung mit der Revolutionstheorie Lenins und seiner Auffassung von der Partei im Prozeß gelesen werden, die sie 1904 mit dem Aufsatz in der ›Iskra‹ begann.

Rosa Luxemburg kehrte im September 1906 aus Rußland zurück, voller Begeisterung, aber körperlich geschwächt durch die Strapazen ihrer intensiven Tätigkeit und durch die fünfmonatige Haft, welche auch ein tödliches Ende hätte nehmen können. Im Herbst nahm sie noch aktiv am Mannheimer Parteitag der SPD teil, auf dem die russische Erhebung mit Erleichterung als der Vergangenheit gehörig zu den Akten gelegt wurde, wogegen sie sich vehement zur Wehr setzte. – Ein wenig konnte sich Rosa mit Luise Kautsky in den Bergen erholen, bevor sie sich im Dezember wegen einer forschen politischen Äußerung in Weimar zu verantworten hatte. Das Urteil lautete auf zwei Monate Gefängnis, die sie im nächsten Sommer absitzen mußte. Erstmals war sie 1904 wegen angeblicher Majestätsbeleidigung in Zwickau zu drei Monaten Haft verurteilt worden.

Die Regierung Bülow hatte inzwischen den Reichstag aufgelöst und bestritt den Wahlkampf des Jahres 1907 vor allem mit nationalistischen und kolonialpolitischen Parolen, wobei sie die SPD als Hauptfeind von Deutschlands Kraft und Größe brandmarkte.

Der Appell an den Nationalismus und eine den Sozialdemokraten abgeschaute geschickte Massenagitation zeitigten Erfolge, die alle Erwartungen übertrafen. Gegen den geschlossenen Block aller anderen Parteien errang die SPD statt ihrer bisherigen 81 nur

43 Reichstagssitze. Diese Wahlniederlage saß der Parteiführung in den nächsten fünf Jahren schwer in den Knochen. Bisher hatte jede Wahl Gewinne gebracht; sie waren als selbstverständlich hingenommen worden, und man hatte darin einen Beweis für die ›Unvermeidlichkeit‹ des Sozialismus erblickt. Jetzt würde die Revolution warten müssen, bis wenigstens das verlorene Terrain zurückerobert war. ›Nur schön sachte‹, besonders im Hinblick auf revolutionäre Phraseologie, wurde die offizielle Linie.[47]

Nicht so für Rosa Luxemburg, und auch nicht für Karl Liebknecht. Dieser hatte eine Broschüre mit dem Titel »Militarismus und Antimilitarismus« verfaßt, die ihm eine 18monatige Festungshaft eintrug, weil er »die Befehlsgewalt des Kaisers im Falle eines deutsch-französischen Krieges außer Kraft zu setzen versucht« habe. Er saß seine Strafe von 1907 bis 1909 auf der Festung des oberschlesischen Glatz ab. Für ihn und Rosa Luxemburg wurde der Kampf gegen den wachsenden deutschen Militarismus und die damit einhergehende Kriegsgefahr zum zentralen Anliegen. Dieser Kampf muß auch innerhalb der SPD geführt werden; denn es gibt trotz des verbalen Festhaltens am alten Programm und den klassischen Autoritäten eine durch die Wahlniederlage von 1907 verstärkte Tendenz zur Anpassung. »Immer deutlicher bricht die SPD in diesen Jahren in drei Blöcke auseinander. Die Reformisten neigen mehr und mehr der offiziellen Regierungspolitik zu. Das marxistische Zentrum, zu dem auch Kautsky gehört, verteidigt angeblich die reine Lehre, zu der allerdings mehr und mehr ein Revisionismus à la Bernstein erhoben wird. Im revolutionär-radikalen Flügel der Partei« finden sich neben Karl Liebknecht und Rosa Luxemburg u. a. Karl Radek und Clara Zetkin.[48]

Die folgenden Jahre (1907–1910) sind allerdings für Rosa Luxemburg die ruhigsten ihres ganzen politischen Lebens. Am 15. November 1906 eröffnet die SPD nach intensiver Vorbereitung in Berlin eine Parteischule. Als im Herbst 1907 zwei Dozenten wegen politischer Schwierigkeiten mit der preußischen Polizei ausfallen, tritt man an Rosa heran und bittet um ihre Mitwirkung. Nach einiger Überlegung sagt sie zu und wird Dozentin für Nationalökonomie, Wirtschaftsgeschichte und Geschichte des Sozialismus mit 50 Stunden Lehrverpflichtung im Monat. Wie es heißt, spielte bei ihrer positiven Entscheidung die finanzielle Seite eine große Rolle. Sie hatte keinerlei Vermögen und war aufgrund der vielfältigen unabhängigen Aktivitäten – zuletzt neun Monate in Polen und Rußland – auf inoffizielle Unterstützung durch

---

[47] Nettl, Rosa Luxemburg (wie Anm. 1), S. 360.
[48] Hetmann, ›Luxemburg-Biographie‹ (wie Anm. 3), S. 166.

die Partei angewiesen, was sie aber nicht mochte. Bis 1914 hat Rosa an der Hochschule unterrichtet, und zwar als einzige Frau.

In sieben Kursen durchliefen insgesamt 203 Schüler die Parteischule. Über eines waren sie sich alle einig: wieviel sie bei Rosa Luxemburg gelernt hatten. Rosa war eine geborene und begeisterte Lehrerin. Sie verstand es, die schwierigsten philosophischen Fragen des Marxismus klar und anschaulich zu machen und außerdem ihren Hörern ein Gefühl für die Wichtigkeit dieser Probleme zu geben. Sie gab sich mit jedem Schüler einzeln ab und erteilte, wenn nötig, individuelle Nachhilfe.[49]

Auf dem Nürnberger Parteitag im September 1908 verteidigte Rosa im Auftrage der Parteiführung die Schule und ihre Konzeption gegen den Vorwurf der Verwissenschaftlichung und Elitebildung. Sie räumte gewisse Schwächen des Konzepts ein, arbeitete aber stets an einer Verbesserung und Erweiterung des Lehrangebots.

Aus dieser Tätigkeit gingen zwei wichtige Werke hervor: einmal ihre »Einführung in die Nationalökonomie« – eine Zusammenfassung entsprechender Vorlesungen, die sie aber erst während des Weltkriegs im Gefängnis abschloß;[50] zum anderen ihr wissenschaftliches Hauptwerk »Die Akkumulation des Kapitals. Ein Beitrag zur ökonomischen Erklärung des Imperialismus«, das 1913 in Berlin erschien.[51] Ursprünglich war es Rosa Luxemburg lediglich darum gegangen, gewisse Widersprüche in den ökonomischen Vorstellungen von Marx zu beheben, auf die sie bei den Vorbereitungen für ihre Lehrtätigkeit gestoßen war; die Arbeit weitete sich aber aus zu einer grundlegenden Analyse von Kapitalismus und Imperialismus. Schon bald nach Erscheinen des Werks meldeten sich Kritiker. Rosa antwortete mit einer 1915 im Gefängnis verfaßten Schrift, die aber erst 1921 in Leipzig veröffentlicht wurde. Sie gab ihr den Titel: »Die Akkumulation des Kapitals oder Was die Epigonen aus der Marxschen Theorie gemacht haben. Eine Antikritik«.[52]

Ich selbst fühle mich außerstande, diese Arbeiten angemessen zu würdigen. Stattdessen möchte ich auf einige Darstellungen und Kritiken hinweisen, durch die der Interessierte weitergeführt werden kann. Hier wäre einmal »Rosa Luxemburg als Wirtschaftstheoretikerin« zu nennen, die sich als Anhang 1 in Nettls Werk findet,[53] sowie dessen Darlegungen in Kapitel

---

49 Nettl, Rosa Luxemburg (wie Anm. 1), S. 376.

50 Institut für Marxismus-Leninismus, Werk-Ausgabe (wie Anm. 44), Bd. V, S. 524–778.

51 Ebda, S. 5–411.

52 Ebda, S. 413–523.

53 Nettl, Rosa Luxemburg (wie Anm. 1), S. 794–808.

XI;[54] weiter Tony Cliffs Studie von 1959,[55] schließlich der von Claudio Pozzoli herausgegebene Sammelband mit kritischen Beiträgen über Rosa Luxemburg.[56]

Ihre Hauptsorge blieb, wie gesagt, der wachsende Militarismus Deutschlands und die damit einhergehende Kriegsgefahr. Schon gegen Ende des vorigen Jahrhunderts waren die Interessengegensätze zwischen den europäischen Großmächten in der Kolonialpolitik deutlich geworden. Seit 1898 wird durch Bernhard von Bülow und Admiral Alfred von Tirpitz ein Flottenbauprogramm forciert, das britische Interessen berührt. Seit 1906 verschärft sich diese Rivalität durch den Bau von Großkampfschiffen. Auch das Verhältnis zu Frankreich belasten koloniale Rivalitäten, so z. B. in den beiden Marokkokrisen 1905 und 1911. Auch der französische Verlust Elsaß-Lothringens an Deutschland bildet einen fortwährenden Konfliktherd. Schließlich gerät das wilhelminische Reich durch seine Parteinahme für die Interessen Österreich-Ungarns auf dem Balkan in wachsende Rivalität zu Rußland, das sich immer stärker an Großbritannien anlehnt.

Im August 1907 fand der Internationale Sozialistenkongreß in Stuttgart statt. Dort spielte die Kolonialismus- und Militarismusproblematik eine große Rolle. Rosa Luxemburg besaß ein Mandat für die SDKPiL und stimmte zeitweise auch für die russische Delegation ab; Lenin, der in Stuttgart viel mit Rosa konferierte, hatte das besorgt. 1903 waren auf dem 2. Kongreß der SDAPR die russischen Sozialisten in Menschewiki (Minderheitler), zu denen Martow, Plechanow und Trotzki gehörten, und Bolschewiki (Mehrheitler) unter der Führung Lenins zerfallen, hatten sich auf dem Stockholmer Parteitag 1906 aber wieder vereint, so daß beim Kongreß in Stuttgart die russischen Sozialisten mit einer Stimme sprachen; doch diese Einheit war nicht von langer Dauer.

In Stuttgart gab es bezüglich der Militarismus- und Kriegsfrage drei Standpunkte: Die deutsche Delegation unter Bebel suchte jede Diskussion zu vermeiden und hielt neue Resolutionen für überflüssig. Dagegen stand die Mehrheit der französischen Delegation, welche den Massenstreik als probates

---

54 Ebda, Kap. XI, bes. ab S. 500.

55 Tony Cliff, »Rosa Luxemburg. A Study«, in: International Socialism. Quarterly for Marxist Theory, Nr. 2 und 3, London 1959, ^{2}1968 (dt.: Studie über Rosa Luxemburg [Probleme sozialistischer Politik 13], Frankfurt a. M. 1969).

56 Claudio Pozzoli (Hrsg.), Rosa Luxemburg oder Die Bestimmung des Sozialismus. Frankfurt a. M. 1974.

Mittel gegen einen Krieg zur alle Mitglieder verpflichtenden Resolution erhoben sehen wollte. Rosa Luxemburg schließlich bezog sich in ihrer Kritik an Bebel auf die Beschlüsse des SPD-Parteitages in Jena, wo der Massenstreik durchaus als politisches Kampfmittel zugelassen worden war, übernahm jene den Anarchismus streifenden Forderungen der Franzosen aber nicht. Obwohl die letztlich verabschiedete Resolution aus allen drei Ansichten zusammengestückelt war und nicht mehr als eine Absichtserklärung blieb, hielt Rosa Luxemburg fest an der darin ausgesprochenen Verurteilung von Militarismus und Krieg – gegen den wachsenden Opportunismus der SPD – und betrachtete das Verhalten ihrer Partei vor allem zu Beginn des Ersten Weltkrieges als Verrat an den Prinzipien der sozialistischen Internationale.

Die Reichtagswahlen 1912 brachten der SPD einen stattlichen Erfolg, welcher die Blamage von 1907 mehr als wettmachte. Der Stimmenanteil war um eine Million von 3 250 000 auf 4 250 000 gestiegen, die Zahl ihrer Abgeordneten von 43 auf 110. Bei den Sozialdemokraten suchte man im Vorfeld dieser Wahl nach Verbündeten unter den bürgerlichen Parteien für einen gemeinsamen Kampf gegen den konservativen Block, mußte dafür aber programmatische Kompromisse eingehen, ohne daß die Annäherungsversuche an Liberale und Fortschrittliche letztlich erfolgreich waren. Diese Konzessionen sahen z. B. so aus, daß man nicht mehr die militärische Aufrüstung attackierte, sondern absurden Drill, Übergriffe und Mißhandlungen Untergebener im Militär – Kritik, die auf Erhöhung der Schlagkraft abzielte; ein paradoxes Verhalten. Rosa Luxemburg kämpfte unaufhörlich dagegen, wurde aber immer weniger gehört. Kautsky war der allgemeinen Richtung beigeschwenkt, weil sie ihm taktisch die besten Aussichten für einen endgültigen parlamentarischen Sieg zu bieten schien, und hatte sich deswegen mit ihr entzweit. Überhaupt verlor Rosa während der Dozententätigkeit deutlich an Einfluß auf die Diskussionen und Entscheidungen in der SPD. Es fiel ihr wie anderen Radikalen immer schwerer, überhaupt ein Parteitagsmandat zu erhalten. Nur an dreien der fünf letzten Parteitage vor dem Krieg konnte sie teilnehmen; 1909 und 1912 blieb sie ausgeschlossen.

Auch in der Parteipresse findet Rosa stets weniger ein Forum, so daß sie sich genötigt sieht, im Dezember 1913 zusammen mit Franz Mehring, Julian Marchlewski und Clara Zetkin ein eigenes Organ, die ›Sozialdemokratische Korrespondenz‹, zu gründen, in dem vor allem zum Problem des Militarismus Stellung bezogen wird. Dabei geht es ihr um Aufklärung darüber, welchen Interessen militärische Aufrüstung bzw. Krieg dienen, und um eine Stärkung der internationalen Klassensolidarität. Die Gruppe um diese Zeitschrift sollte den Kern der späteren Spartakusgruppe bilden, in der neben Rosa Karl Liebknecht die Führung innehatte.

Liebknecht war Jurist und seit 1912 Mitglied des Reichstags. Schon 1907 hatte er, wie erwähnt, wegen antimilitaristischer Stellungnahmen anderthalb Jahre in Haft verbracht. Seine juristischen Fähigkeiten nutzte er auch im parlamentarischen Kampf gegen den militärisch-industriellen Komplex. So deckte er z. B. einen Korruptionsfall bei Krupp auf, was zur Verurteilung der bestochenen Beamten des Kriegsministeriums führte. Wie Rosa Luxemburg versuchte auch Liebknecht, die internationale Solidarität der Arbeiterschaft zu stärken und so den Kriegsausbruch zu verhindern. Aber es sollte sich schließlich zeigen, daß der Nationalismus stärker war.

Eine weithin unerkannte Schwächung der Sozialdemokratie ging von ihrer wachsenden Bürokratisierung aus. Auch Rosa Luxemburg erkannte diese Gefahr nicht, ebensowenig wie kommunistische Parteien der in ihrer Organisationsform verborgenen Tendenz zur Immobilität und Versteinerung aus Selbsterhaltungsinteresse ins Auge sehen bzw. begegnen. Vor allem bei den Sozialdemokraten sah man im Wachstum des Organisationsgrades gemeinhin auch eine Vermehrung von Macht und Kampfkraft. Nettl schreibt:

> Als nach dem Jenaer Parteitag die zentralen Parteiorgane gestärkt wurden, besonders durch Erhöhung der Zahl der Sekretäre, begann das Parkinsonsche Gesetz zu wirken: mit den neuen Sekretären kamen bezahlte Angestellte und technische Errungenschaften wie Telefone und Schreibmaschinen. Die meisten Linken stimmten dieser Erweiterung des Apparats freudig zu; für sie war die SPD damals noch die Partei der Massenstreik-Resolution von 1905, die nur auf den nächsten revolutionären Aufschwung wartete. Organisation war gleichbedeutend mit machtvollerem Vormarsch. Es gab jedoch warnende Stimmen (...),[57]

für die Nettl beispielhaft Max Weber zitiert, der 1907 in einer Diskussionsrede vor dem Verband für Sozialpolitik die Bürokratisierung und »materiellen Versorgungsinteressen der Berufspolitiker einerseits und die revolutionäre Ideologie andererseits« als miteinander unvereinbar ansah. Ein anderer, der diese soziologische Gesetzmäßigkeit früh erkannte, war Robert Michels in seinem Buch »Zur Soziologie des Parteiwesens in der modernen Demokratie«[58] und einem Artikel aus dem Jahre 1906 mit dem Titel »Die deutsche Sozialdemokratie. Parteimitgliedschaft und soziale Zusammensetzung«,[59] wo

---

57 Nettl, Rosa Luxemburg (wie Anm. 1), S. 391.

58 Robert Michels, Zur Soziologie des Parteiwesens in der modernen Demokratie. Leipzig 1911, Neuausgabe Stuttgart 1957.

59 Ders., »Die deutsche Sozialdemokratie. Parteimitgliedschaft und soziale Zusam-

er die Struktur der SPD und das Wachstum ihrer Bürokratie analysierte. Nettl selbst hat anläßlich einer größeren Arbeit diese Analysen wieder aufgenommen.[60]

Rosa Luxemburg war an organisatorischen Fragen seltsam uninteressiert.

Sie erhob keine Einwände gegen das Wachstum der Parteibürokratie, da es mit dem allgemeinen Wachstum der Partei einherging; aber im Grunde nahm sie es gar nicht richtig wahr. Der Gedanke, daß zwischen Mitgliedern und Führern eine selbständige Zwischenschicht mit eigener Denkweise entstehen könnte, war ihr ganz fremd – aber natürlich auch allen anderen außer ein paar Soziologen. Ihre wenigen Schriften aus der Zeit von 1910 zeigen nicht die Spur eines Interesses an diesen Problemen.[61]

Tatsächlich bestand zwischen den Aufgaben der SPD und ihrer Verwaltung kein offener Widerspruch. Erst im Kriege, als sich die ganze Atmosphäre und mit ihr die Rolle der Partei gewandelt hatte, zeigte sich, daß die tragende Grundlage der SPD nicht die Massen waren, wie Rosa Luxemburg glaubte, sondern eine feste bürokratische Struktur. Wäre die Situation des August 1914 durch ein Wunder im Jahre 1900 eingetreten, so hätte zunächst Verwirrung geherrscht, und dann hätten sich die verschiedenen Richtungen formiert. 1914 dagegen fand man es natürlich, daß die Führung Vorschläge machte und die Partei im großen und ganzen folgte. Das war natürlich nicht gleichbedeutend mit der kommunistischen Taktik, die Wünsche der Mitglieder vorwegzunehmen und zu manipulieren; das Verhalten der SPD während des Krieges war nur deshalb möglich, weil die große Masse der Mitglieder die Führung unterstützte.[62]

Grundsätzlich war sich Rosa allerdings durchaus darüber im klaren, daß die organisatorische Stärkung der Partei zur Entfremdung von den wirklichen Lebensbedürfnissen der Werktätigen führte und zur Isolierung von der die Partei umgebenden Gesellschaft. Sie

kritisierte die Überbewertung des Organisatorischen nicht bloß wegen der falschen Rangordnung – Organisation als Vorbedingung der Aktion statt als ihr nützliches Produkt –; sie attackierte damit direkt die Grundlage der Isolierung der SPD. Ehe die Partei wieder den Kampf mit der Gesellschaft aufnehmen, wieder in Bewegung kommen konnte, mußten die institutionellen Zentren der internen Selbstbeschränkung zerstört werden. Allen taktischen Erwägungen ihres Kampfes – zuerst gegen die Gewerkschaftsführung, dann gegen die Reichstagsfraktion, schließlich gegen den Parteivorstand

---

mensetzung«, in: Archiv für Sozialwissenschaft und Sozialpolitik, Bd. 23 (1906), S. 471–556.

60 Peter Nettl, »The German Social-Democratic Party 1890–1914 as a Political Model«, in: Past and Present 30 (1965), S. 65–95.

61 Nettl, Rosa Luxemburg (wie Anm. 1), S. 393.

62 Ebda, S. 392.

selbst – lag die Notwendigkeit zugrunde, die ganze Struktur dieser Selbstbeschränkung zu zerbrechen.[63]

Aber wie hätte das einer Einzelperson oder einer kleinen Gruppe von Radikalen gelingen können, die sich doch ihrerseits in ihrer Radikalität von der Partei isoliert hatten bzw. von ihr an den Rand gedrängt worden waren?

III

Anfang August 1914 bricht der Erste Weltkrieg aus. Die von den sozialistischen Parteien beschworene internationale Solidarität der arbeitenden Bevölkerung gegen den Krieg und gegen die in ihn treibenden Kräfte erweist sich tatsächlich als zu schwach. Seit Mitte Juli ist Rosa Luxemburg in Brüssel, wo Ende des Monats das Büro der Sozialistischen Internationale tagt, um den für August in Wien geplanten Sozialistenkongreß vorzubereiten und zur Kriegsgefahr Stellung zu nehmen. Victor Adler, Führer der Sozialdemokratischen Partei Österreich-Ungarns, gibt ein pessimistisches Bild von seinem Land: die Bevölkerung wolle den Krieg, die Sozialdemokraten aber seien nicht in der Lage, dieser nationalen Begeisterung entgegenzutreten. Rosa ist empört über den Defätismus Adlers und glaubt, die deutsche Regierung wünsche keinen bewaffneten Konflikt – werde ihn im Ernstfall zu verhindern wissen. Sie »teilte also weitgehend die beiden herrschenden Illusionen: daß die Sozialdemokratie in der Lage sei, den Krieg zu verhindern oder zu stoppen, und daß die deutsche Regierung im Grunde den Frieden erhalten wolle«.[64] Reichskanzler Bethmann-Hollweg führt zwar Gespräche mit der SPD, die aber nur taktisch motiviert sind und die Partei in die Verantwortung für den Krieg miteinbeziehen sollen. Dabei werden Weichen für einen Burgfrieden zwischen Regierung und Opposition gestellt, so daß der Reichskanzler am 30. Juli auf einer Sitzung des preußischen Staatsministeriums versichern kann, von der Sozialdemokratie sei nichts zu befürchten.[65] Durch die Protestversammlungen und Kundgebungen der Berliner Arbeiterschaft gegen den Krieg und die Blamage der militärischen Führung bei einem in Frankfurt gegen sie angestrengten Prozeß war Rosa offenbar über die wahre Lage getäuscht worden.

63 Ebda, S. 515 f. 64 Ebda, S. 575.
65 Hetmann, ›Luxemburg-Biographie‹ (wie Anm. 3), S. 176 f.

Im September 1913 hatte sie auf mehreren Versammlungen in Frankfurt am Main und Umgebung Reden »gegen Militarismus und imperialistischen Krieg« gehalten. Sie wurde angeklagt, zum Ungehorsam gegen die Obrigkeit aufgewiegelt zu haben. Im Februar 1914 beginnt der Prozeß vor dem Landgericht Frankfurt. Die Anklage stützt sich auf den Satz: »Wenn uns zugemutet wird, die Mordwaffe gegen unsere französischen oder anderen Brüder zu erheben, dann rufen wir: Das tun wir nicht!« Der Staatsanwalt beantragt ein Jahr Gefängnis, das Gericht folgt diesem Antrag. Rosas Verteidiger legen Berufung ein, das Reichsgericht in Berlin verwirft am 20. Oktober den Revisionsantrag, sie wird am 18. Februar 1915 verhaftet und muß am 20. Februar ins Gefängnis. In Frankfurt hatte sie zu ihrer Verteidigung eine große Rede gehalten.[66]

Aufgrund eines Strafantrags des Kriegsministers von Falkenhayn wird Rosa einige Monate später zum zweiten Mal angeklagt. Bei einer ihrer Antimilitarismus- und Antikriegskundgebungen soll sie geäußert haben, in der deutschen Armee würden Soldaten mißhandelt. Im ›Vorwärts‹ Nr. 130 vom 14. Mai war zu lesen:

> Der Herr Kriegsminister fühlt sich im Namen des gesamten Offiziers- und Unteroffizierskorps der deutschen Armee beleidigt durch die Behauptung unserer Genossin, daß in der deutschen Armee Soldatenmißhandlungen auf der Tagesordnung stehen.[67]

Die sozialdemokratische Presse ruft dazu auf, sich als Zeuge für Rosas Behauptung zur Verfügung zu stellen, so daß ihre Verteidiger bei dem am 29. Juni eröffneten Prozeß vor dem Landgericht II in Berlin mit Material für 30 000 Soldatenmißhandlungen aufwarten können.[68] Ende Juni wird der Prozeß auf unbestimmte Zeit vertagt, und zwar weil es so kurzfristig nicht möglich sei, alle Zeugenaussagen zu prüfen. Rosa und ihre Verteidiger erheben erfolglos Einspruch gegen die Vertagung, mit welcher bloß eine Offenlegung unmenschlicher Zustände in der Armee verhindert werden soll.

Rosas Freude über die große Resonanz der Prozesse, die ihr Sympathien breitester Bevölkerungskreise eintragen, allerdings auch den lebensgefährli-

---

66 Vollständig abgedruckt in FLECHTHEIM, Rosa Luxemburg (wie Anm. 17), Bd. II, S. 5–17; HETMANN, ›Luxemburg-Lesebuch‹ (wie Anm. 4), S. 210–218; MARXISTISCHE BLÄTTER, Rosa Luxemburg (wie Anm. 22), Bd. II, S. 213–223. – In Auszügen bei NETTL, Rosa Luxemburg (wie Anm. 1), Anhang zu Kap. X, S. 467–472.

67 Zitiert nach HETMANN, ›Luxemburg-Biographie‹ (wie Anm. 3), S. 173.

68 Ebda, S. 174.

chen Haß des Militärs, wird überschattet von den politischen Ereignissen und durch die offenbare Ohnmacht der sozialistischen Bewegung, den drohenden Krieg zu verhindern bzw. seine Fortführung unmöglich zu machen. Jene Konferenz des Sozialistischen Büros in Brüssel, an der Rosa, wie erwähnt, teilnahm, hatte den zum 23. August in Wien geplanten Kongreß der Sozialistischen Internationale auf den 9. August nach Paris einberufen. Doch der Kriegsausbruch kam diesen Plänen zuvor. Am 28. Juli hatte Österreich Serbien den Krieg erklärt, nach der Ermordung des Thronfolgers in Sarajewo vier Wochen zuvor. Am 30. Juli erfolgt die Generalmobilmachung Rußlands, am 31. Juli die Österreich-Ungarns, am 1. August die deutsche Mobilmachung und Kriegserklärung an Rußland. Am 3. August erklärt Deutschland Frankreich den Krieg und läßt deutsche Truppen ins neutrale Belgien einmarschieren. Am 4. August richtet England ein Ultimatum an Deutschland, in dem die Respektierung der belgischen Neutralität gefordert wird, was einer Kriegserklärung gleichkommt.

Wie inzwischen dokumentarisch belegt werden konnte,[69] zögerte die deutsche Regierung mit der Generalmobilmachung, um dem Zar nicht zuvor zu kommen; sie konnte so den Anschein erwecken, daß Rußland der Angreifer sei, daß Deutschland sich verteidigen müsse – und die SPD tappte in diese für sie aufgestellte chauvinistische Falle. Der Kaiser verkündete: »Ich kenne keine Parteien mehr, ich kenne nur noch Deutsche«. Und nun konnten sich auch Sozialdemokraten nach jahrzehntelanger Verbannung von Staatsgeschäften und Staatsverantwortung dazugehörig fühlen; endlich schien jene erzwungene Isolierung aufgehoben, die Einheit mit Volk und Staat wiederhergestellt. Sie waren keine »vaterlandslosen Gesellen« mehr, wie bislang das kaiserliche Verdikt lautete.

Am 3. August hatten in einer Fraktionssitzung noch vierzehn Abgeordnete der SPD gegen die von der Regierung beantragten Kriegskredite gestimmt, einen Tag später im Reichstag stimmten alle SPD-Abgeordnete unter Fraktionszwang dafür. Der Partei- und Fraktionsvorsitzende Hugo Haase gehörte zu denen, die gegen eine Bewilligung votiert hatten; in der Reichstagssitzung begründete er dann die positive Entscheidung mit den Worten:

(...) Für unser Volk und seine freiheitliche Zukunft steht bei einem Sieg des russischen Despotismus, der sich mit dem Blute der Besten des eigenen Volkes befleckt hat, viel,

---

[69] Vgl. Georges Haupt, Le congrès manqué. L'Internationale à la veille de la première guerre mondiale. Etude et documents. Paris 1965 (dt.: Der Kongreß, der nicht stattfand. Wien 1967), Kap. XI.

wenn nicht alles auf dem Spiel. Es gilt, diese Gefahr abzuwehren, die Kultur und Unabhängigkeit unseres eigenen Landes sicherzustellen. Da machen wir wahr, was wir immer betont haben: Wir lassen in der Stunde der Gefahr das eigene Vaterland nicht im Stich. Wir fühlen uns dabei im Einklang mit der Internationale, die das Recht jedes Volkes auf nationale Selbständigkeit und Selbstverteidigung jederzeit anerkannt hat, wie wir auch in Übereinstimmung mit ihr jeden Eroberungskrieg verurteilen. Wir fordern, daß dem Kriege, sobald das Ziel der Sicherung erreicht ist und die Gegner zum Frieden geneigt sind, ein Ende gemacht wird durch einen Frieden, der die Freundschaft mit den Nachbarvölkern ermöglicht. (...) Von diesen Grundsätzen geleitet, bewilligen wir die geforderten Kriegskredite.[70]

Dieser 4. August 1914 gilt als dunkelster Tag der sozialistischen Bewegung: Ihre führende Partei, die deutsche Sozialdemokratie, hatte sich gegen die internationale Solidarität entschieden. Von kommunistischer Seite wurde ihr das später als Verrat ausgelegt. Doch traf sie nicht als einzige sozialistische Partei eine solche Entscheidung. Auch die Sozialdemokraten Frankreichs und Englands stellten sich hinter ihre nationalen Regierungen.

Nur in Rußland, Serbien, Polen, Italien, Bulgarien und den USA lehnte sich die Mehrheit der Sozialdemokraten gegen die Welle von Chauvinismus und patriotischer Kriegshysterie auf. (...) Rosa Luxemburg (...) war so tief erschüttert, daß sie Selbstmordpläne hegte. Nur zögernd formierte sich eine zunächst noch innerparteiliche Opposition, zu der vor allem Karl Liebknecht, Franz Mehring, Clara Zetkin und Hermann Duncker gehörten.[71]

Am 2. Dezember 1914 steht eine erneute Bewilligung von Kriegskrediten im Reichstag an. Rosa Luxemburg und Karl Liebknecht versuchen, SPD-Abgeordnete für eine Ablehnung dieser Vorlage zu gewinnen, doch ohne Erfolg. Liebknecht votiert als einziger dagegen.

Er durchbricht damit den sogenannten ›Burgfrieden‹, das Stillhalteabkommen, zu dem sich die Parteien nach dem Kaiserwort bereit erklärt haben. Sein Verhalten wird als Disziplinbruch von der SPD-Fraktion scharf verurteilt. Zum Thema ›Disziplin‹ hat Rosa sich kurz zuvor kritisch geäußert: »Die Disziplin der Gesamtpartei, d. h. ihrem Programm gegenüber, geht vor aller Körperschaftsdisziplin«. Sie will damit sagen: es kommt darauf an, dem Sinn, dem Gedanken des Programms treu zu bleiben und keinen Kadavergehorsam gegenüber der Partei als Organisation zu üben. Ganz ähnlich argumentiert Liebknecht am 3. Februar 1915 in einem Schreiben an den ›Vorwärts‹. Als Begründung seines ›Nein‹ zu den Kriegskrediten gibt er an, daß die Bewilligung nicht nur

---

70 Zitiert nach Hetmann, ›Luxemburg-Lesebuch‹ (wie Anm. 4), S. 223 f.

71 Ebda, S. 224.

den Interessen der Arbeiter, sondern auch dem Parteiprogramm und den Beschlüssen internationaler Kongresse der Sozialisten schroff widerspreche.[72]

Am 18. Februar 1915 wird Rosa, wie erwähnt, verhaftet und muß die einjährige Gefängnisstrafe abbüßen, zu der sie ein Jahr zuvor verurteilt worden war. Am 7. Februar wird Liebknecht zum Landsturm einberufen, im Juli über Clara Zetkin eine Schutzhaft verhängt. Auch Wilhelm Pieck, Ernst Meyer und Hugo Eberlein wandern ins Gefängnis. Der innerparteiliche Widerstand kann sich also zunächst nicht recht formieren. Aber je länger der Krieg dauert, um so größer wird die Ernüchterung, auch in der SPD. Am 21. Dezember 1915 stimmen schon zwanzig ihrer Reichstagsabgeordneten gegen eine erneute Kriegskreditvorlage und zweiundzwanzig weitere bleiben der Abstimmung fern. Am 1. Januar 1916 trifft sich die radikale Linke in Liebknechts Berliner Anwaltskanzlei. Man beschließt eine Herausgabe politischer Korrespondenz mit Kommentaren zur Tagespolitik und nennt sie nach dem Anführer des römischen Sklavenaufstands »Spartakusbriefe«, woraus sich die spätere Bezeichnung dieses Widerstandszirkels herleitet. Zunächst nennt sie sich aber noch »Gruppe Internationale«. Am 18. Februar 1916 ist Rosa wieder frei.

Im Gefängnis hatte sie Gelegenheit zu ausführlicher Bekundung in größerem Zusammenhang. Herausragendstes Ergebnis war eine Studie über das Versagen des Sozialismus im Augenblick der Bewährung unter dem Titel »Die Krise der Sozialdemokratie«. Schon Ende April 1915 konnte sie diese beenden und aus dem Gefängnis schmuggeln, aber es fand sich zunächst kein Verleger. Erst nach ihrer Entlassung erschien die Arbeit; Rosa veröffentlichte sie in Zürich unter dem Pseudonym »Junius«, weswegen die Schrift gewöhnlich als »Junius-Broschüre« bezeichnet wird. (Unter gleichem Verfassernamen waren 1769–1772 im Londoner ›Public Advertiser‹ Briefe über die Korruption in Englands Herrschaftsschicht erschienen.) Im Anhang der Junius-Broschüre finden sich »Leitsätze über die Aufgaben der internationalen Sozialdemokratie«. Diese waren von Rosa Luxemburg ursprünglich für eine Zimmerwalder Konferenz erarbeitet worden, welche im September 1915 von Delegierten verschiedener sozialistischer Parteien in der Schweiz ausgerichtet wurde. An ihr nahm neben anderen auch Lenin teil, der die Gründung einer neuen sozialistischen Internationale vorschlug und als Losung die »Umwandlung des imperialistischen Krieges in Bürgerkrieg« propagierte, mit beiden Vorschlägen aber nicht durchdrang. Zu Rosas Leidwesen trafen ihre Leitsätze

72 Hetmann, ›Luxemburg-Biographie‹ (wie Anm. 3), S. 188 f.

zu spät ein, dienten jedoch der sich um die »Spartakusbriefe« formierenden radikalen Opposition als Programm. Die »Junius-Broschüre«[73] beginnt so:

Die Szene hat gründlich gewechselt. Der Marsch in sechs Wochen nach Paris hat sich zu einem Weltdrama ausgewachsen; die Massenschlächterei ist zum ermüdend eintönigen Tagesgeschäft geworden, ohne die Lösung vorwärts oder rückwärts zu bringen. Die bürgerliche Staatskunst sitzt in der Klemme, im eigenen Eisen gefangen; die Geister, die man rief, kann man nicht mehr bannen.

Vorbei ist der Rausch. Vorbei der patriotische Lärm in den Straßen, die Jagd auf Goldautomobile, die einander jagenden falschen Telegramme, die mit Cholerabazillen vergifteten Brunnen, die auf jeder Eisenbahnbrücke Berlins bombenwerfenden russischen Studenten, die über Nürnberg fliegenden Franzosen, die Straßenexzesse des spionewitternden Publikums, das wogende Menschengedränge in den Konditoreien, wo ohrenbetäubende Musik und patriotische Gesänge die höchsten Wellen schlugen; ganze Stadtbevölkerungen in Pöbel verwandelt, bereit, zu denunzieren, Frauen zu mißhandeln, hurra zu schreien und sich selbst durch wilde Gerüchte ins Delirium zu steigern; eine Ritualmordatmosphäre, eine Kischineff-Luft, in der der Schutzmann an der Straßenecke der einzige Repräsentant der Menschenwürde war. (...)

Geschändet, entehrt, im Blute watend, von Schmutz triefend – so steht die bürgerliche Gesellschaft da, so ist sie. Nicht wenn sie, geleckt und sittsam, Kultur, Philosophie und Ethik, Ordnung, Frieden und Rechtsstaat mimt – als reißende Bestie, als Hexensabbat der Anarchie, als Pesthauch für Kultur und Menschheit –, so zeigt sie sich in ihrer wahren, nackten Gestalt.

Mitten in diesem Hexensabbat vollzog sich eine weltgeschichtliche Katastrophe: die Kapitulation der internationalen Sozialdemokratie. Sich darüber zu täuschen, sie zu verschleiern, wäre das Törichtste, das Verhängnisvollste, was dem Proletariat passieren könnte.

Die selbstverschuldete Niederlage des Sozialismus bedeutet für Rosa aber nicht dessen endgültiges Scheitern – vorausgesetzt, er begreift seine Irrtümer und lernt aus ihnen:

Das moderne Proletariat geht anders aus geschichtlichen Proben hervor. Gigantisch wie seine Aufgaben sind auch seine Irrtümer. Kein vorgezeichnetes, ein für allemal gültiges Schema, kein unfehlbarer Führer zeigt ihm die Pfade, die es zu wandeln hat. Die geschichtliche Erfahrung ist seine einzige Lehrmeisterin, sein Dornenweg der Selbstbefreiung ist nicht bloß mit unermeßlichen Leiden, sondern auch mit unzähligen Irrtümern gepflastert. Das Ziel seiner Reise, seine Befreiung hängt davon ab, ob das Proletariat versteht, aus den eigenen Irrtümern zu lernen. Selbstkritik, rücksichtslose, grausame, bis auf den Grund der Dinge gehende Selbstkritik ist Lebensluft und Lebenslicht der prole-

[73] Flechtheim, Rosa Luxemburg (wie Anm. 17), Bd. II, S. 19–152; Marxistische Blätter, Rosa Luxemburg (wie Anm. 22), Bd. III, S. 39–146; Institut für Marxismus-Leninismus, ›Werk-Ausgabe‹ (wie Anm. 44), Bd. IV, S. 49–164.

tarischen Bewegung. Der Fall des sozialistischen Proletariats im gegenwärtigen Weltkrieg ist beispiellos, ist ein Unglück für die Menschheit. Verloren wäre der Sozialismus nur dann, wenn das internationale Proletariat die Tiefe dieses Falls nicht ermessen, aus ihm nicht lernen wollte.

Verursacht hat diesen Fall der proletarischen Bewegung ihr stärkster Vortrupp, die deutsche Sozialdemokratie:

Deshalb muß in ihr und an ihrem Fall die Analyse, der Selbstbesinnungsprozeß ansetzen. Sie hat die Ehrenpflicht, mit der Rettung des internationalen Sozialismus, das heißt, mit schonungsloser Selbstkritik voranzugehen. Keine andere Partei, keine andere Klasse der bürgerlichen Gesellschaft darf die eigenen Fehler, die eigenen Schwächen im klaren Spiegel der Kritik vor aller Welt zeigen, denn der Spiegel wirft ihr zugleich die vor ihr stehende geschichtliche Schranke und das hinter ihr stehende geschichtliche Verhängnis zurück. Die Arbeiterklasse darf stets ungescheut der Wahrheit, auch der bittersten Selbstbezichtigung ins Antlitz blicken, denn ihre Schwäche ist nur eine Verirrung, und das strenge Gesetz der Geschichte gibt ihr die Kraft zurück, verbürgt ihren endlichen Sieg.

Im zweiten Abschnitt dokumentiert Rosa Luxemburg, wie plötzlich die Kehrtwendung der deutschen Sozialdemokratie am 4. August 1914 kam und wie total sie war: Seit 45 Jahren, seit sich Wilhelm Liebknecht und August Bebel am 21. Juli 1870 vor dem Norddeutschen Reichstag im Namen der Unterdrückten aller Nationen gegen den Krieg mit Frankreich aussprachen, hatte die Sozialdemokratie deutschen Chauvinismus und Militarismus konsequent bekämpft. Noch eine Woche vor Kriegsausbruch hatte die sozialdemokratische Parteipresse völlig klar und eindeutig den Entschluß der österreichischen Regierung zum militärischen Konflikt gesehen, wie er sich im Ultimatum an Serbien aussprach, und hatte ihn verurteilt. Rosa Luxemburg belegt das mit ausführlichen Zitaten aus neun Parteizeitungen. Die große Illusion der deutschen Öffentlichkeit, auch der sozialdemokratischen, auch der Rosas, bestand im Glauben, die deutsche Regierung wolle den Krieg nicht und übe mäßigend Einfluß auf Österreich aus; der Kaiser und sein Kanzler hatten diesen Eindruck zu erwecken gewußt, um die Sozialdemokraten zu gewinnen. Rosa Luxemburg zeigt jedoch, wie ihnen noch mit dem Weißbuch der Regierung vom 4. August die Augen hätten aufgehen können, aufgehen müssen. Dort sei auf S. 4 zu lesen gewesen:

Unter diesen Umständen mußte Österreich sich sagen, daß es weder mit der Würde noch mit der Selbsterhaltung der Monarchie vereinbar wäre, dem Treiben jenseits der Grenzen noch länger tatenlos zuzusehen. *Die K. u. K. Regierung benachrichtigte uns von dieser Auffassung und erbat unsere Ansicht.* Aus vollem Herzen konnten wir unserem

Bundesgenossen unser Einverständnis mit seiner Einschätzung der Sachlage geben und ihm versichern, daß eine Aktion, die er für notwendig hielte, um der gegen den Bestand der Monarchie gerichteten Bewegung in Serbien ein Ende zu machen, unsere Billigung finden würde. *Wir waren uns hierbei wohl bewußt, daß ein etwaiges Kriegerisches Vorgehen Österreich-Ungarns gegen Serbien Rußland auf den Plan bringen und uns hiermit unserer Bundespflicht entsprechend in einen Krieg verwickeln könnte.* Wir konnten aber in der Erkenntnis der vitalen Interessen Österreich-Ungarns, die auf dem Spiele standen, unserem Bundesgenossen weder *zu einer mit seiner Würde nicht zu vereinbarenden Nachgiebigkeit raten,* noch auch ihm unseren Beistand in diesem schweren Moment versagen. Wir konnten dies um so weniger, als auch unsere Interessen durch die andauernde serbische Wühlarbeit auf das empfindlichste bedroht waren. Wenn es Serbien mit Rußlands und Frankreichs Hilfe noch länger gestattet geblieben wäre, den Bestand der Nachbarmonarchie zu gefährden, so würde dies den allmählichen Zusammenbruch Österreichs und eine Unterwerfung des gesamten Slawentums unter russisches Zepter zur Folge haben, wodurch die Stellung der germanischen Rasse in Mitteleuropa unhaltbar würde. *Ein moralisch geschwächtes, durch das Vordringen des russischen Panslawismus zusammenbrechendes Österreich wäre für uns kein Bundesgenosse mehr, mit dem wir rechnen* könnten und auf den wir uns verlassen könnten, wie wir es angesichts der immer drohender werdenden Haltung unserer östlichen und westlichen Nachbarn müssen. *Wir ließen daher Österreich völlig freie Hand in seiner Aktion gegen Serbien.* Wir haben an den Vorbereitungen dazu nicht teilgenommen.

Rosas Kommentar:

Die gesamte Sozialdemokratie und die gesamte deutsche Öffentlichkeit war überzeugt, daß die deutsche Regierung seit dem österreichischen Ultimatum im Schweiße ihres Angesichts für die Erhaltung des europäischen Friedens arbeitete. Die gesamte sozialdemokratische Presse nahm an, daß dieses Ultimatum für die deutsche Regierung genau so ein Blitz aus heiterem Himmel war, wie für die deutsche Öffentlichkeit. Das Weißbuch erklärte nun klipp und klar: 1. daß die österreichische Regierung vor ihrem Schritt gegen Serbien Deutschlands Einwilligung eingeholt hatte; 2. daß die deutsche Regierung sich vollkommen bewußt war, daß das Vorgehen Österreichs zum Kriege mit Serbien und im weiteren Verfolg zum europäischen Kriege führen würde; 3. daß die deutsche Regierung Österreich nicht zur Nachgiebigkeit riet, sondern umgekehrt erklärte, daß ein nachgiebiges geschwächtes Österreich kein würdiger Bundesgenosse mehr für Deutschland sein könnte; 4. daß die deutsche Regierung Österreich vor dessen Vorgehen gegen Serbien auf alle Fälle den Beistand im Kriege fest zugesichert hatte, und endlich 5. daß die deutsche Regierung sich bei alledem die Kontrolle über das entscheidende Ultimatum Österreichs an Serbien, an dem der Weltkrieg hing, nicht vorbehalten, sondern Österreich »völlig freie Hand gelassen hatte«.

Dies alles erfuhr unsere Reichstagsfraktion am 4. August. Und noch eine neue Tatsache erfuhr sie aus dem Munde der Regierung am gleichen Tage: daß die deutschen Heere bereits in Belgien einmarschiert waren. Aus alledem schloß die sozialdemokratische Fraktion, daß es sich um einen Verteidigungskrieg Deutschlands gegen eine fremde Invasion, um die Existenz des Vaterlandes, um Kultur und einen Freiheitskrieg gegen den russischen Despotismus handle.

Im dritten Abschnitt ihrer Broschüre setzt Rosa Luxemburg die Analyse tiefer an. Sie stellt fest, daß mit dem Krieg von 1870/71 gegen Frankreich das Wettrüsten der europäischen Staaten beginnt und daß mit dem Wettlauf nach Kolonialbesitz in Afrika und Asien immer wieder lokale Spannungsherde entstehen, welche auf die bilateralen Beziehungen zurückschlagen.

Im nächsten Abschnitt wird das konkretisiert: da waren die gegen England und Rußland gerichteten Interessen Deutschlands am Erhalt des zerfallenden Osmanischen Reichs und am Schutz der vornehmlich durch die Deutsche Bank vorgenommenen Investitionen; da waren gegen Frankreich und England gerichtete Aktionen der Reichsregierung in den beiden Marokkokrisen; eine gegen die jungen Balkanstaaten, vornehmlich gegen Serbien gerichtete Politik Österreich-Ungarns, welche indirekt russische Interessen berührte, aber vom Deutschen Reich vorbehaltlos unterstützt wurde, weil die Donaumonarchie sein letzter Verbündeter war. All das – so sagt Rosa Luxemburg – war der Partei bekannt, der Krieg konnte für sie keine Überraschung mehr sein.

Der am 4. August offiziell begonnene Weltkrieg war derselbe, auf den die deutsche und die internationale imperialistische Politik seit Jahrzehnten unermüdlich hinarbeitete, derselbe, dessen Nahen die deutsche Sozialdemokratie ebenso unermüdlich seit einem Jahrzehnt fast jedes Jahr prophezeite, derselbe, den die sozialdemokratischen Parlamentarier, Zeitungen und Broschüren tausendmal als ein frivoles imperialistisches Verbrechen brandmarkten, das weder mit Kultur noch mit nationalen Interessen etwas zu tun hätte, vielmehr das direkte Gegenteil von beiden wäre. (...)

Ein großer Teil unserer Parteipresse war sittlich entrüstet, daß von den Gegnern Deutschlands die »Farbigen und Wilden«, Neger, Sikhs, Maori in den Krieg gehetzt wurden. Nun, diese Völker spielen im heutigen Krieg ungefähr dieselbe Rolle wie die sozialistischen Proletarier der europäischen Staaten. Und wenn die Maori von Neuseeland nach Reuter-Meldung darauf brannten, sich für den englischen König die Schädel einzurennen, so zeigten sie just soviel Bewußtsein für die eigenen Interessen wie die deutsche sozialdemokratische Fraktion, welche die Erhaltung der habsburgischen Monarchie, der Türkei und der Kassen der Deutschen Bank mit der Existenz, Freiheit und Kultur des deutschen Volkes verwechselte. Ein großer Unterschied besteht freilich bei alledem: die Maori trieben noch vor einer Generation Menschenfresserei und nicht marxistische Theorie.

Regierung und sozialdemokratische Reichstagsfraktion hatten den Krieg als Antwort auf die Aggression des russischen Despotismus verteidigt. Die sozialdemokratische Presse erweiterte in der Folgezeit sogar das Kriegsziel:

Nun sollten – mit Berufung auf Marx und Engels – deutsche Heere Befreier fremder Völker vom Zarenjoch sein. Aber Rosa Luxemburg zeigt im fünften Abschnitt ihrer Schrift die Unsinnigkeit solcher Zielsetzung: Das Zarenreich sei im Laufe der letzten Jahrzehnte vor allem durch revolutionäre Erhebungen innerlich so geschwächt, daß es die 1848 durchaus gültige Charakterisierung als »Hort der europäischen Reaktion« längst nicht mehr verdiene; ein endgültiger Sieg der proletarischen Revolution in Rußland sei nurmehr eine Zeitfrage. Vielmehr habe sich nun Deutschland zu diesem Hort entwickelt, weil es das Zarentum stütze und Mitverantwortung für das Scheitern der russischen Revolution trage. »Die europäische Reaktion, die preußisch-junkerliche in erster Linie, ist es, die jetzt der Hort des russischen Absolutismus ist.«

Im sechsten Abschnitt analysiert Rosa Luxemburg die wirkliche Bedeutung des sogenannten ›Burgfriedens‹ zwischen Sozialdemokratie und Regierung bzw. den bürgerlichen Parteien: er sei ein Verzicht auf Klassenkampf und die widerstandslose Hinnahme des proklamierten Belagerungszustandes, womit man sich der so etablierten Militärdiktatur unterwarf und sowohl gegen die Interessen des eigenen Volkes als auch gegen die anderen Völker gerichtete antidemokratische, kapitalistische und imperialistische Zielsetzungen mitvollzog.

Den siebten Abschnitt ihrer Schrift widmet Rosa Luxemburg der Fiktion vom vaterländischen oder nationalen Verteidigungskrieg. Sie zeigt, daß eine kapitalistische Ordnung wesentlich auf Expansion ausgerichtet ist, sich immer größere Märkte zu erschließen sucht, zeigt außerdem, wie das Pochen auf Selbstbestimmung in der Regel einen Etikettenschwindel darstellt, insofern es den europäischen Großmächten doch vor allem um Behauptung und Erweiterung ihres Machtbereichs zu tun ist, es also gar nicht um die Verteidigung des Vaterlandes geht, sondern um aggressive Expansion. Auch Kleinstaaten wie Belgien, Holland oder die Schweiz haben im Grunde keine Wahl: Hineingezogen in das Kriegsgeschehen sind sie gezwungen, Partei zu ergreifen, und werden so zu Handlangern wie Opfern im imperialistischen Kampf. Daraus schließt Rosa Luxemburg, daß »*heutzutage nationale Verteidigungskriege überhaupt nicht mehr möglich sind*«.

Der letzte Abschnitt entwirft die Perspektive des proletarischen Kampfes. Rosa Luxemburg warnt davor, sich von einem militärischen Sieg Deutschlands oder auch von seiner Niederlage Positives zu versprechen, weil in solcher Einschätzung imperialistische Voraussetzungen stecken, die Sozialismus unmöglich machen:

Für das europäische Proletariat im ganzen sind heute von seinem Klassenstandpunkt Sieg und Niederlage jedes der kriegsführenden Lager gleich verhängnisvoll. Es ist eben der *Krieg* als solcher und bei jedem militärischen Ausgang, der die denkbar größte Niederlage für das europäische Proletariat bedeutet, es ist die Niederkämpfung des Krieges und die schleunigste Erzwingung des Friedens durch die internationale Kampfaktion des Proletariats, die den einzigen Sieg für die proletarische Sache bringen kann.

Der Krieg bedeutet aber nicht nur ideell die größte Niederlage für den Sozialismus, sondern auch ›materiell‹; denn er ist

der Massenuntergang des europäischen Proletariats. Nie hat ein Krieg in diesem Maße ganze Volksschichten ausgerottet, nie hat er seit einem Jahrhundert derart sämtliche große und alte Kulturländer Europas ergriffen. Millionen Menschenleben werden in den Vogesen, in den Ardennen, in Belgien, in Polen, in den Karpaten, an der Save vernichtet, Millionen werden zu Krüppeln geschlagen. Aber unter diesen Millionen sind neun Zehntel das arbeitende Volk aus Stadt und Land. Es ist unsere Kraft, unsere Hoffnung, die dort reihenweise wie das Gras unter der Sichel tagtäglich dahingemäht wird. Es sind die besten, intelligentesten, geschultesten Kräfte des internationalen Sozialismus, die Träger der heiligsten Traditionen und des kühnsten Heldentums der modernen Arbeiterbewegung, die Vordertruppen des gesamten Weltproletariats.

(...)

Hier erweist sich aber auch der heutige Weltkrieg nicht bloß als ein grandioser Mord, sondern auch als Selbstmord der europäischen Arbeiterklasse. Es sind ja die Soldaten des Sozialismus, die Proletarier Englands, Frankreichs, Deutschlands, Rußlands, Belgiens selbst, die einander auf Geheiß des Kapitals seit Monaten abschlachten, einander das kalte Mordeisen ins Herz stoßen, einander mit tödlichen Armen umklammern, zusammen ins Grab hinabtaumeln. (...)

Die Dividenden steigen, und die Proletarier fallen. Und mit jedem sinkt ein Kämpfer der Zukunft, ein Soldat der Revolution, ein Retter der Menschheit vom Joch des Kapitalismus ins Grab.

Der Wahnwitz wird erst aufhören und der blutige Spuk der Hölle wird verschwinden, wenn die Arbeiter in Deutschland und Frankreich, in England und Rußland endlich aus ihrem Rausch erwachen, einander brüderlich die Hand reichen und den bestialischen Chorus der imperialistischen Hyänen durch den alten mächtigen Schlachtruf der Arbeit überdonnern: Proletarier aller Länder, vereinigt euch!

So endet die »Junius-Broschüre«. Sie läßt weitgehend offen, wie der Krieg gegen den Krieg geführt, der Sozialismus und sein Träger, die europäische Arbeiterschaft, vor der gänzlichen Vernichtung, vor der Selbstauslöschung bewahrt werden kann, um wenigstens den Keim für neues Wachstum zu retten und für den fernen, doch sicheren und endgültigen Sieg.

Auf diese Frage geben als Anhang aufgenommene »Leitsätze über die Aufgaben der internationalen Sozialdemokratie« eine Teilantwort. Zwei Empfehlungen werden ausgesprochen: Einmal müsse eine neue Arbeiter-Internationale geschaffen werden, »welche die Leitung und Zusammenfassung des revolutionären Klassenkampfes gegen den Imperialismus in allen Ländern übernimmt«; und zum anderen sei der »Klassenkampf im Innern der bürgerlichen Staaten gegen die herrschenden Klassen« zu führen. *Wie* aber soll dieser Kampf aussehen? Lenin vertraute dem Konzept eines Bürgerkriegs in Rußland, nachdem das Regime durch die militärischen Niederlagen gehörig geschwächt war; Rosa Luxemburg lehnte es ab, den deutschen Imperialismus gewissermaßen als Geburtshelfer der Revolution in Rußland einzusetzen. Mochte sich die Situation in Folge des Krieges revolutionär gestalten, dann würden es doch die russischen Massen sein, die die Revolution trügen, ohne aus dem kapitalistisch-imperialistischen Feind ein Werkzeug zum Sturz des absolutistischen Regimes zu machen; denn wie könnte aus Schlechtem Gutes kommen?

Am 21. Dezember 1915 hatten, wie erwähnt, zwanzig Reichstagsabgeordnete der SPD gegen weitere Kriegskredite gestimmt und zweiundzwanzig andere waren der Abstimmung ferngeblieben. Am 24. März 1916 votierte diese Gruppe ein zweites Mal gegen die Vorlage. Daraufhin wurde sie aus der sozialdemokratischen Reichstagsfraktion ausgeschlossen. Dazu gehörten Ledebour, Haase und Kautsky – Männer, welche in früheren Jahren die Partei organisatorisch und ideologisch geführt hatten, also zum marxistischen »Zentrum« gehörten, weshalb man sie auch nach dem Ausschluß »Zentristen« nannte, während die Gruppe selbst sich zunächst lediglich den Namen »Arbeitsgemeinschaft« gab, durch den Ausschluß aber gezwungen wurde, eine eigene Partei zu gründen, was im April 1917 geschah. Die Partei nannte sich »Unabhängige Sozialdemokratische Partei Deutschlands« (USPD). Ihre Gründung erfolgte in dem gleichen Ort, Gotha, wo sich fast 50 Jahre zuvor die alte SPD konstituiert hatte. Obwohl Liebknecht, Luxemburg und die übrigen Mitglieder der Spartakusgruppe eine rückwärtsgewandte, auf Erneuerung der marxistischen Prinzipien gerichtete Politik ablehnten, traten sie der USPD doch bei, nahmen aber weiterhin ihre radikale Position ein und propagierte diese auch außerhalb der neuen Partei.

Am 18. Februar 1916 wird, wie ebenfalls schon berichtet, Rosa Luxemburg aus dem Gefängnis entlassen. Für den 1. Mai plante die Spartakusgruppe eine proletarische Kundgebung in Berlin. Die Zentristen hielten das für politischen Selbstmord: es gebe keine Anzeichen für eine revolutionäre Stimmung der Massen, man liefere Regierung und Militär nur den Vorwand, demokratische Rechte noch stärker einzuschränken. Doch die Demonstration fand statt: um acht Uhr abends auf dem Potsdamer Platz. In den »Spartakusbriefen« wird davon berichtet:

Um 8 Uhr pünktlich sammelte sich am Platze eine so dichte Menge demonstrierender Arbeiter, (...) daß die üblichen Scharmützel mit der Polizei alsbald begannen. (...) In diesem Moment, an der Spitze der Masse, mitten auf dem Potsdamer Platz, erscholl die laute sonore Stimme Karl Liebknechts: »Nieder mit dem Krieg! Nieder mit der Regierung!«[74]

Liebknecht wurde auf der Stelle verhaftet. Das löste in den kommenden Tagen weitere Demonstrationen aus.

Am 28. Juni wurde Liebknecht zu zweieinhalb Jahren Zuchthaus verurteilt. Das Urteil löste, unerwartet für alle, den ersten großen politischen Streik des Krieges aus. Die nächste Instanz, das Oberkriegsgericht, erhöhte das Strafmaß auf vier Jahre und einen Monat. Ein Revisionsantrag wurde vom Reichsmilitärgericht abgelehnt, und am 6. Dezember trat Liebknecht seine Strafe in Luckau (Provinz Sachsen) an. Der Reichstag hatte schon wenige Tage nach seiner Festnahme seine Immunität aufgehoben. Die sozialdemokratische Mehrheitsfraktion hatte sich zwar gegen die Aufhebung der Immunität gewandt, aber mit der Begründung, daß Liebknecht ungefährlich sei.[75]

Durch sein singuläres Auftreten, seine Verhaftung und Verurteilung wurde Liebknechts Name in ganz Deutschland, ja auch im Ausland bekannt, und sein Ruf überflügelte den Rosa Luxemburgs.

Überraschend war am 10. Juli 1916 auch sie erneut verhaftet worden. Zunächst im Frauengefängnis in der Barnimstraße inhaftiert, wo sie ihre letzte Strafe abgesessen hatte, wurde Rosa dann unter verschärften Bedingungen in das Polizeipräsidium am Alexanderplatz überführt, bis man über sie Schutzhaft auf der Festung Wronke in Posen verhängte. Im Juli 1917 wurde Rosa in das Gefängnis von Breslau verlegt, womit die fast idyllische Zeit in der Festung ein Ende findet. Erst am 9. November 1918 wird sie aus der Haft entlassen. Liebknecht war wenige Tage zuvor, am 23. Oktober, aufgrund einer Amnestie für politische Gefangene freigekommen. Über Rosas Zeit in Wronke schreibt Nettl:

Auch in der veränderten Umwelt wußte sie ihre Persönlichkeit voll zu entfalten. Mit den vielen Briefen, die sie während der nächsten zwei Jahre schrieb – werbend, scheltend, anteilnehmend –, zog sie ihre Freunde wie mit Fangarmen in den Bannkreis ihres Denkens und Fühlens. Ob sie über Politik, Literatur oder das Leben schrieb, war dabei gleichgültig. Das Gefängnisleben erstickte sie nicht, sondern vollendete ihre geistige und

---

74 NETTL, Rosa Luxemburg (wie Anm. 1), S. 619.

75 Ebda.

emotionale Reife; zugleich vervollkommnete sie die Mittel, ihre Empfindungen und Ideen mitzuteilen. Der politische Aspekt ihres Lebens trat in den folgenden zwei Jahren zurück vor den Ansprüchen einer auf engen Raum beschränkten überquellenden Persönlichkeit.[76]

Und weiter schreibt Nettl:

Ihre Verbundenheit mit den Massen war kein formales Postulat wie – auf jeweils verschiedene Weise – bei Kautsky und Lenin. Für diese waren Partei, Führer und Massen theoretische Begriffe, die man in das richtige Verhältnis zueinander bringen mußte. Kautsky im Redaktionsbüro der *Neuen Zeit* und Lenin in den Zürcher oder Berner Bibliotheken konnten ihre Berechnungen auf dem Papier oder in Gesellschaft einiger treuer Genossen anstellen. Rosa Luxemburg in ihrem Gefängnis fühlte sich den Realitäten des politischen Lebens, so widerwärtig und hart sie sein mochten, fester verbunden als je zuvor. Politisches Leben, nicht Politik; Ausweitung, nicht Schrumpfung – jede Handlung, jedes Interesse wurde intensiver, stärker mit Leben gefüllt. Vom Gemeinschaftsleben abgeschnitten, sank die Persönlichkeit nicht in sich zusammen, sondern wuchs, griff aus nach allen Seiten. Wo Menschen fehlten, mußten Bäume, Blumen, Tiere eintreten; die alte Festung Wronke wurde zu einem Universum mit eigenen Gesetzen, aus dem eine Botschaft des Optimismus zu Rosas Freunden drang. Die Empfänger ihrer Briefe müssen sich manchmal die Augen gerieben und sich gefragt haben, ob nicht sie es seien, die von der Wirklichkeit abgeschnitten waren.[77]

Zum Beleg für Rosas unbedingte Art, das Leben in jeglicher Spielart zu sehen und es in aller Entschiedenheit und Eindeutigkeit, ohne Kompromisse, ohne Wehleidigkeit zu führen, zitiert Nettl zwei Briefe an Mathilde Wurm, die Ehefrau des SPD-Reichstagsabgeordneten Emanuel Wurm.[78] Aber im Grunde ist ihre gesamte Korrespondenz aus Wronke und Breslau, wie Nettl zu Recht bemerkt, ein überwältigendes Zeugnis dieser an Geist und Gemüt so reichen Persönlichkeit, die gleichermaßen das Große und das Kleine der Welt, der Natur und Kunst umgreift, starken Schmerz wie starke Freude zu empfinden und auszudrücken vermag und gegenüber Menschen zu Ablehnung und Verachtung, aber auch zu Zärtlichkeit und Liebe fähig ist. Dem jungen

[76] Ebda, S. 623.

[77] Ebda, S. 633 f. – Zu diesen beiden Bewertungen Nettls im Widerspruch steht sein scharf negatives Urteil über den Charakter von Rosas Freundschaften und das angeblich durch und durch Kalkulierte und Zweckgerichtete ihrer Briefschreiberei (ebda., S. 641–643); dieses Urteil teile ich nicht.

[78] Ebda, S. 631–633; Auszug auch in HETMANN, ›Luxemburg-Lesebuch‹ (wie Anm. 4), S. 269–271; vollständig auch bei BENEDIKT KAUTSKY (Hrsg.), Rosa Luxemburg. Briefe an Freunde, Berlin 1950, Köln / Frankfurt a. M. 1976, Frankfurt a. M. 1986, S. 38–42.

Arzt Hans Diefenbach stand Rosa während der letzten Jahre besonders nah. Ihm hat sie sich auch am stärksten geöffnet. Diefenbach fällt in der Nacht vom 24. auf den 25. Oktober 1917 in Frankreich.[79] Die Briefe Rosas an ihn sind Teil des noch von Luise Kautsky vorbereiteten, dann von ihrem Sohn Benedikt zuerst 1950, dann 1976 herausgegebenen Bandes »Briefe an Freunde«.[80]

Das überragende Ereignis des Jahres 1917 ist natürlich die bolschewistische Oktoberrevolution in Rußland. Im Februar 1917 brechen als Folge von militärischen Niederlagen und Versorgungsproblemen in der Bevölkerung Unruhen aus, die zum Umsturz führen, als Truppenteile sich auf seiten der Aufständischen stellen. Der Zar dankt ab. Die bürgerlich-liberalen Parteien bilden eine provisorische Regierung unter dem Fürsten Lwow. In Petersburg wird das »Provisorische Exekutivkomitee des Arbeiterdeputiertenrats« gegründet. Im April kehrt Lenin aus dem Schweizer Exil heim – unter Mitwirkung des deutschen Auswärtigen Amtes und der Obersten Heeresleitung. Er und Trotzki rufen zur sozialistischen Revolution auf – »Alle Macht den Sowjets!« – und verlangen die Errichtung einer Sowjetrepublik sowie die Nationalisierung von Banken und Grundbesitz. Ein Putschversuch des Petersburger Sowjets unter Führung beider scheitert im Juli durch das Eingreifen des Militärs. Lenin flieht nach Finnland, Trotzki wird verhaftet, schon bald aber wieder freigelassen. Kerenski wird Ministerpräsident. Am 6. November (nach russischer Zeitrechnung: am 24. Oktober) erheben sich Arbeiter, Soldaten und Matrosen in Petersburg unter Führung der Bolschewiki und verhaften die Mitglieder der provisorischen Regierung; Kerenski kann fliehen. Seine bürgerliche Regierung scheiterte, weil sie den Krieg fortzuführen suchte, die Landverteilung verweigerte und Wahlen zur verfassungsgebenden Versammlung hinauszögerte. Am 8. November (26. Oktober) beschließt der Zweite Allrussische Sowjetkongreß die Machtübernahme durch den Rat der Volkskommissare – das sind die Arbeiter-, Soldaten- und Bauerndeputierten; er erläßt das Dekret über eine Beendigung des Krieges und dasjenige über die Landreform: Großgrundbesitzer werden entschädigungslos enteignet (ca. 150 Mio. ha). Eine Woche später wird die Deklaration über das freie Selbstbestimmungsrecht aller Völker Rußlands erlassen. Am 8. Dezember (25. November) finden Wahlen zur verfassungsgebenden Versammlung statt;

---

79 Hetmann, ›Luxemburg-Biographie‹ (wie Anm. 3), S. 204 f.

80 Kautsky, Rosa Luxemburg (wie Anm. 80), S. 59–104 (in der Ausgabe von 1976); eine Auswahl auch bei Hetmann, ›Luxemburg-Lesebuch‹ (wie Anm. 4), S. 257–268.

Lenins Partei erhält lediglich 9 von 36 Mio. Wählerstimmen. Am 18. Januar 1918 (5. Januar) wird der Verfassungskonvent eröffnet; er erklärt Rußland zur demokratisch-föderativen Republik. Einen Tag später wird die verfassungsgebende Versammlung durch den Rat der Volkskommissare mit Hilfe roter Truppen aufgelöst. In den folgenden Monaten sozialisiert man Banken, Großbetriebe und das Verkehrswesen.

Rosa Luxemburg hatte über die Möglichkeit einer proletarischen Revolution wegen der fehlenden sozialdemokratischen Unterstützung aus dem Ausland skeptisch geurteilt. So gut es die spärlichen Informationen im Breslauer Gefängnis erlaubten, nahm sie Anteil an den Geschehnissen. Sie begrüßt natürlich den Sieg der Bolschewiken, was bei ihr aber keine vorbehaltlose Bewunderung bedeutet. Sie verfaßt einen ersten kritischen Artikel, der unter dem Titel »Die russische Tragödie« im Spartakusbrief vom September erscheint – mit einer distanzierenden Anmerkung der Redaktion. Ein zweiter Artikel, der ebenfalls in den Spartakusbriefen erscheinen soll, wird abgelehnt – mit dem Hinweis auf eventuellen Beifall von falscher Seite. Paul Levi, früher Rosas Verteidiger und nun ein politischer Gesinnungsgenosse, diskutiert mit ihr darüber in Breslau, und sie beugt sich den vorgetragenen Einwänden – läßt ihm aber später ein umfangreiches, allerdings unabgeschlossenes Manuskript zukommen, das Levi 1922, wenn auch gekürzt, in Berlin herausgibt – unter dem Titel »Die russische Revolution. Eine kritische Würdigung«. Hinzuzunehmen ist noch das 1928 von Felix Weil im »Archiv für die Geschichte des Sozialismus und der Arbeiterbewegung« publizierte Fragment: »Rosa Luxemburg über die russische Revolution. Einige unveröffentlichte Manuskripte«. Beide Texte wurden zuletzt wieder von Flechtheim und in der Ostberliner Werk-Ausgabe zugänglich gemacht.[81]

Rosa läßt sich, wie gesagt, bei aller Begeisterung für das Gelingen der ersten Etappe von Lenins Revolution, nicht den Blick für deren Defizite trüben. Einerseits attestiert sie den Bolschewiki, sie seien »die einzige Partei, die wirklich sozialistische Politik treibt«, und sie begrüßt diesen Radikalismus, weil sich ohne ihn revolutionäre Errungenschaften nicht bewahren lassen.[82] Sie kommt Lenin zunächst sogar bei dem von ihm vertretenen Führungsanspruch der Partei weit entgegen, wenn sie formuliert:

---

[81] Flechtheim, Rosa Luxemburg (wie Anm. 17), Bd. III, S. 106–149. Institut für Marxismus-Leninismus, ›Werk-Ausgabe‹ (wie Anm. 44), Bd. IV, S. 332–373.

[82] Flechtheim, Rosa Luxemburg (wie Anm. 17), Bd. III, S. 113 f.

> (...) nicht durch Mehrheit zur revolutionären Taktik, sondern durch revolutionäre Taktik zur Mehrheit geht der Weg. Nur eine Partei, die zu führen, d. h. vorwärtszutreiben versteht, erwirbt sich im Sturm die Anhängerschaft.[83]

Andererseits übt Rosa harsche Kritik an Lenins Vorgehen: Die Landverteilung an Kleinbauern habe kein gesellschaftliches, sondern neues privates Eigentum geschaffen und damit letztendlich die Gegnerschaft zum Sozialismus gestärkt. Mit der Parole vom Selbstbestimmungsrecht der Nationen in Rußland habe Lenin lediglich Interessen des chauvinistischen Kleinbürgertums bedient und sich am Internationalismus der Arbeiterbewegung vergangen. Auch das Versprechen von Volksabstimmungen stehe quer zum Geist des Sozialismus, der sich nicht von der unaufgeklärten Kleinbürgermehrheit abhängig machen dürfe. Es gebe noch weitere Widersprüche: Im Januar habe Lenin die verfassungsgebende Versammlung aufgelöst, deren Konstitution doch einmal zu seinen entschiedensten Forderungen gehörte. Diese Beseitigung der Demokratie im Sozialismus sei aber

> noch schlimmer als das Übel, dem es steuern soll: es verschüttet nämlich den lebendigen Quell selbst, (...) das aktive, ungehemmte, energische politische Leben der breitesten Volksmassen.

Damit ist Rosa Luxemburg beim Zentralpunkt ihrer Kritik, den sie schon 1904 formuliert hatte (»Organisationsfragen der russischen Sozialdemokratie«). Nun wird sie aber konkreter: ohne Presse-, Vereins- und Versammlungsfreiheit sei »die Herrschaft breiter Volksmassen völlig undenkbar«. Das hat natürlich »politische Schulung und Erziehung« zur Voraussetzung: »Für die proletarische Diktatur ist sie das Lebenselement, die Luft, ohne die sie nicht zu existieren vermag.«[84] In diesen Zusammenhang gehört auch eine Randbemerkung im Manuskript, Rosas wohl bekanntester Ausspruch, der zu so etwas wie einem geflügelten Wort wurde:

> Freiheit nur für die Anhänger der Regierung, nur für Mitglieder einer Partei – mögen sie noch so zahlreich sein – ist keine Freiheit. Freiheit ist immer nur Freiheit des anders Denkenden.[85]

Der Kontext dieses Diktums zeigt allerdings, daß Rosa Luxemburg hier nicht Freiheit und Demokratie in unserem westlich-parlamentarischen Verständnis meint, sondern demokratische Pluralität in einem sozialistischen Rahmen und unter sozialistischem Vorzeichen, vergleichbar den Reformbewegungen

[83] Ebda, S. 115. [84] Ebda, S. 133. [85] Ebda, S. 134.

eines demokratischen Sozialismus in Osteuropa, wie wir sie seit den sechziger Jahren kennen. Als Imperativ formuliert sie: »Unbedingt öffentliche Kontrolle notwendig.«[86] Ohne Öffentlichkeit sind Korruption, ideologische Erstarrung, Bürokratismus unvermeidlich. Wie schon in »Organisationsfragen der russischen Sozialdemokratie« parallelisiert sie auch hier den parlamentarischen Opportunismus der deutschen Sozialdemokratie mit der undialektischen Gegenposition des Bolschewismus:

Der Grundfehler der Lenin-Trotzkischen Theorie ist eben der, daß sie die Diktatur, genau wie Kautsky, der Demokratie entgegenstellen. »Diktatur *oder* Demokratie« heißt die Fragestellung sowohl bei den Bolschewiki wie bei Kautsky. Dieser entscheidet sich natürlich für die Demokratie, und zwar für die *bürgerliche* Demokratie, da er sie eben als die Alternative der sozialistischen Umwälzung hinstellt. Lenin-Trotzki entscheiden sich umgekehrt für die Diktatur im Gegensatz zur Demokratie und damit für die Diktatur einer Handvoll Personen, d. h. für Diktatur nach bürgerlichem Muster. Es sind zwei Gegenpole, beide gleich weit entfernt von der wirklichen sozialistischen Politik. Das Proletariat (...) soll und muß eben sofort sozialistische Maßnahmen in energischster, unnachgiebigster, rücksichtslosester Weise in Angriff nehmen, also Diktatur ausüben, aber Diktatur der *Klasse*, nicht einer Partei oder einer Clique, Diktatur der Klasse, d. h. in breitester Öffentlichkeit, unter tätigster ungehemmter Teilnahme der Volksmassen in unbeschränkter Demokratie.[87]

Nach dieser Kritik ist klar, daß Rosa Luxemburg der russischen Revolution die proklamierte und später oktroyierte Vorbildfunktion nur sehr eingeschränkt zubilligen kann. Es verwundert also nicht, wenn ihre Überlegungen mit den Sätzen abbrechen:

In Rußland konnte das Problem (der praktischen Verwirklichung des Sozialismus) nur gestellt werden. Es konnte nicht in Rußland gelöst werden. (Dazu bedarf es nämlich einer weltweiten Revolution.) Und in *diesem* Sinne gehört die Zukunft überall dem »Bolschewismus«.[88]

Rosa Luxemburg hatte gemeint, ein dauerhafter Sieg der russischen Revolution hänge vom Ausbruch einer Revolution in Deutschland ab. Auch die unter den gegebenen Umständen – also dem Mangel an internationaler sozialdemokratischer Unterstützung – geradezu zwangsläufigen Defizite in der bolschewistischen Praxis würden nach einer europäischen, vor allem deutschen Revolution behoben werden können. 1918 schien diese dann in greifbare Nähe gerückt. Ende Januar beginnt von Berlin aus ein Massenstreik mit politischen Zielsetzungen, an dem zunächst eine halbe Million Arbeiter

---

[86] Ebda, S. 135. [87] Ebda, S. 138. [88] Ebda, S. 141.

teilnehmen: Man fordert sofortigen Friedensschluß, Freilassung aller politischen Gefangenen, Einführung des allgemeinen, gleichen, direkten und geheimen Wahlrechts sowie bessere Lebensmittelversorgung. Der Streik weitet sich auf das gesamte Reich aus, insgesamt treten schließlich weit über eine Million Arbeiter in den Ausstand. Aber es gelingt der Regierung Anfang Februar mit Hilfe von Massenverhaftungen die Streikbewegung zu brechen.

Nach weiteren großen Verlusten beginnt Ende Oktober eine Meuterei der Kriegsmarine in Kiel. Am 27. Oktober werden Soldatenräte gebildet. Am 3. November demonstrieren dreitausend Matrosen und Arbeiter wiederum in Kiel für Frieden und Freilassung verhafteter Kameraden. Gegen die Meuterer eingesetzte Militäreinheiten verweigern den Gehorsam. Während der nächsten Tage greifen diese Ereignisse auf viele Städte des Reichsgebiets über, wo sich Arbeiterräte bilden.

> Sie waren vorläufig mehr Demonstrationen der Revolte als Instrumente der Revolution, hatten auch meist kein klares Programm, sondern versuchten nur, sich Autorität gegenüber den örtlichen Behörden und den militärischen Befehlshabern zu verschaffen oder wenigstens deren Anerkennung zu verlangen. Der Matrosenrat von Kiel sandte einen Funkspruch nach Moskau, dem die russischen Führer entnahmen, daß die Revolution in Deutschland auf dem Marsch sei.[89]

In Berlin beginnen USPD und Spartakusgruppe unter Piecks und Liebknechts Führung, der seit dem 23. Oktober wieder auf freiem Fuß war, eine organisierte Erhebung zu planen, werden sich aber über den Termin zum Losschlagen nicht einig. Die Führung der SPD ihrerseits verhandelt unterdessen mit der kaiserlichen Regierung, wobei sie auf einer Abdankung des Kaisers besteht. Bevor diese Verhandlungen zum Erfolg führen, kommt es am 9. November in Berlin zum Generalstreik. Am gleichen Tag kann Rosa Luxemburg das Gefängnis in Breslau verlassen, trifft aber erst am 10. November in Berlin ein, weil zeitweise keine Züge zwischen Breslau und der Hauptstadt verkehren.

Am 9. November verkündet Reichskanzler Prinz Max von Baden unter dem Druck der Geschehnisse die Abdankung des Kaisers sowie den Rücktritt seiner Regierung und beauftragt Friedrich Ebert, als Vorsitzenden der SPD, mit der Bildung einer neuen. Vom Balkon des Reichstagsrestaurants aus ruft der SPD-Abgeordnete Philipp Scheidemann die Republik aus, wohl um Liebknecht zuvorzukommen. Dieser nämlich zieht an der Spitze eines Demonstrationszuges revolutionärer Arbeiter und Soldaten auf das Schloß zu. Vom

89 Nettl, Rosa Luxemburg (wie Anm. 1), S. 676.

Verdeck eines kleinen Lastwagens aus proklamiert er »die freie sozialistische Republik Deutschland« und anschließend, vom Balkon des Kaiserschlosses herab, ruft er die Massen zum Schwur auf diese Republik. Das bedeutete nicht den Versuch einer Machtergreifung – Liebknecht, der Spartakusbund und seine Gefolgschaft wußten bei aller Gärung unter den Massen um die eigene aktuelle Schwäche –, man wollte vielmehr Signale setzen, die revolutionäre Bewegung vorwärts treiben, die Richtung mitbestimmen.

Unterdessen wurden von seiten der SPD auch Verhandlungen mit der USPD geführt, um sie an der Verantwortung zu beteiligen. Man beschloß die Bildung einer provisorischen Regierung, des »Rats der Volksbeauftragten«, in welche beide Parteien paritätisch je drei Mitglieder entsandten. Durch den Provisorischen Arbeiter- und Soldatenrat in Berlin ergeht an seine Mitglieder die Aufforderung, am 10. November, einem Sonntag, Delegierte zu wählen, die sich dann um 17 Uhr im Zirkus Busch versammeln sollen. Hier kommt es zu einem Streit zwischen Linkssozialisten und der Mehrheit von SPD- und USPD-orientierten. Nach teilweise auch tätlichen Auseinandersetzungen ziehen die Spartakisten aus, weil sie unter Druck nicht verhandeln wollen. Die Soldatendelegierten fordern für den einzurichtenden Vollzugsrat Parität zwischen SPD, USPD und ihrer Klientel. Die Delegiertenversammlung bestätigt den Rat der Volksbeauftragten und verabschiedet einen Aufruf »An das werktätige Volk«, worin es heißt:

> Deutschland ist Republik geworden, eine Sozialistische Republik. (...) Träger der politischen Macht sind jetzt Arbeiter- und Soldatenräte. (...) Die rasche und konsequente Vergesellschaftung der kapitalistischen Produktionsmittel ist nach der sozialen Struktur Deutschlands und dem Reifegrad seiner wirtschaftlichen und politischen Organisation durchführbar.[90]

Doch diese Ansätze werden nicht wirklich ausgearbeitet und weiterverfolgt; der Vollzugsrat aus sieben SPD-, ebensovielen USPD-Mitgliedern und vierzehn meist parteiungebundenen Soldatenvertretern verzichtet schon am 23. November auf seine Vollmachten zugunsten der Regierung, des »Rats der Volksbeauftragten«. Dieser Regierung aber geht es um keine Räte-, sondern eine Nationalversammlung. Sowohl die Oberste Heeresleitung[91] als auch die Vertreter der ostelbischen Großgrundbesitzer[92] hatten Ebert angedeutet, man sei zu Absprachen bereit. Dieser fordert daraufhin militärische Hilfe an, als eine Division der USPD-nahen Volksmarine das Schloß besetzt. Am Morgen

[90] Zitiert nach HETMANN, ›Luxemburg-Biographie‹ (wie Anm. 3), S. 235.

[91] Ebda, S. 235. [92] Ebda, S. 241.

des 24. Dezember wird es von Artillerie beschossen, doch Arbeiter und Sicherheitswehren eilen den Matrosen zu Hilfe, und die Truppen müssen wieder abziehen. Aus Protest gegen Eberts Vorgehen treten sämtliche USPD-Vertreter aus der Regierung aus.

Nach wie vor ist der Spartakusbund offiziell Teil der USPD. Aber die von deren rechter Mehrheit betriebene Regierungspolitik stößt bei den Spartakisten auf Widerstand. In ihrem kurz zuvor gegründeten Organ der ›Roten Fahne‹ propagieren sie eine Weiterführung der Revolution: Alle bürgerlich-staatlichen Organe sollen durch proletarische Klassenorgane, also durch Arbeiter- und Soldatenräte ersetzt werden. Rosa Luxemburg veröffentlicht in der Nr. 29 vom 14. Dezember den Artikel »Was will der Spartakusbund?«.[93] Er wurde im wesentlichen zum Programm der am 31. Dezember gegründeten Kommunistischen Partei.[94] Vom 16. bis zum 20. Dezember findet in Berlin der erste deutsche Kongreß von Arbeiter- und Soldatenräten statt. Hauptfrage für die fast 500 Delegierten ist, ob sie ihre Machtbefugnisse behalten und ausbauen oder an eine einzuberufende Nationalversammlung abtreten sollen. Da sich mehr als die Hälfte aller Teilnehmer zur SPD bekennen, ist der Ausgang vorhersehbar: 400 gegen 50 Stimmen stimmen für den Antrag, die Wahlen zur Nationalversammlung am frühestmöglichen Termin, dem 19. Januar 1919, abzuhalten; mit 344 zu 98 Stimmen wird der Gegenantrag abgelehnt, Räte als oberste legislative und exekutive Gewalt einzusetzen und auf einem neuen Kongreß die Verfassung zu beschließen. Liebknecht und Luxemburg hatten kein Mandat für diese Versammlung; Anträge, sie wenigstens mit beratender Stimme zuzulassen, wurden von der sozialdemokratischen Mehrheit abgelehnt.

Rosa Luxemburg und Leo Jogiches waren gegen eine Trennung von der USPD, um sich Einflußmöglichkeiten zu erhalten, die Partei allmählich zu radikalisieren, wenigstens aber das eine oder andere Mitglied auf ihre Seite zu ziehen. Liebknecht und andere Mitglieder jedoch drängten auf eine klare Trennung und die Gründung einer neuen Partei. Schließlich gaben Jogiches und Rosa nach, so daß sich zur Jahreswende die neue Organisation unter dem Namen »Kommunistische Partei Deutschlands (Spartakusbund)« konstituieren konnte. Ursprünglich hatte Rosa für eine Räterepublik und gegen die

---

93 Vgl. Flechtheim, Rosa Luxemburg (wie Anm. 17), Bd. II, S. 159–170; Hetmann, ›Luxemburg-Lesebuch‹ (wie Anm. 4), S. 297–304; Institut für Marxismus-Leninismus, ›Werk-Ausgabe‹ (wie Anm. 44), Bd. IV, S. 442–451.

94 Vgl. Marxistische Blätter, Rosa Luxemburg (wie Anm. 22), Bd. III, S. 279–287.

Einberufung einer Nationalversammlung agitiert. Nun aber, nachdem Wahlen zu dieser Versammlung feststanden, plädierte sie auf dem Gründungskongreß der KPD für eine Beteiligung, wurde jedoch überstimmt.

Weil sämtliche USPD-Mitglieder die Regierung verlassen haben, erscheint es der SPD gefährlich, Emil Eichhorn, einen ihrer Anhänger, als Berliner Polizeipräsident zu dulden. Eichhorn wird als russischer Agent denunziert und soll entlassen werden, doch er weigert sich zurückzutreten. USPD, KPD und revolutionäre Obleute beschließen am 4. Januar, ihn auf jeden Fall zu halten. Dem Aufruf zur Demonstration für den nächsten Tag folgen Hunderttausende.

Unter dem Eindruck von Berichten, die Berliner Garnison werde die Arbeiter unterstützen und starke militärische Verbände würden von Spandau und Frankfurt an der Oder zum Kampf gegen die Regierung Ebert anrücken, beschließt der Revolutionsausschuß, den Kampf um die Macht zu wagen und zum Sturz der Regierung aufzurufen.[95]

Rosa ist gegen diese Entscheidung, aber sie ist gefallen und läßt sich nicht mehr ändern. Die Regierung ernennt Gustav Noske zum Oberbefehlshaber. Er fordert Truppen von der Heeresleitung an und beginnt am 11. Januar mit dem Einmarsch in Berlin. Am 12. Januar sind die von seiten des Militärs mit außerordentlicher Härte geführten Kämpfe beendet.

Am 14. Januar erscheint in der ›Roten Fahne‹ Rosa Luxemburgs letzter Aufsatz. Er trägt den Titel »Die Ordnung herrscht in Berlin«[96] und endet mit den Worten:

»Ordnung herrscht in Berlin!« Ihr stumpfen Schergen! Eure »Ordnung« ist auf Sand gebaut. Die Revolution wird sich morgen schon »rasselnd wieder in die Höh richten« und zu eurem Schrecken mit Posaunenklang verkünden:
Ich war, ich bin, ich werde sein!

Am 15. Januar erscheint in der ›Roten Fahne‹ Liebknechts letzter Artikel unter der Überschrift »Trotz alledem!« und schließt mit dem Satz: »Und ob wir dann noch leben werden, wenn es [= das sozialistische Ziel] erreicht wird – leben wird unser Programm. Es wird die Welt der erlösten Menschheit beherrschen. Trotz alledem«.

---

[95] Hetmann, ›Luxemburg-Biographie‹ (wie Anm. 3), S. 258.

[96] Vgl. Flechtheim, Rosa Luxemburg (wie Anm. 17), Bd. II, S. 203–209; Hetmann, ›Luxemburg-Lesebuch‹ (wie Anm. 4), S. 311–315; Marxistische Blätter, Rosa Luxemburg (wie Anm. 22), Bd. III, S. 303–308; Institut für Marxismus-Leninismus, ›Werk-Ausgabe‹ (wie Anm. 44), Bd. IV, S. 533–538.

Am Abend des 15. Januar werden Liebknecht und Luxemburg von Freikorpssoldaten aufgespürt, zunächst ins Eden-Hotel geschafft, dort mißhandelt und erschossen. Die Leiche Rosas wirft man in den Landwehrkanal, wo sie am 31. Mai gefunden und am 13. Juni in Berlin-Friedrichsfeld bestattet wird. Man suchte den Mord zu vertuschen, streute falsche Gerüchte aus. Es ist Leo Jogiches zu danken, daß die Wahrheit ans Licht kam. Dafür mußte auch er mit dem Leben zahlen: Nach seiner Verhaftung am 10. März wird er, wie schon erwähnt, von einem Kriminalbeamten getötet. Immer wieder war öffentlich auf Flugblättern zur Ermordung der Spartakusführer aufgefordert worden. Kurz vor seinem Tod sagte Liebknecht in einer Rede: »Falls die Mordkugel mich treffen sollte, schone man die Täter. Die Schuldigen werden andere sein«.

Ich möchte meinen Beitrag mit einem Wort Flechtheims schließen:

Es ist nichts Ungewöhnliches, daß in der historischen Perspektive eines halben Jahrhunderts das Charakterbild einer Persönlichkeit neue Gestalt annimmt. Rosa Luxemburg hat seit ihrem Ende von Mörderhand an Größe fast ständig zugenommen. Die ›blutige Rosa‹, einst der Schrecken der Philister und Bonzen, ist heute so gut wie vergessen – in der Verfasserin der ›Briefe aus dem Gefängnis‹ und der ›Briefe an Freunde‹ will man jetzt oft nichts als die gütig-zarte Frau sehen. Dabei hat sich Rosa Luxemburg selber einmal mit Penthesilea verglichen (...). Stets verband sich in diesem so vielseitigen Menschen die musische Innerlichkeit mit dem ethischen und politischen Engagement nach außen. Das Wort der hinreißenden Rednerin ist verklungen – ihr großartiger Gedankenbau fasziniert nach wie vor den Leser. Die Lektüre der Schriften der Agitatorin und Theoretikerin, die als eines der nicht sehr häufigen Originalgenies des deutschen Marxismus weiterleben wird, lohnt sich immer noch. Ähnlich wie Karl Liebknecht gehört sie zu den wenigen Menschen, deren körperliche Tapferkeit ihrem geistigen Mut die Waage halten.[97]

---

97 FLECHTHEIM, Rosa Luxemburg (wie Anm. 17), Bd. I, S. 34.

Simone Weil

I

Simone Weil wird am 3. Februar 1909 in Paris geboren. Der Vater Bernard ist Arzt und stammt aus Straßburg, die Mutter Salomea, geborene Reinherz, stammt aus Rostow am Don, kommt aber schon als Kleinkind nach Antwerpen; seit 1902, ihrem 24. Lebensjahr, lebt sie in Paris. Die Eltern heiraten im April 1905. Ihr erstes Kind ist André Abraham, der am 6. Mai 1906 geboren wird, ihr zweites dann Adolphine Simone. Beide Eltern sind jüdischer Abkunft, stehen aber der Orthodoxie fern, so daß auch Simone mit dem Judentum nicht näher vertraut wird. Der jüdischen Tradition, dem Alten Testament und dem sich ihrer Ansicht nach dort als Tyrann zeigenden Gott steht sie zeitlebens fremd oder feindselig gegenüber.

Bis zum Ausbruch des Ersten Weltkrieges lebt die Familie Weil in Paris. Dann aber wird der Vater als Sanitätsarzt eingezogen, und nun beginnt ein unstetes Wanderleben von einem Standort zum nächsten: zuerst nach Neufchâteau in den Vogesen, dann Mentone, Mayenne, Chartres, Laval und schließlich im Januar 1919 wieder zurück nach Paris. Zwischenzeitlich, im Herbst 1916, während der Vater in Algerien stationiert ist, leben die anderen Familienmitglieder ebenfalls in Paris, bevor sie nach Chartres ziehen. Hier erhält Simone zunächst Privatunterricht, bevor sie im Herbst 1916 das Lyzeum in Laval besucht. Von Herbst 1919 an geht sie in Paris aufs Lycée Fénelon. Am 22. Juni 1924 besteht sie die Prüfungen zum Baccalauréat in lateinischer und griechischer Sprache, besucht dann das Lycée Victor Duruy und studiert Philosophie bei René Le Senne. Am 27. Juni 1925 absolviert sie die Baccalaureatsprüfungen für dieses Fach. Danach, im Oktober, tritt sie in das Lycée Henri IV ein, wo sie die nächsten drei Jahre ihr Philosophiestudium fortsetzt, und zwar unter Leitung von Émile Chartier, bekannt unter seinem Pseudonym »Alain«, der Simone Weil unter den lebenden Philosophen am stärksten prägt. Jacques Cabaud bemerkt über Alains Einfluß und Bedeutung:

Wer Alains Werke nur einfach liest, versteht nicht, wie es möglich war, daß dieser Mittelschulprofessor Jahr für Jahr alle seine Schüler, ja eine ganze Generation so tief beeinflussen konnte. Zweifellos polemisierten auch noch Sartre und Merleau-Ponty gegen

Alain, nachdem sie in ihren Anfängen aufs stärkste von ihm beeinflußt waren. Dabei dachte Alain nicht daran, eine neue Botschaft zu bringen. Ja die Idee, er könnte der Initiator einer neuen philosophischen Auffassung sein, hätte ihm nur ein Lächeln entlockt. Er wollte nichts anderes als die große Tradition der französischen Philosophie fortsetzen, im Lichte der Kantischen Lehre, wie sie ihm von seinem Meister Jules Lagneau überliefert worden war, Descartes nochmals zu durchdenken. Das Wesentliche seines Unterrichts bestand in der freien Interpretation der großen Denker Plato, Descartes, Kant, Hegel; es kam ihm nicht darauf an, deren doktrinäre Gegensätze zu betonen, sondern die lebengebende Substanz jedes Denkers zum Ausdruck zu bringen.[1]

Platon, Descartes, Kant, aber auch die stoische und die indische Philosophie und Lebenslehre beschäftigen Simone Weil ihr Leben lang.

Doch nicht philosophischer Art sind die ersten, Intellekt und Lebensgefühl prägenden Einflüsse. Märchen und Mythen waren es, die früh tief in ihre Seele drangen und deren Bilder- und Gefühlswelt auch bei der Erwachsenen mitbestimmten.

Diese Welt, in der sie auf eine natürliche Weise zu Hause zu sein schien, wird für Simone Weil ihren unschätzbaren Wert behalten. Stets wird sie auf die Chiffren dieses Uridioms zurückgreifen, die sei bei allen Völkern wiederfindet und als Bürger einer gemeinsamen Spiritualität jenseits des Turmbaus zu Babel verstehen möchte. Bis in die luzide Einfalt ihrer Diktion ist Simone Weil vom Erlebnis der Märchen geprägt, »welche wie die Religion der Kindheit sind« [Alain], und diese Sprache wird sich als außergewöhnlich geeignet erweisen, die profunden und zuweilen paradoxen Inhalte ihres Denkens in unmittelbar einleuchtende Bilder zu übersetzen.[2]

Ein anderes, ihr Leben bestimmendes Interesse entwickelt sich schon während der frühen Jugend: das politische. In einem ungefähr 1938 geschriebenen Brief an Georges Bernanos spricht sie von dem Abscheu, den ihr der Versailler Vertrag eingeflößt habe:

Bis zu diesem Augenblick war ich, wie alle Kinder in Kriegszeiten, übertrieben patriotisch gewesen. Der Wille, den besiegten Gegner zu demütigen, jene widerliche Haltung, die man damals (und in der Folgezeit) überall zur Schau trug, heilte mich für immer von dieser naiven Form des Patriotismus. Ich leide mehr unter den Demütigungen, die mein Vaterland anderen zufügt, als unter denen, die es selbst erleidet.[3]

---

1 Jacques Cabaud, Simone Weil. Die Logik der Liebe. Freiburg / München 1968, S. 23 f. (hier auch ein ausführliches Literaturverzeichnis S. 398–416).

2 Angelica Krogmann, Simone Weil in Selbstzeugnissen und Bilddokumenten. Reinbek bei Hamburg 1970 u. ö., S. 19.

3 Zitiert nach Cabaud, Simone Weil (wie Anm. 1), S. 18.

Ein weiterer, die Form ihrer späteren Religiosität früh kennzeichnender Zug war nach eigenem Zeugnis der selbstverständliche Agnostizismus, in dem sie erzogen war und zu dem sie sich als Jugendliche bekannte. Sie hat später den Atheismus – jedenfalls für unsere Zeit – als die vielleicht wichtigste Voraussetzung eines nicht-heidnischen Glaubens an Gott angesehen.

Aus einem Brief, den sie gut ein Jahr vor ihrem Tode dem geistlichen Freund, Dominikanerpater Jean-Marie Perrin, schrieb und vor allem ihrer spirituellen Entwicklung widmet, erfahren wir auch von der tiefen existentiellen Krise, in die Simone Weil um 1923, als Vierzehnjährige, geriet. Sie schreibt:

> Mit vierzehn Jahren verfiel ich einer jener grundlosen Verzweiflungen des Jugendalters, und ich wünschte ernstlich zu sterben, wegen der Mittelmäßigkeit meiner natürlichen Fähigkeiten. Die außergewöhnliche Begabung meines Bruders, dessen Kindheit und Jugend sich mit derjenigen Pascals vergleichen läßt, zwang mich, mir dessen bewußt zu werden. Nicht dies schmerzte mich, daß ich auf äußerliche Erfolge verzichten sollte, sondern daß ich niemals hoffen durfte, den Zugang zu jenem transzendenten Reich zu finden, zu dem einzig die echten großen Menschen Zutritt haben und in dem die Wahrheit wohnt. Ich wollte lieber sterben, als ohne sie zu leben. Nach Monaten innerer Verfinsterung empfing ich plötzlich und für immer die Gewißheit, daß jedes beliebige menschliche Wesen, selbst wenn es so gut wie gar keine natürlichen Fähigkeiten besitzt, in dieses dem Genie vorbehaltene Reich der Wahrheit eindringt, sobald es nur die Wahrheit begehrt und seine Aufmerksamkeit in unaufhörliche Bemühung auf ihre Erreichung gerichtet hält. So wird auch dieser Mensch ein Genie, selbst wenn dieses Genie mangels Begabung nach außen nicht in Erscheinung treten kann. Später, als der Druck der Kopfschmerzen meine geringen Fähigkeiten in eine Lähmung versetzte, die ich sehr bald als vermutlich unabänderlich ansah, hat diese nämliche Gewißheit mich zehn Jahre lang in Anstrengungen der Aufmerksamkeit ausharren lassen, die von fast keiner Hoffnung auf Ergebnisse getragen waren.[4]

Simones Bruder André studiert von 1922 an in Paris, Göttingen und Rom Mathematik und promoviert 1928 in Paris. Er lehrt unter anderem von 1933 bis zum Einmarsch der deutschen Truppen 1940 an der Universität Straßburg, 1945–1947 in São Paulo, ab 1947 in den USA, seit 1958 am Institute for Advanced Study in Princeton. Die erwähnten Kopfschmerzen beginnen schon 1921, als Simone zwölf Jahre alt ist, und kehren ihr Leben lang immer wieder, manchmal mit außerordentlicher Heftigkeit.

---

[4] Simone Weil, Das Unglück und die Gottesliebe. München 1953, 1961, S. 44 f. (orig.: Dies., Attente de Dieu, éd. J.-M. Perrin. Paris 1950 u. ö.); Dies., Zeugnis für das Gute. Traktate, Briefe, Aufzeichnungen. Olten / Freiburg i. B. 1976, 1979, S. 102 f.

Obwohl Simone Weil in diesem Brief bekennt, in ihrer Jugend das Evangelium »noch nicht gelesen« zu haben, war sie sich

(...) wohl bewußt, daß meine Lebensauffassung christlich war. Darum ist es mir niemals in den Sinn gekommen, ich könnte *in* das Christentum *ein*treten. Ich hatte den Eindruck, darin geboren zu sein. Aber dieser Lebensauffassung das Dogma selbst hinzuzufügen, ohne offenkundig dazu genötigt zu sein, wäre mir als ein Mangel an Redlichkeit erschienen. Ja ich hätte sogar geglaubt, unredlich zu handeln, wenn ich mir die Frage nach der Wahrheit des Dogmas als ein Problem gestellt oder wenn ich nur begehrt hätte, diesbezüglich zu einer Überzeugung zu gelangen. Ich habe von der intellektuellen Redlichkeit einen äußerst strengen Begriff derart, daß ich noch niemals einem Menschen begegnet bin, der mir nicht in mehrfacher Hinsicht ihrer zu entraten schien; und ich fürchte immer, daß sie mir selber fehlen könnte.[5]

Aus solchen Sätzen wird die Strenge spürbar, mit der Simone Weil sich und andere beurteilte. Inhaltlich ist ihre Äußerung durch den Wunsch motiviert, Pater Perrin verständlich zu machen, weshalb sie sich einerseits seit ihrer Jugendzeit als Christin ansieht und begreift, andererseits aber keine innere Notwendigkeit spürt, in die katholische Kirche einzutreten und sich taufen zu lassen. Die Nötigung, von der sie spricht, hätte ihr als *göttliche* Nötigung, als »Berufung«, begegnen müssen, um zu verpflichten:

Ich erblickte das Kriterium der durch die Berufung auferlegten Handlungen in einem Antrieb, der von allen Antrieben der Empfindung oder Vernunft wesenhaft und offenkundig verschieden war, und einem solchen Antrieb, falls er sich einstellte, selbst wenn er Unmögliches befahl, nicht Folge zu leisten, schien mir das größte Unglück zu sein. Dies war also meine Auffassung des Gehorsams, und ich habe diese Auffassung erprobt (...).[6]

Von Herbst 1925 bis Herbst 1928 besucht Simone Weil also das Lycée Henri IV und studiert dort vor allem Philosophie bei Alain, von dem sie hervorragende Beurteilungen am Ende jedes Trimesters erhält.[7] Die übrigen Fächer – Englisch, Latein, Griechisch, Geschichte – werden dagegen mehr oder weniger vernachlässigt; sie ist ziemlich disziplinlos, schwänzt häufig Unterrichtsstunden und nimmt sich auch sonst allerlei Freiheiten, was natürlich in den Zeugnissen nachteilig seinen Niederschlag findet. Bei der Abschlußprüfung in Geschichte fällt sie sogar durch[8] – findet trotzdem aber insgesamt Anerkennung. Cabaud schreibt:

---

5 Ebda, Das Unglück und die Gottesliebe, S. 46 f.; Zeugnis für das Gute, S. 104.

6 Ebda, Das Unglück und die Gottesliebe, S. 43 f.; Zeugnis für das Gute, S. 101 f.

7 Vgl. Cabaud, Simone Weil (wie Anm. 1), S. 22 f.

8 Ebda, S. 25–27.

Was ihre Professoren beeindruckte, war nicht so sehr das Niveau ihrer Arbeiten als ihre ungewöhnliche Persönlichkeit. Es war unmöglich [und hier zitiert Cabaud das Urteil eines Professors] »von ihrem Charakter nicht beeindruckt zu sein: dieses zwingende Bedürfnis, die Wahrheit zu suchen und sie, wenn sie gefunden war, mit unerschüttlichem Mut auszusprechen, dieses energische Zurückweisen jedes Kompromisses, in kleinen wie in großen Dingen.«[9]

Cabaud unterstreicht diesen für sie und ihre Lebensweise charakteristischen Zug:

Sie konnte nicht anders als sofort voll und ganz Partei ergreifen und ihre Ideen augenblicklich in die Tat umsetzen, so wie sie keinen wie auch immer gearteten Kompromiß duldete. Ihre Kameraden, denen das nicht entgangen war, nannten sie deshalb »den kategorischen Imperativ im Unterrock«.[10]

Im Sommer 1928 besteht Simone Weil die Aufnahmeprüfung für die École Normale Supérieure, der staatlichen Ausbildungsanstalt für Gymnasiallehrer. Sie hatte sich erst kurz zuvor für Frauen geöffnet, so daß mit Simone Weil erst vier Studentinnen – drei waren ein Jahr zuvor aufgenommen worden – diese Anstalt besuchten. Sie belegt aber weiterhin Philosophiekurse bei Alain, der sie zum Selbstdenken und Schreiben ermuntert und 1929 zwei Arbeiten von ihr in seine Zeitschrift ›Libres Propos‹ aufnimmt, die den Untertitel »Journal d'Alain« trägt. Der erste Text »De la perception ou l'aventure de Protée« erscheint in Nr. 5 der ›Libres Propos‹ vom 20. Mai 1929, der zweite Text »Du temps« in Nr. 8 vom 20. August desselben Jahres.[11] Beide sind aufgrund der lakonischen und von Zweifeln nicht angekränkelten, an Alain geschulten Diktion nur schwer verständlich. Obwohl bleibend geprägt von Alain und durch ihn von seinem Lehrer Jules Lagneau und dessen Auffassungen über Religion, begann sie sich in dieser Zeit innerlich von ihrem Meister zu lösen. »Was Alain mangelte, war weniger die christliche Interpretation der griechischen Tradition als die Fähigkeit, sich vom Absoluten schmerzhaft ergreifen zu lassen. Dieses metaphysische Erleiden kannten sowohl Jules Lagneau wie Simone Weil. Hier kommt Alain das Verdienst zu, die beiden miteinander in Verbindung gebracht zu haben.« Für Lagneau ist die Verneinung Gottes, der Atheismus, »eine Phase des Glaubens selbst«.[12] Die Dialektik Hegels wird bei Lagneau und Simone Weil existentiell.

---

9 Ebda, S. 27. 10 Ebda, S. 34.

11 Siehe Simone Weil, Œuvres complètes, Bd. I–XVI, Hrsg.: A. A. Devaux / F. de Lussy. Paris 1986 ff., hier Bd. I, S. 121 ff.

12 Cabaud, Simone Weil (wie Anm. 1), S. 25.

Wie erscheint Simone Weil ihren Mitstudenten und -studentinnen? Cabaud berichtet:

Alle, die Simone Weil zu dieser Zeit als Studentin der École Normale kannten, haben noch deutlich ihr Bild vor Augen. Sie galt als eine ›Übergescheite‹. In ihrer äußerst burschikosen Art verstand sie es vortrefflich, die anderen ›anzuschnauzen‹ (...) Sie ging in Cafés, diskutierte dort und war immer noch eine große Raucherin; sie hatte stets Tabakreste im Mund, denn sie drehte ihre Zigaretten selbst, und zwar recht ungeschickt. Ihre Gesichtszüge sind noch immer fein und schön, aber dicke, in Schildpatt gefaßte Brillengläser – sie war sehr kurzsichtig – verunstalten sie. Sie ist 1,59 Meter groß, hat das Gehabe eines kleinen Mädchens, geht mit ungeschickten, unregelmäßigen Schritten und neigt den Oberkörper nach vorn. Ihre Hände sind klein, aber rot und dick. Die großen Seitentaschen ihres Kostüms sind stets mit Tabak gefüllt, und der männliche Schnitt dieser Kleidung bringt ihren auffällig semitischen Typus noch stärker zum Ausdruck. Wie kleine Mädchen trägt sie nur Schuhe mit niederen Absätzen.

So lebhaft wie ihr Blick waren die Bewegungen ihres Kopfes, sie drehte ihn ständig hin und her. Ihre Sprechweise jedoch stand in krassem Gegensatz zu der Lebhaftigkeit dieser Gebärde. Denn schon zu dieser Zeit sprach sie mit gewollter und bewußter Langsamkeit, ein bißchen abgehackt und immer im selben Tonfall, wie wenn am Anfang die Stimme die Worte voneinander trennen wollte, um dann am Ende noch langsamer zu werden. Man hätte glauben können, sie spräche mit einem ausländischen Akzent. Überdies hatte sie eine ganz besondere Art, fast alle *h* auszusprechen. Ihre Stimme hielt die Mittellage, war etwas dumpf und eher näselnd. Da sie immer denselben Tonfall hatte und nach jedem Satz die Luft einzog, sagten ihre Freunde, ihre Reden glichen den Predigten der Schwestern der Heilsarmee.

Besonders auffallend ist ihr Wunsch, wie die anderen zu sein, und die Unmöglichkeit, dies zu erreichen. Ihre unentwegten Anstrengungen, sich selbst zu besiegen, sind erschütternd. Um ihrer erschreckenden Ungeschicklichkeit Herr zu werden, trat sie dem Athletenklub »Femina« bei, wo sie der ersten Rugby-Frauengruppe angehörte. Man konnte sie vom Spielplatz zurückkommen sehen, über und über mit Schmutz bedeckt, voll blauer Flecken und von einer Verzweiflung besessen, über die ihr exzentrisches Benehmen kaum hinwegtäuschen konnte. Für ihre schwächliche Gesundheit hatte sie nur hochmütige Verachtung. Doch sollten ihre verzweifelten Anstrengungen, die Grenzen ihrer physischen Möglichkeiten zu überschreiten, für ihr ganzes Leben schwere Folgen haben. Als sie nämlich an einem kalten Wintertag des Jahres 1930 von einer Rugbypartie zurückkam, wurde sie plötzlich von furchtbaren Kopfschmerzen befallen, dem ersten Anfall einer latenten Stirnhöhleneiterung, die erst im Jahre 1939 festgestellt wurde. Eine Krankheit, die wie ihre früheren Kopfschmerzen sie bis an ihr Lebensende quälte.[13]

Simones soziales und politisches Engagement verstärkt sich während dieser Zeit. Sie war schon auf dem Lycée Henri IV. in dieser Hinsicht aktiv gewor-

---

[13] Ebda, S. 29f.

den. Im August 1927 hatten Schüler Alains in Paris die »Groupe d'Éducation Sociale« gegründet, eine Art Bildungszentrum für Arbeiter. Simone gibt hier unentgeltlichen Unterricht, sie ist »mit Herz und Seele« mit von der Partie und sucht bei den Arbeitern »die Freude an echter Kultur zu wecken. (...) Simone hatte a priori Vertrauen in den gesunden und klaren Verstand der Arbeiter«.[14] Hier ist sie ganz in Übereinstimmung mit Rosa Luxemburg, aber auch mit Edith Stein, wie wir sehen werden. Simone Weil hat ihre diesbezüglichen Bestrebungen und Überzeugungen wiederholt niedergelegt, zuletzt in der großen Studie »L'enracinement« (»Die Entwurzelung«).[15]

Simone beweist ihre Solidarität mit der arbeitenden Bevölkerung konkret durch Teilnahme an deren Tätigkeit. In den Sommerferien arbeitet sie auf Bauernhöfen beim Einbringen der Kartoffel- und der Getreideernte. Sie mutet sich während zehn Stunden am Tage dieselbe Arbeitslast zu wie die arbeitsgewohnten Landsleute und ignoriert jeden Rat zur Schonung.[16] Später lernt sie auch die Fabrikarbeit kennen, wie wir sehen werden.

Simone de Beauvoir, die zusammen mit Simone Weil an der École Normale studierte, berichtet im ersten Band ihrer Erinnerungen, »Memoiren einer Tochter aus gutem Hause«, von dem einzigen Gespräch, das sie miteinander führten:

> Simone behauptete mit einem Ton, der keinen Widerspruch zuließ, daß heutzutage eine einzige Sache not tue: die Revolution, die allen Menschen zu essen verschaffe. Ich erwiderte in demselben kategorischen Ton, daß das Problem nicht darin bestehe, die Menschen glücklich zu machen, sondern den Sinn ihrer Existenz zu ergründen. Sie sah mich von oben bis unten an und sagte: »Da kann man sehen, daß Sie nie Hunger gelitten haben«.[17]

Während ihrer Universitätszeit beteiligt sich Simone Weil an verschiedenen antimilitaristischen und pazifistischen Aktionen. In die Auseinandersetzungen werden auch Professoren der École Normale verwickelt, so der Direktor selbst, Professor Bouglé, welcher Simone später als »Vièrge rouge« apostrophieren sollte – man erinnere sich, daß Ähnliches Rosa Luxemburg widerfahren war, die man aus Kreisen ihrer SPD-Kollegen als »Imitation der Jungfrau von Orleans« bezeichnet hatte (s. o. S. 58).

14 Ebda, S. 38.

15 Weil, L'enracinement. Prèlude à une déclaration des devoirs envers l'être humain. Paris 1949 u. ö. (dt.: Die Einwurzelung. Einführung in die Pflichten dem menschlichen Wesen gegenüber. München 1956).

16 Vgl. Cabaud, Simone Weil (wie Anm. 1), S. 39.

17 Zitiert nach Cabaud, ebda, S. 40.

[Professor Bouglé] hielt einen Kurs über die Bedeutung der Vaterlandsliebe. Er hätte kaum ein heikleres Thema wählen können. Man ließ ihn ruhig reden. Als er nach Beendigung seines Vortrages wissen wollte, ob jemand eine Frage zu stellen habe, bestieg Simone Weil das Katheder und las ohne jeden Kommentar die Rede Poincarés aus dem ›Journal officiel‹ von 1912 vor. Darin hatte Poincaré die Besetzung Belgiens dringend angeraten. Als sie geendet hatte, herrschte eine Zeitlang Schweigen. Dann sah Professor Bouglé auf seine Uhr und sagte: »Es ist Mittag – gehen wir essen«. Dieser Ausspruch erlangte begreiflicherweise eine unerhörte Popularität. Jedesmal, wenn man nicht wußte, was man antworten sollte, wurde er mit der dazugehörigen Geste zitiert.[18]

Für das Diplôme d'Études Supérieures verfaßt Simone Weil 1930 eine philosophische Arbeit über »Science et preception dans Descartes«,[19] die sowohl historisch als auch systematisch in bezug auf Philosophie allgemein wie auf die Descartes' im besonderen den starken Einfluß ihres Lehrers Alains verrät.[20] Peter Winch vergleicht diese Arbeit in seinem Einleitungsessay zur englischen Übersetzung mit der Nachschrift Anne Reynauds von Vorlesungen, die Simone Weil während des Schuljahrs 1933/34 im Mädchengymnasium zu Roanne hielt, und konstatiert, daß ihre Philosophie sich während dieser wenigen Jahre von einer cartesianischen Orientierung in eine Richtung entwickelt, die Wittgensteins neuem Denken verpflichtet ist; die sozialpolitische wie die philosophische Wandlung finden überraschenderweise zur gleichen Zeit, aber natürlich unabhängig voneinander statt.[21]

Im Juli 1931 bestand Simone Weil die staatliche Abschlußprüfung als eine von elf unter 107 Examinierten. Sie erhielt folgende Bewertung:

Außergewöhnlich befähigte Kandidatin. Scheint auf dem Gebiet der Philosophie ebenso bewandert zu sein wie auf dem der Literatur und der zeitgenössischen Kunst. Freilich urteilt sie oft vorschnell, ohne möglichen Einwänden und Schwierigkeiten Rechnung zu tragen.[22]

Simone Weil bewarb sich um eine Stelle als Gymnasiallehrerin in einer Hafen- oder Industriestadt des Nordens oder des Zentrums von Frankreich. Aber ihrem Wunsch wurde nicht entsprochen, sondern ihr wurde eine Stelle am Mädchengymnasium in Le Puy zugewiesen, vermutlich um die Rebellin und

---

18 Ebda, S. 35.

19 Weil, Œuvres complètes (wie Anm. 11), Bd. I, S. 159–221.

20 Ebda, S. 410 Anm. 77.

21 Weil, Leçons de philosophie, éd. Anne Reynaud. Paris 1959 (engl.: Lectures on Philosophy, Einleitung von Peter Winch. Cambridge / London / New York 1978).

22 Zitiert nach Cabaud, Simone Weil (wie Anm. 1), S. 41.

Kommunistin, als die sie galt, von jeder Möglichkeit agitatorischer Betätigung unter den Hafen- und Industriearbeitern fernzuhalten. Doch da hatte man sich verrechnet.

Schon in ihrer Gymnasialzeit knüpfte Simone Weil Verbindungen zu den Gewerkschaften. Nach Beendigung des Studiums nahm sie Kontakt zu führenden Mitgliedern vom radikalen Flügel der kommunistischen Gewerkschaftsbewegung auf, die der Gruppe »La Révolution Prolétarienne« angehörten und unter diesem Namen auch eine Zeitschrift herausgaben. Die Gewerkschaftsbewegung in Frankreich war damals zweigeteilt: einerseits die nichtkommunistische C.G.T. (Confédération Générale du Travail), andererseits die kommunistische C.G.T.U. (Confédération Générale du Travail Unitaire). Vertreter der Révolution Prolétarienne lehnten in anarcho-syndikalistischer Tradition nicht etwa nur Stalins Diktatur in der UdSSR und jede Diktatur einer einzigen Partei ab, sondern sogar die Bildung von Parteien, auch von kommunistischen. Sie fürchteten die Entmündigung des arbeitenden Menschen durch den unbedingten Wahrheits- und Führungsanspruch einer Partei. Stattdessen setzten sie auf die Gewerkschaften, deren Aufgabe lediglich darin bestehe, die Arbeiter bei ihrer Selbstbefreiung zu unterstützen.

Als Simone Weil nach Le Puy kommt, nimmt sie sofort Kontakt zu den radikalen Gewerkschaftsvertretern der dortigen Départements Loire und Haute-Loire auf, zu Claude Vidal und zum Ehepaar Thévenon in Saint-Étienne. Man bemüht sich, die Einheit der Gewerkschaftsbewegung herzustellen. Am 11. November 1931 findet in Le Puy eine réunion intersyndicale statt, auf der Simone Weil ihre ganze Überzeugungskraft für die gewerkschaftliche Einheit aufbietet. Das Treffen wird ein Erfolg: Man beschließt die Bildung einer zwischengewerkschaftlichen Arbeitsgruppe; man verabschiedet Verhaltensregeln, deren Beobachtung die Einheit näherbringen soll; man nimmt sich vor, bestehende Gewerkschaftsgruppen zusammenzuführen und sie, wie auch etwaige neue Gruppen, frei über ihre Orientierung bestimmen zu lassen. Im ›L'Effort‹, dem Organ der autonomen Bauarbeitergewerkschaft von Lyon, erscheint am 21. November ein Bericht von Simone über dieses Gewerkschaftstreffen, in dem aber die bedeutungsvolle Rolle ganz ausgespart bleibt, welche sie sowohl für dessen Zustandekommen als auch für seine Resultate gespielt hatte.[23]

---

[23] Simone Pétrement, La vie de Simone Weil, Bd. I–II. Paris 1973, hier Bd. I, S. 199.

Neben dem Schulunterricht und der Gewerkschaftsarbeit widmet sich Simone wie zuvor in Paris der Arbeiterbildung. Thévenon hatte einige Jahre zuvor zusammen mit einem Kollegen eine Studiengemeinschaft für Arbeiter gegründet, die nun Simone mit ihrer ganzen Tatkraft und auch finanziell mit der Prämie unterstützt, die sie zusätzlich zu ihrem Lehrerinnengehalt erhält, was sie als ungerechten Verstoß gegen den Gleichheitsgrundsatz empfindet. Außerdem ist sie Mitarbeiterin verschiedener Zeitschriften. Deshalb verwundert es nicht, wenn ihre Mutter in Briefen an André, den Bruder, schreibt, Simone bringe sich um.[24] An ihren Mann schreibt sie, Simone habe ständig heftigste Kopfschmerzen, sehe aber gut aus und sei fröhlich.[25]

Nun ist von Ereignissen zu berichten, die sich in Le Puy von Mitte Dezember 1931 bis Februar 1932 abspielten und in denen Simone Weil unliebsames Aufsehen erregte. Ich nehme teilweise wörtlich auf, was Cabaud über die Affäre zu berichten weiß.[26] Die Weltwirtschaftskrise hatte auch in Le Puy Arbeitslosigkeit zur Folge; dieses Krisenopfer ging Simone nahe, und sie wollte helfen. Wie in jedem Winter seit 1925 hatten die städtischen Behörden auch nun wieder öffentliche Aufträge an die Arbeitslosen vergeben, und man beabsichtigte, Speisungen einzurichten. Am 16. Dezember empfängt der Bürgermeister eine Delegation von Arbeitslosen im Büro des Gemeindehauses. Simone Weil ist mit dabei. Der Bürgermeister spricht sie an und will wissen, wo sie arbeite. Ganz unbefangen antwortet sie: an der Mädchenmittelschule. Im Laufe der Unterredung soll der Bürgermeister den auf städtischen Arbeitsplätzen Angestellten einen Tageslohn von 25 Franc versprochen haben, was er aber später ableugnet. Einen Tag danach, am 17. Dezember, findet eine Sitzung des Stadtrates statt, während der eine Gruppe von 80 Arbeitern eintritt und sich schweigend im Hintergrund des Sitzungssaales aufstellt. Auch hier ist Simone Weil dabei. Als der Bürgermeister verkündet, die Sitzung werde bei geschlossenen Türen weitergeführt, treten einige Arbeislose vor und fragen, was man für sie zu tun gedenke. Der Bürgermeister gibt zur Antwort, die Frage stehe nicht auf der Tagesordnung. Daraufhin läßt er den Saal räumen, was ohne Widerstand geschieht.

In der Öffentlichkeit, bei Presse und Polizei erregen diese Vorfälle beträchtliches Aufsehen. Simone Weils Vorgesetzte erhalten einen Polizeibericht, und die Schulbehörde in Clermont-Ferrand wird aufgefordert, sie zu

---

24 Ebda, S. 202. 25 Ebda, S. 208.

26 Cabaud, Simone Weil (wie Anm. 1), S. 58–68; Dokumente bei Pétrement, La vie de Simone Weil (wie Anm. 23), Bd. I, S. 210–253.

versetzen. Sowohl von der Polizei wie den Vorgesetzten läßt sich Simone nicht einschüchtern, und die Behörde begnügt sich damit, sie in Kenntnis davon zu setzen, daß man ihre Versetzung verlangt habe.

Im Januar 1932 formieren sich in Le Puy mehrfach Arbeitslose zu Protestmärschen und -kundgebungen, an denen Simone gelegentlich teilnimmt. Ihre Teilnahme erregt die Öffentlichkeit so sehr, daß der Bürgermeister den Präfekten ersucht, einen Bericht nach Paris zu schicken, um nochmals die Versetzung zu verlangen. Die Schulbehörde in Clermont-Ferrand lädt sie vor und verlangt von ihr, ein Formular zu unterzeichnen, in dem sie um die Versetzung nachsucht. Doch sie weigert sich, das zu tun, woraufhin man ihr zu verstehen gibt, sie könne sehr wohl auch zwangsweise versetzt werden.

Ihre Freunde in Le Puy fürchten Strafmaßnahmen und senden deshalb dem Unterrichtsminister unverzüglich ein Protesttelegramm. Die Liga der Menschenrechte tritt gleichfalls auf den Plan, geht es doch um die bedrohte Meinungsfreiheit der Staatsbeamten. Noch andere Organisationen folgen mit Protesten. Simone selbst beteiligt sich mit Beiträgen in der Tagespresse am öffentlichen Disput und sucht die Aufmerksamkeit von der Außenseite der Geschehnisse auf ihren Gehalt zu lenken – die zugrundeliegende Klassenauseinandersetzung. Daraufhin gibt es erneut Zwischenfälle, Pamphlete beleidigenden Inhalts, Plakataktionen, Petitionen, gesteigerte Gewalttätigkeiten. Am 3. Februar schließlich findet eine große Kundgebung statt. Zuletzt verbietet der Bürgermeister alle Arten von Aufmärschen und Protestaktionen. Polizei wird aufgeboten, aber die Arbeitslosen protestieren in den folgenden Tagen weiter, wobei – so wird berichtet – eine Frau ihnen die rote Fahne voranträgt.

Damit ist die Affäre um Simone Weil auf ihrem Höhepunkt angelangt. Man diffamiert sie, eine Agentin Moskaus zu sein, und spielt zugleich auf ihre jüdische Herkunft an:

> Fräulein Weill [sic], die rote Jungfrau aus dem Stamme Levi, die Botschafterin des Evangeliums von Moskau, hat den Unglücklichen ihre Doktrin aufgeschwatzt und sie irregeleitet.[27]

Aber die Fronten waren nicht so eindeutig, wie es hier erscheint. Die Arbeitslosen selber und ihre Führer fanden Simones öffentliches Eintreten für sie bedenklich: Es kostete ihnen die Sympathie der Mitbürger, nahm diese gerade nicht für ihr Schicksal und Anliegen ein. Allerdings klingen die Emotionen

[27] Zitiert nach Cabaud, Simone Weil (wie Anm. 1), S. 64.

allmählich ab, die Schulbehörde greift nicht weiter ein, vielleicht auch angesichts der mannigfaltigen Solidaritätsbekundungen von seiten der Lehrergewerkschaft, welcher Simone angehört, und der Petitionen von Eltern ihrer Schüler. Am Ende kommt es dann doch – nun aber mit Simones Einwilligung – zur Versetzung. Vielleicht war ihr Le Puy zu sehr Provinz, und sie wünschte sich eine Lage, in der sie stärker noch als bisher am Klassenkampf teilnehmen konnte. Man versetzt sie an die Mädchenmittelschule von Auxerre – auf ihren Wunsch, wegen der Nähe zu Paris. Vor Antritt der neuen Stelle im Oktober 1932 aber unternimmt sie im August eine Reise nach Deutschland.

Simone Weil zeigt durch ihr ganzes Leben hindurch den Willen, stets jene Orte und Situationen aufzusuchen, wo sich das Schicksal der Menschen, der Klassen, der Völker entscheidet. In diesen Jahren war es Deutschland, in dem sich Wohl und Wehe eines großen Teils Europas, der Menschheit entschied, und sie wollte dort sein, den Ereignissen möglichst nahe, sie zu verstehen suchend, sie anderen verständlich machend, wenn es auch für einen einzelnen unmöglich sein mochte, gestaltend einzugreifen. Das tiefe Mitgefühl für die betroffenen Menschen vermittelt ihr »Einsichten, wie sie nur wenige Zeitgenossen zu formulieren vermochten«.[28] Nach Frankreich zurückgekehrt veröffentlicht sie eine Reihe von Artikeln in den ›Libres Propos‹, in ›La Révolution prolétarienne‹ und in ›L'École émancipée‹ von Herbst 1932 bis Frühjahr 1933.[29]

Ich möchte eine ihrer ausführlicheren Analysen referieren, und zwar den Aufsatz »L'Allemagne en attente« (»Deutschland in Erwartung«), publiziert im Oktober und November 1932 in ›La Révolution prolétarienne‹ und in den ›Libres propos‹.[30] Weiter ausgeführt und vertieft hat sie die dort entwickelten Gedanken in der Studie »La situation en Allemagne« (»Die Lage in Deutschland«), die auf zehn Abschnitte verteilt, von Dezember 1932 bis März 1933 in der Zeitung der Lehrergewerkschaft ›L'École émancipée‹ erschien.[31]

»Deutschland in Erwartung« – mit dem Untertitel: »August- und Septembereindrücke« – beginnt so:

---

[28] Heinz Abosch in der Einleitung zu: Weil, Unterdrückung und Freiheit. Politische Schriften. München 1975, S. 9.

[29] Dt. Übers. in: Unterdrückung und Freiheit (wie Anm. 28; frz. Orig. in: Dies., Écrits historiques et politiques, Paris 1960).

[30] Ebda, Écrits, S. 126–142; Unterdrückung und Freiheit, S. 33–51.

[31] Ebda, Écrits, S. 146–194; Unterdrückung und Freiheit, S. 55–109.

Wer in dieser Zeit, aus Frankreich kommend, in Deutschland eintrifft, hat das Gefühl, als habe der Zug ihn aus einer Welt in eine andere gebracht oder besser aus einem von der Welt isolierten Ruhesitz in die wirkliche Welt. Nicht daß Berlin weniger ruhig wäre als Paris, aber die dort herrschende Ruhe hat etwas Tragisches. Alles ist in Erwartung. Die Probleme der Struktur der menschlichen Gesellschaft sind gestellt.

Während die gewöhnliche Historiographie Ursachen und Wirkungen, Zwekke und Absichten auflistet und miteinander verknüpft, setzt Simone Weil von vornherein grundlegender an bei ihrem Bericht über das Deutschland vom Sommer 1932. Sie sieht die Einzigartigkeit der deutschen Situation in diesem Augenblick nicht nur darin, daß mit der politischen Lage das Schicksal eines jeden Deutschen auf dem Spiel steht, sondern vor allem darin, daß er sich dessen bewußt ist, weil der einzelne überall in seinem Alltag unmittelbar auf dieses Politische gestoßen wird, weil alle Zwischenbereiche ausgefallen sind:

Die Krise hat fast alles zerbrochen, was den Menschen hindert, sich uneingeschränkt das Problem seines eigenen Schicksals zu stellen, d. h. Gewohnheiten, Traditionen, feste gesellschaftliche Bezüge, Sicherheit. Vor allem hat die Krise, sofern man sie nicht als eine vorübergehende Unterbrechung in der ökonomischen Entwicklung ansieht, die Zukunftsperspektive jedes einzelnen verriegelt.

Es gibt ungefähr acht Millionen Arbeitslose, von denen nur gut fünf Millionen staatliche Unterstützung erhalten, kaum ausreichend zur Lebensfristung. Die übrigen müssen betteln, hausieren oder stehlen, wenn sie nicht verhungern wollen.

Aber die Tragik besteht weniger in diesem Elend als in dem Umstand, daß kein Mensch, auch wenn er sehr energisch ist, die geringste Hoffnung haben kann, mit eigener Kraft dieser Lage zu entfliehen. Besonders die jungen Arbeiter oder Kleinbürger – für sie ist die Krise ein normaler Zustand, der einzige, den sie kennenlernten – sind unfähig, an eine Zukunft zu denken, die sich auf sie persönlich bezöge.

Auch gute berufliche Qualifikation ändert – im Unterschied zur heutigen Lage – an diesem äußersten Ausgeliefertsein nichts. Selbst wer Arbeit hat, ist gefährdet, und er weiß das; schon morgen kann er sie verloren haben. Jede Arbeitervertretung ist in dieser Situation schwach; wer Forderungen stellt, könnte sofort durch tausend Arbeitslose, die auf seine Stelle warten, ersetzt werden. So müssen sogar hier Konkurrenzgefühle und Mißtrauen gedeihen, wo Solidarität gefordert wäre. Auch an die Gründung einer Familie ist für die meisten unter diesen Umständen nicht zu denken.

Kurzum, nicht ein Winkel des Privatlebens des jungen Deutschen, sei er nun Arbeiter oder Kleinbürger, befindet sich außerhalb der Kriseneinwirkung. Die guten oder schlechten Perspektiven, sogar die intimsten Aspekte seiner Existenz werden unmittelbar Perspektiven der Gesellschaftsstruktur. Er kann noch nicht einmal träumen von einem Versuch, sein eigenes Schicksal in die Hand zu nehmen, der nicht die Form einer politischen Aktion hätte.

Simone Weil ist Sozialistin. Sie muß sich fragen, inwieweit hier nicht eine Situation vorliegt, die auf revolutionären Umschwung geradezu angelegt ist. Wo fast einer ganzen Nation aktuell oder potentiell die Verelendung vor Augen steht, muß da nicht ein einziger gewaltiger Wille aufstehn, dieses Geschick zu wenden? Rosa Luxemburg hätte eine solche spontane Erhebung der Massen vielleicht erwartet. Doch Simone Weil konstatiert:

In einer Konstellation, die der Definition einer revolutionären Lage zu entsprechen scheint, ist alles passiv. Den Beobachter, den die Konzentration aller Gedanken auf das politische Problem überrascht, erstaunt noch mehr das Fehlen von Erregung, von leidenschaftlichen Diskussionen auf der Straße oder in der U-Bahn, von sich ängstlich auf ihre Zeitung stürzenden Lesern, von einer beginnenden oder auch nur geplanten Aktion. Dieser augenscheinliche Widerspruch bildet den wesentlichen Charakter der Lage. Die deutsche Bevölkerung, weder entmutigt noch betäubt, wendet sich nicht von der Aktion ab, aber sie handelt nicht und wartet. Die zu lösende Aufgabe macht das Zögern verständlich. Denn das sich den deutschen Arbeitern stellende Problem gehört einem anderen Bereich an als jenem, mit dem die russischen Arbeiter 1917 konfrontiert waren: Friedensschluß und Landverteilung. Nein, hier geht es darum, die gesamte Wirtschaft auf neuen Fundamenten wieder zu errichten. Die Kraft zur Lösung einer solchen Aufgabe vermag allein das scharfe Bewußtsein zu verleihen, daß es keinen anderen Ausweg gibt. Dahin gelangen nach und nach die Jugendlichen aufgrund einer Krise, die sie im Rahmen des Regimes jeder Zukunftsperspektive zu berauben scheint. Aber die gleiche Krise beraubt sie auch allmählich jeglicher Kraft, irgendeinen Ausweg zu suchen. Dieses Leben in Müßiggang und Elend, das die Arbeiter ihrer Würde als Produzenten entkleidet, das die Facharbeiter ihrer Qualifikation und die anderen jeder Hoffnung beraubt, sich auf irgendeinem Gebiet zu qualifizieren – dieses Leben, an das man sich nach zwei, drei oder vier Jahren schmerzlich gewöhnt, ist keine Vorbereitung für die verantwortliche Führung einer neuen Wirtschaft.

Aber wenn diese spontane Massenerhebung offenbar nicht ansteht, um das System zu ändern – wäre dann nicht eine große Organisation dazu imstande? Simone Weil vermutet:

Bis zu einem gewissen Grade könnte eine Organisation dies ersetzen, denn von allen Völkern organisiert sich das deutsche Volk am meisten.

Nun tritt sie ein in die Analyse jener drei deutschen Massenparteien, die einander bekämpfen, obwohl sie sich alle auf eine ›sozialistische‹ Revolution berufen: die NSDAP, die SPD mit den sie unterstützenden Gewerkschaften und die KPD, gegründet von Rosa Luxemburg und Karl Liebknecht. Aber alle drei sind nicht im Begriff, die Verhältnisse umzuwälzen. Simone fragt sich, warum sie untätig bleiben.

Um das zu verstehen, muß man ihr inneres Leben und ihre wechselseitigen Beziehungen analysieren. Man muß vor allem ihre Beziehungen zu den bewußten und unbewußten Kräften untersuchen, deren Spiel die politische Lage determiniert. Zunächst die durch die Krise innerhalb der Massen hervorgerufenen Strömungen: die einen klammern sich trotz allem an das Regime, andere wünschen blind irgend etwas Neues, andere wollen alles verändern, schließlich leben noch andere hoffnungslos in den Tag hinein. Dann die beiden Elemente, die allein imstande sind, methodisch zu handeln: die revolutionäre Fraktion des Proletariats und die Großbourgeoisie.

Weils Analyse der nationalsozialistischen Partei nimmt ihren Ausgang bei der Feststellung:

Eine Revolution kann nur durch bewußte und verantwortliche Menschen geführt werden. Man könnte als wesentlichen Widerspruch der NSDAP bezeichnen, daß sie die Partei unbewußter und unverantwortlicher Revolutionäre ist.

Die nationalsozialistische Bewegung bestehe aus den heterogensten Bevölkerungselementen – Intellektuellen, Kleinbürgern, Büroangestellten, Bauern und einem Teil der Arbeitslosen –, die aber nicht durch eine Lehre oder Ideologie zusammengehalten werden, zumal die den inkongruenten Gruppen entsprechende nationalsozialistische Propaganda sich widersprechen müsse, um allen alles zu versprechen:

Dem Lande verspricht man hohe Absatzpreise, den Städten billige Lebensmittel. Romantische junge Leute sind von den Perspektiven des Kampfes, der Hingabe, des Opfers angezogen; die Gewalttätigen von der Gewißheit, eines Tages unbegrenzt morden zu können.

Ein einheitsstiftendes Element bildeten jedoch der Nationalismus mit seinen Revanchegelüsten für den Versailler Vertrag – und der Antikapitalismus, welcher die Unternehmenswirtschaft als undeutsch und jüdisch anprangerte. Simone Weil bemerkt:

Man kann die jetzige Ausstrahlungskraft der deutschen Arbeiterklasse daran ermessen, daß die Hitlerpartei gezwungen ist, sogar den Patriotismus als eine Form des Kampfes gegen das Kapital hinzustellen.

Aber bei den Arbeitern sei die nationale Frage zweitrangig. Im Vordergrund stünden Klassenprobleme auch bei denen, die sich in der Hitlerbewegung engagierten, wobei es sie wundere, von den Sozialdemokraten und Kommunisten bekämpft zu werden. Was wünschen – so fragt Simone Weil – die dem Nationalsozialismus folgenden Arbeiter? Ihre Antwort:

Ein idyllisches Regime, das die, dank dem Besitz eines Stück Bodens zu einer gewissen Unabhängigkeit gelangten Arbeiter, mit Hilfe eines allmächtigen und treusorgenden Staates gegen allzu gierige Unternehmer beschützt. (...) Alle Sorgen praktischer Verwirklichung überlassen sie dem sogenannten »Führer«, obwohl er nicht viel führt. Was sie in Wirklichkeit zur nationalsozialistischen Bewegung hinzieht, ist, ähnlich wie bei Intellektuellen und Kleinbürgern, das Gefühl, dort eine Kraft zu finden. Sie begreifen nicht, daß diese Kraft nur deshalb so mächtig erscheint, weil es nicht ihre Kraft ist, sondern die der herrschenden Klasse, ihres Hauptfeindes. Und sie rechnen mit dieser Kraft, um ihre eigene Schwäche zu kompensieren und auf irgendeine unbekannte Weise ihren verworrenen Traum zu realisieren.

Die Sozialdemokraten und die sie unterstützenden Gewerkschaften bezeichnet Simone Weil durchgehend als ›reformistisch‹.[32] Sie befinden sich in einer Zwickmühle: Einerseits ist die Situation der arbeitenden Bevölkerung extrem gefährdet – und Sozialdemokratie wie auch Gewerkschaften stützen sich vor allem auf sie (während Arbeitslose ihre Hoffnung eher auf die Kommunisten setzen); eine grundlegendere Ordnungspolitik wäre gefordert. Andererseits repräsentiert die SPD das schlechte Bestehende und erscheint vielen als ein Teil des zu beseitigenden Übels; sie selbst bezieht ein gut Stück ihrer Macht aus den demokratischen Institutionen und der funktionierenden staatlichen Bürokratie. Das will und kann sie nicht aufs Spiel setzen; zugleich ist sie durch ihre Liaison mit der Macht kompromittiert und zeichnet mitverantwortlich für die desolate Lage.

Die mit der SPD liierten Gewerkschaften fühlen sich ebenfalls auf Gedeih und Verderb der Staatsmacht verbunden. Vor dem Weltkrieg und dann in der Hochkonjunktur zwischen 1923 und 1929 bis zur Weltwirtschaftskrise haben sie das soziale Schicksal der Arbeiter schrittweise verbessern können. Sie haben ihre Streitkassen füllen, Unterstützungsfonds gründen, Schulungsstätten bzw. Fortbildungseinrichtungen bauen und weiterentwickeln können. Diese Leistungen und Einrichtungen stehen nun auf dem Spiel; die einzige Macht, die sie schützen kann, ist der Staat. Schließlich haben – was schon Rosa Luxemburg scharfsichtig sah und Simone Weil gleichfalls nicht vergaß zu betonen – die Träger und Profiteure jeder Institution ein Eigeninteresse an deren Erhalt, so daß auch von da eine starke Neigung zu politischen Kompromissen

32 Siehe auch Weil, »Die Lage in Deutschland«, in: Dies., Unterdrückung und Freiheit (wie Anm. 28), S. 68 ff.

zwecks Erhalt der eigenen Existenz und Macht besteht. So erklärt sich für Simone Weil die Passivität von Sozialdemokraten und Gewerkschaften angesichts der Krise, die eigentlich ein geschlossenes machtvolles, zielstrebiges Handeln erforderte. Es ist dieselbe innere Verfassung sozialistischer Kräfte in Deutschland, welche schon Rosa Luxemburg in der Revisionismusdebatte und später immer wieder scharf kritisierte.

Die reformistischen Organisationen können also den Arbeiter nicht wirklich schützen, und der Arbeiter weiß das auch. Die Hitlerbewegung ist ihm nicht vertrauenswürdig; sie hat nur verschwommene und in sich widersprüchliche Vorstellungen von Ziel und Zweck einer politischen Umwälzung. Ist die KPD für den Arbeiter eine glaubhafte Alternative? Was stellt die kommunistische Partei dar, wofür und wogegen kämpft sie, was repräsentieren ihre Mitglieder im Bewußtsein kritischer Sozialisten?

In ihrem ausführlichen Essay »Die Lage in Deutschland« betont Simone Weil die Diskrepanz zwischen einem starken äußeren Erscheinungsbild der KPD und ihren vielfältigen inneren Schwächen:

Die KPD hat äußerlich eine beträchtliche Kraft. Die noch lebendige Erinnerung an die Kämpfe von 1919, 1920 und sogar 1923 [gemeint sind der Spartakusaufstand in Berlin, Januar 1919, bei dem Rosa Luxemburg und Karl Liebknecht ermordet werden, die Münchner Räterepublik, die kommunistischen Unruhen und Aufstände im Ruhrgebiet, in Hamburg und in Sachsen 1920 und 1923] verleihen ihr eine Ausstrahlung, ein Ansehen, die für uns Franzosen, deren revolutionäre Tradition letztlich 1871 unterbrochen wurde, schwer vorstellbar sind. Im November [1932] zählte die KPD sechs Millionen Wähler, 330 000 Mitglieder. Organisationen wie die Internationale Arbeiterhilfe, die Rote Hilfe, der Verband proletarischer Freidenker und vor allem die roten Sportverbände sind ebenfalls zahlreich, einflußreich und voller Lebenskraft. Indes wurde die wichtigste Organisation, der für den Straßenkampf bestimmte Rote Frontkämpferbund, vor zwei Jahren verboten und konnte in der Illegalität nicht existieren; ein Teil der Mitgliedschaft hat sich inzwischen sogar der SA angeschlossen. Die Partei selbst hat viele Mitglieder, aber Neuankömmlinge bilden die Mehrheit; manche behaupten, daß nur ein Fünftel der Partei länger als drei Jahre angehört. Diese Phänomen, auch in anderen Sektionen der Kommunistischen Internationale sichtbar und, wenigstens teilweise, durch die Art der Mitgliederwerbung wie durch das interne Regime hervorgerufen, ist in einer revolutionären Periode ganz besonders gefährlich. Schließlich und vor allem ist die KPD praktisch eine Arbeitslosenpartei. Letzten Mai stellten die Erwerbslosen schon einen Anteil von 84 Prozent.[33]

Diese zuletzt genannten Sachverhalte stellt Simone Weil an den Anfang ihrer hier zunächst und vor allem referierten Analyse »Deutschland in Erwar-

[33] Ebda, S. 80f.

tung«, um die Schwäche der KPD zu beleuchten.[34] Die (noch) Arbeit haben, fürchten ›Konkurrenz‹ der Arbeitslosen, während diese, »die nichts mehr zu verlieren haben«, sich radikalisieren. Die Kluft, das Mißtrauen zwischen Arbeits›besitzern‹ und Arbeitslosen muß sich vertiefen. Zumindest die nächstliegenden Interessen von Kommunisten und Reformisten divergieren also: Umwälzung der wirtschaftlichen und politischen Verhältnisse versus Verhinderung einer solchen Revolution.

Die kommunistische Bewegung wird zusätzlich geschwächt durch widersprüchliche Parolen der Partei: Beispielsweise gelte es einerseits die roten Gewerkschaften zu stärken, andererseits solle man in den sozialdemokratischen Organisationen mitarbeiten. Der schwerwiegendste Widerspruch besteht jedoch darin, daß die KPD keineswegs die Sozialdemokraten als ihren potentiellen Verbündeten betrachtet und auf eine Einheitsfront mit ihnen gegen den Nationalsozialismus hinarbeitet, sondern die SPD als Hauptfeind ansieht und sich deswegen gar nicht scheut, gelegentlich Bündnisse mit Nationalsozialisten gegen die SPD einzugehen.[35] Simone Weil spricht von »einer eigentlich teuflischen Perversität« dieser Politik der Kommunisten.[36] Nach ihrer Beobachtung schlägt die KPD zeitweise derart nationalistische Töne an, daß ihre Propaganda sich mit derjenigen der NSDAP deckt[37] – ein Sachverhalt, welcher zu Beschämung und Empörung Anlaß geben muß, denkt man an den lebenslangen Kampf Rosa Luxemburgs gegen jegliche Nationalismen und für internationale Arbeitersolidarität. Im übrigen sind die Nazis den Kommunisten machttaktisch weit überlegen. Das zeigt sich z. B. beim Berliner Verkehrsarbeiterstreik, wo beide zunächst zusammen gegen den Widerstand von Sozialdemokraten und Gewerkschaften einen Streik ausrufen, der mehrere Tage lang den gesamten Verkehr der Hauptstadt lahmlegt. Doch bevor dieser Streik Resultate zeitigen kann, wird er von den Nationalsozialisten abgeblasen, die sich damit der Bourgeoisie wie dem Kapital als Retter vor Kommunismus und Revolution präsentieren.[38]

Eine Hauptwurzel solch absurder Politik – so diagnostiziert Simone Weil – ist die Abhängigkeit der KPD von der Sowjetunion. Die Kommunistische Internationale steht völlig unter dem Kuratel der UdSSR:

Sie ist eine Propagandaorganisation in den Händen der russischen Staatsbürokratie, und ihre Schwächen sind von daher verständlich. Man begreift ohne Mühe, daß die KPD,

---

34 Weil, Deutschland in Erwartung (wie Anm. 30), S. 41 f.

35 Ebda, S. 44, 85 f.; vgl. S. 62 f.

36 Ebda, S. 43.

37 Ebda, S. 44 f., 85 f., 89, 94.

38 Ebda, S. 52–54.

von der russischen Bürokratie mit der Theorie des »Sozialismus in einem Lande« [Stalin] ausgestattet, Schwierigkeiten hat, gegen eine Bewegung zu kämpfen, die sich die »Partei der deutschen Revolution« nennt.[39]

Was sind die Beweggründe der sowjetischen Politik gegenüber iher deutschen Schwesterpartei? Für Simone Weil ist es laut »Deutschland in Erwartung«

(...) klar, daß die Interessen der russischen Staatsbürokratie nicht mit den Interessen der deutschen Arbeiter übereinstimmen. Für letztere ist es lebenswichtig, die faschistische oder militärische Reaktion aufzuhalten. Dagegen will der russische Staat einfach Deutschland, was auch immer sein inneres Regime sein mag, hindern, mit Frankreich einen Block gegen Rußland zu bilden. Desgleichen würde eine Revolution den deutschen Arbeitern eine Zukunftsperspektive eröffnen, aber sie könnte den Aufbau der Großindustrie in Rußland nur stören. Außerdem brächte eine ernsthafte revolutionäre Bewegung der russischen Opposition im Kampf gegen die bürokratische Diktatur eine beträchtliche Hilfe. Es ist also natürlich, daß die russische Bürokratie, selbst in diesem tragischen Augenblick, alles der Sorge unterordnet, ihre Kontrolle über die deutsche revolutionäre Bewegung zu behalten.

Wir sehen: Obwohl Kommunistin, hat Simone Weil einen völlig freien, nüchternen, illusionslosen Blick auf die politische Wirklichkeit. Nur eine geringe Zahl von Menschen in Deutschland erkannte so früh und klar den wahren Charakter der nationalsozialistischen und kommunistischen Politik, mögen auch Einzelheiten von Simones Analyse und Beurteilung strittig sein. Indes, diese Klarheit und Nüchternheit bedeutet kein Unbeteiligtsein. Es geht ihr um das Schicksal des deutschen Arbeiters, der deutschen Arbeiterklasse. Kann sie von den drei vorgestellten Parteien oder Bewegungen entscheidende Hilfe für die Bewältigung der Krise erwarten? Simone Weils Antwort ist negativ, wie aus dem Dargelegten klar sein dürfte. Aufs Konzentrierteste zum Ausdruck gebracht, lautet die Begründung:

Von den drei Parteien, die die deutschen Arbeiter mit Hilfe der Fahne des Sozialismus locken, ist eine in der Hand des Großkapitals mit dem ausschließlichen Ziel, gegebenenfalls durch eine systematische Ausrottung, die revolutionäre Bewegung aufzuhalten. Die andere ist, gestützt auf die Gewerkschaften, durch ihre Bürokraten mit dem Staatsapparat der herrschenden Klasse verkoppelt. Die dritte mit einer ausländischen Staatsbürokratie, die ihre Kasteninteressen und nationalen Ziele verteidigt. Der drohenden Gefahr hat die deutsche Arbeiterklasse nichts entgegenzusetzen; oder man ist eher zu fragen versucht, ob es nicht besser für sie wäre, nichts zu haben. Denn die Instrumente, über die sie zu verfügen glaubt, werden von anderen bedient, deren Interessen den ihren entweder widersprechen oder zumindest fremd sind.

---

39 Ebda, S. 47; vgl. S. 103–106.

Aber steht dann nicht die Arbeiterklasse nackt da, ist sie nicht gänzlich zur Ohnmacht verurteilt, wenn es keine Organisationen gibt, die sie führen? Simone Weil bleibt vom Gegenteil überzeugt. Sie sieht im deutschen Arbeiter ein Leben und eine Kraft am Werke, die ihn auch diese Krise meistern ließe, würde man ihn nur sich selbst überlassen. Wie Rosa Luxemburg, so glaubt auch Simone Weil in diesem Augenblick noch an eine ursprüngliche revolutionäre Spontaneität im Arbeiter, die ihn, vereint mit seinesgleichen, Herr seines Geschicks werden lassen kann, selbst wenn nicht Sieg, sondern Niederlage und Untergang am Ende stehen. Doch schon ein Jahr später hat sich auch für sie der Horizont radikal verfinstert.

Ihre Antwort auf die Frage »Gehen wir einer proletarischen Revolution entgegen?«, am 25. August 1933 in ›La Révolution Prolétarienne‹ erschienen, kann angesichts der Machtergreifung Hitlers in Deutschland, der sich etablierenden Diktatur Stalins in Rußland und der dadurch zum Untergang verurteilten Idee eines demokratischen Sozialismus in zwei der wichtigsten Länder Europas nur illusionslos-skeptisch sein. Aber ihr Blick bleibt nicht an den auffälligsten Phänomenen des politischen Lebens hängen, sondern sieht die sozialistisch-revolutionäre Idee eines von ökonomischen und seelisch-geistigen Zwängen befreiten, zu sich selbst gekommenen Menschen auch gefährdet durch die wachsende Technisierung in vielen Lebensbereichen, wachsende Bürokratisierung von Staat, Wirtschaft und Arbeiterorganisationen und das dadurch ermöglichte Zusammenwachsen dieser drei Bereiche zu einem gigantischen Apparat der Bedürfnislenkung. In völliger begrifflicher Klarheit diagnostiziert die Vierundzwanzigjährige eine Entwicklung, welche selbst der klarsichtigen Rosa Luxemburg noch entgangen war, und sieht darin die Hauptaufgabe einer das Menschliche des Menschen bewahrenden Politik:

Das ist die eigentliche Aufgabe unserer Generation. Seit mehreren Jahrhunderten, seit der Renaissance, sind denkende und handelnde Menschen methodisch damit beschäftigt, dem menschlichen Geist die Herrschaft über die Naturkräfte zu sichern; und der Erfolg übertraf alle Hoffnungen. Aber im Verlauf des letzten Jahrhunderts hat man begriffen, daß die Gesellschaft selbst eine Naturkraft ist, ebenso blind wie die anderen, ebenso gefahrvoll für den Menschen, wenn es ihm mißlingt, sie zu beherrschen. Jetzt bedrückt diese Kraft uns grausamer als Wasser, Erde, Luft und Feuer; um so mehr, als sie aufgrund des technischen Fortschritts, über die Verwendung des Wassers, der Erde, der Luft und des Feuers verfügt. Das Individuum sieht sich brutal der Kampf- und Arbeitsmittel beraubt; weder der Krieg noch die Produktion sind heute möglich ohne eine totale Unterwerfung des Individuums unter das kollektive Machtpotential. Durch seine blinde Funktionsweise ist der gesellschaftliche Mechanismus im Begriff – alle Geschehnisse seit dem August 1914 zeigen es –, sämtliche Bedingungen des materiellen und moralischen Wohlstands des Individuums, sämtliche Bedingungen der geistigen und kulturellen Entwicklung zu zerstören. Die Beherrschung dieses Mechanismus ist für uns eine Frage über Leben und Tod; ihn beherrschen, heißt, ihn dem menschlichen Geist, dem Individuum, zu unterwerfen. Die Unterordnung der Gesellschaft unter das Individuum, das ist die Definition der wirklichen Demokratie, folglich auch des Sozialismus. Aber wie vermag man diese blinde Macht zu beherrschen, da sie, wie Marx es mit hinreißenden Formeln demonstrierte, alle intellektuellen und materiellen Kräfte in einer monströsen Apparatur kristallisiert? In der marxistischen Literatur würden wir vergeblich nach einer Antwort auf diese Frage suchen. Muß man also verzweifeln? Gewiß fehlten die Gründe dafür nicht. Man sieht nicht recht, worauf Hoffnung abzustellen wäre. Die Fähigkeit, frei zu urteilen, wird immer seltener, vor allem bei Intellektuellen aufgrund einer Spezialisierung, die jeden zwingt, in den von jeder theoretischen Forschung gestellten fundamentalen Fragen zu glauben, statt zu wissen. So wird sogar im Bereich der reinen Theorie das individuelle Urteil angesichts der durch kollektive Anstrengung erreichten Resultate entthront. Was die Arbeiterklasse angeht, so wird sie aufgrund ihrer Rolle als passives Produktionsinstrument kaum für die Bestimmung ihres eigenen Schicksals vorbereitet.[40]

Cabaud berichtet,[41] daß Simones Studie »Gehen wir einer proletarischen Revolution entgegen?« heftige Reaktionen auslöste und von nun an keiner ihrer Artikel unbemerkt blieb. Selbst Trotzki nimmt Stellung, lernt die Autorin aber erst später persönlich kennen. Auch in ihren eigenen Kreisen der »Révolution Prolétarienne« erregt diese Arbeit »höchste Bewunderung«; man findet sie »genial« und meint, »daß seit den Tagen Rosa Luxemburgs nichts Gescheiteres geschrieben worden sei«. Sie gilt als »eine zweite Rosa Luxemburg«. In der Tat: Sowohl ihre Intelligenz und Klarheit als auch ihr intellektueller und persönlicher Mut stehen in nichts Rosa Luxemburg nach. Ebenso früh wie diese war sie in das politische Leben eingetreten und fühlte sich nichts anderem verpflichtet als Wahrheit und Gerechtigkeit. Und weil nur ein einzelner diese Verpflichtungen erfahren und nur er sie verwirklichen kann, sah Simone als höchsten Zweck des Sozialismus die Bewahrung und Förderung des Individuums. Solcher ›Humanismus‹ mußte notgedrungen früher oder später zum Konflikt mit den politischen Weggefährten führen.

Rosa Luxemburg war Simone Weil nicht unbekannt und wird von ihr mehrfach zitiert.[42] Darüber hinaus erscheint in der ›Critique Sociale‹ –

---

40 In: Unterdrückung und Freiheit (wie Anm. 28), S. 133 f.

41 Cabaud, Simone Weil (wie Anm. 1), S. 90.

42 Siehe z. B. das Personenregister in Weil, Unterdrückung und Freiheit (wie Anm. 28), S. 276.

Nr. 10 vom November 1933 – die Besprechung einer französischen Ausgabe von Briefen Rosas aus dem Gefängnis.[43] Darin gibt Simone ihrer Bewunderung Ausdruck: Nicht die politischen oder sozialen Ideen wecken dabei ihre Sympathie, sondern die Haltung dem Leben gegenüber, Rosas Liebe zur Welt. Das gibt – wie Pétrement schreibt[44] – Simone selbst Gelegenheit, ihre eigene Liebe zu Leben und Welt auszudrücken. Man sieht klar, daß sie weder Traurigkeit noch das Verlangen nach dem Opfer schätzt. Sie schreibt:

Man versteht nur schwer, warum der Herausgeber eine Äußerung, die zweifellos aus der Feder Rosas stammt, zum Motto erhoben hat: »Ich hoffe, auf meinem Posten zu sterben: in einem Straßenkampf oder in einer Strafanstalt.« Wenn diese Formulierung eine tiefe Empfindung wiedergäbe, würde sie ihrer Autorin kaum zur Ehre gereichen. Aber die Lektüre der Sammlung läßt diesbezüglich keinen Zweifel zu. Das Leben Rosas, ihr Werk und ganz besonders diese Briefe selbst legen Zeugnis ab für ihr Verlangen nach dem Leben und nicht nach dem Tod, nach wirkungsvoller Aktion und nicht nach dem Opfer.

In diesem Sinne findet sich in Rosas Charakter nichts Christliches. Sie ist zutiefst heidnisch. Jede Zeile dieser Sammlung drückt eine stoische Lebenshaltung aus in dem Sinne, den dieses Wort möglicherweise bei den Griechen hatte, und nicht in dem verengten Sinne, den es in unseren Tagen angenommen hat. Wahrhaftig, die männliche Haltung gegenüber dem Unglück, die man allein gewöhnlich mit dem Begriff des stoischen Gleichmuts meint, erscheint oft in diesen Briefen. (...) Aber was besonders erscheint, ist eine wahrhaft stoische Empfindung, so selten bei den Modernen und besonders in unseren Tagen, nämlich das Beisichsein im Universum, welches Geschehen auch immer sich in ihm begibt. Daher kommt die Liebe Rosas zu Goethe. (...) Die Traurigkeit war für sie nichts als eine Schwäche, die man schweigend aushalten und schnellstens verschwinden lassen muß.[45]

Pétrement bemerkt, daß man von Simones Lebensweg aus meinen könnte, sie habe an nichts anderes gedacht, als sich zu opfern, oder sie hätte angesichts der von ihr diagnostizierten Entwicklung der menschlichen Gesellschaft traurig und resigniert sein müssen. Aber sie bedurfte keiner Hoffnung, um froh zu sein. Auch unterdrückte sie nie ihr Interesse an den Freuden des Lebens. Sie suchte gewissenhaft, wofür sie am empfänglichsten war, Freundschaft und was die Schönheit von Welt und Kunst zu geben vermag. Ihre Lebensweise hätte sie nicht als Entsagung gekennzeichnet. Teilhabe am Un-

[43] Lettre de la prison. Paris 1933.

[44] Pétrement, La vie de Simone Weil (wie Anm. 23), Bd. I, S. 368.

[45] Eigene Übers. nach: Weil, Œuvres complètes (wie Anm. 11), Bd. II,1, S. 300 f.

glück diente ihr dazu, glücklich zu sein. – Doch darauf muß später noch ausführlicher eingegangen werden.

II

Im Herbst 1932 beginnt Simone Weil, an der Mädchenmittelschule von Auxerre zu unterrichten. Ihre Schülerinnen schlägt sie in Bann. Sie hatte ihren Philosophieunterricht mit den Worten eingeleitet:

Das einzige, was Sie in einem Jahr erlernen können, ist, etwas zu schreiben, was einen Sinn hat. Um Philosophen zu werden, fehlt es Ihnen an Zeit.[46]

Durch provokante Äußerungen bringt Simone sie zum Nachdenken, zur Bildung und Begründung eigener Ansichten, reizt aber auch Eltern und Schulbehörde. Man berichtet, daß sie über die Ehe gesagt habe, es handele sich um eine »vom Gesetz gebilligte Prostitution« oder »organisierte Prostitution«, und von der Ehefrau, sie sei »eine versklavte Maitresse« oder »eine zur Sklaverei genötigte Maitresse«.[47] Statt aus zweiter Hand, etwa aus Schul- oder Lehrbüchern philosophisch zu bilden, nimmt Simone Weil Originaltexte vor, z. B. Descartes' »Discours de la méthode« oder seine »Meditationen«, Kants »Prolegomena« und Platons »Politeia«. Sätze Simone Weils, die so klar und genau formuliert sind, daß sie wie Sentenzen klingen, finden sich zahlreich in den Heften ihrer Schülerinnen, z. B.: »Nur der Zweifel kann helfen«; »Wir lieben die Wahrheit, solange sie uns gleichgültig läßt«; »Gerechtigkeit beinhaltet alle Tugend«; »Solange es auch nur ein wenig Leid gibt, gibt es etwas zu verbessern«; »Es muß eben sein, sagen die Arbeiter«; »Die Größe jeder Religion, im Augenblick ihres Entstehens, ist die Herabminderung der Leichtgläubigkeit«.[48] Sie führt im Unterricht Marc Aurel, Corneille, Goethe, Balzac, Tolstoi, Valéry an oder auch Kant mit folgender Notiz aus dem Jahre 1764 oder '65 am Rand des Druckexemplars seiner »Beobachtungen über das Gefühl des Schönen und Erhabenen«:

Ich bin selbst aus Neigung ein Forscher. Ich fühle den ganzen Durst nach Erkenntnis und die begierige Unruhe, darin weiter zu kommen, oder auch die Zufriedenheit bei je-

---

46 Cabaud, Simone Weil (wie Anm. 1), S. 77.
47 Ebda, S. 76.
48 Zitiert nach Cabaud, ebda, S. 77 f.

dem Erwerb [von Erkenntnis]. Es war eine Zeit, da ich glaubte, dieses allein könnte die Ehre der Menschheit machen, und ich verachtete den Pöbel, der von nichts weiß. Rousseau hat mich zurecht gebracht. Dieser verblendende Vorzug verschwindet, ich lerne die Menschen ehren, und ich würde mich unnützer finden als den gemeinen Arbeiter, wenn ich nicht glaubte, daß diese Betrachtung allen übrigen einen Wert erteilen könne, die Rechte der Menschheit herzustellen.[49]

Simone Weil hatte, wie gesagt, das Ziel ihres Philosophieunterrichts im Erwerb der Fähigkeit gesehen, etwas zu schreiben, was Sinn, was Hand und Fuß hat. Daher wurde viel Zeit darauf verwandt, kleine Aufsätze über die verschiedensten Themen zu verfassen; die besten Arbeiten wurden vervielfältigt und allen zu lesen gegeben, wodurch der Sinn für Qualität und intellektuelles Selbstbewußtsein gestärkt wurde. Mit dieser Methode waren aber kaum die Anforderungen der staatlichen Abschlußprüfung zu erfüllen. Alle Schülerinnen arbeiteten mit großem Eifer und heller Begeisterung, gab die freie, anregende Art des Unterrichts ihnen doch das Gefühl, »philosophische Theorien selbst gefunden zu haben«.[50] Getrübt wurde solche Freude aber durch die Prüfung am Ende des Schuljahrs. Simone Weil suchte sie zu beruhigen:

Schließlich und endlich ist das Baccalaureat eine unbedeutende Konvention. Das Wichtigste ist, schreiben zu lernen; um das zu erreichen, schreibt täglich sieben bis acht Zeilen aus den »Gedanken« von Pascal ab oder aus den Schriften Voltaires. Und bei der Prüfungsarbeit macht folgendes: eine kurze Einleitung, ein erster Punkt, eine kurze Überleitung, ein zweiter Punkt, in dem Ihr das Gegenteil von dem im ersten Abschnitt Behaupteten entwickelt, dann wieder eine kurze Überleitung und schließlich ein dritter Punkt mit einer Schlußfolgerung, die irgend etwas Neues enthält, das stutzig macht.[51]

Doch auch diese Anweisungen nützten nichts; nur wenige der zwölf Prüflinge waren erfolgreich. Vor der Schulbehörde in Dijon nahm Simone Weil die Verantwortung für den Mißerfolg auf sich und suchte ihre Schülerinnen zu entschuldigen. Doch für die Leitung in Auxerre war es der willkommene Anlaß, die im Kreise ihrer Kolleginnen sehr unbeliebte Lehrerin loszuwerden. Man beschloß, keinen Philosophieunterricht mehr zu erteilen, womit Simone Weil ihre Stellung verlor. Sie wurde an das Lyzeum in Roanne versetzt, einem Arbeiterstädtchen an der oberen Loire. Mit den Eltern verbrachte sie einen Teil der Sommerferien in dieser Gegend, einen anderen Teil in

---

49 Immanuel Kant, Ges. Werke, Akademie-Ausgabe, Bd. XX, S. 44.

50 Cabaud, Simone Weil (wie Anm. 1), S. 80.

51 Zitiert nach Cabaud, aaO., S. 80 f.

Spanien. Dazwischen nahm sie am Kongreß des kommunistischen Gewerkschaftsbundes teil, der vom 5. bis 7. August 1933 in Reims stattfand. Es gab leidenschaftliche Diskussionen, die sich teilweise bis zu Tumulten und Tätlichkeiten steigerten, nicht zuletzt aufgrund von Simones hartnäckiger Kritik am Demokratiedefizit der kommunistischen Bewegung und am diktatorischen Regiment der Bolschewiki innerhalb der Kommunistischen Internationale.[52]

In Roanne nimmt Simone Weil wieder Kontakt zu ihren Freunden aus der Gewerkschaftsbewegung von St. Étienne auf und beteiligt sich durch Vorträge an der Arbeiterfortbildung, mischt sich aber auch in die sozialen und politischen Auseinandersetzungen ein, allerdings, belehrt durch ihre Erfahrungen in Le Puy, mit mehr Vorsicht als früher. Das Los der sozialistischen Kämpfer in Deutschland beschäftigt sie sehr; sie spricht über Berichte von Folterungen, die Qualen in den Konzentrationslagern, die Weigerung der Sowjetunion, deutsche Flüchtlinge aufzunehmen. Sie verteilt Flugblätter der demokratischen Kommunisten, veranstaltet Unterschriftenaktionen, organisiert pazifistische Demonstrationen. Aber sie hat auch ein offenes Auge für die persönlichen, immateriellen Nöte ihrer Mitmenschen. Neben schroff abweisenden Reaktionen dort, wo sie glaubt, für nichts als die Wahrheit einstehen zu müssen, steht ihre Hilfe für Menschen in seelischer oder Lebensnot, die so das eigene Dasein neu und anders verstehen lernen.

Am 3. Dezember 1933 finden in den französischen Bergwerksgebieten große Protestmärsche statt, auf denen gegen die Arbeitslosigkeit und die über vierzigprozentige Lohnminderung protestiert wird. Simone Weil darf an der Spitze des Zuges der Bergarbeiter in St. Etienne marschieren und die rote Fahne tragen, weshalb sie von der bürgerlichen Presse scharf angegriffen wird.

Zu Weihnachten fährt Simone zu ihren Eltern nach Paris. Dort sollte sie Trotzki und seiner Frau begegnen. Die Regierung Daladier hatte ihnen unter der Bedingung Asyl gewährt, daß beide sich politischer Betätigung enthielten. Seit Juli lebten sie in Barbizon. Trotzki hatte Simones Artikel »Gehen wir einer proletarischen Revolution entgegen?« gelesen, der unter anderem auch eine Kritik seiner politischen Auffassungen enthält, und hatte sich in einem Aufsatz über »Die Vierte Internationale und Rußland«, der im Oktober in ›La Vérité‹ erschienen war, negativ über sie geäußert. Trotzki war in Bedräng-

52 Dokumentiert bei Pétrement, La vie de Simone Weil (wie Anm. 23), Bd. I, S. 346–350.

nis geraten, seit die Presse seine politische Untergrundtätigkeit aufgedeckt hatte. Simone aber wollte ihm – wie jedem Verfolgten – helfen; außerdem hatte sie seit langem ein starkes Verlangen nach einem Gespräch. Sie fragte daher ihre Eltern, ob man nicht das freistehende Appartement im oberen Stock ihres Hauses Trotzki für Treffen mit politischen Freunden zur Verfügung stellen könne, und sie stimmten dem zu. So hielten sich er und seine Frau die letzten Tage des Jahres im Hause der Weils auf. In einer Konferenzpause ließ Simone ihn um ein Gespräch bitten. Schon bald eskalierte es zu einem scharfen Disput. Während Simone ruhig blieb, nahm Trotzkis Stimme eine Lautstärke an, daß sie noch in der Wohnung der Eltern Weil vernommen werden konnte, wo sich seine Frau aufhielt. Sie äußerte mit Erstaunen: »Cette enfant qui tient tête à Trotsky!«[53] Simone ließ sich aber nicht beirren. Als sie ihm sein Verhalten den aufständischen Marinesoldaten von Kronstadt gegenüber vorwarf, rief er: »Wenn Sie so denken, warum nehmen Sie uns dann auf? Sind Sie von der Heilsarmee?« Von dem Gespräch hat sich Simone Notizen gemacht.[54] In ihnen geht es vor allem um die Frage, ob die UdSSR ein Arbeiterstaat sei. Simone hatte diese Frage in dem erwähnten, Trotzki bekannten Artikel verneint.

An der Mädchenmittelschule in Roanne gibt Weil in den unteren Klassen Französisch und Latein, in einer oberen Klasse unterrichtet sie Philosophie. Eine Schülerin, Anne Reynaud, hat ihre Mitschrift von Simones Philosophieunterricht 1959 veröffentlicht.[55] In seiner Einführung zur englischen Übersetzung vergleicht Peter Winch, wie schon erwähnt, Simones Erörterungen vorteilhaft mit den philosophischen Betrachtungen Wittgensteins aus derselben Zeit und später. Winch schätzt die Qualitäten dieser Vorlesung so hoch ein, daß er sie allgemein als Einführung ins philosophische Denken empfehlen möchte, durch die man an dessen zentrale Probleme herangeführt und angeleitet wird, sich mit ihnen fruchtbar und selbständig auseinanderzusetzen.

> The freshness and boldness of this book, along with its accessibility to anyone who is prepared to think for himself about the issues it raises, seem to me to make it in many ways ideal as an introduction to philosophy. It could very usefully be used alongside, say, that valuable old war-horse, Bertrand Russell's ›Problems of Philosophy‹, treating as it does much the same sort of question from such a very different point of view.[56]

---

53 Ebda, S. 384.

54 Ebda, S. 384–386; WEIL, Œuvres complètes (wie Anm. 11), Bd. II, S. 320f.

55 Vgl. Anm. 21.

56 WEIL, Lectures (wie Anm. 21), S. 21 f.

Simone Weil führt hier in erkenntnistheoretische Fragen ein, erörtert das Verhältnis der Vernunft zur Welt und zur Materie, die Formen unserer Erfahrung, nämlich Raum und Zeit, epistemologische Fragen, etwa nach der Möglichkeit von Wissenschaft, wendet sich dann der politischen Theorie zu, diskutiert die verschiedenen Auffassungen über Ursachen sozialer Unterdrückung sowie die Weisen ihrer Aufhebung und behandelt schließlich ethische und ästhetische Themen, wobei sie stets systematische Überlegungen mit Anknüpfungspunkten aus der Geschichte der Philosophie versieht.

Neben ihrer politischen und schulischen Tätigkeit widmet sich Simone Weil auch in Roanne der Theorie und Schriftstellerei. Zunächst publiziert sie mehrere Arbeiten, die gegen Wiederaufrüstung Stellung beziehen und pazifistisches Gedankengut verarbeiten. Dann macht sie sich an die Abfassung einer größeren Arbeit – nach eigenem Bekunden ihr »Grand Œvure« oder »Testament«.[57] Es blieb unvollendet. Sie sucht darin ihre Auffassung von materialistischer Methode auf die menschlichen Verhältnisse anzuwenden. Dieses Fragment trägt den Titel »Réflexions sur les causes de la liberté et de l'oppression sociale« und erschien erst nach ihrem Tode.[58]

Im Juni 1934 schreibt Simone an den Unterrichtsminister und erbittet Beurlaubung für ein Jahr, um – wie sie sagt – »persönliche Studien« treiben zu können; ein Gehalt wünscht sie nicht zu beziehen. Der Minister gibt ihrem Antrag statt, und nun kann sie einen schon seit langem gehegten Plan ausführen, nämlich das persönlich kennenzulernen, wovon sie immer wieder gesprochen und geschrieben hatte: die Arbeit in einer Fabrik. Ihre Absicht ist, sich sowohl der vollen Arbeitsbelastung auszusetzen als auch die Lebensbedingungen eines Arbeiters zu teilen – bzw. in ihrem Falle: eines Hilfsarbeiters – und sich darüber möglichst objektiv Rechenschaft zu geben. Deshalb führt sie ein Tagebuch mit den Erfahrungen und Beobachtungen eines jeden Arbeitstags. Es ist als »Fabriktagebuch« erhalten geblieben und liegt auch in deutscher Übersetzung vor.[59]

Zunächst findet sie eine Stelle im Alsthom-Werk in Paris, einer Elektrogerätefirma. Sie beginnt mit der Arbeit dort am 4. Dezember 1934. Sie ist

---

57 Pétrement, La vie de Simone Weil (wie Anm. 23), Bd. I, S. 413.

58 Separat und in: Weil, Oppression et liberté. Paris 1955; dt. Übers. in: Unterdrükkung und Freiheit (wie Anm. 28), S. 151–240.

59 Weil, Fabriktagebuch und andere Schriften zum Industriesystem. Aus dem Französischen übersetzt und mit einer Einleitung versehen von Heinz Abosch. Frankfurt a. M. 1978 (frz. Original: Dies., La condition ouvrière. Paris 1951).

während des ersten Tages zunächst an der Bohrmaschine, dann an der Druckpresse, schließlich bei der Kartonherstellung tätig. Später muß sie den Schmelzofen bedienen. Diese Arbeit übersteigt fast ihre Kräfte: Verletzungen, unerträgliche Kopfschmerzen, Müdigkeit, die Hitze des Ofens und der Lärm der Schmiedehämmer. Sie hat im Akkord zu arbeiten, soll nicht ihr ohnehin niedriger Lohn weiter schrumpfen. Aber auch in dieser Situation macht Simone noch die Erfahrung von Kameradschaft und Menschlichkeit: Wollen ihre Kräfte versagen, springen Kollegen herzu und helfen.

Vier Monate arbeitet sie bei Alsthom, dann wird ihr gekündigt. Sie ist arbeitslos, findet aber am 11. April 1935 wieder eine Stelle, und zwar in den Eisenwerken von Boulogne-Billancourt. Bis zum 7. Mai ist sie dort als Packerin beschäftigt und soll an der Maschine mindestens 800 Packungen in der Stunde fertig bekommen, schafft aber auch unter Aufbietung aller Kräfte nicht mehr als 600 bis 630. Die Arbeit dauert neun Stunden am Tag ohne eine einzige Pause. Simone notiert:

> Ungeachtet meiner Müdigkeit habe ich [nach der Arbeit] ein überaus starkes Bedürfnis nach frischer Luft. Ich gehe zu Fuß an die Seine. Dort setze ich mich ans Ufer auf einen Stein, trübsinnig, ausgelaugt, das Herz von ohnmächtigem Zorn erfüllt, mit dem Gefühl, meiner ganzen Lebenssubstanz entleert zu sein. Ich frage mich, ob ich, sollte ich für immer zu dieser Art Leben verurteilt sein, täglich die Seine überqueren könnte, ohne mich eines Tages hinunterzustürzen.[60]

Sie kann – im Unterschied zu den Leidensgenossinnen – dem allen ein Ende machen. Am 31. Mai wendet sie sich an das Unterrichtsministerium und bittet um Wiedereinstellung als Philosophielehrerin fürs kommende akademische Jahr. Aber das Experiment ist noch nicht zu Ende. Sie geht wieder auf Arbeitssuche. Schließlich gelingt es ihr, bei den Renault-Werken anzukommen. Sie arbeitet dort als Fräserin vom 5. Juni bis zum 22. August. Am Schluß der minutiösen Aufzeichnungen fragt sich Simone:

> Was gewann ich bei diesem Experiment? Das Gefühl, kein Recht zu besitzen, welches es auch immer sein und worauf es auch immer sich beziehen mag. Achtgeben, dieses Gefühl nicht zu verlieren. Die Fähigkeit, mir moralisch zu genügen; im Zustand latenter ständiger Erniedrigung zu leben, ohne mich in meinen Augen erniedrigt zu fühlen; intensiv jeden Augenblick von Freiheit und Freundschaft zu genießen, als sollte er ewig dauern. Direkter Kontakt mit der Wirklichkeit.
>
> Ich hätte daran zerbrechen können. Es kam beinahe so weit, mein Mut, meine Würde wurden erschüttert. Die Erinnerung könnte mich erniedrigen, hätte ich nicht sozusagen jede Erinnerung eingebüßt. In Angst erhob ich mich morgens, mit Furcht ging ich

60 Ebda, S. 96.

in die Fabrik. Ich arbeitete wie eine Sklavin; die Mittagspause war ein zerreißender Schmerz; nach Arbeitsschluß um 5.45 Uhr wieder zu Hause, war ich sofort damit beschäftigt, genügend zu schlafen (was ich nicht tat) und früh genug wach zu werden. Die Zeit war ein unerträgliches Gewicht. Die Furcht – die Angst – lastete auf den Samstagnachmittagen und Sonntagvormittagen. Gegenstand der Furcht waren die Befehle.

Das Gefühl persönlicher Würde, so wie es die Gesellschaft hervorgebracht hat, wurde gebrochen. Man muß sich ein anderes schaffen, obwohl die Erschöpfung die eigene Denkfähigkeit auslöscht. Ich muß mich bemühen, jenes andere Gefühl zu bewahren.

Endlich gibt man sich Rechenschaft über seine eigene Bedeutung.[61]

An Albertine Thévenon, ihre Freundin aus der Zeit in Le Puy, schreibt Simone Weil in einem längeren Brief nach Abschluß des Experiments:[62]

Für mich persönlich bedeutete die Fabrikarbeit, daß alle äußeren Gründe (vorher hatte ich sie als innere angesehen), auf denen das Gefühl meiner Würde, die Achtung meiner selbst beruhten, in zwei oder drei Wochen radikal zerbrachen unter der Gewalt eines täglichen brutalen Zwanges. Und ich glaube nicht, daß dies in mir Revoltegefühle hervorrief, nein, ganz im Gegenteil, was ich am allerwenigsten von mir erwartet hätte – Fügsamkeit. Die Fügsamkeit eines ergebenen Lasttiers. Es schien mir, ich wäre geboren, um auf Befehle zu warten, sie zu empfangen und auszuführen – ich hätte nie etwas anderes getan und würde immer nur dies tun. Ich bin gewiß nicht stolz, dies einzugestehen. Über diese Art Leiden spricht kein Arbeiter: allein daran zu denken, ist überaus schmerzlich. Als die Krankheit mich aufzuhören zwang, wurde ich mir der Erniedrigung bewußt, in die ich gestürzt war; ich schwor mir, diese Existenz bis zu jenem Tage zu erdulden, an dem es mir, ihr zum Trotz, gelingen würde, wieder zu mir selbst zu finden. Ich hielt das Versprechen. Langsam, qualvoll eroberte ich, quer durch die Sklaverei, das Gefühl meiner Menschenwürde zurück, ein Gefühl, das sich jetzt auf nichts Äußeres mehr gründet und stets von dem Bewußtsein begleitet ist, daß mir nichts zusteht, daß jeder Augenblick ohne Leid und ohne Erniedrigung wie eine Gnade wahrgenommen werden muß, wie die Wirkung günstiger Zufälle.

In solcher Situation hat jede menschliche Zuwendung einen unvergleichlichen Wert:

Ein Lächeln, ein gütiges Wort, ein Augenblick menschlichen Kontaktes, die durch all dies hindurchscheinen, sind wertvoller als die ausgreifenden Freundschaften unter den großen oder kleinen Privilegierten. Dort allein weiß man, was Brüderlichkeit bedeutet. Aber es gibt nur wenige, sehr wenige solcher Zeichen. Meist spiegeln selbst die Beziehungen zwischen Arbeitskollegen die Härte, die dort drinnen alles beherrscht.

Zweierlei begreift Simone Weil aus ihrem Arbeitsexperiment: Die Knechtschaft des Arbeiters beruht weniger auf ökonomischer Unterdrückung als

---

[61] Ebda, S. 120f. [62] Ebda, S. 29–31.

vielmehr auf seiner Erniedrigung, der Demütigung seines Mensch- und Personseins durch die ihm von den Herrschenden oder klassenmäßig Höherstehenden entgegengebrachte Verachtung, die der Arbeiter dann internalisiert; er blickt sich selbst und seinesgleichen mit den Augen der anderen an. Dadurch wird das Sichfügen unter die Macht und die Klassenverhältnisse zu sklavischer Unterwerfung. Auflehnung hiergegen ist nur einem freien Menschen möglich, der, seiner Würde bewußt, sich dadurch vor Erniedrigung schützen kann. Deshalb sieht es Simone Weil als unbedingt notwendig an, sich aus der gesellschaftlich verhängten Geringschätzung – oder auch der durch Titel, Beruf und Stellung bedingten Hochschätzung – zu lösen, innerlich unabhängig zu machen von dem Prestige, das man genießt oder nicht genießt, aber erheischt. Mit Kant gesprochen ist es die »Menschheit in uns«, der »homo noumenon«, die gegenüber der Welt autonome Person, deren unbedingten, durch nichts relativierbaren Wert, deren »Würde« wir stets bei uns wie bei anderen zu achten, zu schützen, zu berücksichtigen haben. Nicht die Schwere und Mühsal der Arbeit als solche erniedrigt, sondern die damit oft erzwungene Unterwerfung unter unmenschliche Befehlshaber oder gesellschaftlich sanktionierte Diskriminierungen: daß etwa gewisse Arbeiten einer bestimmten Bevölkerungsgruppe vorbehalten werden (Juden, Ausländern). Der sich seiner Würde bewußte, also in diesem Sinne ›selbstbewußte‹ Mensch ist fähig, sich aufzulehnen, aber auch, sich ohne Selbstaufgabe zu fügen. Die freie Auflehnung oder das freie Einverständnis treten an die Stelle bewußtloser Rebellion oder sklavischer Unterwerfung.

Aber natürlich kann auch die Arbeit selbst von einer Art sein, welche den Menschen knechtet und ihn seines Menschseins beraubt. Von solcher Art ist Akkordarbeit, wenn sie bis an die äußerste Grenze menschlicher Kraft geht – wie Simone Weil es erfuhr. Hier ist nicht mehr möglich, in Distanz zu seiner Tätigkeit zu stehen, sie sich bewußt anzueignen, sie achtsam zu vollziehen. Deshalb darf die Arbeit nicht parzelliert sein, man muß einen Überblick über Ablauf und Technik der Produktion sowie die Funktion und den Nutzen des hergestellten Produkts haben.[63] Weder dumpfe Bewußtlosigkeit noch distanzierende Reflexion sind das Ideal, sondern eine reflexionsfreie Aufmerksamkeit, die den Tätigen mit seinem Tun vollkommen eint. Simone Weil fragt sich nach den Bedingungen dieser Einheit in der Struktur einer Maschine, in der technischen Kultur des Arbeiters und in der Art zu verrichtender Arbeit. Sie schließt:

[63] Ebda, S. 24f., 61, 86f., 127f.

Diese Einheit ist selbstverständlich die Bedingung eines uneingeschränkten Glücks. Sie allein macht aus der Arbeit ein Äquivalent der Kunst.[64]

Nach den – mit Unterbrechungen – neun Monaten in der Fabrik ist Simone völlig erschöpft. Zusammen mit ihren Eltern macht sie vier Wochen Urlaub in Spanien und Portugal. Dort begreift sie angesichts der Religiosität von Fischerfrauen die spirituelle Dimension der Fabrikzeit. In dem schon zitierten vierten Brief vom Mai 1942 an den geistlichen Führer, Pater Perrin, – von ihr später als ›eine Skizze meiner geistlichen Autobiographie‹ bezeichnet[65] – teilt sie über die damaligen Erfahrungen mit:

Nach meinem Jahr in der Fabrik und ehe ich meinen Unterricht wieder aufnahm, hatten meine Eltern mich nach Portugal mitgenommen, und dort trennte ich mich von ihnen, um ganz alleine ein kleines Dorf zu besuchen. Ich war seelisch und körperlich gewissermaßen wie zerstückelt. Diese Berührung mit dem Unglück hatte meine Jugend getötet. Bis dahin hatte ich keinerlei Erfahrung des Unglücks besessen, außer meines eigenen, das, weil es das meinige war, mir von geringer Wichtigkeit schien, und das überdies nur ein halbes Unglück war, da es biologische Ursachen hatte und keine sozialen. Ich wußte wohl, daß es in der Welt sehr viel Unglück gab, die Vorstellung dessen peinigte mich unaufhörlich, aber ich hatte es niemals durch eine längere Fühlungnahme erfahren. Während meiner Fabrikzeit, als ich in den Augen aller und in meinen eigenen mit der anonymen Masse ununterscheidbar verschmolzen war, ist mir das Unglück der anderen in Fleisch und Seele eingedrungen. Nichts trennte mich mehr davon, denn ich hatte meine Vergangenheit wirklich vergessen, und ich erwartete keine Zukunft mehr, da mir die Möglichkeit, diese Erschöpfungszustände zu überleben, kaum vorstellbar erschien. Was ich dort durchgemacht habe, hat mich so unauslöschlich gezeichnet, daß ich noch heutigen Tages, wenn ein Mensch, wer es auch sei, unter gleichviel welchen Umständen, ohne Brutalität zu mir spricht, mich des Eindrucks nicht erwehren kann, daß hier ein Mißverständnis sich leider zerstreuen werde. Dort ist mir für immer der Stempel der Sklaverei aufgeprägt worden, gleich jenem Schandmal, das die Römer den verachtetsten ihrer Sklaven mit glühendem Eisen in die Stirn brannten. Seither habe ich mich immer als einen Sklaven betrachtet.

In dieser Gemütsverfassung, und in einem körperlich elenden Zustand, betrat ich eines Abends jenes kleine portugiesische Dorf, das ach! auch recht elend war; allein, bei Vollmond, eben am Tage des Patronatsfestes. Es war am Ufer des Meeres. Die Frauen der Fischer zogen, mit Kerzen in den Händen, in einer Prozession um die Boote und sangen gewiß sehr altüberlieferte Gesänge, von einer herzzerreißenden Traurigkeit. Nichts kann davon eine rechte Vorstellung vermitteln. Niemals habe ich etwas so Ergreifendes gehört, außer dem Gesang der Wolgaschlepper. Dort hatte ich plötzlich die Ge-

64 Ebda, S. 139.

65 Das Unglück und die Gottesliebe, S. 81; Zeugnis für das Gute, S. 126 (wie Anm. 4).

wißheit, daß das Christentum vorzüglich die Religion der Sklaven ist, und daß die Sklaven nicht anders können als ihm anzuhängen, und ich unter den übrigen.[66]

Im Herbst 1935 tritt Simone Weil die vom Unterrichtsministerium zugewiesene Stelle als Lehrerin am Mädchenlyzeum in Bourges an. Sie lehrt Psychologie und Moralphilosophie. Auch hier legt sie entscheidenden Wert auf die Anfertigung kleiner Aufsätze zu beliebigen, nicht etwa nur philosophischen Themen, in denen die Schülerinnen ihre Beobachtungs- und Argumentationsfähigkeit üben sollen. Oft drehen sich die Diskussionen im Unterricht um soziale Fragen. Die Schärfe ihres Urteils provozierte Widerspruch, aber Widerspruch konnte sie gut ertragen; sie nutzte ihn, um selbst zu lernen und anderen die Möglichkeit des Lernens zu geben.[67] Einer Kollegin gegenüber äußerte sie einmal, es gehe ihr darum, in den Schülerinnen einen tiefen Sinn für das Leben zu wecken und ein Gefühl für die beunruhigenden Probleme der Gegenwart.[68] Dem mochten Äußerungen dienen wie die, »daß die freie Liebesbeziehung – da sie vertraglos ohne soziale Stütze eingegangen würde und da in ihr das Zusammenleben von Mann und Frau nur auf der Kraft der Liebe beruhe – der Ehe überlegen sei«,[69] oder Fragen von der Art: »Haben Sie schon einmal jemanden töten wollen?«[70] Sie wird weiterhin von dem Problem bewegt, das ihr die Arbeit in der Fabrik aufzwang: »Was muß ich tun, um nicht Sklave der sozialen Werte zu werden? Gibt es denn nichts im Menschen, das nicht den äußeren Umständen unterworfen ist, keine Reaktionen, keine Gedanken, keine Taten? Aber daß er diese Abhängigkeit erkennen kann, ›beweist, daß der Mensch zumindest eine negative Vorstellung von einem Gedanken anderer Art hat‹«, nämlich ein autonomes Wesen zu sein.[71]

Cabaud schreibt,[72] daß man Simones Objektivität, die gemäßigte Haltung gegenüber Ansichten, welche den ihren strikt widersprachen, und besonders ihre tiefe Demut bewundert habe. Für uns wird diese Demut, gepaart mit liebevoller Zuwendung und gleichzeitig mit äußerster Klarheit um der Wahrheit willen, sichtbar in zwei Briefwechseln Simones aus dieser Zeit in Bourges. Zum einen hatte sie über eine ihrer Schülerinnen, Tochter des Direktors der Hüttenwerke von Rosières, mit dem leitenden Ingenieur, Herrn Bernard, Verbindung aufgenommen. Es ging dabei um innerbetriebliche Maßnahmen, die weniger berufliche Weiterbildung als vielmehr eine Art sozial-gesell-

66 Ebda, Das Unglück und die Gottesliebe, S. 47–49; Zeugnis für das Gute, S. 104 f.

67 Vgl. Cabaud, Simone Weil (wie Anm. 1), S. 128.

68 Ebda, S. 125. 69 Ebda. 70 Ebda, S. 127.

71 Ebda, S. 126. 72 Ebda, S. 129.

schaftlicher Bewußtseinsbildung der Arbeiter im Auge hatten, und zwar u. a. mit Hilfe eines innerbetrieblichen Periodikums unter dem Titel ›Entre nous‹, an dem Simone mitarbeiten sollte. Gegenstand des Briefwechsels ist vor allem Art und Ziel der geplanten Mitarbeit Simones, und bewundernswert ist ihre sachlich-klare Sprechweise. Ähnlich der Briefwechsel mit Auguste Detoeuf, dem Besitzer einer Fabrik, in welcher Simone zu arbeiten beabsichtigte und in der Reformbestrebungen in Gang gekommen waren, an denen sie mitwirken sollte. Beide Briefwechsel sind in »La condition ouvrière« wieder abgedruckt worden.[73]

Um das Leben der Bauern und Landarbeiter noch intensiver als bisher kennenzulernen, arbeitet Simone im März und April 1936 auf einem Bauernhof. Dabei achtet sie sorgfältig darauf, dieselben schweren Arbeiten zu verrichten wie die Bauersleute selber und sich keine Erleichterungen einräumen zu lassen. Aber die Leute kamen mit ihr nicht zurecht; vor allem konnten sie nicht verstehen, weshalb ein Mensch dies harte Leben völlig mit ihnen teilen wollte, aber auch ihre Äußerungen blieben häufig fremd und unverständlich, etwa wenn sie sagte:

> Wichtig ist, daß man nichts ist. Die Ungläubigen sind der Wahrheit näher als die Gläubigen. Alles ist Täuschung.[74]

Hier kann man, wenn man will, asiatisch-buddhistische Anklänge heraushören. Den Bauersleuten, bei denen sie arbeitete, wurden jedenfalls ihre Reden zuviel. Sie

> rede bei der Feldarbeit, rede über das bevorstehende Martyrium der Juden, über das Elend, über die Deportationen und über einen schrecklichen Krieg, der in kurzer Zeit ausbrechen werde. Bringe man ihr einen guten Rahmkäse als Vesperbrot, so weise sie ihn zurück und sage, daß die kleinen Indochinesen Hunger litten. Die Frau schreibt: »Mein Mann und ich, wir sagten: armes Mädchen! Vor lauter Studieren hat sie den Verstand verloren. Sie hat uns leid getan – dabei haben wir sie doch nicht verstanden. Was wollen Sie? Alle Intellektuellen, die wir kannten, haben zwischen sich und den Bauern eine Scheidewand aufgerichtet. Simone Weil hat sie niedergerissen und sich uns angeglichen.«[75]

Eine Anmerkung: Beachten wir ihre Rede über »das bevorstehende Martyrium der Juden«. Es wird immer wieder behauptet, sie habe das Schicksal der Juden im Dritten Reich nicht gekümmert, es habe sie gleichgültig gelassen,

---

[73] Dt. Übers. in: Fabriktagebuch (wie Anm. 59), S. 140–177 und 197–212.

[74] Zitiert nach Cabaud, Simone Weil (wie Anm. 1), S. 136.

[75] Ebda.

weil sie dem eigenen Judentum fremd, ja feindlich gegenübergestanden sei.[76] – Sie hatte, wie wir sahen, die mörderische Natur des Nationalsozialismus, seinen Ausrottungs- und Vernichtungsdrang schon 1932 klar erkannt, viel klarer als die allermeisten Deutschen. Der 1. April 1933 war zum Boykott-Tag erklärt worden: Jüdische Geschäftsleute, Professoren, Lehrer, Studenten, Schüler, Ärzte und Rechtsanwälte sollten gemieden, boykottiert werden. Am 15. September 1935 waren die Nürnberger Gesetze erlassen worden: Das Reichsbürgergesetz bringt für die Juden den Verlust bürgerlicher Gleichberechtigung durch Einteilung der Bevölkerung in »Staatsangehörige« und »Staats- oder Reichsbürger«; das »Gesetz zum Schutz des deutschen Volks und der deutschen Ehre« verbietet sogenannte »rassische Mischehen« und den »außerehelichen Verkehr zwischen Juden und Staatsangehörigen deutschen oder artverwandten Blutes«. Im März 1935 hatte Hitler die allgemeine Wehrpflicht wieder eingeführt, und im März 1936 war er in das entmilitarisierte Rheinland einmarschiert. Die Aufrüstung Deutschlands begann. Für Simone Weil waren das alles unzweideutige Hinweise des Kommenden: Ausrottung der Juden und Ausbruch eines neuen großen Krieges.

Bei den Wahlen am 5. Mai 1936 in Frankreich geht die ›Volksfront‹ als Siegerin hervor, zu der sich die Sozialisten, die Kommunisten und die 1935 gegründete sozialistisch-republikanische Union zusammengeschlossen hatten. Die erste Volksfront-Regierung wird von Léon Blum gebildet; er regiert ein Jahr lang und kann, obwohl die kommunistische Partei ihre Mitarbeit verweigert und zur Unterstützung ihrer Politik Streiks und Fabrikbesetzungen durchführt, eine Reihe wichtiger sozialer Maßnahmen durchsetzen: die Vierzigstundenwoche, bezahlten Urlaub, Lohnerhöhungen, obligatorisches Schiedsgericht in Arbeitskonflikten, Anerkennung des Gewerkschaftsrechts, betriebliche Mitbestimmung, die Nationalisierung der Bank von Frankreich und der Rüstungsbetriebe sowie die Auflösung faschistischer Organisationen. Zunächst aber kommt es Anfang Juni zu großen Streiks in den Industrieregionen Frankreichs. Simone Weil begrüßt die Arbeitsniederlegungen enthusiastisch in einem Artikel mit dem Titel »Leben und Streik der Metallarbeiter«, den sie unter dem Pseudonym »S. Galois« am 10. Juni in ›La Révolution Prolétarienne‹ veröffentlicht.[77] Aber sie läßt sich von ihrem Enthusiasmus

---

[76] Vgl. Maja Wicki-Vogt, »Jüdisches Denken in geleugneter Tradition«, in: Heinz Robert Schlette und André A. Devaux (Hrsg.), Simone Weil. Philosophie, Religion, Politik. Frankfurt a. M. 1985, S. 137–156.

[77] Dt. in: Fabriktagebuch (wie Anm. 59), S. 178–191.

nicht davontragen, analysiert vielmehr nüchtern das Ungenügen der Streiksituation – etwa daß die Arbeiter es den Funktionären überlassen, ihre Forderungen im einzelnen zu formulieren.

Im Juli 1936 bricht in Spanien der Bürgerkrieg aus. Das Militär, gestützt auf Monarchisten, die katholische Kirche und die faschistische Falange, erhebt sich gegen die Volksfrontregierung, die aus Republikanern, Sozialisten, Kommunisten und Syndikalisten besteht, aber nur die großen Städte im Norden und Osten einschließlich Madrid, einen Teil des Baskenlandes sowie Katalonien und Neukastilien kontrolliert, während die Nationalisten und Faschisten den Nordwesten, Westen und Südwesten des Landes beherrschen. Bekanntlich war der Spanische Bürgerkrieg *das* große Vorspiel des Zweiten Weltkriegs. Ausländische Mächte, allen voran Deutschland auf der einen, die Sowjetunion auf der anderen Seite, griffen ein und erprobten ihre neuesten Waffen. Flugzeuge der Legion Condor bombadierten spanische Städte, internationale Freiwilligenbrigaden – Gesamtzahl etwa 60 000 – kämpften für die Volksfront. Auch Simone Weil entscheidet sich für den Kampf mit der Waffe. Anfang August reist sie nach Barcelona und schließt sich Verbänden der Anarcho-Syndikalisten in Katalonien an. Sie läßt sich ausbilden, aber ein Unfall – sie verbrüht sich den linken Fuß durch siedendes Öl – macht ihrem Engagement ein rasches Ende. Nach einem Lazarettaufenthalt in Barcelona ist sie ungefähr zwei Monate nach Beginn ihres Spanienabenteuers, Ende September, wieder in Frankreich.

Was hatte die erklärte Pazifistin bewogen, den Kampf mit der Waffe zu suchen? Angelica Krogmann stellt sich diese Frage und sieht die Antwort in Simones ausgeprägtem Sinn für Gerechtigkeit, welche sie ins Bild von der Waage im Gleichgewicht faßt:

> Nur das Gleichgewicht vernichtet die Gewalt. Weiß man, wodurch das Gleichgewicht der Gesellschaft gestört ist, so muß man sein Möglichstes tun, um der zu leichten Schale ein Gewicht hinzuzufügen. Auch wenn das Gewicht das Böse ist, so mag es, wenn man es in dieser Absicht handhabt, dennoch vielleicht gelingen, sich nicht zu beflecken. Aber man muß das Gleichgewicht erfaßt haben und immer bereit sein, sich auf die Gegenseite zu schlagen, wie die Gerechtigkeit, »diese Flüchtlingin aus dem Lager des Siegers«.[78]

Simone will für die schwächere Seite Partei ergreifen, sie will nicht im »Lager des Siegers« stehen. Ihr geht es »um das ›Gleichgewicht‹, die Bereitschaft,

[78] Weil, Schwerkraft und Gnade. München 1952, S. 224 (frz. Orig.: La pesanteur et la grâce, éd. G. Thibon. Paris 1947 u. ö.).

›sich auf die Gegenseite zu schlagen‹. Das ist der Grund, weshalb keine weltanschauliche Richtung, keine politische Gruppe, keine Partei Simone Weil für sich in Anspruch nehmen kann. Sie wird immer ihr volles Gewicht ›der leichteren Waagschale‹ beisteuern, um mit ihrer zerbrechlichen Person die Ungerechtigkeit der Welt aufzuwiegen« – so Angelica Krogmann.[79] Man darf nun weder Simones noch Krogmanns Text eindimensional lesen: Vorausgesetzt ist meines Erachtens, daß die schwächere Seite die der Gerechtigkeit ist, die stärkere die der Ungerechtigkeit; letztere gilt es zu schwächen, jene zu stärken. Alles andere würde ja Sozialdarwinismus mit umgekehrtem Vorzeichen sein: Anstatt die stärkere Position eo ipso als die gerechte anzusehen – als ob Stärke, Macht, Überlegenheit ein Ausweis des Guten und Gerechten sei – würde Schwäche, Unterlegenheit, Ohnmacht zu seinem Siegel.

Im übrigen machte sich Simone schon nach ihrem kurzen Spanienaufenthalt keine Illusionen mehr über die wahre Natur der kriegerischen Auseinandersetzung: Nicht nur daß sie klar sah, wie der Bürgerkrieg durch die Großmächte zu einem Stellvertreterkrieg umfunktioniert wurde – wir haben diese Erfahrung in bezug auf lokale Konflikte in den letzten dreißig Jahren gehäuft machen müssen, sie begriff zugleich, daß auch die gerechte Sache ihre Kämpfer so wenig wie die Gegenpartei von unvorstellbaren Grausamkeiten abhielt. In einem Brief an Georges Bernanos hat sie darüber selbstkritisch Rechenschaft abgelegt.[80]

Simone Weil war durch die Strapazen und den Unfall in Spanien so geschwächt, daß sie den Schulunterricht im Herbst nicht aufnehmen konnte. Erst im darauffolgenden Jahr, Oktober 1937, beginnt sie wieder zu unterrichten, und zwar am Mädchenlyzeum in Saint-Quentin. In der Zwischenzeit sucht sie sich zu regenerieren und sich auch geistig nach ihren Erfahrungen bei der Fabrikarbeit und auf dem Kriegsschauplatz Spanien neu zu orientieren. Diese Erfahrungen »machen ein für allemal einem leicht zu nehmenden Leben ein Ende: Freiheit ohne persönlichen Einsatz, intellektuelle Schamlosigkeit, die sich rühmt, frei zu sein, während sie einer [Selbst-]Täuschung zum Opfer fällt«.[81] Cabaud meint:

Vielleicht begann Simone Weil, ohne es selbst zu wissen, ein völlig neues Leben: neu in dem Sinne, daß ihr Leben ihrer direkten Kontrolle entging. Wir haben gesehen, wie sie in der Vergangenheit ein gewisses Leben-Wollen zur Schau trug; jetzt gewinnt man den

---

79 Simone Weil in Selbstzeugnissen (wie Anm. 2), S. 92.
80 Écrits historiques et politiques (wie Anm. 29), S. 220 ff.
81 CABAUD, Simone Weil (wie Anm. 1), S. 157 f.

Eindruck eines Zurücktretens, trotz ihrer energischen Mitarbeit in Parteiangelegenheiten, die jedoch zweitrangig werden.[82]

Im Herbst 1936 wird sie von der C.G.T., dem sozialistischen Gewerkschaftsbund, beauftragt, die soziale Situation der Arbeiter im nordfranzösischen Industriegebiet zu untersuchen. Ihr Bericht – veröffentlicht in »La condition ouvrière«[83] – setzt sich auseinander mit den positiven und negativen Folgen der durch die Streiks vom Juni eingeleitete Umwälzung in den Beziehungen von Unternehmern, Arbeitern und technischen Angestellten. Als Positiva registriert er die Aufhebung des diktatorischen Regimes der Unternehmensleitungen, den Wiedergewinn von Selbstbewußtsein und persönlicher Würde, die Abschaffung der Akkordarbeit, den Wegfall von Angst, Mißtrauen und zerstörerischem Konkurrenzverhalten zwischen den Arbeitern, die Ansätze zur Organisation der Arbeit durch die Werktätigen selbst. Zu den Negativa zählt der Bericht die Eigenmächtigkeiten der Gewerkschafts-Obleute gegenüber Unternehmern wie Arbeitern im Bewußtsein ihres Machtzuwachses, die Gefahr unbegründeter Forderungen und leichtfertig inszenierter Streiks bei deren Nichterfüllung, den sich auftuenden Interessengegensatz zwischen Arbeitern und Technikern, welch letztere durch unsachgemäße Forderungen auf die Seite der Unternehmer getrieben werden, Fälle von Disziplinlosigkeit, Qualitäts- und Leistungseinbußen, wobei die Meister oft nicht mehr wagen, Standards anzumahnen oder Sanktionen zu verhängen, schließlich die wachsende Verbitterung der Unternehmer aufgrund von Eigenmächtigkeiten der Belegschaften – und eine von dieser Seite drohende Gefahr, bei der nächsten Auseinandersetzung oder dem nächsten Streik alles auf die Spitze zu treiben bis zur Schließung des Betriebs, zu Massenentlassungen oder zur Bankrotterklärung.

Systematisch beschäftigt sich Simone Weil mit der Neuordnung von Betriebs- und Arbeitsorganisation im Artikel »Prinzipien eines Entwurfs für die neue Betriebsordnung in Industrieunternehmen«,[84] worin sie ihre bei der eigenen Tätigkeit erworbenen Kenntnisse einarbeitet. Am 23. Februar 1937 hält sie vor Arbeitern einen Vortrag über die Rationalisierung in der Industriearbeit mit einer Kritik der einseitigen Vorstellungen Taylors über die Steigerung der Arbeitsproduktivität durch Erhöhung des Arbeitstempos. Der

82 Ebda.

83 Dt. Übers. in: Fabriktagebuch (wie Anm. 59), S. 213–222, unter dem Titel: »Bemerkungen über die Lehren der Arbeitskonflikte in Nordfrankreich«.

84 Ebda, S. 223–229.

Inhalt des Vortrags ist uns durch die Mitschrift eines Zuhörers überliefert.[85] Am 30. September desselben Jahres verfaßt Simone Weil auf Bitten Auguste Detoeufs hin einen kleinen Essay mit dem Titel »La condition ouvrière«.[86] Sie macht kurz aufmerksam auf die großen Unterschiede der Lebens- und Arbeitsbedingungen in verschiedenen Ländern, auf den prekären, instabilen, schutzlosen Status der Arbeiterexistenz, auf die Unterscheidung zwischen wahren und falschen Bedürfnissen, denen die Produktion und damit das Leben der Arbeiter dienen müsse, auf den Mangel an internationaler Solidarität der Werktätigen und ihrer Organisationen, wobei sie Rosa Luxemburgs Erfahrung bestätigt:

Die Sozialistische Internationale vor dem Weltkrieg war nichts als Fassade, der Krieg hat es deutlich erwiesen. In der Gewerkschaftsinternationale, heute grausam verstümmelt durch diktatorische Staaten, bestand noch weniger ein gemeinsames Handlungskonzept oder auch nur eine ständige Verbindung zwischen den verschiedenen nationalen Bewegungen.

Sie schließt mit einem den üblichen Horizont der sozialen Frage sprengenden Satz:

Es geht nicht darum, die Menschen entweder gefügig oder glücklich zu machen; es geht darum, niemanden zu zwingen, sich zu erniedrigen.

Dem Menschen ist es möglich, sein Geschick zu ertragen, wenn man ihm die Würde läßt.

In diesem Jahr des durch ihren miserablen Gesundheitszustand erzwungenen Urlaubs von den schulischen Verpflichtungen schreibt Simone Weil außer den erwähnten noch eine Reihe politischer Artikel, in denen sie das Problem ›Krieg und Frieden‹ von verschiedenen Seiten aus behandelt: einmal in Detailanalysen, etwa über die französische Kolonisation Marokkos oder Indochinas, dann aber auch in gewissermaßen ›philosophischen‹ Erörterungen über das Problem der dehumanisierenden Gewalt und das Faktum der meistenteils nichtigen Anlässe für völkermordende Kriege, welche dann aufgrund eines grenzenlosen Prestigebedürfnisses ihr Maß nur noch in allgemeiner Erschöpfung der Kontrahenten finden. Vor allem der zweiteilige Artikel »Ne recommençons pas la guerre de Troie!« (»Beginnen wir nicht wieder den Trojanischen Krieg!«), erschienen in den Nummern 2 und 3 der ›Nouveaux Cahiers‹ vom 1. und 15. April 1937, welcher den Untertitel trägt »Pouvoir des

[85] Ebda, S. 230–242.

[86] Ebda, S. 243–248, unter dem Titel: »Arbeiterexistenz«.

mots« (»Macht der Wörter«), thematisiert die Nichtigkeit der Kriegsziele: so wie um den Schatten der Helena ein jahrzehntelanger Kampf tobte. Mit dieser Arbeit,[87] deren Thematik sie noch einmal in einer Analyse der Ilias als »Dichtung der Gewalt« 1939 für die ›Nouvelle Revue Française‹ aufgreift und erweitert,[88]

erreicht Simone Weil ein neues Stadium ihrer geistigen Entwicklung. In ihrem kraftvollen, ironischen Artikel verhöhnt sie Macht, Nationalismus und Patriotismus viel eindeutiger als je zuvor und geht dabei weit über die Ideologie des Pazifismus hinaus. Sie erreicht hier ihre wahre Tiefe als politische Denkerin: Die Vergangenheit entschlüsselt den Sinn der Gegenwart und erhält selbst von der letzteren ihre Bedeutsamkeit in historischer Perspektive. Diese Reflexionen, die die für Simone Weil so charakteristische prophetische Glut ausstrahlen, vermitteln gleichzeitig einen bemerkenswerten inneren Frieden, der von der Anschauung einer jenseitigen Welt herzurühren scheint.[89]

Von April bis Juni 1937 reist Simone nach Italien: Mailand, Bologna, Ferrara, Ravenna, Florenz, Rom, Assisi. Sie steht voll Bewunderung vor den Erzeugnissen der griechisch-römischen Kultur, des christlichen Mittelalters und der Renaissance. Sie dringt tief in die geistige Bedeutung der Kunstwerke ein, wie ihre Briefe an die Eltern bezeugen. Im Anschluß an die zitierte Schilderung der ersten bewußten, in die Tiefe gehenden Begegnung mit dem Christentum in einem portugiesischen Fischerdorf, beschreibt Simone im besagten autobiographischen Brief an Pater Perrin eine neuerliche religiöse Erfahrung aus Assisi:

Im Jahre 1937 verbrachte ich zwei wunderbare Tage in Assisi. Als ich dort in der kleinen romanischen Kapelle aus dem zwölften Jahrhundert von Santa Maria degli Angeli, diesem unvergleichlichen Wunder an Reinheit, wo der heilige Franziskus so oft gebetet hat, allein war, zwang mich etwas, das stärker war als ich selbst, mich zum erstenmal in meinem Leben auf die Knie zu werfen.[90]

Oktober 1937 beginnt sie an der Mädchenmittelschule von Saint-Quentin, einer kleinen Industrie- und Arbeiterstadt 100 km nördlich von Paris, zu unterrichten – neun Schülerinnen in Philosophie und zwei oder drei in Griechisch. Sie hält sich an keinen Lehrplan und liest auch keine philosophischen Autoren mit ihren Schülerinnen, sondern literarische Texte, deren konkrete Menschen- und Situationsschilderungen sie zum Anlaß philosophi-

---

87 Écrits historiques et politiques (wie Anm. 29), S. 256–272.

88 Dt. in: ›Merkur‹ 5 (1951), Nr. 36, S. 115–126.

89 Cabaud, Simone Weil (wie Anm. 1), S. 171.

90 Das Unglück und die Gottesliebe, S. 49; Zeugnis für das Gute, S. 105 f. (wie Anm. 4).

scher Gedankengänge nimmt. So werden »Oberst Chabert« und »Der Pfarrer von Tours« von Balzac, »Nachtflug« von Saint-Exupéry, »Das Leben der Eskimo« von Jan Welzl, »Der letzte Wikinger« von Bojer, Homers »Ilias« gelesen, dann schließlich doch Werke eines Philosophen, nämlich Platons Dialoge »Theaitet« und der »Gorgias«, die aber keine abstrakten Abhandlungen sind.[91] Die Hefte der Schülerinnen haben einige der Themen und Erörterungen festgehalten. So stieß man im »Oberst Chabert« auf die Formulierung: »(...) jene Art Demut, welche die Bewegungen der Unglücklichen so unnatürlich macht«. Diese Art Demut wird nun näher bestimmt und ihre Ursache geklärt: »Das Gehaben eines Menschen hängt mehr von seiner sozialen Stellung als von seiner Natur ab.« Dazu wird Homer herangezogen:

> Denn der blitzeschleudernde Zeus verleiht seine Gaben
> Wahllos; den Bösen trifft es und trifft auch den Guten.
> Doch wer nur Übles empfängt, wird schimpflich verhöhnt und gescholten,
> Und vom Schicksal verfolgt, durchirrt er die göttliche Erde,
> Flüchtig zieht er umher, ihn achten nicht Götter noch Menschen,
> Denn wer dem Unglück verfällt, verfällt sogleich der Verachtung.

Daraufhin werden Mittel angegeben, diese spontane, rein natürliche Einstellung zum Unglück zu bekämpfen: »Die Revolution des Christentums besteht eben darin, die Schwachen nicht zu verachten. Der Gott der Christen ist schwach.« Zur Bekräftigung dessen dient ein Wort Valérys: »Die Güte besteht darin, den Unglücklichen ihr Unglück nicht vorzuwerfen, und das ist sehr schwer.« Cabaud, dem ich die Dokumentation verdanke,[92] schlägt eine Verbindung zu späteren Ausarbeitungen dieses Kernstücks christlichen Selbstverständnisses durch Simone Weil – unter dem Titel: »L'amour de Dieu et le malheur«.

Aber Simone konnte nur ein Trimester lang unterrichten. Kopf- und Nervenschmerzen wurden so stark, daß sie sich für die restlichen Zweidrittel des Schuljahres, von Januar bis Juni 1938, beurlauben lassen mußte. Die Kar- und Ostertage verbringt sie zusammen mit ihrer Mutter in der Benediktiner-Abtei von Solesmes in Nordfrankreich, wo beide am gesamten Offizium der Mönche teilnehmen. Simone verläßt das Kloster als jemand, dem Christus begegnet ist. Die einzigartige Bedeutung dieser Tage für den Rest ihres Lebens – bis zum Tod als Vierunddreißigjährige sind es noch fünfeinhalb Jahre – wird

---

91 Pétrement, La vie de Simone Weil (wie Anm. 23), Bd. II, S. 168.

92 Simone Weil (wie Anm. 1), S. 178.

am besten beleuchtet durch ihre eigene Schilderung, die sie in der »autobiographie spirituelle« für Pater Perrin gibt:

Im Jahre 1938 verbrachte ich zehn Tage in Solesmes, von Palmsonntag bis Osterdienstag, und wohnte allen Gottesdiensten bei. Ich hatte bohrende Kopfschmerzen; jeder Ton schmerzte mich wie ein Schlag; und da erlaubte mir eine äußerste Anstrengung der Aufmerksamkeit, aus diesem elenden Fleisch herauszutreten, es in seinen Winkel hingekauert allein leiden zu lassen und in der unerhörten Schönheit der Gesänge und Worte eine reine und vollkommene Freude zu finden. Diese Erfahrung hat mich auch durch Analogie besser verstehen lassen, wie es möglich sei, die göttliche Liebe durch das Unglück hindurch zu lieben. Ich brauche nicht eigens hinzuzufügen, daß im Verlauf dieser Gottesdienste der Gedanke an die Passion Christi ein für allemal in mich Eingang fand.

Es gab dort einen jungen katholischen Engländer, der mir zum ersten Male eine Vorstellung von der übernatürlichen Kraft der Sakramente vermittelte, von einem derart engelhaften Glanze schien er nach dem Empfang der Kommunion umkleidet. Der Zufall – denn ich sage stets lieber Zufall als Vorsehung – hat ihn für mich wahrhaft zu einem Boten gemacht. Denn er hat mich auf jene englischen Dichter des siebzehnten Jahrhunderts, die man die metaphysischen Dichter nennt, aufmerksam gemacht. Als ich sie später las, entdeckte ich das Gedicht, von dem ich Ihnen eine leider recht unzulängliche Übersetzung vorgelesen habe und das den Titel »Liebe« trägt. Ich habe es auswendig gelernt. Oft, wenn meine heftigen Anfälle von Kopfschmerzen auf ihrem Höhepunkt waren, habe ich mich geübt, es herzusagen, indem ich meine ganze Aufmerksamkeit darauf versammelte und von ganzer Seele der Zärtlichkeit zustimmte, die es in sich schließt. Ich glaubte, nur ein schönes Gedicht zu sprechen, aber dieses Sprechen hatte, ohne daß ich es wußte, die Kraft eines Gebetes. Einmal, während ich es sprach, ist, wie ich Ihnen schon geschrieben habe, Christus selbst herniedergestiegen und hat mich ergriffen. In meinen Überlegungen über die Unlösbarkeit des Gottesproblems hatte ich diese Möglichkeit nicht vorausgesehen: die einer wirklichen Berührung, von Person zu Person, hienieden, zwischen dem menschlichen Wesen und Gott. Ich hatte wohl unbestimmt von dergleichen reden hören, aber ich hatte es niemals geglaubt. In den Fioretti waren mir die Geschichten von Erscheinungen eher zuwider, ebenso wie die Wunder im Evangelium. Im übrigen waren an dieser meiner plötzlichen Übermächtigung durch Christus weder Sinne noch Einbildungskraft im geringsten beteiligt; ich empfand nur durch das Leiden hindurch die Gegenwart einer Liebe gleich jener, die man in dem Lächeln eines geliebten Antlitzes liest.

Ich hatte nie irgendwelche Mystiker gelesen, weil ich niemals etwas gespürt hatte, das mir sie zu lesen befahl. Auch bei meiner Lektüre habe ich mich stets bemüht, den Gehorsam zu üben. Nichts ist dem geistigen Fortschritt förderlicher; denn ich lese soweit wie möglich nur das, wonach mich hungert, in dem Augenblick, wo mich hungert, und dann lese ich nicht, ich esse. Gott in seiner Barmherzigkeit hatte mich gehindert, die Mystiker zu lesen, damit mir unwiderleglich klar würde, daß ich diese völlig unerwartete Berührung nicht aus Eigenem erdichtet hatte. Trotzdem verharrte ich noch bei einer halben Weigerung, nicht meiner Liebe, sondern meiner Vernunft. Denn es schien mir gewiß, und ich glaube es auch heute noch, daß man Gott nie genug widerstehen kann, wenn es aus reiner Sorge um die Wahrheit geschieht. Christus liebt es, daß man ihm die Wahrheit vorzieht, denn ehe er Christus ist, ist er die Wahrheit. Wendet man sich von ihm ab, um der Wahrheit nachzugehen, so wird man keine weite Strecke wandern, ohne in seine Arme zu stürzen.[93]

Das von Simone so geliebte Gedicht »Love« George Herberts, der mit John Donne und Richard Crashaw zu den sogenannten ›metaphysischen Dichtern‹ gezählt wird, welche Simone in der Folge kennen und schätzen lernte, lautet im Original sowie in einer durch die deutsche Fassung der Weil-Biographie Cabauds[94] gebotenen Übersetzung von Othon Marbach:

LOVE

Love bade me welcome; yet my soul drew back,
   Guiltie of dust and sinne,
But quick-ey'd Love, observing me grow slack
   From my first entrance in,
Drew nearer to me, sweetly questioning,
   If I lack'd any thing.

A guest, I answer'd, worthy to be here:
   Love said, you shall be he.
I the unkinde, ungratefull? Ah my deare,
   I cannot look on thee.
Love took my hand, and smiling did reply,
   Who made the eyes but I?

Truth Lord, but I have marr'd them; let my shame
   Go where it doth deserve.
And know you not, sayes Love, who bore the blame?
   My deare, then I will serve.
You must sit down, sayes Love, and taste my meat:
   So I did sit and eat.

LIEBE

Willkommen bot mir Liebe – ich erschrak –
   Vom Staub der Sünde fühlt' ich mich bedeckt,
Doch Liebe sah mich, wie ich bleich und zag,
   Mit raschem Blick hat längst sie mich entdeckt.

---

[93] Das Unglück und die Gottesliebe, S. 49–52; Zeugnis für das Gute, S. 106 f. (wie Anm. 4).

[94] Simone Weil (wie Anm. 1), S. 182.

Und milde fragend kam sie traut herbei,
Um zu erfahren, was mein Wünschen sei.

Ein Gast, so sagt' ich, würdig hierzusein –
Der bist du, rief die Lieb' –
Ich herzlos Böser? Teure Liebe – nein!
Um dich zu schauen, ist mein Aug' zu trüb –
Sie lächelt, drückt die Hand mir: Sprich,
Wer machte deine Augen, wenn nicht ich?

Mein Gott, ich trübte sie; laß meine Scham
Sich flüchten an den Ort, der ihr geziemt –
Du weißt ja, daß ich Schuld zu tilgen kam –
Dein Knecht bin ich, o Herr, der dir nur dient –
Setz dich! Wer je von meinem Fleische kostet, der genas –
So setzte ich mich denn zu Tisch – und aß.

Jene erste Begegnung mit Christus bringt Simone Weil nicht zugleich auch die Möglichkeit und Fähigkeit der Zwiesprache mit ihm, des Gebets also. Sie schreibt Pater Perrin:

Während dieses ganzen geistlichen Fortschreitens habe ich niemals gebetet. Ich fürchtete die Macht der Suggestion des Gebetes, deretwegen Pascal es empfiehlt. Die Methode Pascals scheint mir eine der allerschlechtesten, um zum Glauben zu gelangen.

Simone wendet sich hier gegen die bekannte Empfehlung Pascals, die er in den »Pensées« dem Ungläubigen gibt, der glauben möchte, es aber nicht kann:

(...) Sie wollen zum Glauben kommen, und Sie kennen den Weg dahin nicht; Sie wollen vom Unglauben geheilt werden und fragen nach den Heilmitteln dafür. Lernen Sie von denen, die gebunden waren wie Sie und die jetzt ihre ganze Habe aufs Spiel setzen; das sind Leute, die einen Weg kennen, dem Sie gerne folgen möchten; die geheilt sind von einer Krankheit, von der Sie geheilt werden wollen. Folgen Sie der Weise, in der jene begonnen haben, indem sie in allem so handelten, *als ob* sie glaubten, indem sie das Weihwasser nahmen, indem sie Messen lesen ließen usw. Gerade das wird Sie auf natürliche Weise zum Glauben bringen und Sie dumm machen. (...)[95]

Die schockierende Schlußwendung »und Sie dumm machen« ist für Pascal natürlich nur auf den Bereich des Glaubens, nicht auf den des alltäglichen Lebens zu beziehen: Durch diese Art, religiöse Vollzüge zunächst ohne Glau-

[95] Aus Fragment 233 nach der Zählung von Léon Brunschvicg; dt. »Über die Religion«, Übers. Ewald Wasmuth, Heidelberg [8]1972, S. 233; aus Fragment 83 nach der Zählung von Fortunat Strowski; dt. »Gedanken«, Übers. Wolfgang Rüttenauer, Bremen o. J., S. 44 f. (Hervorhebung von mir).

ben zu unternehmen, sollen von der Vernunft und den Leidenschaften herkommende Widerstände allmählich abgeschliffen und überwunden werden. Sowohl die Beliebigkeit des Verfahrens bezüglich der Glaubensinhalte als auch seine Äußerlichkeit sprechen natürlich dagegen. Das hat Pascal durchaus gesehen.[96] Gerade den Grund aber, weshalb er religiöse Vollzüge empfiehlt – die Macht der Gewohnheit und der Selbstsuggestion –, lehnt Simone Weil radikal ab. Selbst die Freundschaft mit Pater Perrin sieht sie insofern als Hindernis, zu Glauben und Gebet zu kommen:

Auch die Berührung mit Ihnen war nicht imstande, mich zum Gebet zu veranlassen. Im Gegenteil, die Gefahr schien mir um so mehr zu befürchten, als ich mich genötigt sah, vor der Macht einer Suggestion durch meine Freundschaft für Sie auf der Hut zu sein. Gleichzeitig quälte es mich, nicht zu beten und es Ihnen nicht zu sagen. Und ich wußte, daß ich es Ihnen nicht sagen könnte, ohne Sie zu einer völlig irrigen Ansicht über mich zu veranlassen. Damals hätte ich mich Ihnen noch nicht begreiflich machen können. Bis zum vergangenen September war es mir in meinem ganzen Leben niemals geschehen, daß ich auch nur ein einziges Mal gebetet hätte, zumindest nicht im buchstäblichen Sinne des Wortes. Niemals hatte ich mich laut oder in Gedanken mit Worten an Gott gewandt. Niemals hatte ich ein liturgisches Gebet gesprochen. Hin und wieder kam es wohl vor, daß ich mir das Salve Regina aufsagte, doch nur als ein schönes Gedicht.

Als ich im letzten Sommer mit Thibon das Griechische trieb, hatte ich das Vaterunser auf griechisch Wort für Wort mit ihm durchgenommen. Wir hatten uns versprochen, es auswendig zu lernen. Ich glaube, er hat es nicht getan. Auch ich nicht, wenigstens damals nicht. Als ich aber einige Wochen später im Evangelium blätterte, kam es mir in den Sinn, daß ich es, da ich es mir versprochen hatte und es recht sei, auch tun sollte. Ich tat es. Da hat die unendliche Süßigkeit dieses griechischen Textes mich derart ergriffen, daß ich einige Tage lang nicht umhin konnte, ihn mir unaufhörlich zu wiederholen. Eine Woche später begann ich mit der Weinlese. Ich sprach das Vaterunser auf griechisch jeden Tag vor der Arbeit, und im Weinberg habe ich es dann noch oftmals wiederholt.

Seitdem habe ich mir als einzige Übung die Verpflichtung auferlegt, es jeden Morgen ein Mal mit unbedingter Aufmerksamkeit zu sprechen. Wenn meine Aufmerksamkeit unter dem Sprechen abirrt oder einschläft, und sei es auch nur im allergeringsten Grade, so fange ich wieder von vorne an, bis ich ein Mal eine völlig reine Aufmerksamkeit erreicht habe. Dann kommt es wohl mitunter vor, daß ich es aus reinem Vergnügen noch einmal von vorn aufsage, aber nur, wenn das Verlangen mich treibt.

Die Kraft dieser Übung ist außerordentlich und überrascht mich jedes Mal, denn, obgleich ich sie jeden Tag erfahre, übertrifft sie jedes Mal meine Erwartung.

---

96 Vgl. Brunschvicg, Nr. 242 ff., Wasmuth, S. 130 ff.; Strowski, Nr. 25 ff.; Rüttenauer, S. 23 ff. (wie Anm. 95).

Mitunter reißen schon die ersten Worte meinen Geist aus meinem Leibe und versetzen ihn an einen Ort außerhalb des Raumes, wo es weder eine Perspektive noch einen Blickpunkt gibt. Der Raum tut sich auf. Die Unendlichkeit des gewöhnlichen Raumes unserer Wahrnehmung weicht einer Unendlichkeit zweiten oder manchmal auch dritten Grades. Gleichzeitig erfüllt diese Unendlichkeit der Unendlichkeit sich allenthalben mit Schweigen, mit einem Schweigen, das nicht die Abwesenheit des Klanges ist, sondern das der Gegenstand einer positiven Empfindung ist, sehr viel positiver als die eines Klanges. Die Geräusche, wenn deren da sind, erreichen mich erst, nachdem sie durch dieses Schweigen hindurchgegangen sind.

Mitunter auch ist während dieses Sprechens oder zu anderen Augenblicken Christus in Person anwesend, jedoch mit einer unendlich viel wirklicheren, durchdringenderen, klareren und liebevolleren Gegenwart als jenes erste Mal, da er mich ergriffen hat.[97]

»Jenes erste Mal«: Damit ist wohl die von Simone beim Nachsprechen des Gedichts von George Herbert erwähnte Erfahrung gemeint, als Christus selbst zu ihr herabstieg und sie ergriff. Inzwischen – der Brief stammt vom Mai 1942 – ist ihr diese Begegnung häufiger zuteil geworden, mit wachsender Intensität – was wohl vor allem bedeutet: mit wachsender Empfänglichkeit. Dieses in immer größere Tiefen der Person sich entfaltende religiöse Leben fügt ihrem Dasein eine neue Dimension bei – oder wäre es angemessener zu sagen, daß sich in diesem Dasein etwas erfüllt, worauf es eigentlich – z. B. im äußersten Verlangen nach Wahrheit und Wahrhaftigkeit – immer schon angelegt war? Das nimmt solcher Begegnung mit Gott nicht den Charakter der Gnade.

III

Simone Weils religiöse Tiefenerfahrungen vermindern keineswegs ihr Interesse an der Politik. Sie begleitet die aktuellen Ereignisse, wie gewohnt, mit grundsätzlichen Reflexionen, vor allem die sich durch Hitlers Machtpolitik dramatisch zuspitzende Situation in Europa, aber auch die französische Kolonialpolitik, deren baldiges Ende sie erhofft, und zwar einerseits im Gefolge von Aufständen der einheimischen Bevölkerung, andererseits im Gefolge der sich anbahnenden Konfrontation mit Hitler-Deutschland, wodurch Frankreich die Kraft fehlen wird, sein ausgedehntes Kolonialreich zu erhalten.

---

[97] Das Unglück und die Gottesliebe, S. 53–55; Zeugnis für das Gute S. 108–110 (wie Anm. 4).

Zunächst sucht Simone Weil ihren radikalen Pazifismus gegenüber dem Expansionsdrang des Deutschen Reiches zu retten. Den Anschluß Österreichs im März 1938 rechtfertigt sie mit dem Selbstbestimmungsrecht der Völker, auch den Anspruch Hitlers auf Teile der Tschechoslowakei im Namen der durch die tschechische Mehrheit unterdrückten Sudetendeutschen. Einen europäischen Krieg für den Erhalt des tschechoslowakischen Staates lehnt sie ab; deshalb begrüßt sie das Münchner Abkommen vom 29. September 1938, in dem Hitler, Mussolini, Chamberlain und Daladier die Abtretung der sudetendeutschen Gebiete an Deutschland beschließen, nachdem Hitler erklärt hatte, dies sei seine letzte Forderung. Bekanntlich hatte er schon am 30. Mai an die Wehrmacht den Geheimbefehl zur Zerschlagung der Tschechoslowakei gegeben, und am 21. Oktober, vier Wochen nach seiner Beteuerung in München den Geheimbefehl, die Rest-Tschechei zu »erledigen«. Auch der Besuch des tschechoslowakischen Staatspräsidenten Emil Hacha am 15. März 1939 kann den Einmarsch deutscher Truppen nicht mehr verhindern; einen Tag später wird das »Reichsprotektorat Böhmen und Mähren« errichtet.

Durch diesen Okkupationsakt Hitlers ist Simone Weils Gerechtigkeitsempfinden zutiefst verletzt und das pazifistische Credo überstrapaziert – wie im Sommer 1936 anläßlich des Spanischen Bürgerkriegs. An ihren späteren Reflexionen zeigt sich die Unmöglichkeit, einen *allgemeinen* Grundsatz zu formulieren, in dem die Forderung nach Gewaltlosigkeit – Gewalt verletzt und macht unrein – versöhnt ist mit *der* nach wirksamer Wahrung bestimmter Werte – z. B. der Würde des Menschen. Diese Spannung zwischen Gewaltlosigkeit und der Notwendigkeit, einer von jedweden moralischen Skrupeln vollkommen freien und nur den eigenen Machtinteressen dienenden Gewalt entgegenzutreten wie jener des nationalsozialistischen Staates – diese Spannung ist für Simone Weil fast unerträglich. Sie entschließt sich zwar zum Kampf gegen Deutschland, das im Begriffe ist, nun ganz Europa zu unterjochen, sie reflektiert die Gründe für ihre Entscheidung in einer Reihe von damals teilweise publizierten Arbeiten, und nach Ausbruch des Zweiten Weltkriegs sucht sie Möglichkeiten, sich direkt am Kampf gegen die deutschen Besatzungstruppen in Frankreich zu beteiligen; aber dagegen stehen ihre Einsicht in die Ungerechtigkeit des Versailler Vertrags und die im Spanischen Bürgerkrieg gemachten Erfahrungen des sich verselbständigenden, zwangsläufig eskalierenden, die Beteiligten entmenschlichenden Kampfes – der moralischen Korruption auch des in einem gerechten Krieg Streitenden.

Im Sommer 1939 beantragt Simone Weil wieder einen zwölfmonatigen Urlaub beim Unterrichtsministerium, der ihr gewährt wird. Mit den Eltern fährt sie dann nach Genf, um sich Gemäldesammlungen des Prado anzusehen, die im Völkerbundpalast ausgestellt sind. Anschließend macht Familie Weil in der Nähe von Nizza Ferien. Als auf den Einmarsch der deutschen Truppen in Polen hin England und Frankreich Deutschland den Krieg erklären, kehrt sie sofort nach Paris zurück. Simone beschäftigen weiterhin Möglichkeiten des Widerstandes gegen das kriegerische Deutschland. Angeregt durch die Lektüre der römischen Historiker Polybius und Appian erarbeitet sie die Parallelen von Macht und Gewalt in der militärischen und politischen Organisation antiker römischer und nationalsozialistischer Herrschaft, vor allem in der Studie »Quelques réflexions sur les origines de l'Hitlérisme«, deren erster und dritter Teil der Zensur zum Opfer fällt, so daß eben nur der mittlere unter der Überschrift »Hitler et la politique extérieure de la Rome antique« am 1. Januar 1940 in Nr. 53 der ›Nouveaux Cahiers‹ erscheinen kann.[98] Sie verfaßt einen »Plan für die Ausbildung von Frontkrankenschwestern« und sendet diesen an einen Abgeordneten, der sich bereit erklärt, ihn als Gesetzentwurf einzureichen.[99] Deshalb konnte sie in einem Brief an Maurice Schumann vom 30. Juli 1942 aus New York davon sprechen, beinahe mit ihrem Plan reüssiert zu haben, aber die Ereignisse seien zu rasch erfolgt.[100]

Der Vorschlag enthält zwei wesentliche Punkte: die Präsenz der Krankenschwester an den exponiertesten Stellen und die Möglichkeit, sie leicht und schnell an verschiedenen Stellen einzusetzen. Fürs erste könne ein so radikal neues Experiment natürlich nur mit einer kleinen Gruppe von Frauen durchgeführt werden, die bereit wären, ihr Leben zu opfern. Der Heldenmut, der sie beseelen muß, »darf nichts vom Geist der Offensive in sich haben – sie sollen sich ja über Verwundete und Sterbende neigen«. Um eine solche Gruppe zu bilden, bedarf es einer strengen Auslese, diese aber verbürgt – zusammen mit der Tatsache, daß die Frontkrankenschwester die Todesgefahr bewußt akzeptiert – die absolute Verläßlichkeit dieser Gruppe. Man muß freilich mit einer großen Anzahl von Opfern rechnen. (...) Dieser erstaunliche Vorschlag offenbart den ganzen Idealismus Simone Weils; eine Art moralische Notwendigkeit, bei keinem Kampf zurückzubleiben; eine leidenschaftliche Sucht, augenblicklich jede Idee, die gut scheint, in die Tat umzusetzen; das Bestreben, Zwang und Leid durch das vollkommene Opfer zu überwinden.[101]

---

98 Écrits historiques et politiques (wie Anm. 29), S. 13–60.

99 »Projet d'une formation d'infirmières de première ligne«, in: Simone Weil, Écrits de Londres et dernières lettres. Paris 1957, S. 187–195.

100 Ebda, S. 186.

101 Cabaud, Simone Weil (wie Anm. 1), S. 208–210.

Am 10. Mai 1940 begann die deutsche Offensive an der Westfront. Der Widerstand französischer Truppen war rasch überwunden. Schon am 14. Juni wird Paris kampflos besetzt – Simone Weil hatte gehofft, man werde die Hauptstadt militärisch verteidigen. Sie verläßt Paris und setzt sich nach Nevers ab, wird dabei aber von den deutschen Truppen überholt. Am 22. Juni unterzeichnen im Wald von Compiègne beide Seiten den Waffenstillstand: Frankreich wird geteilt in ein besetztes und ein unbesetztes Gebiet, mit der Regierung in Vichy. Trotz einer Wunde am Knöchel überquert Simone die Demarkationslinie zwischen dem besetzten und dem unbesetzten Teil zu Fuß und verweilt mit ihren Eltern zwei Monate in Vichy zur Ausheilung der Wunde. Dort verfaßt sie ein Drama, ihr einziges, das aber Fragment bleibt: »Venise Sauvée«, »Das gerettete Venedig«, der dichterische Ausgangspunkt für ein neues Thema in ihren philosophischen Reflexionen, nämlich das der Entwurzelung und Einwurzelung; ich werde darauf zurückkommen. Simone verläßt im Oktober Vichy und siedelt nach Marseille über. Hier erfaßt ihr Denken und religiöses Verlangen neue Bereiche – die Ursprünge der indischen, der griechischen Philosophie und des Christentums – teilweise angeregt durch neue Bekanntschaften, so mit den Redaktionen der ›Cahiers du Sud‹ und der ›Cahiers d'Études Cathares‹, und neue Freundschaften, wie mit dem vom Ersten Weltkrieg her querschnittgelähmten Joë Bousquet, dem seit seiner Jugend fast völlig blinden Dominikanerpater Jean-Marie Perrin, dessen Name wir schon von dem späteren Briefwechsel mit Simone her kennenlernten: ein Mann von außergewöhnlicher Ausstrahlung, der sich neben seiner schriftstellerischen Tätigkeit in diesen Jahren vor allem der Flüchtlinge und politisch Verfolgten – welcher Nationalität auch immer – annahm, ihnen finanzielle Unterstützung, Unterschlupf oder Pässe besorgte; und schließlich Simones Freundschaft mit Gustave Thibon, einem Philosophen und Christen, der in der Ardèche Landwirtschaft trieb und an den sie sein Freund Pater Perrin empfohlen hatte – auf Simones Bitten hin, wieder bei der Landarbeit tätig zu sein.

Wie Cabaud berichtet,[102] hatte Simone Weil im August 1940 den Unterrichtsminister gebeten, nachdem das krankheitsbedingte Urlaubsjahr im Juli zu Ende gegangen war, ihr eine neue Stelle – vielleicht in Algerien – zuzuweisen. Sie erhielt aber keine Antwort und richtete daraufhin im November ein neuerliches Schreiben an den Minister mit der Bitte, sein Schweigen zu erklären. Zwar könne sie es sich deuten, da ihr die in der Presse veröffentlichten

102 Ebda, S. 218 f.

»Judenstatuten« bekannt seien. Aber sie wisse mit dem Wort Jude nichts anzufangen. Zwar sei in den Statuten eine Definition enthalten: Jude ist, wer drei jüdische Großeltern hat. Aber eine solche Definition verschiebe nur das Problem. Wenn mit dem Wort ›Jude‹ eine Religion bezeichnet werde, dann müsse sie gestehen, daß die Eltern ihrer Mutter Freidenker, also in diesem Sinne keine Juden waren. Ihre Großeltern väterlicherseits hätten wohl die Synagoge besucht; doch dann habe sie nur zwei und nicht, wie das Gesetz zum Judesein vorschreibe, drei jüdische Großeltern. Und wenn das Wort eine Rasse bezeichne, dann müsse sie annehmen, zu dem Volk, das vor 2000 Jahren in Palästina gelebt habe, in keiner Beziehung zu stehen. Im übrigen gebe es für sie nur eine französische, griechische und christliche Tradition; die hebräische sei ihr vollkommen fremd. Nehme jedoch der Minister an, daß sie diesem Gesetz unterliege, so müsse man ihr das zumindest mitteilen.

Ich bin bereit, mich diesem wie jedem anderen Gesetz – welches immer es sei – zu beugen. Doch wünsche ich, offiziell verständigt zu werden; denn persönlich verfüge ich über kein Kriterium, dieses Problem zu lösen. Andernfalls wünsche ich aus meinem Vertrag den Nutzen zu ziehen, auf den mir mein Rang als staatlich geprüfte Lehrerin das Anrecht verleiht.

Auch auf diesen Brief erhielt Simone Weil keine Antwort. Am 18. Oktober 1941, gegen Ende einer fast fünfwöchigen Weinlese bei einem Bauern im Departement Gard, schreibt sie deswegen an Xavier Vallat, den Kommissar für jüdische Angelegenheiten. Sie fragt nach den Gründen des ministeriellen Schweigens. Habe man aus ihrem Namen auf eine jüdische Abstammung geschlossen, so müsse sie darauf hinweisen, die im Judenstatut für eine Entfernung aus dem Berufsleben vorgesehene Entschädigung nicht erhalten zu haben – und fügt hinzu, dies gewähre ihr wenigstens die Genugtuung, nicht zur finanziell schwierigen Lage des Landes beizutragen.

Denn nur wem tägliche Erschöpfung schmerzlich die Glieder krümmt – nur der besitzt die Erde und die Natur. Nur wer sich im weiten Zeitraum von Sonnenaufgang bis Sonnenuntergang in täglich erneuter Pein von einer Ermüdung zur andern schleppt – nur dem gehören die Tage, die Monate, die Jahreszeiten und des Himmelsgewölbes rastlose Runde. Nur er begleitet den Lauf der Gestirne, nur er lebt die Tage und träumt sie nicht. Die Regierung, die Sie mir gegenüber vertreten, hat mir das alles gegeben. Sie und die anderen gegenwärtigen Machthaber unseres Landes haben mir gegeben, was sie selbst nicht besitzen (...) die Gabe der Armut.

Beantwortet wurde dieser Brief nur indirekt: durch die Anweisung der Vichy-Regierung an ihre Polizei, Simone Weil zu überwachen. – Gegen Ende Oktober 1941 kehrt sie nach Marseille zurück. Ein halbes Jahr später, im Mai

1942, wird sie nach Amerika aufbrechen. Ihre Zeit in Marseille ist von den verschiedensten Interessen und Aktivitäten ausgefüllt. Simone hat begonnen, Sanskrit zu lernen, um die heiligen Schriften des Hinduismus im Original lesen zu können; sie studiert die Bhagavadgita, die Upanischaden. Sie macht Bekanntschaft mit dem Taoismus und liest das »Tao te king« des Laotse. Durch einen Bekannten wird sie auf die »Essays in Zen Buddhism« von Daisetz Teitaro Suzuki hingewiesen und erhält so einen ersten Eindruck von der Lebensform des Zen. Sie vertieft ihre Studien zur frühen griechischen Philosophie, Mythologie und Dichtung und spricht darüber in der Krypta der Dominikanerkirche. Simones Vortragsmanuskripte sind unter dem Titel »Intuitions pré-chrétiennes«[103] publiziert; weiteres Material enthält der Band »La source grecque«.[104]

Sie schreibt Gedichte; »La Mer« und »Les Astres« stammen aus dieser Zeit. Aber sie beschäftigt sich gleichermaßen mit den modernen Wissenschaften und übt Kritik an deren Methoden und Zielsetzungen. Im Frühjahr 1941 hatte sie eine größere Abhandlung mit dem Titel »La science et nous« abgefaßt, in der Nummer 245 der ›Cahiers du Sud‹ vom April 1942 veröffentlichte sie unter dem Pseudonym »Emile Novis« die Studie »L'avenir de la science«, worin sie eine unter diesem Titel erschienene Gemeinschaftsarbeit von französischen Wissenschaftlern zu ihren jeweiligen Disziplinen bespricht – z. B. Physik, Philosophie, Theologie. Eine weitere Besprechung Simones erscheint unter demselben Pseudonym »Emile Novis« in der Dezember-Nummer desselben Jahres der ›Cahiers du Sud‹, und zwar über Max Plancks »Initiations à la physique« mit dem Titel »Réflexions à propos de la théorie des quanta«. Alle diese Arbeiten und noch einiges mehr – z. B. aus der diesbezüglichen Korrespondenz mit ihrem Bruder André – sind 1966 in dem Band »Sur la science« herausgegeben worden.[105] Ich möchte auf das zweifellos sehr gehaltvolle Werk hier aber nicht näher eingehen. Mir liegt vielmehr daran, noch etwas vertrauter zu machen mit der einzigartigen religiösen Tiefe, in welcher Simone Weil lebt. Reiche Texte stehen uns hier zur Verfügung. Ich kann nur einige Hinweise geben: so etwa auf ihre Kommentare zu antik-griechischen Texten – z. B. des Homer, des Aischylos und des Sophokles, Platons und der Pythagoreer. Zu Sophokles heißt es:

---

[103] Intuitions pré-chrétiennes. Paris 1951 u. ö. (dt.: Vorchristliche Schau. München/Planegg 1959).

[104] La source grecque. Paris 1953 u. ö.

[105] Sur la science. Paris 1966.

Sophokles ist der griechische Dichter, der das Christliche der Inspiration am sichtbarsten und vielleicht außergewöhnlichsten in Erscheinung bringt. (Er ist meiner Meinung nach viel christlicher als irgendein Dramatiker der letzten zwanzig Jahrhunderte.) Dies wird in der Tragödie »Antigone«, die eine Erläuterung des Wortes »Es ist besser, Gott zu gehorchen als den Menschen« sein könnte, besonders erkennbar. Der in dieser Tragödie gegenwärtige Gott ist nicht als im Himmel, sondern unter der Erde, mitten unter den Toten gedacht.[106]

Das zeigt Simone Weil an einer Stelle aus dem Disput zwischen Antigone und Kreon, in dem Antigone ihre Tat der Pietät und Liebe, nämlich den toten Bruder entgegen dem ausdrücklichen Verbot des Königs bestattet zu haben, Kreon gegenüber verteidigt und rechtfertigt. Sie spricht da unter anderem den berühmten Satz (V. 523): »οὔτοι συνέχθειν, ἀλλὰ συμφιλεῖν ἔφυν« der meist übersetzt wird: »Nicht zu hassen, zu lieben bin ich geboren« – worauf Kreon entgegnet: »κάτω νῦν ἐλθοῦσ', εἰ φιλητέον, φίλει κείνους«, was so viel heißt wie: »Dann geh hinunter, wenn du lieben mußt, und liebe jene«, nämlich die Abgeschiedenen in der Totenwelt des Hades. Hierzu bemerkt Simone Weil:

Dieser Vers der Antigone ist herrlich, aber Kreons Antwort ist noch erhabener, denn sie zeigt, daß die, die allein an der Liebe und nicht am Haß teilhaben, einer anderen Welt angehören und nur einen gewaltsamen Tod zu erwarten haben. (...)

Allein bei den Toten, in der andern Welt hat man Freiheit zu lieben. Diese Welt hier läßt die Liebe nicht zu. Allein die Abgeschiedenen kann man lieben, d.h. die Seelen, soweit sie durch Bestimmung der anderen Welt angehören. Antigone ist ein vollkommen reines, völlig unschuldiges, ganz heldisches Wesen, das sich freiwillig dem Tod ausliefert, um einen schuldverstrickten Bruder vor einem unglücklichen Schicksal in der anderen Welt zu bewahren.

Nur das Selbstopfer eines Schuldlosen kann den Fluch aufheben, der aus Laios' Ungehorsam gegen Gott entstand und sich von Geschlecht zu Geschlecht fortpflanzte. Nicht nur in der »Antigone« des Sophokles, sondern auch bei Aischylos in der »Orestie« lebt diese Vorstellung vom Fluch:

Agamemnon, der seine Tochter opfert, Klytaimnestra, die ihren Gatten, Orest, der seine Mutter mordet, stehen alle drei unter dem Zwang des Atridenfluchs und sind doch zugleich die freien Täter ihrer Taten: Agamemnon als Erfüller seiner Königspflicht, Klytaimnestra als rächende Mutter, Orest als rächender Sohn.[107]

---

106 Vorchristliche Schau (wie Anm. 103), S. 19 f.

107 Egon Friedell, Kulturgeschichte Griechenlands. Leben und Legende der vorchristlichen Seele. München 1981, S. 245.

Das Verbrechen zeugt sich fort; die Kette des Fluchs kann nur durch ein reines, Gott gefälliges Opfer abgebrochen werden. Deutlich ist hier im Raum griechischen Empfindens die jüdisch-christliche Vorstellung von einem Schuldzusammenhang vorweggenommen, der nur durch ein vollkommenes Opfer aufgehoben werden kann.

Simone Weil achtet nicht auf die Schwierigkeiten, welche uns diese Vorstellung heute bereitet. Ihr Interesse kreist um jene reine Liebe, die sich in einem vollkommenen Opfer ausdrückt, wem auch immer es dient. Gereinigt wird diese Liebe durch das Leiden, die Gottesliebe durch das von Gott zugefügte oder zugelassene Leiden. Johannes vom Kreuz spricht in dem Zusammenhang von einer »Nacht der Sinne« und »Nacht des Geistes«, wodurch der Mensch zunächst von seiner Anhänglichkeit an sich und die Welt, dann aber auch von seiner unreinen Anhänglichkeit an Gott schmerzhaft befreit wird. Edith Stein hat in ihrem letzten Werk, das unvollendet blieb, mit dem Titel »Kreuzeswissenschaft«[108] diese Lehre des Johannes vom Kreuz kommentiert. Sie spricht in bezug auf die Nacht des Geistes von der »Nacht des Glaubens«, durch die der Gottliebende hindurchgehen muß wie Jesus am Kreuz. Wir werden darauf zurückkommen. Simone Weil erfaßt diese Nacht – wenn ich es richtig verstehe – unter dem Begriff des Unglücks (malheur). Ihr großer Traktat »Die Gottesliebe und das Unglück« (»L'Amour de Dieu et le malheur«) deutet diesen Begriff in seinem Bezug zur Gottesliebe.[109]

Was ist das Unglück? Wenn wir Simone Weils Text lesen, sollten wir uns bewußt bleiben, daß ein Gutteil ihrer Beschreibungen eigene Erfahrungen wiedergibt: das Gefühl, körperlich fast vernichtet zu sein, welches sie in den Zuständen völligen Erschöpftseins bei der Fabrikarbeit oder der Arbeit auf dem Feld häufig überkam, und das sich dabei – in Solidarität mit Arbeitern und Arbeitslosen – einstellende Bewußtsein von Erniedrigung und Versklavung, von Vernichtung des Selbstbewußtseins und der Würde. Ihr fortwährender krankheitsbedingter Schmerz, vor allem das starke Kopfweh, zählt allein ja nicht oder nur dann und insofern, als dauernder physischer Schmerz auch die Seele zerrütten kann. Simone Weil beginnt so:

---

108 Edith Stein, Werke, Bd. I (Hrsg.: L. Gelber / R. Leuven). Louvain / Freiburg i. B. 1950.

109 Dt. Übersetzung vollständig in: Zeugnis für das Gute, S. 13–49; 1. Teil in: Das Unglück und die Gottesliebe, S. 110–134; frz. 1. Teil in: Attente de Dieu (alle wie Anm. 4), 2. Teil in: Pensées sans ordre concernant l'amour de Dieu, Paris 1962.

Unter allen Leiden, die uns zustoßen können, ist das Unglück etwas Besonderes, etwas Einzigartiges und Unvergleichliches. Es ist etwas völlig anderes als das bloße Leiden. Es bemächtigt sich der Seele und prägt ihr bis ins Innere einen Stempel auf, der nur ihm allein gehört: den Stempel der Sklaverei. Die Sklaverei, so wie sie im alten Rom in Brauch war, ist nur die äußerste Form des Unglücks. Die Alten, die in dieser Hinsicht wohl Bescheid wußten, pflegten zu sagen: »Mit dem Tage, an dem ein Mensch zum Sklaven wird, verliert er die Hälfte seiner Seele.«

Das Unglück ist untrennbar von dem körperlichen Leiden und dennoch etwas völlig Verschiedenes. Wenn wir leiden, ist alles, was nicht mit körperlichem Schmerz oder etwas Ähnlichem verbunden ist, künstlich, imaginär, und kann durch eine entsprechende Geisteshaltung aufgehoben werden. Selbst im Falle der Abwesenheit oder des Todes eines geliebten Wesens ist der unaufhebbare Teil des Kummers etwas wie ein körperlicher Schmerz, eine Beklemmung des Atems, eine schraubende Klammer um das Herz, oder ein ungestilltes Bedürfnis, ein Hunger, oder auch die beinahe biologische Störung, die das plötzliche Freiwerden einer bisher durch eine Bindung ausgerichteten und nun ferner nicht mehr gelenkten Energie verursacht. Ein seelischer Schmerz, der nicht mit allen Fasern um solch einen nicht zu bewältigenden Kern geballt ist, ist bloße Romantik, bloße Literatur. Auch die Demütigung ist ein gewaltsamer Zustand des gesamten körperlichen Seins, das sich unter der Kränkung aufbäumen möchte und sich dennoch unter dem Zwang der Ohnmacht oder der Furcht zurückhalten muß.

Wenn wir Simone Weils Erfahrungen in der Fabrik als Modell für das sehen, was Unglück heißen kann, dann fragen wir uns wohl, ob dieses Modell denn heute – abgesehen von Osteuropa und der Dritten Welt – in unserer westlichen Industriegesellschaft noch Gültigkeit besitzt. Die Vervollkommnung der Maschinenwelt bis hin zur Automation ganzer Arbeitsabläufe hat zweifellos den unmittelbaren körperlichen Aspekt des Versklavtseins sehr weit zurückgedrängt. Aber Kränkung und Demütigung, von denen Simone Weil hier spricht, sind damit ja nicht aus der Welt, sondern finden sich überall, wo Macht auf Untergebene ausgeübt wird und diese Ausübung sich nicht allein an sachlichen Gegebenheiten orientiert, sich also nicht objektiv rechtfertigen läßt. Kränkung und Demütigung treffen einen *Menschen*, und ohne körperlich attackiert zu sein, leidet er auch leiblich. Sein Leiden drückt sich in der Haltung aus, in seinem Gesicht, seiner Stimme, in Furcht und Zittern, Magengeschwüren und Schlaflosigkeit.

Wahrhaftes Unglück liegt nur dann vor, wenn das Ereignis, das ein Leben ergriffen und entwurzelt hat, es unmittelbar oder mittelbar in allen seinen Teilen, in seinem sozialen, psychologischen und physischen Teil, getroffen hat. Der soziale Faktor ist wesentlich. Nur dort gibt es wahrhaftes Unglück, wo auch in irgendeiner Form ein sozialer Abstieg oder die Furcht vor einem solchen Abstieg vorliegt.

»Das Unglück ist eine Entwurzelung des Lebens«, und zwar eine soziale Entwurzelung. Dieses Thema der Entwurzelung steht im Zentrum von Simones Reflexionen während ihrer letzten Lebensmonate in London. Der vollzogenen *Ent*wurzelung von Arbeiterschaft und Bauernstand soll eine erneute *Ein*wurzelung folgen.

Die wirkliche Entwurzelung, das wirkliche Unglück hat mit Notwendigkeit eine die ganze Existenz umfassende, also religiöse Bedeutung. Hiob und Jesus sind hier für Simone Weil paradigmatisch:

Das Unglück hat Christus gezwungen, um Schonung zu flehen, bei den Menschen Trost zu suchen, sich von seinem Vater verlassen zu glauben. Es hat einen Gerechten gezwungen, gegen Gott aufzuschreien einen Gerechten, der so vollkommen war, wie die nur menschliche Natur dies zuläßt, ja mehr noch vielleicht, falls Hiob weniger eine geschichtliche Person als eine Figur Christi ist. »Er lacht des Unglücks der Unschuldigen.« Das ist keine Lästerung, sondern ein echter, dem Schmerz entrissener Aufschrei. Das Buch Hiob ist von einem Ende zum andern ein reines Wunder an Wahrheit und Echtheit. Hinsichtlich des Unglücks ist alles, was von diesem Vorbild abweicht, mehr oder minder von Lüge befleckt. Das Unglück läßt Gott auf eine Zeit abwesend sein, abwesender als ein Toter, abwesender als das Licht in einem völlig finsteren Kerkerloch. Eine Art von Grauen überflutet die ganze Seele. Während dieser Abwesenheit gibt es nichts, das man lieben könnte. Das Schreckliche ist, daß, wenn die Seele in diesen Finsternissen, wo nichts ist, das sie lieben könnte, aufhört zu lieben, daß dann die Abwesenheit Gottes endgültig wird. Die Seele muß fortfahren, ins Leere hinein zu lieben, oder zumindest lieben zu wollen, sei es auch nur mit dem winzigsten Teil ihrer selbst. Dann eines Tages naht sich Gott selbst und zeigt sich ihr und enthüllt ihr die Schönheit der Welt, wie dies bei Hiob der Fall war. Hört aber die Seele auf zu lieben, so stürzt sie schon hienieden in etwas hinab, das fast der Hölle gleichkommt.

Das Unglück, das jemanden trifft, läßt ihn sich selbst hassen, was sein Unglück vertieft. Verachtung, Ekel, Abscheu und Schuldgefühle sind die Folge.

Wenn Hiob seine Unschuld mit solchen Schreien der Verzweiflung beteuert, so tut er dies, weil es ihm selbst nicht mehr gelingt, daran zu glauben, weil er in seiner Seele die Partei seiner Freunde ergreift. Er fleht Gott selber um ein Zeugnis an, weil er das Zeugnis seines eigenen Gewissens nicht mehr vernimmt; es ist für ihn nur noch eine abstrakte, eine tote Erinnerung.

Und auch die soziale Komponente des Unglücks verstärkt sich:

Die fleischliche Natur ist dem Menschen gemeinsam mit dem Tier. Die Hühner stürzen sich mit Schnabelhieben auf ein verwundetes Huhn. Dies ist ein ebenso mechanisches Phänomen wie die Schwerkraft. Alle Verachtung, allen Abscheu, allen Haß, die unsere Vernunft mit dem Verbrechen verbindet, verbindet unser Empfindungsvermögen mit dem Unglück. Ausgenommen diejenigen, deren Seele ganz von Christus ausgefüllt ist, verachtet jedermann die Unglücklichen mehr oder weniger, obgleich fast niemand sich dessen bewußt ist.

Ich zitierte schon entsprechende Äußerungen Simone Weils aus dem Schuljahr 1937/38 vor ihrer Klasse in Saint-Quentin (s. o. S. 138), zusammen mit einem Wort Paul Valérys: »Die Güte besteht darin, den Unglücklichen ihr Unglück nicht vorzuwerfen, und das ist sehr schwer.« Hierhin gehört auch ein Wort des Paulus aus seinem Brief an die Galater (3,13), wonach Christus für uns zum Fluch wurde. Sie deutet es so:

Nicht nur der Leib Christi, der am Holze hing, ist zum Fluch gemacht worden, sondern auch seine ganze Seele. Ebenso fühlt jeder Unschuldige im Unglück sich verflucht. Dies gilt sogar noch für diejenigen, die im Unglück waren und durch einen Wechsel des Schicksals ihm wieder entrissen wurden, wenn der Biß des Unglücks tief genug war.

Wenn nun Jesus nach dem christlichen Zeugnis Gott ist, wenn sich nun in Jesus Gott selbst kreuzigen läßt, zum Fluch wird, dann ist er

bis in die äußerste Entfernung, den unendlichen Abstand von sich selber hinausgegangen. Dieser unendliche Abstand zwischen Gott und Gott – äußerste Zerreißung, Schmerz, dem kein anderer gleichkommt, Wunder der Liebe –, dieser Abstand ist die Kreuzigung. Nichts kann von Gott entfernter sein als das, was zu einem Fluch gemacht worden ist.

Hier nimmt Simone Weil in teilweise spekulativer, an Hegel und Schelling erinnernder Sprache auf, was das Neue Testament, z. B. der Prolog des Johannesevangeliums oder der Christushymnus im 2. Kapitel des Philipperbriefs, aber auch schon die Rabbinen[110] über die Selbsterniedrigung Gottes gesagt haben und was nach den großen menschheits- und menschlichkeitsbedrohenden Katastrophen dieses Jahrhunderts erneut zum Thema christlicher Theologie wurde, z. B. bei den Deutschen Jürgen Moltmann und Dorothee Sölle oder bei den Japanern Kitamori und Momose.[111]

---

110 Vgl. Peter Kuhn, Gottes Selbsterniedrigung in der Theologie der Rabbinen (Studien zum Alten und Neuen Testament, Bd. 17). München 1968; Ders., Gottes Trauer und Klage in der rabbinischen Überlieferung (Talmud und Midrasch). (Arbeiten zur Geschichte des antiken Judentums und des Urchristentums, Bd. 13). Leiden 1978.

111 Jürgen Moltmann, Der gekreuzigte Gott. Das Kreuz Christi als Grund und Kritik christlicher Theologie. München 1972 u. ö. – Dorothee Sölle, Leiden. Stuttgart 1973 u. ö. – Kazoh Kitamori, Theologie des Schmerzes Gottes. Göttingen 1972. – Peter Fumiaki Momose, Kreuzestheologie. Eine Auseinandersetzung mit Jürgen Moltmann (Ökumenische Forschungen, II. Soteriologische Abteilung, Bd. 7). Freiburg / Basel / Wien 1978.

In starken dichterischen Worten, die das Paradox nicht scheuen, sieht Simone die »Zerreißung« Gottes durch den Fluch des Kreuzes zugleich als die durch seine »höchste Liebe« gewonnene »höchste Einigung« Gottes, hört sie sein Schweigen als Wort, und dieses Wort ist die Schöpfung selbst, das in seinem Schweigen erklingt, »als eine reine, eine herzzerreißende Harmonie«. Wir müssen lernen, dieses Schweigen zu hören, um dadurch Gottes Liebe zu erfassen.

Die in der Liebe ausdauern, hören diesen Ton auf dem tiefsten Grunde ihrer Verlorenheit, wohin das Unglück sie hinabgestoßen. Von diesem Augenblick an sind sie allen Zweifeln enthoben.

Im folgenden entwickelt Simone Weil nun ein Thema, das in den Reflexionen der letzten Jahre eine zentrale Rolle spielt und dem die von Gustave Thibon nach ihrem Tod veröffentlichte Sammlung von Gedanken aus nachgelassenen Notizbüchern den Namen verdankt: »La pesanteur et la grâce«, die Schwerkraft und die Gnade.[112] ›Schwerkraft‹ ist ein von Simone Weil pars pro toto gebrauchter Ausdruck für naturgesetzliche Notwendigkeit, der die Materie und alle materiellen Wesen – Pflanze, Tier und Mensch – unterliegen und die von der Physik und Chemie, Biologie und Psychologie sowie den Sozialwissenschaften methodisch erforscht wird. Der materielle Kosmos, das individuelle menschliche Leben wie das soziale und kulturelle der Völker sind für Simone Weil von dieser Notwendigkeit durchherrscht, aber weil alles Gottes Schöpfung ist, bleibt ›Notwendigkeit‹ oder ›Schwerkraft‹ nur ein anderer Ausdruck für das gänzliche Unterworfensein unter Gottes Willen, und die wahre Freiheit des Menschen besteht allein darin, jene Notwendigkeit oder diesen Willen zu bejahen oder abzulehnen. Die Schwerkraft bejahen, heißt Gott folgen. Der so Gehorsame ahmt den Gehorsam der Materie nach, die dem »Mechanismus der Notwendigkeit« folgt. Hier benutzt Simone Weil das Wort ›Gehorsam‹ in doppeltem Sinn: Gehorsam kraft Freiheit; er ist nur dem Menschen möglich – Gehorsam kraft naturgesetzlicher Notwendigkeit; er ist blind und kann deshalb kein Ausdruck der Gottesliebe sein. Ich weiß nicht, ob man wie Simone Weil sagen kann, ihres vollkommenen Gehorsams wegen verdiene die Materie unsere Liebe; wohl aber verstehe ich, daß eine unbedingte kosmische Ordnung als Ausdruck des göttlichen Willens unsere Liebe verdient. Einem durch Gottes Gnade erleuchteten Blick auf die Welt erscheint sie in ihrer ganzen Strenge schön.

---

112 Siehe Anm. 78.

Das Meer ist unseren Augen nicht weniger schön, weil wir wissen, daß die Schiffe bisweilen in seiner Flut versinken. Im Gegenteil, es ist deshalb nur um so schöner. Wenn es die Bewegung seiner Wogen änderte, um ein Schiff zu verschonen, so wäre es ein mit Unterscheidungsvermögen und Wahlfreiheit begabtes Wesen und nicht diese jedem äußeren Druck vollkommen gehorsame Flüssigkeit. Dieser vollkommene Gehorsam ist seine Schönheit.

Alles Entsetzliche, das in dieser Welt geschieht, ist wie Wellengekräusel, das die Schwerkraft verursacht. Deshalb liegt eine Schönheit darin. Mitunter läßt ein Gedicht, wie etwa die Ilias, uns diese Schönheit empfinden. Der Mensch kann sich niemals dem Gehorsam gegen Gott entziehen. Ein Geschöpf kann nicht nicht gehorchen. Die einzige Wahl, die dem Menschen als einem vernunftbegabten und freien Geschöpf offensteht, ist die Entscheidung darüber, ob er diesen Gehorsam begehrt oder nicht begehrt. Wenn er ihn nicht begehrt, so gehorcht er nichtsdestoweniger unaufhörlich, insofern er der mechanischen Notwendigkeit unterworfen ist. Und wenn er ihn begehrt, so bleibt er zwar der mechanischen Notwendigkeit unterworfen, aber es tritt nun eine neue Notwendigkeit hinzu, eine Notwendigkeit, wie die Gesetze sie begründen, die den übernatürlichen Dingen eigen sind. Gewisse Handlungen werden für ihn unmöglich, andere geschehen durch ihn hindurch, bisweilen fast, ohne daß er es will.

Hat man dabei gelegentlich die Empfindung, Gott nicht gehorcht zu haben, so besagt dies einfach, daß man eine Zeitlang aufgehört hat, den Gehorsam zu begehren. Es versteht sich, daß, wenn auch sonst alles gleich ist, ein Mensch nicht die nämlichen Handlungen verrichtet, je nachdem, ob er in den Gehorsam einwilligt oder nicht; ebenso wie eine Pflanze, wenn auch alle übrigen Bedingungen die gleichen sind, nicht auf die nämliche Weise wächst und sich entfaltet, je nachdem, ob sie sich im Licht oder im Finstern befindet. Die Pflanze übt keinerlei Kontrolle aus, sie besitzt keinerlei Freiheit, über ihr eigenes Wachstum zu entscheiden. Wir unserseits sind gleichsam wie Pflanzen, denen die einzige Entscheidung freigestellt wäre, ob sie sich dem Licht aussetzen wollen oder nicht.

Christus hat uns die Fügsamkeit der Materie als Vorbild hingestellt, als er uns den Rat gab, die Lilien des Feldes zu betrachten, die weder arbeiten noch spinnen. Das heißt, sie haben sich nicht vorgesetzt, diese oder jene Farbe anzulegen; sie haben weder ihren Willen in Bewegung gesetzt, noch irgendwelche Mittel auf diesen Zweck hingeordnet; sie haben alles empfangen, was die Naturnotwendigkeit ihnen zubrachte. Wenn sie uns unendlich viel schöner erscheinen als prächtige Stoffe, so nicht deshalb, weil sie prächtiger wären, sondern wegen dieser Gefügigkeit. Auch das Gewebe ist gefügig, aber es fügt sich dem Menschen, nicht Gott. Die Materie ist nicht schön, wenn sie dem Menschen gehorcht, nur wenn sie Gott gehorcht. Wenn sie mitunter in einem Kunstwerk fast ebenso schön erscheint wie in dem Meer, den Gebirgen oder den Blumen, so rührt dies daher, daß der Künstler von Gottes Licht erfüllt war. Um auch solche Dinge schön zu finden, die von Menschen hergestellt wurden, denen Gottes Erleuchtung nicht zuteil geworden ist, muß man mit ganzer Seele begriffen haben, daß diese Menschen selber nur unwissentlich gehorchende Materie sind. Wer dahin gelangt ist, für den ist unbedingt alles hienieden vollkommen schön. In allem Dasein, in allen Hervorbringungen erkennt er den Mechanismus der Notwendigkeit, und in der Notwendigkeit kostet er die unendliche Süßigkeit des Gehorsams. Dieser Gehorsam der Dinge ist für uns in bezug auf Gott das, was die Durchsichtigkeit eines Fensterglases in bezug auf das Licht ist. Sobald wir diesen Gehorsam mit unserem ganzen Wesen empfinden, sehen wir Gott.

Mir scheint, Simone Weils Sprache selbst ist in ihrer Kraft, Klarheit, Konkretion und Schönheit die beste Botschafterin dessen, was sie uns zu sagen hat. Sie geht vom Alltag, der Lebenswelt eines jeden aus, um unsere ganze *Aufmerksamkeit, attention* – ihr Lieblingswort, ihre Lieblingspraxis – auf eben diesen Alltag in seiner verborgenen Schönheit bei aller Gewöhnlichkeit zu richten. In den Dingen läßt sich Gott sehen, meint sie. Aber dieses Sehen ist nicht leicht. Es ist ja kein Sehen unserer Sinne, sondern – so könnte man sagen – des Herzens oder der Liebe. Das Öffnen dieser Augen, das Sehendwerden der Liebe geschieht nur unter Schmerzen; es muß mühsam gelernt werden:

Wie man lesen lernt, wie man ein Handwerk lernt, ebenso lernt man, in allen Dingen vornehmlich und fast ausschließlich den Gehorsam des Universums gegen Gott empfinden. Das ist wirklich eine Lehre. Wie jede Lehre erfordert sie Anstrengungen und Zeit. (...)

Wenn ein Lehrling sich verletzt hat oder auch über Erschöpfung klagt, so haben die Arbeiter, die Bauern diesen schönen Ausdruck: »Das ist das Handwerk, das ihm in den Leib dringt.« Jedesmal, wenn uns ein Schmerz widerfährt, dürfen wir uns wahrhaft sagen, daß es das Universum, die Weltordnung, die Schönheit der Welt, der Gehorsam der Schöpfung gegen Gott sind, die in unseren Körper eindringen.

Aber wir wissen, durch Simone Weil belehrt: solcher Schmerz ist nicht das Unglück. Das Unglück ist das Kreuz. Simone Weil greift die alte Gleichsetzung von Kreuz und Lebensbaum auf, wie sie z. B. Venantius Fortunatus von Poitiers in seinem Hymnus »Pange lingua« vornimmt, welcher von den Mönchen in ihrer Vesper der Karwoche und in der Karfreitagsliturgie gesungen wird. Simone bezieht sich mehrfach auf seine achte Strophe: »Crux fidelis, inter omnes / arbor una nobilis! / Nulla talem silva profert / flore, fronde, germine. / Dulce lignum, dulci clavo / dulce pondus sustinens.« (»Du Kreuz der Treue, du unter allen Bäumen einzigartig edler Baum! Kein Wald bringt solches Laub, solche Blüte, solche Frucht hervor. Süßes Holz, welch süße Last trägst du an süßen Nägeln!«) In Anspielung auf die Zeile »O crux, ave, spes unica!« (»Kreuz, sei gegrüßt, du einzige Hoffnung!«) eines anderen Kreuzeshymnus des Venantius Fortunatus sagt Simone: Im äußersten Unglück dennoch zu lieben

ist für uns auf Erden die einzig mögliche Vollkommenheit. Darum ist das Kreuz unsere einzige Hoffnung.

Eine weitere Zeile desselben Hymnus aufnehmend spricht sie von der überragenden Schönheit dieses Baumes:

Wir wissen, welches der schönste von allen Bäumen ist. »Kein Wald bringt seinesgleichen hervor.« Etwas, das noch grauenerregender ist als ein Galgen – siehe, das ist der schönste aller Bäume.

Der Baum des Kreuzes muß uns wie das Senfkorn nach einem Gleichnis Jesu allmählich ganz mit seinem Wurzelwerk durchdringen. Solche Verwurzelung im Unglück und in der Liebe läßt sich auch durch die Annagelung ans Kreuz beschreiben:

Schlägt man mit dem Hammer auf einen Nagel, so dringt die Wucht des Schlages auf den breiten Nagelkopf völlig bis zur Spitze durch, ohne daß etwas verlorenginge, obwohl diese Spitze nur ein Punkt ist. Auch wenn Hammer und Nagelkopf unendlich groß wären, so geschähe doch immer das gleiche. Die Nagelspitze teilte dem Punkt, den sie berührt, diesen unendlichen Schlag mit. Das äußerste Unglück, das zugleich körperlicher Schmerz, seelische Qual und soziale Entwürdigung ist, stellt diesen Nagel dar. Die Spitze ruht auf dem innersten Mittelpunkt der Seele. Der Nagelkopf ist die ganze durch die Gesamtheit von Raum und Zeit verteilte Notwendigkeit.

(...)

Der, dessen Seele die Richtung auf Gott hin bewahrt, während sie von einem Nagel durchbohrt wird, findet sich auf das Weltzentrum selber angenagelt. Dies ist das wahre Zentrum, das nicht in der Mitte liegt, das sich außerhalb von Raum und Zeit befindet, das Gott selbst ist. Entsprechend einer Dimension, die nicht dem Raum angehört, die nicht die Zeit ist, die eine ganz andere Dimension ist, hat dieser Nagel ein Loch durch die Schöpfung geschlagen, durch die ganze Dichte der Scheidewand, die die Seele von Gott trennt. Dank dieser wunderbaren Dimension kann die Seele, ohne das Hier und Jetzt zu verlassen, wo der Körper sich aufhält, an den sie gebunden ist, die Gesamtheit von Raum und Zeit durchmessen und in Gottes Gegenwart selber gelangen.

Es ist klar, wie Simone Weil solche bildhaften Wendungen aufgefaßt wissen will. Durch ihre paradoxe Sprechweise gibt sie die hermeneutische Anweisung zum rechten Verständnis der konkretisierenden, poetisch überhöhten Reden. Wenn es etwa am Schluß des gerade Angeführten heißt, eine Seele durchmesse die Gesamtheit von Raum und Zeit und gelange in Gottes Gegenwart, ohne das Hier und Jetzt zu verlassen oder den Körper, an den sie gebunden ist, dann wird damit eine empirisch nicht verifizierbare oder rational zu begründendende Behauptung aufgestellt: der Mensch im Unglück aus göttlicher Liebe lebe sowohl in Zeit wie in Ewigkeit, sowohl in der Welt wie in Gott. Wenn wir Zeit und Ewigkeit, Gott und Welt sprachlich nebeneinanderstellen, mag dies unser Vorstellen und Denken dazu verführen, nach Vereinbarkeit des radikal Unterschiedenen zu suchen. Doch das wäre falsch.

Die Wirklichkeit ist nicht aufgeteilt in zwei Bereiche, sei es von Leib und Seele, sei es von Welt und Gott, so daß nun die Frage entstehen könnte, wie beide sich zueinander verhalten, ob und wie beide aufeinander einwirken können. Gott ist da – das ist ja sein Name: »Jahwe – ich bin da« –; aber er ist kein Gegenstand unserer Raum-Zeit-Welt, ist überhaupt kein Objekt. Augustinus hat dies in seinen »Bekenntnissen« (III 6,11) unübertroffen zum Ausdruck gebracht: »Deus interior intimo meo et superior summo meo.« (»Gott ist mir innerlicher als mein Innerstes und überragender als mein Höchstes.«) Daß Gott – Innerstes meiner selbst ist und dies – mein Subjektsein – noch einmal übersteigt und zugleich zutiefst begründet, hat Paulus mit Bezug auf Christus in dem bekannten Wort aus seinem Brief an die Galater (2,20) bekannt: »Ζῶ δὲ οὐκέτι ἐγώ, ξῇ δὲ ἐν ἐμοὶ Χριστός.« (»Ich lebe; doch nicht mehr ich – in mir lebt Christus!«) Paulus stellt dieses Wort in den uns bei Simone Weil beschäftigenden Zusammenhang (2,19): »Denn ich bin durch das Gesetz dem Gesetze gestorben, um (für) Gott zu leben. Mit Christus zusammen bin ich gekreuzigt.« Das Gesetz ist die Notwendigkeit, die Schwerkraft. Es ist das Kreuz, woran wir genagelt sind. Es führt in den Tod. Der Tod befreit von der Schwerkraft. Aber ob der Tod auch zum Leben führt, hängt allein an der Liebe, d. h. daran, daß Gott oder Christus in uns lebt. Dies ist die Auffassung des Paulus, dies ist Simone Weils Auffassung.

Es ist hier nicht nicht der Raum, Simone Weils Aussagen über die Gottesliebe und das Unglück in ihrer Gesamtheit vorzustellen und zu kommentieren. Aber bevor wir uns anderem widmen, sei mit Simones eigenen Worten das Mißverständnis ausgeräumt, welches sich die Gottesliebe als einen erfahrbaren Zustand denkt, und auch der Verdacht, sie predige Kreuz und Leid um ihrer selbst willen. Zu beidem heißt es:

Man muß nur wissen, daß die Liebe eine Richtung und nicht ein Zustand der Seele ist. Weiß man das nicht, so stürzt man schon bei der ersten Berührung des Unglücks in die Verzweiflung. (...)

Man soll nicht nach dem Unglück verlangen; das ist wider die Natur; das ist eine Perversion; und das Unglück ist vor allem seinem Wesen nach das, was man wider Willen duldet. Wenn das Unglück fern ist, kann man nur wünschen, falls es über einen käme, möchte es eine Teilhabe an dem Kreuz Christi sein. (...)

Dem Christentum wird oft vorgeworfen, es nähre ein krankhaftes Wohlgefallen am Leiden, am Schmerz. Das ist ein Irrtum. Im Christentum handelt es sich nicht um den Schmerz und um das Leiden, die Empfindungen, seelische Zustände sind, in denen man jederzeit eine perverse Lust finden kann. Es handelt sich um etwas ganz anderes. Es handelt sich um das Unglück. Das Unglück ist kein seelischer Zustand. Es ist eine Vernichtung der Seele durch die mechanische Gewalt der Umstände. Die Verwandlung eines

Menschen, sehenden Auges, aus dem menschlichen Zustand in den Zustand eines halb zermalmten Wurms, der sich am Boden windet, ist kein Vorgang, an dem selbst ein verdorbener Mensch Wohlgefallen fände. Auch ein Weiser, ein Held, ein Heiliger finden kein Wohlgefallen daran. Das Unglück ist das, was einem Menschen durchaus wider seinen Willen widerfährt. Es ist seinem Wesen und seiner Definition nach dieses Grausen, dieses Aufbegehren des ganzen Wesens bei dem, dessen es sich bemächtigt. Und eben darin soll man einwilligen kraft der übernatürlichen Liebe.

Im Anschluß an den Traktat über die Gottesliebe und das Unglück behandelt Simone Weil verschiedene Weisen impliziter Gottesliebe.[113] Sie stellt vier Formen heraus: die Nächstenliebe, die Liebe zur Ordnung der Welt (wobei man ›Ordnung‹ im griechischen Sinne als ›Kosmos‹ zu lesen hat, so daß hier eigentlich Schönheit gemeint ist); dann die Liebe zu den religiösen Gebräuchen und schließlich die Freundschaft. Unter dem Titel der ›Liebe zu den religiösen Gebräuchen‹ faßt Simone Weil auch und vor allem jede Liebe zu einer konkreten Religion oder religiösen Konfession. Solche Liebe hat für sie die Kraft, zu Gott zu führen. Aber insofern sie sich jeder Religion zuwenden, jede zu erfüllen vermag, bahnen alle auch den Weg zu Gott. Bei ihr gibt es fast nirgends eine wirkliche »vergleichende Erkenntnis der Religionen«, obwohl sie natürlich von der vergleichenden Religionswissenschaft weiß. Letztere erfüllt aber für Simone nicht die Bedingungen einer solchen Erkenntnis. Es fehlt dieser Wissenschaft »die wunderwirkende Kraft der Sympathie«, es fehlt ihr der Glaube, ohne welchen man nicht »den innersten Kernpunkt« einer Religion erfassen kann. Weder das gänzliche Fehlen von Religiosität noch das Vorhandensein einer unbestimmten Religiosität, die sich unterschiedslos auf alles Beliebige beziehen kann – also das übliche Ideal wissenschaftlicher Neutralität und Unvoreingenommenheit – sind eine gute Voraussetzung. Man muß

im Gegenteil seine ganze Aufmerksamkeit, seinen vollen Glauben, all seine Liebe einer besonderen Religion zugewandt haben, um an jede andere Religion mit dem jeweils höchstmöglichen Grade der Aufmerksamkeit, des Glaubens und der Liebe denken zu können. Ebenso können auch nur die, die der Freundschaft fähig sind, und nicht die anderen, an dem Schicksal eines Unbekannten von ganzem Herzen Anteil nehmen.

Obwohl Simone Weil glaubend und liebend das Christliche in Form des katholischen Bekenntnisses und der katholischen Liturgie tief aufgenommen hatte, konnte sie sich nicht zur Taufe entschließen. Die Gespräche mit Pater Perrin und die Briefe an ihn kreisen darum. Sie setzt das Gespräch auch im

113 Das Unglück und die Gottesliebe (wie Anm. 4), S. 135 ff.

Anschluß an ihre Abreise nach Amerika fort. Davon gibt ein Manuskript Zeugnis, welches sie Pater Couturier in New York vor der Rückkehr nach Europa übergab und das als »Lettre à un religieux« (»Brief an einen Ordensmann«) veröffentlicht wurde.[114] Der Brief ist nicht an einen einzelnen Geistlichen gerichtet, sondern an den »Ordensmann als Typus«, ja an jeden amtlichen Repräsentanten der Kirche.[115] Hier begründet Simone umfassender, was sie auf den letzten Blättern des großen Briefes an Pater Perrin ausführte, aus dem schon mehrfach zitiert wurde. Einen der schwerwiegendsten Einwände gegen das Christentum sieht sie im Weiterleben der hebräischen, alttestamentlichen Traditionen. Daß ein Volk sich vor anderen Völkern als das von Gott bevorzugte, auserwählte begreift und seine Auserwähltheit mit niemandem zu teilen gewillt ist, daß der Gott des alten Israel ein Gott der Armeen, des Krieges, der Gewalt und Grausamkeit ist: dies erscheint ihr unvereinbar mit der christlichen Auffassung eines Gottes aller Menschen, der die Liebe ist. Jenes falsche Bewußtsein von Auserwählung hat sich aus dem Judentum auf das Christentum und die Kirche übertragen, bei der noch imperiale Ansprüche des römischen Reichs hinzutraten. Als ob *nur* im Christentum die Wahrheit zu finden sei und als ob in ihm *nur* Wahrheit sei und nicht auch Irrtum, gepaart mit einem religiösen Fanatismus, der den Gegner im Namen Gottes zu vernichten sucht! Simone Weil erinnert an die Kreuzzüge, die missionarisch motivierte Unterwerfung germanischer und keltischer Völker, die Ausrottungskämpfe gegen die Albigenser, Waldenser und Katharer, die Inquisition, die Eroberung und Auslöschung der süd- und mittelamerikanischen Kulturen.

Sie hält dem vorexilischen, vorprophetischen Israel entgegen, die hochstehende Religion und Moral seiner Nachbarn, z. B. Ägyptens, um des eigenen Machtanspruchs willen bekämpft zu haben. Erst die nachexilische Kultur habe sich dem aufgeklärten Universalismus der umgebenden Völker geöffnet. Sie durchforscht die antiken Mysterienreligionen und sieht in ihnen mehr christliche Prophetie am Werk als in der prophetischen Verkündigung Israels. Sie bringt die in den antiken Kulturen immer wiederkehrende Symbolik des Lammes und des Kreuzesbaumes sowie die Initiationsriten der Mysterienkulte in Verbindung mit den sakramentalen Vollzügen der Taufe und Eucharistie. Auch ins Alte Testament ragen solche Bezüge; zitiert sei das kurze

---

114 Lettre à un religieux, Paris 1951 u. ö. (dt.: Entscheidung zur Distanz. Fragen an die Kirche. München 1988).

115 Krogmann, Simone Weil in Selbstzeugnissen (wie Anm. 2), S. 111.

geheimnisvolle Erscheinen des Priesterkönigs Melchisedech in der Abrahamsgeschichte (Genesis 14,17–21):

Als er [Abram] nach dem Siege über Chodorlahomor und die mit ihm verbündeten Könige zurückkehrte, zog ihm der König von Sodoma entgegen in das Tal Save, das ist das Königstal. Und Melchisedech, der König von Salem, brachte Brot und Wein herbei – er war nämlich ein Priester des höchsten Gottes – und segnete ihn mit den Worten: »Gesegnet seist du, Abram, vom höchsten Gott, dem Schöpfer Himmels und der Erde! Gepriesen sei der höchste Gott, der dir deine Feinde in die Hand geliefert hat!« Abram gab ihm den Zehnten von allem.

Im Alten Testament wird dieser Priesterkönig nur noch in dem berühmten messianischen Psalm 109 erwähnt, wo Gott seinem Sohn nicht nur Königtum, sondern auch Priestertum eidlich zusichert (Vers 4): »Priester bist du auf ewig nach der Ordnung Melchisedechs.« Innerhalb des Neuen Testamentes läßt dann der Brief an die Hebräer sowohl dem Genesis-Bericht als auch dem Psalm 109 eine ausführliche Auslegung angedeihen, und zwar im Hinblick auf Christus, insofern sowohl das Priestertum des Melchisedech wie auch das Christi als dem alttestamentlichen Priester- und Opferdienst grundsätzlich überlegen dargestellt werden (vgl. vor allem Hebr. 7). Diese Auffassung teilt Simone Weil:

Die Abschnitte der Schrift (Genesis, Psalmen, Paulus), die Melchisedek erwähnen, beweisen, daß es schon in der Morgendämmerung Israels außerhalb des Judentums eine Gottesverehrung und eine Gotteserkenntnis gab, die auf dem Grundriß des Christentums selbst errichtet und all dem, was Israel je besaß, unendlich überlegen war.[116]

Sie relativiert freilich auch das Christentum:

Unsere Zivilisation schuldet Israel nichts und nur sehr wenig dem Christentum; sie schuldet beinah alles der vorchristlichen Antike (Germanen, Druiden, Rom, Griechenland, den Ägäo-Kretern, Phöniziern, Ägyptern, Babyloniern [...]).[117]

Angelica Krogmann bemerkt hierzu:

Diese untergegangenen Kulturen sind für Simone Weil ebenso viele verlorene Paradiese, und ihre besondere Sympathie scheint denen zu gelten, von denen wir am wenigsten wissen, wie den Druiden oder den Kretern, als müßten diese Kulturkreise für Jahrhunderte der Vergessenheit endlich entschädigt werden.[118]

›Christentum‹ meint aber hier seine faktische Geschichte, nicht die Idee, wie sie sich in Jesus und der Urkirche inkarnierte. Simone Weil entdeckt dieses

116 Zitiert nach Krogmann, ebda, S. 112.

117 Ebda, S. 112 f. 118 Ebda, S. 113.

genuin Christliche überall. Deshalb muß ihr die Missionierung anderer Völker und Kulturen im Namen der einzigen, angeblich allein im Christentum enthaltenen Wahrheit als Perversion, ja Verbrechen erscheinen. Die Folge sei, daß derart missionierte Menschen von der ihrer Kultur eigenen Wahrheit abgeschnitten und entwurzelt wurden. Dies gilt schon für Europas Völker, noch mehr für die von Europa unterworfenen Nationen:

> Europa ist geistig entwurzelt worden, abgeschnitten von jener Antike, wo alle Bestandteile unserer Zivilisation ihren Ursprung haben; und vom 16. Jahrhundert an ist es ausgezogen und hat die anderen Erdteile entwurzelt.[119]

Der geistig-religiösen folgte bekanntlich die kulturelle und soziale Entwurzelung, die Entfremdung von der Natur durch Wissenschaft und Technik und eine rein auf die Bedürfnisse bestimmter Gruppen bezogene Wirtschaftsform. Dies ist Simone Weil nicht verborgen geblieben, und sie hat sich dem Thema, wie schon erwähnt, in ihrem letzten, unvollendet gebliebenen Werk gewidmet. Wer wollte bestreiten, daß ihre Überlegungen zur Entwurzelung und die Vorschläge zur Wieder-Einwurzelung uns heute direkt ansprechen! Aus ihren Einwänden gegen Geschichte und aktuelle Mentalität der Kirche zieht sie jedenfalls die Konsequenz, sich nicht taufen zu lassen – oder besser gesagt: ihre Einwände würden nur durch eine ausdrückliche Bekundung des göttlichen Willens überwunden. Solange hier nichts geschieht, möchte Simone »auf der Schwelle der Kirche« verharren.[120]

Die Marseiller Zeit – sie hält sich mit Unterbrechungen von Mitte September 1940 bis Mitte Mai 1942 in der Hafenstadt am Mittelmeer auf – ist nicht nur mit Niederschriften ihrer Gedanken, der Redaktion von Artikeln, mit Gesprächen und Diskussionen unter Freunden gefüllt, sondern noch durch vielfältige andere Aktivitäten. Schon erwähnt wurde ihre Arbeit bei der Weinlese und auf Bauernhöfen. Simone Weil besucht aber auch Versammlungen der Christlichen Arbeiterjugend und knüpft Kontakte zur Résistance. Dabei gerät sie mehrfach in lebensbedrohliche Situationen, wie bei Cabaud nachzulesen ist:

> Sie war zu einer sog. Geheimverbindung in Beziehung getreten, deren ›Mitverschworene‹ sie enttäuschten. Das Ganze war eine von den Deutschen organisierte Falle. Aber Simone Weil war kein interessanter Fang – und so ließ man sie laufen.[121]

---

[119] Zitiert nach Krogmann, ebda, S. 115.

[120] Das Unglück und die Gottesliebe, S. 60; Zeugnis für das Gute, S. 113 (wie Anm. 4).

[121] Cabaud, Simone Weil (wie Anm. 1), S. 288 f.

Da sie auch die linkskatholische Zeitschrift ›Témoignage Chrétien‹ austrug und verteilte, »vertrauten ihr Mitglieder der Widerstandsbewegung (keine Strohmänner diesmal) wichtige Dokumente zur Beförderung an. Sie stieg mit ihrem Koffer aus der Trambahn, stolperte, und der Koffer, den sie zu verschließen vergessen hatte, entleerte seinen ganzen Inhalt auf die Straße. Das ließ sie völlig kalt«. Sie befaßt sich auch mit anderen heiklen Gegenständen, z. B. mit den von der Vichy-Regierung errichteten Konzentrationslagern oder mit der Justiz, deren erniedrigenden Verfahren sie voll Zorn beiwohnt.[122]

Bevor Simone Weil Marseille verläßt, um ihre Eltern nach Amerika zu begleiten, übergibt sie Gustave Thibon die während ihres Aufenthalts in Marseille geführten Notizhefte. Auf deren überreiche Gedankenfülle kann ich hier nicht eingehen, auch auf ihre thematische Vielfalt – von mystischen über philosophische bis zu mathematischen Überlegungen – sei lediglich verwiesen. Nur eine Kostprobe folgt, welche zum einen die Simone Weil manchmal unterstellte Ablehnung des Sexuellen widerlegt, zum anderen zeigt, wie sie einem bestimmten Gegenstandsbereich gewidmete Erörterungen in allgemeinere, grundsätzliche Perspektive rückt.

Den Mystikern vorwerfen, Gott mit der geschlechtlichen Liebeskraft zu lieben, ist das gleiche, als wollte man einem Maler einen Vorwurf daraus machen, daß er seine Bilder mit Farben malt, die aus stofflichen Substanzen zusammengesetzt sind. Wir haben nichts anderes, um damit zu lieben. Übrigens könnte man dem Manne, der eine Frau liebt, den gleichen Vorwurf machen. Die Lehre Freuds ist ganz und gar durchtränkt von eben dem Vorurteil, das zu bekämpfen sie sich zur Aufgabe gemacht hat, diesem nämlich, daß alles Geschlechtliche niedrig sei. Warum ist der Wille, ein Vorurteil zu bekämpfen, ein untrügliches Zeichen, daß man von diesem Vorurteil durchtränkt ist? Er entspringt notwendigerweise einer Besessenheit. Er stellt einen ganz und gar fruchtlosen Versuch dar, sich davon zu befreien. Wirksam in solchen Dingen ist allein das Licht der Aufmerksamkeit, und dieses ist unvereinbar mit einer polemischen Absicht.

Es besteht ein wesentlicher Unterschied zwischen dem Mystiker, der seine ganze Liebes- und Begehrungskraft, deren physiologische Grundlage die sexuelle Energie ist, auf Gott wirft, und der Kontrafaktur des Mystikers, die, indem sie die natürliche Richtung des Begehrens nicht verändert, ihm jedoch einen eingebildeten Gegenstand gibt, diesem Gegenstand als Etikett den Namen Gottes aufheftet. Es ist nicht leicht, diese beiden Operationen auseinanderzuhalten, von denen die zweite noch unterhalb der Ausschweifung liegt, aber es ist möglich.[123]

---

122 Ebda, S. 289 f.

123 Aus: Cahiers III, S. 99; dt. in: Zeugnis für das Gute, S. 217 (wie Anm. 4).

Am 14. Mai 1942 verläßt Simone zusammen mit ihren Eltern auf einem französischen Schiff Marseille zunächst in Richtung Algier. Weitere Zwischenstationen sind Oran und Casablanca, bis es endlich gelingt, sich am 7. Juni auf einem portugiesischen Dampfer nach New York einzuschiffen, das man am 6. Juli erreicht.

Es war ein harter Entschluß gewesen, ihre Eltern nach Amerika zu begleiten, und sie hatte ihn nur mit vielen Vorbehalten gefaßt; dieser Entschluß mußte ihr mindestens die Summe aller Qualen einbringen, der sie durch ihre Abreise von Marseille entging. Weder die schlechten Ernährungsverhältnisse noch die Gefahr, der sie als Jüdin ausgesetzt war, noch irgendeine Kriegsgefahr spielten bei dieser Abreise eine Rolle. Im Gegenteil: sie floh eher das relativ leichte Leben, den Komfort und besonders die Tatsache, nicht mitzukämpfen in dem Kampf, der die Welt zerriß. Sie wollte via Amerika und via England in die besetzte Zone [Frankreichs] zurückkehren und dort zusammen mit denen, deren Leidensgenossin sie war, eine Aufgabe auf sich nehmen, die ihrem Bedürfnis nach Selbstaufopferung entsprach.[124]

Sie hatte wohl geglaubt, es müsse ein Leichtes sein, von New York nach London zu kommen. Doch ihr Bemühen um eine Passage gestaltete sich immer quälender, und sie hätte diesen Zustand scheinbar sinnlosen Wartens »vielleicht nicht überlebt, wenn er angehalten«.[125] Sie las einen Bericht in der ›New York Times‹ vom 15. Juli über eine Demonstration in Marseille am Tage zuvor, bei der es zu Schießereien von Rechtsextremisten gekommen war, wobei zwei Frauen getötet wurden. Der Bericht »erschütterte sie derart, daß sie erkrankte und für zwei Tage das Bett hüten mußte und keine Nahrung zu sich nahm. Nun bedauert sie erst recht, Frankreich verlassen zu haben«[126] – macht sich Vorwürfe, tatenlos in New York zu sitzen, während man in Marseille demonstriert. Natürlich ist sie nicht wirklich untätig, besucht Harlem, nimmt an Gottesdiensten der Schwarzen teil, die sie sehr beeindrucken, knüpft Kontakte zu Theologen und Philosophen, spricht mit Jacques Maritain, Dietrich von Hildebrand, Pater Couturier und schreibt eine Reihe von Briefen an Maurice Schumann nach London, dem Sprecher der »Forces de la France Libre« im Exil: ob er nicht eine Möglichkeit für sie sehe, nach London zu kommen. Ihr Ziel ist es, in den Dienst der französischen Widerstandsbewegung zu treten, z. B. um Instruktionen ins besetzte Frankreich zu schleusen oder Sabotageakte auszuführen. Sie kannte Schumann von der gemeinsamen Studienzeit bei Alain her.

---

124 Cabaud, Simone Weil (wie Anm. 1), S. 298 f.

125 Ebda, S. 300. 126 Ebda, S. 301.

Im November ist es endlich soweit. Simone kann New York auf einem schwedischen Schiff verlassen und kommt am 26. November in Liverpool an. Zunächst wurde sie als ehemalige Spanienkämpferin unter dem Verdacht interniert, Kommunistin zu sein. Maurice Schumann erfuhr von ihrer Situation, und es gelang ihm, sie am 14. Dezember frei zu bekommen.[127] Von London aus bemühte sie sich intensiv, als Widerstandskämpferin ins besetzte Frankreich geschickt zu werden, aber daraus wurde nichts. Zunächst von Freunden aufgenommen, wohnte Simone seit Mitte Januar 1943 bei einer Witwe, Mrs. Francis, und deren zwei minderjährigen Söhnen zur Untermiete. Sie aß kaum etwas, arbeitete aber oft über ihre Manuskripte gebeugt bis in die Morgenstunden. Dann begab sie sich zum Sitz der »Forces de la France Libre (FFL)« und ins »Commissariat à l'action sur la France«, »Kommissariat der Aktion für Frankreich«. Simone hatte die Aufgabe, alle Dokumente zu analysieren, die politische Informationen oder Pläne für Frankreich enthielten. Diese Schriftstücke

> stammten von Kommissionen, die hauptsächlich in der unbesetzten Zone arbeiteten. Während die Untergrundbewegung gegen die Deutschen kämpfte, war es die Aufgabe dieser Kommissionen, Pläne für die Zeit nach der Befreiung, für die Friedenszeit, vorzubereiten; sie »organisierten den Frieden«. Wie sollte die Verfassung Frankreichs beschaffen sein, wenn die Deutschen das Land verlassen hätten? Welche Änderungen waren in der Gesetzgebung, im Erziehungswesen, in der Arbeitergesetzgebung usw. vorzunehmen? Die dritte Republik hatte ausgelebt – und wenige trauerten ihr nach. Die Regierung von Vichy war ja nur eine Übergangserscheinung.[128]

Simone Weil litt unausgesetzt unter der Ablehnung, sie nach Frankreich zu schicken und mit Partisanentätigkeiten zu beauftragen. Aber schon ihr jüdisches Aussehen hätte sofort die Aufmerksamkeit der deutschen Besatzung und deren Zuträger erregt. Zudem war sie gesundheitlich sehr geschwächt. Sie arbeitete manchmal mehrere Tage und Nächte hintereinander im Kommissariat, um eine ihr übertragene Arbeit zu erledigen. Die den Vorgesetzten dabei unterbreiteten Vorschläge für eine politische Neuordnung Frankreichs nach dem Kriege oder auch Pläne, die sie für sich selbst entwarf, standen in einer eigentümlichen Spannung zur Realität und fanden deshalb keine vorbehaltlose Annahme bei den Adressaten. Diese Kluft – so beobachtet Cabaud –

> entstand nicht aus einer Spannung zwischen ihren spekulativen und praktischen Fähigkeiten. Sie erklärt sich vielmehr durch ihre eigenartige Fähigkeit, über das Besondere in

---

[127] Ebda, S. 322 f. [128] Ebda, S. 325.

Begriffen zu denken, die dem Absoluten zugehören – was in ihren von der Essenz der Dinge handelnden Schriften so glanzvoll zutage tritt. Aber im Leben mit seinen ständigen und zahllosen Wahlmöglichkeiten zwischen dem Besseren und dem weniger Guten führte diese Fähigkeit sie dazu, stets das Bessere erfüllen zu wollen – ungeachtet ihrer eigenen Fähigkeiten: in einer Mühle arbeiten, in Spanien kämpfen, der Widerstandsbewegung beitreten wollen. (...) Simone Weil behandelte, was immer sie schrieb, sub specie aeternitatis. Deshalb haben auch ihre Schriften aus dem Jahre 1943 bis auf den heutigen Tag ihre Frische und Vitalität bewahrt.[129]

Sie verfaßt eine Reihe von Memoranden, die in dem Band »Écrits de Londres«[130] gesammelt sind, so z. B. über die Berechtigung einer provisorischen Regierung, über die Aufhebung der politischen Parteien oder über die Begriffe des gerechten Kampfes, der Revolution und der Person in bezug auf das Heilige. Sie arbeitet an Entwürfen für eine neue Verfassung und an einer neuen Erklärung der Menschenrechte – oder vielmehr: sie verfaßt als Gegenstück zu der bekannten Erklärung durch die Französische Nationalversammlung von 1789/90 ihre »Studie für eine Erklärung der Pflichten gegen das menschliche Wesen«.[131] Diese enthält im zweiten Teil eine Kurzfassung von Gedanken über die »Bedürfnisse der menschlichen Seele«, was sie im ersten Teil des schon erwähnten großen Werkes über die Einwurzelung ausführlich behandelt. Es kann als »Simone Weils politisches und geistiges Testament«[132] bezeichnet werden. In ihm gelangen die gedankliche Arbeit und der moralische Kampf eines letztlich erfüllten Lebens zur Synthese und damit zu einem gewissen Abschluß.

Am 14. April kam Simone Weil nicht wie sonst ins Büro des Kommissariats. Simone Deitz – eine Freundin aus der New Yorker Zeit – wollte sie am nächsten Tag im Büro aufsuchen. Von ihrer Abwesenheit beunruhigt begab sie sich zu Simones Wohnung und fand diese in einem völlig entkräfteten Zustand vor. Die Freundin ließ gegen den Widerstand der Kranken einen Arzt kommen, der sie ins Middlesex-Krankenhaus einwies. Dort stellte man Lungentuberkulose fest. Simone war so geschwächt, daß sie sich kaum bewegen konnte, lehnte aber trotzdem fast jede Nahrungsaufnahme ab und begründete dies mit dem Elend und Hunger der französischen Kriegsgefangenen und Kinder. Sie wünschte das Gespräch mit einem katholischen Priester; Abbé de

---

129 Ebda, S. 326 f., 329.

130 Weil, Écrits de Londres (wie Anm. 99).

131 Dt. in: Zeugnis für das Gute (wie Anm. 4), S. 71–81.

132 Cabaud, Simone Weil (wie Anm. 1), S. 358.

Naurois besuchte sie mehrmals und war von ihrer tiefen Gläubigkeit und Lauterkeit stark beeindruckt; zugleich irritierte ihn die Hartnäckigkeit bei gewissen Ansichten über christliche Glaubenssätze. Auch hier spielte das Problem der Taufe eine große Rolle.

Da Simone jede Behandlung bzw. Mitwirkung ablehnte, betrieb der verantwortliche Arzt ihre Verlegung. Sie hatte den Wunsch geäußert, »ein bißchen frische Luft schöpfen und ein wenig Grünes sehen« zu können.[133] So wählte man das Grosvenor-Sanatorium in Ashford, Grafschaft Kent; nach Beseitigung einiger bürokratischer Hemmnisse konnte sie dorthin übersiedeln. Auf Verlangen hin gab man die folgenden Werke aus ihrem Buchbestand mit auf den Weg: Platons Dialoge, die Bhagavadgita und andere Werke indischer Autoren, die Schriften des heiligen Johannes vom Kreuz und einiger anderer Mystiker.[134] Aber auch in Ashford weigerte sie sich hartnäckig zu essen. So war denn das Ende abzusehen: Am 24. August spät abends starb sie. Als Todesursache angegeben ist »Versagen des Herzens infolge Herzmuskelschwäche, verursacht durch Hunger und Lungentuberkulose«. Sie wird am 30. August auf dem Friedhof von Ashford beigesetzt.

Vielleicht ist es nicht unangebracht, diesen Blick auf ein kurzes, aber reiches und auf Gottes Unermeßlichkeit hin offenes Leben durch ein Prosastück zu schließen, das Simones intime Begegnung mit dem Transzendenten in geheimnisvolle Bilder faßt. Es handelt sich um einen Text, der sich zweimal in ihren Manuskripten fand, einmal ohne Überschrift als letzte Eintragung in dem elften der »Cahiers de Marseille«,[135] das zweite Mal mit der Überschrift »Prolog« auf zwei losen Blättern in einem der »Cahiers d'Amérique«[136] Einer Deutung möchte ich mich enthalten.

Er trat in mein Zimmer und sprach: »Elende, die nichts begreift, die nichts weiß. Komm mit mir, und ich will dich Dinge lehren, von denen du nichts ahnst.« Ich folgte ihm. Er führte mich in eine Kirche. Sie war neu und häßlich. Er stellte mich dem Altar gegenüber und sprach zu mir: »Knie nieder!« Ich sprach zu ihm: »Ich bin nicht getauft worden.« Er sprach: »Falle auf die Knie vor diesem Ort mit Liebe wie vor dem Ort, an dem die Wahrheit existiert.« Ich gehorchte.

Wir verließen die Kirche, und ich mußte ihm in eine Dachkammer hinauf folgen;

---

133 Ebda, S. 380.

134 Ebda, S. 381.

135 Publiziert in: Cahiers III. Paris 1956, ²1974, S. 291 f.

136 Publiziert in: Weil, La connaissance surnaturelle, Paris 1950 u. ö., S. 9 f.; dt. in: Krogmann, Simone Weil in Selbstzeugnissen (wie Anm. 2), S. 157, und in: Weil, Zeugnis für das Gute (wie Anm. 4), S. 147 f.

durch das offene Fenster sah man die ganze Stadt, einige Holzgerüste, den Fluß, auf dem man die Schiffe auslud. Er hieß mich niedersitzen.

Wir waren allein. Er sprach. Manchmal trat jemand herein, mischte sich in das Gespräch, dann ging er wieder.

Es war nicht mehr Winter. Es war noch nicht Frühling. Die Zweige der Bäume waren nackt, ohne Knospen, in einer kalten, sonnigen Luft.

Licht stieg auf, strahlte, wurde schwächer, dann kamen Mond und Sterne zum Fenster herein. Und wieder stieg das Morgenrot auf.

Manchmal schwieg er, nahm aus einem Wandschrank ein Brot, und wir teilten es miteinander. Dieses Brot hatte wahrhaft den Geschmack des Brotes. Ich habe diesen Geschmack nie wiedergefunden.

Er schenkte mir und schenkte sich Wein ein, der den Geschmack der Sonne und der Erde hatte, auf der diese Stadt erbaut war.

Manchmal streckten wir uns auf dem Fußboden der Dachkammer aus, und die Süße des Schlummers sank auf mich herab. Dann erwachte ich, und ich trank das Licht der Sonne.

Er hatte mir versprochen, mich zu belehren, aber er lehrte mich nichts. Wir sprachen von allem und jedem, was uns gerade einfiel, wie alte Freunde tun.

Eines Tages sagte er zu mir: »Jetzt geh.« Ich fiel auf die Knie, ich schlang meine Arme um seine Beine, ich flehte ihn an, mich nicht zu verjagen. Aber er stieß mich auf die Treppe hinaus. Ich stieg die Stufen hinunter, ohne zu wissen, wie mir geschah, das Herz wie in Stücken. Ich ging in den Straßen. Dann bemerkte ich, daß ich gar nicht wußte, wo dieses Haus lag.

Ich habe niemals versucht, es wiederzufinden. Ich begriff, daß er mich aus Versehen aufgesucht hatte. Meine Seele ist nicht in jener Dachkammer. Sie ist irgendwo, in dem Kerker eines Gefängnisses, in einem jener bürgerlichen Salons voll Nippes und rotem Plüsch, in dem Wartesaal eines Bahnhofs. Irgendwo, nicht aber in jener Dachkammer. Manchmal kann ich nicht anders: ängstlich und mit schlechtem Gewissen wiederhole ich mir ein wenig von dem, was er zu mir gesagt hat. Wie soll ich wissen, ob ich mich dessen genau erinnere? Er ist nicht da, es mir zu sagen. Ich weiß wohl, daß er mich nicht liebt. Wie könnte er mich lieben? Und doch, ganz innen ist etwas, ein Punkt meiner selbst, der es nicht lassen kann, mit Furcht und Zittern zu denken, daß er mich vielleicht, trotz allem, liebt.

Edith Stein

I

Edith Stein wurde am 12. Oktober 1891 in Breslau geboren. Sie war das jüngste von elf Kindern. Vier starben schon sehr früh – Edith hat sie nicht mehr kennengelernt. So wuchs sie mit sechs anderen Geschwistern, zwei Brüdern und vier Schwestern, auf. Die ältesten, Paul und Else, waren ihr neunzehn bzw. siebzehn Jahre voraus. Der Vater Siegfried war Holzhändler und starb fünfzigjährig im Juli 1893 plötzlich an einem Hitzschlag, als er geschäftlich unterwegs war. Edith war noch keine zwei Jahre alt. Die Mutter Auguste stand nun mit der großen Familie allein, fand aber Unterstützung bei ihrer zahlreichen Verwandtschaft. Sie beschloß, den Holzhandel des Verstorbenen weiterzubetreiben, und nach großen Anfangsschwierigkeiten gelang ihr nicht nur eine Konsolidierung des Geschäfts, sondern sogar das Kunststück, die Mehrzahl der Kinder weiterführende Schulen besuchen zu lassen und teilweise sogar die Universität. Ohne eine gewisse Kargheit der Lebensführung und Strenge der Erziehung wäre dies ehrgeizige Unternehmen der Mutter gescheitert. Vielfältige Hilfe hatte sie dabei an den älteren, später auch den jüngeren Kindern: Wie sie selbst, so waren auch diese außerordentlich fleißig und strebsam, ohne daß aber das Familienleben und die vielfältigen Kontakte zur Verwandtschaft gelitten hätten. Im Gegenteil: personelle Unterstützung in Notlagen, wechselseitige Besuche und Ferienaufenthalte, das gemeinsame Feiern bei den zahlreichen Hochzeiten, den Geburtstagen der Großeltern und Urgroßeltern sorgten für ein abwechslungsreiches, frohes Leben. Die Strenge der Mutter hatte auch nichts mit geistiger und seelischer Enge zu tun: Sie war aufgeschlossen für die Interessen ihrer Kinder und gab ihnen, soweit als möglich, Raum. So entstand eine Atmosphäre, in der jedes seine Eigenart entfalten konnte.

Wir verdanken diese genaueren Kenntnisse Edith Stein selbst. 1933, nach Hitlers Machtergreifung und der darauffolgenden Aberkennung ihrer Dozentur an der Pädagogischen Akademie zu Münster – sie war erst ein Jahr zuvor berufen worden war – begann Edith, die Geschichte ihrer Familie aufzuzeichnen, wobei sie aus den Erinnerungen der Mutter und eigenen Jugenderinnerungen schöpfte. Sie arbeitete an dem Manuskript bis Mai 1935 und dann wieder für kurze Zeit 1939, konnte die Aufzeichnungen aber nicht abschließen, weil dringendere wissenschaftliche Aufgaben ihr die Zeit dazu nahmen. Das unvollendet gebliebene Manuskript wurde erst 1965 veröffentlicht – und zwar als Band VII der Werk-Ausgabe[1] unter dem Titel »Aus dem Leben einer jüdischen Familie«. Für die Jahre bis zu Edith Steins Promotion im Sommer 1916 sind diese Aufzeichnungen von hohem biographischen Wert. Alle neueren Biographien machen davon Gebrauch, so auch die beiden bedeutendsten: »Edith Stein. Christliche Philosophin und jüdische Märtyrin« aus dem Jahre 1987 von Elisabeth Endres[2] und »Das wahre Gesicht Edith Steins« von der Tübinger Karmelitin Waltraud Herbstrith,[3] erstmals veröffentlicht 1971, in sechster Auflage 1987. Ihnen vor allem bin ich für die Kenntnis der zweiten Hälfte von Edith Steins Leben verpflichtet.

Ihre Mutter, Auguste, war eine geborene Courant. Der Name kommt wohl von einer im alten Preußen gängigen Silbermünze. Auguste kam 1849 auf die Welt als fünftes von sechzehn Kindern des Salomon Courant und seiner Frau Adelheid, geborene Burchard. Mit Ausnahme des ältesten, das im Säuglingsalter starb, konnten alle großgezogen werden. Diese Großeltern handelten in Lublinitz in Oberschlesien, einem kleinen Ort nahe der polnischen Grenze, mit Kolonialwaren. Durch den Einsatz aller Familienmitglieder – die Töchter wurden schon im Alter von vier Jahren zur Hausarbeit angehalten – konnte das Geschäft Jahr für Jahr vergrößert werden. Alle Söhne wurden aufs Gymnasium nach Breslau geschickt; fünf von ihnen wurden Kaufleute, zwei ergriffen einen akademischen Beruf: der eine wurde Apotheker, der andere Chemiker. Auguste, die Mutter Ediths, wurde schon mit zwölf Jahren aus der Schule genommen, um in Haushalt und Geschäft auszuhelfen. Das muß ihr, die gern lernte, geistig sehr rege und aufgeschlossen war, hart angekommen sein. So erzählte sie der Tochter, dem jüdischen Religionsunterricht, der in ihrer katholischen Schule von einem jüdischen Lehrer erteilt wurde, »mit der größten Begeisterung« beigewohnt zu haben. Unter anderem sei ihnen »immer eingeprägt worden, daß sie jede Religion achten, niemals gegen eine fremde etwas sagen sollten«.[4]

1 Edith Stein, Werke, Bd. I–XI, hrsg. von L. Gelber / R. Leuven, Louvain / Freiburg i. B. 1950–1987; Bd. VII im folgenden abgekürzt als ›Autobiographie‹.

2 Elisabeth Endres, Edith Stein. Christliche Philosophin und jüdische Märtyrerin. München / Zürich 1987.

3 Waltraud Herbstrith, Das wahre Gesicht Edith Steins. Aschaffenburg 1971, [6]1987.

4 Stein, ›Autobiographie‹ (wie Anm. 1), S. 7.

Am Sonnabend nachmittag nahmen beide Eltern alle Kinder, die zu Hause waren, zusammen, um mit ihnen Vesper- und Abendgebet zu beten und es ihnen zu erklären. Das tägliche Schrift- und Talmudstudium, wie es in früheren Jahrhunderten als Pflicht jedes jüdischen Mannes galt und bei Ostjuden auch heute noch häufig gepflegt wird, war im Hause meiner Großeltern nicht mehr üblich. Aber alle gesetzlichen Vorschriften wurden aufs strengste beobachtet.[5]

Der Großvater Edith Steins mütterlicherseits, Salomon Courant, wurde 83 Jahre alt und starb 1896. Sie war bei seinem Tod fünf Jahre alt. Hier ihre Schilderung des einzigen männlichen Vorfahren, an den sie eine persönliche Erinnerung bewahrte:

Er war ein kleiner, lebhafter Mann. Wenn er uns in Breslau besuchte, zog er aus seinen Taschen für jedes Kind eine Tafel Schokolade. Aber auch die fremden Kinder auf der Straße wußten, daß er immer etwas für sie bei sich hatte. Wenn bei großen Familienfesten Torten mit schönen Verzierungen bereitstanden, holte er die kandierten Früchte herunter und steckte sie uns in den Mund. Er war immer voller lustiger Einfälle und unerschöpflich im Erzählen von Witzen. Als hervorragend tüchtiger Kaufmann hatte er sich aus den kleinsten Anfängen heraufgearbeitet, hatte 15 Kinder großgezogen und immer noch für andere, besonders für arme Verwandte, etwas übrig gehabt. Er lebte im eigenen, geräumigen Hause, umgeben von Kindern und Enkeln, und übte eine unbegrenzte Gastfreundschaft. Nicht nur in dem kleinen Städtchen, wo er wohnte, sondern in ganz Oberschlesien war er hochgeachtet. Das größte Vertrauen genoß er bei den Bauern der Umgebung, die am Sonntag zur Kirche und am Mittwoch zum Wochenmarkt in die Stadt kamen und dabei ihre Einkäufe machten. Einmal brachte ihm ein Bauer Geld zum Aufheben. Der Großvater nahm es und sagte: »Wart, ich will dir einen Schuldschein dafür geben.« Er brachte den Schein, der Bauer betrachtete ihn aufmerksam und gab ihn dann zurück: »Heben Sie mir den mit auf.«[6]

Das Haus des Großvaters mütterlicherseits »blieb der Mittelpunkt der weitverzweigten und weit verstreuten Familie«.[7] Bis zum Ende des Ersten Weltkriegs, als Lublinitz nach der Abstimmung in Oberschlesien polnisch wurde, kam man immer wieder zurück, um Besuche oder einfach Urlaub zu machen. Elisabeth Endres weiß zu berichten,[8] daß der Großvater väterlicherseits, Simon Stein, dreimal geheiratet und 23 Kinder hatte. Johanna, seine dritte Frau, die ihn überlebte, war Ediths Großmutter väterlicherseits.

Trotz der großen Kinderschar in den großelterlichen Familien wurde nicht Not gelitten – im Gegenteil: Mit Hartnäckigkeit, Fleiß, Geschick und Begabung überwanden beide Familien die kümmerlichen Anfangsjahre, kamen

[5] Ebda, S. 8. [6] Ebda, S. 8 f. [7] Ebda.

[8] Endres, Edith Stein (wie Anm. 2), S. 34.

allmählich zu Ansehen und einem gewissen Wohlstand, der ihnen erlaubte, zumindest den männlichen Sprößlingen eine gediegene Ausbildung zu geben. Das wiederholte sich in Ediths Familie, allerdings bezog nun auch ein Teil der Töchter die Universität – damals noch eine Seltenheit. Um das Bild abzurunden, ist auf zwei Züge aufmerksam zu machen, die für Denk- und Lebensart in Ediths Elternhaus kennzeichnend waren – aber nicht nur dort –, nämlich die deutsch-nationale und religiöse Einstellung: Man war Deutscher *und* gläubiger Jude, und man meinte – darin bestärkt von Aufklärung, Humanismus, Wirtschaftsliberalismus sowie den sozialen und technischen Fortschritten –, daß beides sich in Zukunft bruchlos miteinander verbinden ließe. Ihre Mutter war, wie Edith Stein schreibt, »immer eine deutsche Patriotin gewesen«. Bei ihrer Hochzeit am 2. August 1871 – ein halbes Jahr nach Gründung des Zweiten Deutschen Reichs durch Bismarck und der Krönung Wilhelms I. in Versailles zum deutschen Kaiser – wurde das Hochzeitslied auf die Melodie der »Wacht am Rhein« gesungen, dessen erste Strophe lautet: »Es braust ein Ruf wie Donnerhall, / wie Schwertgeklirr und Wogenprall: / Zum Rhein, zum Rhein, zum deutschen Rhein! / Wer will des Stromes Hüter sein? / Lieb Vaterland, magst ruhig sein, / fest steht und treu die Wacht am Rhein!« Als »deutsche Patriotin« konnte, wie Edith Stein 1933 in ihren Erinnerungen weiter schreibt, ihre Mutter »gar nicht darüber hinwegkommen, daß man ihr ihr Deutschtum abstreiten will«.[9]

Aber Edith Stein berichtet auch ausführlich über die Feier der hohen jüdischen Festtage: des Pessach-, Neujahrs- und Versöhnungsfestes.[10] Ihre Mutter nahm den Vollzug der religiösen Gebete und Bräuche sehr ernst. Die Söhne aber, die nach dem Tod des Vaters der liturgischen Feier eigentlich vorzustehen hatten, »taten es in wenig würdiger Weise«, und der jüngere ließ »sogar deutlich merken, daß er sich innerlich über all dies lustig machte«. Leiteten solche Beobachtungen auch ihre eigene Abwendung von der überlieferten Religion ein, welche sich in Ediths dreizehntem Lebensjahr vollziehen sollte? Für sie war der höchste jüdische Feiertag, das Fest der Versöhnung, Jom Kippur, von besonderer Bedeutung: Es war der Tag ihrer Geburt. Auf diese Tatsache habe die Mutter »großen Wert gelegt, und ich glaube, daß dies mehr als alles andere dazu beigetragen hat, ihr ihr jüngstes Kind besonders teuer zu machen«.[11] Waltraud Herbstrith bemerkt hierzu:

---

9 STEIN, ›Autobiographie‹ (wie Anm. 1), S. 22.
10 Ebda, S. 38–42.
11 Ebda, S. 42.

Mutter und Tochter freuten sich über diese Auserwählung, ohne zu ahnen, wie schmerzlich das Versöhnungsopfer für ihr Leben sein würde.[12]

Als der jüdische Tempel in Jerusalem noch bestand, wurde ein Bock, nachdem er in symbolischer Handlung mit den Sünden des ganzen Volkes beladen worden war, in die Wüste getrieben. Dann betrat der Hohepriester das Allerheiligste und brachte das Versöhnungsopfer dar. Edith Stein hat später die erzwungene Hingabe ihres Lebens als ein solches Opfer verstanden: es sollte mitwirken an der Versöhnung von Mensch und Gott.

Obwohl Edith die Jüngste war und deshalb von der ganzen Familie verwöhnt, um ihrer Aufgewecktheit willen geachtet, ihrer Unbezähmbarkeit wegen aber auch gefürchtet wurde, scheint die Kindheit nicht in jeder Hinsicht glücklich gewesen zu sein. Obwohl ihrer Mutter und der nächstälteren Schwester Erna liebevoll zugetan, waren beide doch nicht Ediths Vertraute –

so wenig wie sonst jemand. Ich machte für den äußeren Betrachter unbegreifliche, sprunghafte Umwandlungen durch. In den ersten Lebensjahren war ich von einer quecksilbrigen Lebhaftigkeit, immer in Bewegung, übersprudelnd von drolligen Einfällen, keck und naseweis, dabei unbezähmbar eigenwillig und zornig, wenn etwas gegen meinen Willen ging. (...)

Aber in meinem Innern gab es noch eine verborgene Welt. Was ich am Tage sah und hörte, das wurde dort verarbeitet. Der Anblick eines Betrunkenen konnte mich tage- und nächtelang verfolgen und quälen. (...) Wenn in meiner Gegenwart von einer Mordtat gesprochen wurde, lag ich nachts stundenlang wach, und das Grauen kroch aus allen dunklen Ecken auf mich zu. Ja, ein etwas derber Ausdruck, den meine Mutter in meiner Gegenwart erregt aussprach, schmerzte mich so, daß ich die kleine Szene (eine Auseinandersetzung mit meinem ältesten Bruder) nie vergessen konnte. Von all diesen Dingen, an denen ich heimlich litt, sagte ich niemandem je ein Wort. Es kam mir gar nicht in den Sinn, daß man über so etwas sprechen könnte. Nur selten verriet ich meinen Angehörigen etwas davon; ich bekam nämlich manchmal ohne erkennbare Ursache plötzlich Fieber, und im Delirium sprach ich dann aus, was mich innerlich beschäftigte. (...)

Die erste große Umwandlung vollzog sich in mir, als ich etwa 7 Jahre alt war. Ich wüßte keine äußere Ursache zu nennen. Ich kann es nicht anders erklären, als daß damals die Vernunft in mir zur Herrschaft kam. Ich erinnere mich gut, daß ich von da ab die Überzeugung hatte, meine Mutter und meine Schwester Frieda wüßten besser als ich, was für mich gut wäre, und daß ich ihnen in diesem Vertrauen bereitwillig gehorchte. Der alte Eigenwille schien verschwunden, ich war in den folgenden Jahren ein leicht lenksames Kind. (...)

Zornausbrüche kamen kaum noch vor; ich erreichte schon früh eine so große Selbstbeherrschung, daß ich fast ohne Kampf eine gleichmäßige Ruhe bewahren konnte. Wie

12 Herbstrith, Das wahre Gesicht (wie Anm. 3), S. 22.

das geschah, weiß ich nicht; ich glaube aber, daß der Abscheu und die Scham, die ich bei Zornesausbrüchen anderer empfand, das lebhafte Gefühl für die Würdelosigkeit eines solchen Sich-gehen-lassens mich geheilt haben. (...)

In meinen Träumen sah ich immer eine glänzende Zukunft vor mir. Ich träumte von Glück und von Ruhm, denn ich war überzeugt, daß ich zu etwas Großem bestimmt sei und in die engen bürgerlichen Verhältnisse, in denen ich geboren war, gar nicht hineingehörte. Von solchen Träumen sprach ich ebenso wenig wie von den Beängstigungen, die mich früher gequält hatten. Man merkte nur, daß ich verträumt war, und schreckte mich oft auf, wenn ich nicht merkte, was um mich herum vorging. Für diese wuchernde Phantasie war es gut, daß ich früh zur Schule kam und daß der lebhafte Geist solide Nahrung bekam.[13]

Edith wünschte sich an ihrem sechsten Geburtstag kein anderes Geschenk, als in die Schule gehen zu dürfen. Aber der Geburtstag fiel mitten ins Schuljahr, so daß es nicht einfach war, ihrem Willen zu entsprechen. Die älteste Schwester – sie hatte gerade das Lehrerinnenexamen bestanden – verwandte sich für sie beim Direktor der Viktoriaschule und erreichte ihre probeweise Aufnahme. Zu Ostern, am Ende des Schuljahres, konnte Edith lesen und schreiben, wurde versetzt, und behauptete von da an »immer einen der ersten Plätze«.[14]

Sie war eine sehr fleißige, ja – nach eigener Aussage – »übereifrige« Schülerin. Weniger zu Hause, dafür um so mehr in der Schule fühlte sie sich wohl. Dort wurde sie »ernst genommen«,[15] konnte ihre starken intellektuellen Bedürfnisse befriedigen und hatte Erfolg. Um so überraschender für die Lehrer und die Angehörigen war Ediths Entschluß, zu Ostern 1906 nach neun Jahren die Schule zu verlassen und das zehnte Jahr, um das die Schulzeit erweitert worden war, nicht mehr zu absolvieren. Edith Stein führt im Rückblick eine Reihe von Gründen an, die ihre Entscheidung beeinflußt haben mochten:

Zum Teil lag es wohl daran, daß mich mancherlei Fragen, vor allem weltanschauliche, zu beschäftigen begannen, von denen in der Schule wenig die Rede war. Hauptsächlich ist es aber wohl durch die körperliche Entwicklung zu erklären, die sich vorbereitete. (...) Aber ich glaube, das eigentlich Ausschlaggebende war (...) ein gesunder Instinkt, der mir sagte, daß ich nun lange genug auf der Schulbank gesessen hätte und mal etwas anderes brauchte.[16]

Sie ging für zehn Monate nach Hamburg in den Haushalt ihrer ältesten Schwester Else, die mit einem Arzt verheiratet war und zwei kleine Kinder

---

13 Stein, ›Autobiographie‹ (wie Anm. 1), S. 42–46.

14 Ebda, S. 47. 15 Ebda. 16 Ebda, S. 83.

hatte. Hier war Edith frei, den eigenen Interessen nachzugehen und ihren Tag so zu gestalten, wie sie wollte; so überwand sie die Krise. Auf religiösem Gebiet bedeutete das ihre Entscheidung für den Unglauben. Sie berichtet, sich in dieser Zeit »das Beten ganz bewußt und aus freiem Entschluß abgewöhnt« zu haben[17] und blieb bis zum 21. Lebensjahr erklärte Atheistin.

Nach ihrer Rückkehr ins Breslauer Elternhaus hatte sie wieder Lust zum Studium. Sie nahm Privatstunden, um sich auf die Oberstufe des Gymnasiums vorzubereiten, bestand 1908 die Aufnahmeprüfung zur Obersekunda, und beendete 1911 die Schulzeit mit einem vorzüglichen Abiturzeugnis. Über diese drei Jahre schreibt Edith Stein:

> Meine Gymnasialjahre waren eine glückliche Zeit. In Obersekunda kostete das Eingewöhnen noch einige Anstrengung; die beiden Primen aber waren wie ein Spiel. Wenn wir nicht gerade einen Aufsatz zu machen hatten, war ich um 4 Uhr fast immer mit meinen Arbeiten fertig und hatte den Rest des Nachmittags frei für meine Lieblingsbeschäftigungen. Was ich damals an schöner Literatur las, war ein Vorrat fürs ganze Leben. Es wurde mir später sehr nützlich, als ich selbst Literatur-Unterricht zu geben hatte. Noch größere Freude als das Lesen machte mir der Besuch des Theaters. Wenn in jenen Jahren die Aufführung eines klassischen Dramas angekündigt wurde, so war mir das immer wie eine persönliche Einladung. Ein bevorstehender Theaterabend war mir ein leuchtender Stern, der allmählich näher kam. Ich zählte die Tage und Stunden, die mich noch davon trennten. Es war schon beglückend, im Theaterraum zu sitzen und zu warten, bis der schwere eiserne Vorhang langsam in die Höhe ging – das Klingelzeichen ertönte –, endlich die neue, fremde Welt sich öffnete. Dann lebte ich ganz in dem Geschehen auf der Bühne, und der Alltag versank. Nicht weniger als die großen Tragödien liebte ich die klassischen Opern. Die erste, die ich hörte, war die »Zauberflöte«. Wir kauften uns den Klavierauszug und konnten sie bald auswendig. Ebenso den »Fidelio«, der mir immer das Höchste blieb. Ich hörte auch Wagner und konnte mich während einer Aufführung dem Zauber nicht ganz entziehen. Aber ich lehnte diese Musik ab. Nur mit den »Meistersingern« machte ich eine Ausnahme. Eine besondere Liebe hatte ich für Bach. Diese Welt der Reinheit und strengen Gesetzmäßigkeit zog mich im Innersten an. Als ich später den gregorianischen Choral kennenlernte, fühlte ich mich erst recht heimisch, und von hier aus verstand ich dann, was mich an Bach so bewegt hatte.[18]

Die Berufswahl gestaltete sich schwierig. Ein reicher Onkel aus Chemnitz versuchte Edith und ihre Schwester Erna fürs Medizinstudium zu gewinnen, um einmal mit beiden eine Privatklinik zu eröffnen. Doch Edith lehnte ab. Sie wollte durchaus »der Menschheit dienen«, aber doch nur damit, »wofür man die geeigneten Anlagen mitbringt«.[19] Und sie fühlte sich eher der Theorie

---

17 Ebda, S. 91. 18 Ebda, S. 109 f. 19 Ebda, S. 114.

verpflichtet, suchte die Wahrheit über den Menschen und für ihn. Dazu erschienen ihr der Lehrberuf wichtig und die Erkenntnisse der Psychologie. So belegte sie denn an der Universität ihrer Heimatstadt Breslau 1911 die Fächer Psychologie, Philosophie, Deutsch und Geschichte. Letztere hatte sie schon immer für wichtig gehalten, um die eigene Zeit, ihre politische und geistige Physiognomie auf dem Hintergrund anderer Epochen zu erkennen. Edith Stein:

> Diese Liebe zur Geschichte war bei mir keine bloß romantische Versenkung in vergangene Zeiten; mit ihr hing aufs engste zusammen eine leidenschaftliche Teilnahme an dem politischen Geschehen der Gegenwart als der werdenden Geschichte, und beides entsprang wohl einem ungewöhnlich starken sozialen Verantwortungsbewußtsein, einem Gefühl für die Solidarität der Menschheit, aber auch der engeren Gemeinschaften. So sehr mich ein darwinistischer Nationalismus abstieß, so fest war ich doch immer von dem Sinn und der natürlichen wie geschichtlichen Notwendigkeit einzelner Staaten und verschieden gearteter Völker und Nationen überzeugt. Darum konnten sozialistische Auffassungen und andere internationale Bestrebungen niemals Einfluß auf mich gewinnen. Mehr und mehr machte ich mich auch von den liberalen Ideen frei, in denen ich aufgewachsen war, und kam zu einer positiven, der konservativen nahestehenden Staatsauffassung, wenn ich mich auch von der besonderen Prägung des preußischen Konservatismus immer freihielt. Zu den rein theoretischen Erwägungen kam als ein persönliches Motiv eine tiefe Dankbarkeit gegen den Staat, der mir das akademische Bürgerrecht und damit den freien Zugang zu den Geisteswissenschaften der Menschheit gewährte.[20]

Edith Stein gehörte zur ersten Generation von Frauen, denen der freie Zugang zum Universitätsstudium eröffnet worden war. Eine Universitätskarriere mit der Professur als Abschluß war ihr aber damals noch verwehrt, ja auch nach dem Ersten Weltkrieg war es Frauen trotz ausgewiesener wissenschaftlicher Kompetenz und besten Empfehlungen – wie etwa im Falle von Edith Stein durch Edmund Husserl – zunächst nicht möglich, sich zu habilitieren. Insofern konnte ihre Dankbarkeit nicht grenzenlos sein; es bestand z. B. auch noch kein allgemeines Wahlrecht für Frauen, und Edith Stein kämpfte dafür. Sie bekennt selbst,[21] aus dem geschilderten »starken sozialen Verantwortungsgefühl« heraus »entschieden für das Frauenstimmrecht« eingetreten zu sein, weswegen sie mit ihren Freundinnen einem Verein beitrat, welcher »die volle politische Gleichberechtigung für die Frauen anstrebte«. Mit der überwiegend sozialistischen Ausrichtung dieses Vereins hat sich Edith Stein allerdings wohl nicht in Übereinstimmung fühlen können.

---

20 Ebda, S. 125 f. 21 Ebda.

Obwohl sie vom Studium der Psychologie enttäuscht war, weil die in Breslau durch William Stern gegebene naturwissenschaftlich-experimentelle Ausrichtung tiefere Fragen nicht zu beantworten wußte – nach dem, was der Mensch sei, wie er sich zu verstehen und sein Leben zu führen habe, so erwuchs doch aus den Teilnehmern an Sterns Seminaren eine sehr aktive »Pädagogische Gruppe«, die zugleich im »Bund für Schulreform« arbeitete. Man besuchte »unter sachkundiger Leitung Hilfsschulen, Taubstummen- und Blindenanstalten, Fürsorgeerziehungsanstalten, Heime für Schwachbefähigte und für verwahrloste Kinder«,[22] lud Wissenschaftler zu Vorträgen ein, studierte gemeinsam avantgardistische Erziehungsliteratur und diskutierte sie. Trotz dieser vielfältigen Aktivitäten und Anregungen – auch eines großen Freundeskreises – blieb Edith Stein nicht lange in Breslau.

In meinem vierten Semester bekam ich den Eindruck, daß Breslau mir nichts mehr zu bieten hätte, und daß ich neue Anregungen brauchte. Objektiv stimmte das keineswegs. Es gab noch genügend unausgenutzte Möglichkeiten, und ich hätte hier noch sehr viel dazu lernen können. Es drängte mich aber fort.[23]

In ihren Studien zur Denkpsychologie stieß sie immer wieder auf Husserls »Logische Untersuchungen«, und auch ein Freund, Georg Moskiewicz, der schon in Medizin und Psychologie promoviert war, ein Semester bei Husserl studiert hatte und sich dorthin zurücksehnte, wies sie auf deren grundlegenden zweiten Band hin. Den Ausschlag, nach Göttingen überzuwechseln, gab schließlich eine Einladung ihres Vetters Richard Courant, der seit kurzem Privatdozent für Mathematik in Göttingen war (und später Nachfolger seines Lehrers David Hilbert auf dessen Lehrstuhl wurde, bis ihn die Machtergreifung der Nationalsozialisten zwang, in die USA zu emigrieren). Bei genauer Betrachtung markiert der Ortswechsel freilich auch eine Hinwendung zur Philosophie.

Mein ganzes Psychologiestudium hatte mich ja nur zu der Einsicht geführt, daß diese Wissenschaft noch in den Kinderschuhen stecke, daß es ihr noch an dem notwendigen Fundament geklärter Grundbegriffe fehle und daß sie selbst nicht imstande sei, sich diese Grundbegriffe zu erarbeiten. Und was ich von der Phänomenologie bisher kennen gelernt hatte, entzückte mich darum so sehr, weil sie ganz eigentlich in solcher Klärungsarbeit bestand und weil man sich hier das gedankliche Rüstzeug, das man brauchte, von Anfang an selbst schmiedete.[24]

---

[22] Ebda, S. 127. [23] Ebda, S. 146. [24] Ebda, S. 150.

Nun wird man zunächst fragen, was denn die Phänomenologie sei. Eine Antwort – das muß gleich eingeräumt werden – ist schwierig. Einmal beruht dies darauf, daß die Phänomenologie *nicht inhaltlich*, durch ihre Behauptungen oder Lehren über die Wirklichkeit charakterisiert werden kann; denn sie ist eine *Methode* des Philosophierens: Die Phänomene oder ›die Sachen selbst‹ sollen in ihrem Sinngehalt zu unmittelbarer Anschauung gebracht werden, weltanschauliche oder persönliche Vorurteile, die den Zugang versperren, sollen bewußt gemacht und dann – wie Husserl sagt – ›eingeklammert‹ werden, so daß sie die reine Schau dessen, was ist, nicht mehr behindern.

Die phänomenologische Methode ist eine der Analyse, und zwar Analyse der von uns Menschen konstituierten Welt und ihrer Zusammenhänge. Diese Konstitution – bei Kant und Husserl auch ›Synthese‹ genannt – geschieht durch die Kategorien, Begriffe und Regeln der Sprache. Ein Mensch erwirbt sich diese Welt, wächst in sie hinein durch den ihm von seinen Mitmenschen im Kindesalter vermittelten Spracherwerb. Phänomenologische Analyse geht nun den Weg der Konstitution oder Synthese zurück, um die begrifflichen Bausteine und Gesetze ihres Zusammenhangs aufzuschließen. Um aber diesen Weg gehen zu können, um Irrwege zu meiden, gilt es, in einer sogenannten ›Epoché‹ alle wissenschaftlichen und vorwissenschaftlichen Theorien und Vormeinungen, Geltungen und Einschätzungen ›einzuklammern‹, d.h. von ihnen zu abstrahieren und abzusehen. ›Schlicht gegeben‹ soll die Welt sein, nämlich gereinigt von den Interpretationen und Wertungen, allen theoretischen und vortheoretischen Urteilen (in der doppelten Bedeutung von ›Urteil‹, nämlich als Feststellung und Bewertung). Ausgangspunkt phänomenologischer Analyse ist die Lebenswelt, ihr Ziel zunächst – in Husserls Göttinger Jahren bis 1913 – die Aufklärung der eine Lebenswelt konstituierenden Sachverhalte, in der mittleren Phase – beginnend mit dem Erscheinen von »Ideen zu einer reinen Phänomenologie und phänomenologischen Philosophie« 1913 – die Aufklärung jenes Vorgangs der Weltkonstitution selbst durch das einzelne Subjekt und sein Bewußtsein, schließlich in der Spätphase ab 1929 die Aufklärung unter anderem der *Inter*subjektivität solchen Geschehens. In dieser Spätphase hat Husserl den Zusammenhang zwischen wissenschaftlicher und vorwissenschaftlicher Welthabe aufgewiesen. Entgegen dem sich durch technischen Fortschritt immer mehr verstärkenden Schein, daß den Naturwissenschaften der Primat in Welt- und Selbstauslegung des Menschen zukomme, zeigt Husserl hier, daß es sich prinzipiell umgekehrt verhält: Auch die von der konkreten Lebenswelt am weitesten entfernten Wissenschaften, welche darum den Anspruch erheben, sie bis in ihre letzten Bestandstücke hinein zu zerlegen und zu erklären, bleiben von dieser Lebenswelt abhängig und können nur verstanden werden als unseren alltäglichen Sprach- und Handlungskompetenzen aufruhend. –

Edith Stein wurde in Göttingen von Husserl und seinem Schülerkreis herzlich aufgenommen. Sie geriet in eine Situation des philosophischen Umbruchs. Die zwei Bände der »Logischen Untersuchungen« von 1900 und 1901 hatten »Epoche gemacht«. 1901 war Husserl auf den eigens für ihn geschaffenen Lehrstuhl der Philosophie nach Göttingen berufen worden und hatte während der folgenden Jahre eine große Zahl von begabten jungen Philosophen angezogen, welche sich die von ihm gelehrte phänomenologische Methode aneignen und an deren Weiterentwicklung mitarbeiten wollten: Adolf Reinach, Alexander Pfänder, Hans Lipps, Dietrich von Hildebrand, Alexander Koyre, Hans Theodor Conrad, Hedwig Martius, Moritz Geiger, Max Scheler. 1913 nun, zur Zeit, als Edith Stein nach Göttingen kam, war ein neues Werk des Meisters erschienen mit dem Titel »Ideen zu einer reinen Phänomenologie und phänomenologischen Philosophie«, und zwar im ersten Band des von Husserl und einigen seiner Schüler gegründeten »Jahrbuchs für Philosophie und phänomenologische Forschung«. Dieses Werk Husserls aber bereitete seinen Schülern nicht geringe Schwierigkeiten; Edith Stein teilte deren Bedenken:

Die »Logischen Untersuchungen« hatten vor allem dadurch Eindruck gemacht, daß sie als eine radikale Abkehr vom kritischen Idealismus kantischer und neukantischer Prägung erschienen. Man sah darin eine »neue Scholastik«, weil der Blick sich vom Subjekt ab- und den Sachen zuwendete: die *Erkenntnis* schien wieder ein *Empfangen*, das von den Dingen sein Gesetz erhielt, *nicht* – wie im Kritizismus – ein *Bestimmen*, das den Dingen sein Gesetz aufnötigte. Alle jungen Phänomenologen waren entschiedene Realisten. Die »Ideen« aber enthielten einige Wendungen, die ganz danach klangen, als wollte ihr Meister zum Idealismus zurücklenken. Was er uns mündlich zur Deutung sagte, konnte die Bedenken nicht beschwichtigen. Es war der Anfang jener Entwicklung, die Husserl mehr und mehr dahin führte, in dem, was er »transzendentalen Idealismus« nannte (es deckt sich nicht mit dem transzendentalen Idealismus der kantischen Schulen), den eigentlichen Kern seiner Philosophie zu sehen und alle Energie auf seine Begründung zu verwenden: ein Weg, auf dem ihm seine alten Göttinger Schüler zu seinem und ihrem Schmerz nicht folgen konnten.[25]

Ursprünglich hatte Edith Stein nur ein Semester lang in Göttingen bleiben wollen, aber je näher dessen Ende kam, um so stärker empfand sie die Unmöglichkeit, den Ort so vieler Anregungen schon wieder aufzugeben, um in

25 Ebda, S. 174 f.

Breslau ihr Staatsexamen zu machen. Sie war aber in Verlegenheit, was die Begründung dieses Wunsches der Mutter gegenüber betraf. Da kam ein Zufall zu Hilfe: Sie hatte bei dem Historiker Max Lehmann eine so gute Semesterarbeit abgeliefert, daß er ihr anbot, diese als Examensarbeit einzureichen. Eine solche Chance konnte und wollte sie sich nicht entgehen lassen, überzeugte auch die Familie davon. Und entschlossen ging Edith ihr Hauptziel an: die Promotion bei Husserl in Philosophie. Sie bat ihn noch vor Ablauf des ersten Semesters in Göttingen um ein Dissertationsthema. Husserl war verständlicherweise überrascht und stellte einige Bedingungen, vor allem,

> daß man in einer Spezialwissenschaft etwas Tüchtiges leiste. Es tauge nichts, nur Philosophie zu betreiben, als solide Grundlage brauche man gründliche Vertrautheit mit den Methoden der andern Wissenschaften.[26]

Edith ging auf alle Bedingungen ein, so daß Husserl nun seinerseits entgegenkam und ihr erlaubte, schon jetzt, vor ihrem Staatsexamen, ein Thema zu wählen und mit der Arbeit zu beginnen. Ein solches Thema war bald gefunden. Husserls Auffassung entsprach es nämlich, daß die Objektivität der Außenwelt durch die Intersubjektivität von personalen Individuen begründet werde und daß solche Intersubjektivität eine wechselseitige Erfahrung voneinander voraussetze. Husserl hatte diese Erfahrung im Anschluß an Theodor Lipps »Einfühlung« genannt, sie aber nicht näher analysiert. Dies wollte Edith Stein besorgen und Husserl war einverstanden, trug ihr aber auf, das Thema in ständiger Auseinandersetzung mit dem Gesamtwerk von Lipps zu entwickeln, was Edith weniger gefiel. Jedoch fand sie sich auch damit ab und drängte nun darauf, ihr Staatsexamen so rasch wie möglich abzulegen, um sich ganz der Promotion widmen zu können. Aber es gab Probleme. Zunächst stellte sich heraus:

> Was Husserl sich – nach seinen spärlichen Andeutungen unter »Einfühlung« dachte und was Lipps so nannte, hatte offenbar wenig miteinander zu tun. Bei Lipps war es geradezu der Zentralbegriff seiner Philosophie, es beherrschte seine Aesthetik, Ethik und Sozialphilosophie, spielte aber auch in der Erkenntnistheorie, Logik und Metaphysik eine Rolle. So mannigfaltig diese Gebiete, so vielfarbig schien mir der Begriff zu schillern, und ich quälte mich damit ab, etwas Einheitliches und Festes in den Griff zu bekommen, um von da aus alle Abwandlungen verstehen und entwickeln zu können. Zum erstenmal begegnete mir hier, was ich bei jeder späteren Arbeit wieder erfahren habe: Bücher nützten mir nichts, solange ich mir die fragliche Sache nicht in eigener Arbeit zur Klarheit gebracht hatte. Dieses Ringen nach Klarheit vollzog sich nun in mir unter

---

26 Ebda, S. 190.

großen Qualen und ließ mir Tag und Nacht keine Ruhe. Damals habe ich das Schlafen verlernt, und es hat viele Jahre gedauert, bis mir wieder ruhige Nächte geschenkt wurden.

Nach und nach arbeitete ich mich in eine richtige Verzweiflung hinein. Es war zum erstenmal in meinem Leben, daß ich vor etwas stand, was ich nicht mit meinem Willen erzwingen konnte. (...) Das brachte mich so weit, daß mir das Leben unerträglich schien. Ich sagte mir oft selbst, daß das ja ganz unsinnig sei. Wenn ich die Doktorarbeit nicht fertig brächte – fürs Staatsexamen würde es doch wohl reichen; und wenn ich keine große Philosophin werden könnte, dann doch vielleicht eine brauchbare Lehrerin. Aber die Vernunftgründe halfen nichts. Ich konnte nicht mehr über die Straße gehen, ohne zu wünschen, daß ein Wagen über mich hinwegführe. Und wenn ich einen Ausflug machte, dann hoffte ich, daß ich abstürzen und nicht lebendig zurückkommen würde.[27]

Adolf Reinach, Ediths Mentor wie der vieler anderer Husserl-Schüler, befreite sie aus dieser Verzweiflung. Er beurteilte ihren ersten selbständigen philosophischen Versuch, den sie fürs Staatsexamen bei Husserl einreichen wollte, sehr positiv. Mit einem Schlag war die Last von ihr gefallen, fühlte sich Edith »wie neugeboren. Aller Lebensüberdruß war verschwunden.«[28] Nun konnte sie sich auch in aller Ruhe auf den mündlichen Teil des Staatsexamens vorbereiten. Ihre Fächer außer Philosophie waren Germanistik und Geschichte. Die mündliche Prüfung fand schließlich am 14. und 15. Januar 1915 statt, und Edith bestand mit Auszeichnung.

Während der Vorbereitung zur Prüfung brach der Weltkrieg aus. Sie kehrte sofort nach Breslau zu den Ihren zurück und meldete sich bei einem Krankenpflegekurs für Studentinnen, um »am liebsten an die Front in ein Feldlazarett« versetzt zu werden.[29] Doch da man ihrer, jedenfalls vorläufig, nicht bedurfte, weil sich mehr Freiwillige meldeten, als gebraucht wurden, war sie frei, weiter den Prüfungsvorbereitungen zu obliegen. Bald nach dem Examen richtete sie eine weitere Anfrage an das Rote Kreuz des Heimatortes. Als keine Antwort kam, beschloß sie, bis zum Ende des Semesters bei Husserl zu bleiben und ihre Doktorarbeit vorzubereiten.

Wieder zurück in Breslau zur Vorbereitung einer Ergänzungsprüfung im Griechischen erreichte sie die Mitteilung des Roten Kreuzes, daß zwar in Deutschland immer noch genügend Schwestern zur Verfügung stünden, in Österreich aber Mangel herrsche. Man schickte sie nach Mährisch-Weißkirchen, wo sie seit April 1915 im dortigen Seuchenlazarett Dienst tat, das für die an Flecktyphus, Ruhr und Cholera erkrankten österreichischen Soldaten der Karpatenfront eingerichtet worden war. Edith Stein berichtet, wie gewohnt,

[27] Ebda, S. 197 f. [28] Ebda, S. 203. [29] Ebda, S. 214.

sehr lebendig, anschaulich und voller Teilnahme von ihrer Tätigkeit und dem Schicksal der Patienten, deren einige starben. Über menschliche Anteilnahme hinaus läßt der Bericht auch etwas von persönlicher Auseinandersetzung mit dem Ende des Lebens spüren. Für den Einsatz wurde ihr die Tapferkeitsmedaille verliehen. Im Herbst kehrte sie zum Urlaub nach Breslau zurück und hoffte, danach wieder im Lazarett arbeiten zu können. Aber in der Zwischenzeit hatte sich die Front verlagert, und das Lazarett in Mährisch-Weißkirchen war aufgelöst worden. So absolvierte Edith zunächst das Graecum, womit sie nun auch noch einen humanistischen Gymnasialabschluß erwarb, und widmete sich dann dem Unterricht an ihrer früheren Realschule in Breslau, weil die Lehrkräfte teilweise zum Kriegsdienst eingezogen worden waren. Zugleich trieb sie mit Elan – und von Husserl sehr ermutigt – ihre Arbeit an der Dissertation voran.

Anfang 1916 wurde Husserl an die Freiburger Universität berufen – als Nachfolger Heinrich Rickerts. Er nahm an. Das bedeutete für Edith Stein eine Umstellung in zweierlei Hinsicht: Einmal mußte sie den Göttinger Freundeskreis aufgeben; zum andern hatte sie sich für die mündliche Doktoratsprüfung, das Rigorosum, auf ihr unbekannte Dozenten einzustellen. Ostern 1916 war das Manuskript zum Thema ›Einfühlung‹ fertig. Sein Umfang war so erklecklich, daß sie es um der Handlichkeit willen in drei Hefte binden ließ und es so ihrem ›Meister‹ – wie sie Husserl zu nennen pflegte – nach Freiburg sandte. Der fand vorerst keine Zeit zur Lektüre, war aber derart überzeugt von der Qualität, daß er die Arbeit annahm und einen Termin bei der Philosophischen Fakultät festlegen ließ. Husserl hatte sich nicht getäuscht. Während der Lektüre wuchs noch seine Hochschätzung der Schülerin. Sie wiederum hatte durch ihre Freundin Erika Gothe von Husserls Suche nach einem geeigneten Assistenten gehört, der die liegengebliebene Arbeit am zweiten Band der »Ideen« redaktionell betreuen und weiterführen sollte. Bei nächster Gelegenheit, als Husserl das Gespräch sucht, macht Edith einen Vorstoß. Zunächst lobt der Meister wieder ihre Arbeit und bemerkt dann:

»Ich habe nur Bedenken, ob diese Arbeit neben den ›Ideen‹ im Jahrbuch [für Phänomenologie] möglich sein wird. Ich habe den Eindruck, daß Sie manches aus dem II. Teil der ›Ideen‹ vorweggenommen haben.« Es gab mir innerlich einen Ruck. Da war ja ein Punkt, wo ich mit meiner Frage einhaken konnte. Nun schnell die Gelegenheit beim Schopf packen. »Wenn das wirklich so ist, Herr Professor – ich habe sowieso noch etwas fragen wollen. Fräulein Gothe sagte mir, Sie müßten einen Assistenten haben. Meinen Sie, daß ich Ihnen helfen könnte?« Wir waren gerade im Begriff, über die Dreisam zu gehen. Der Meister blieb mitten auf der Friedrichsbrücke stehen und rief in freudigster Überraschung: »Wollen Sie zu mir kommen? Ja, mit Ihnen möchte ich arbeiten!« Ich weiß nicht, wer von uns beiden glücklicher war. Wir waren wie ein junges Paar im Augenblick der Verlobung.[30]

Um im Bild zu bleiben: Der Honigmond währte nicht allzu lange. Doch zunächst war beider Freude groß, und vorher stand noch die Abschlußprüfung zum Doktorat auf dem Programm. Sie fand am 3. August 1916 statt und fiel glänzend aus: summa cum laude. Edith Steins Promotion war die erste eines Schülers von Husserl in Freiburg.

Die Dissertation trug den Titel »Das Einfühlungsproblem in seiner historischen Entwicklung und in phänomenologischer Betrachtung«. 1917 ließ Edith Stein den Hauptteil unter dem Titel »Zum Problem der Einfühlung« in Halle drucken – ohne den einleitenden historischen und den Schlußteil, der sich mit der Einfühlung auf sozialem, ethischem und ästhetischem Gebiet befaßte. Beide Teile sind verlorengegangen, so daß uns nur noch der im Druck erschienene zentrale Abschnitt zur Verfügung steht. Er wurde 1980 als Reprint in München wieder aufgelegt. Was ist die Bedeutung des Terminus ›Einfühlung‹ in dieser phänomenologischen Betrachtung? Einfühlung ist – auf eine von Stein selbst geprägte Kurzformel gebracht – »Erfahrung von fremden Subjekten und ihrem Erleben«.[31] Die diesbezüglichen Einfühlungsakte werden als besondere Akte der Erkenntnis untersucht. Edith Stein geht dann aber weiter und beschäftigt sich mit der »Konstitution des psychophysischen Individuums«, also dem Aufbau der menschlichen Person – eine Thematik, die ihr, wie sie in den Erinnerungen schreibt, »persönlich besonders am Herzen lag und mich in allen späteren Arbeiten immer wieder neu beschäftigte«.[32]

Edith Stein beginnt mit einer Darlegung ihrer Untersuchungsmethode, der phänomenologischen also. Nach ersten, noch der Veranschaulichung dienenden Analyseschritten wird bestimmt, was unter ›Einfühlung‹ verstanden werden soll. Einfühlung ist

Erfahrung von fremdem Bewußtsein überhaupt, ganz gleich, welcher Art das erfahrende Subjekt ist, welcher Art das Subjekt, dessen Bewußtsein erfahren wird. Nur vom reinen Ich, vom Subjekt des Erlebens war die Rede – auf Subjekts- wie auf Objektsseite (...).[33]

---

30 Ebda, S. 289 f.

31 Edith Stein, Zum Problem der Einfühlung, Halle 1917 (repr. München 1980), Einleitung.

32 Stein, Autobiographie (wie Anm. 1), S. 279.

33 Stein, Einfühlung (wie Anm. 31), S. 10.

Natürlich ist mit einer Kennzeichnung des allgemeinen Charakters der Einfühlung noch wenig geleistet. Vielmehr ist zu analysieren, auf welche Weise sie sich in den Differenzierungen ihres jeweiligen Gegenstandes selber differenziert. Bevor Edith Stein dieses Problem aufgreift, setzt sie sich mit abweichenden Auffassungen von dem auseinander, was Einfühlung sei. Danach analysiert sie die Konstitution der menschlichen Person, insofern diese Subjekt der Einfühlungsakte in fremde Subjekte ist. Es wird also zunächst das eigene Selbst in seinem Aufbau als qualitätsloses Aktzentrum, als Bewußtseinsstrom, als Seele und schließlich als Leib beschrieben und dann von hier aus der Übergang zu fremden Subjekten gesucht, die nur über ihre Leiblichkeit und ihr leibgebundenes Ausdrucksverhalten zugänglich sind. Der Leib des Mitmenschen ist somit für uns nicht Erkenntnisschranke, sondern Medium seiner Subjektivität, insofern diese sich durch ihn kundgibt. Im Erröten des anderen *sehen* wir, daß er sich schämt; im Stirnrunzeln *gewahren* wir seinen Verdruß; in der geballten Faust *nehmen* wir seinen Zorn *wahr*; eine betrübte Miene *zeigt* uns seine traurige Seelenverfassung; ein Angstschrei *gibt* uns seine Angst *kund*; »im Klang der Stimme kann Heiterkeit oder Betrübnis, Ruhe oder Erregung, Freundlichkeit oder Abweisung liegen«.[34] Hier unterscheidet Edith Stein zwischen Symbol und Signal: Im Symbol ist das Symbolisierte mit wahrgenommen; das Signal verweist von sich auf anderes.

Nun können solche Wahrnehmungen aber auch täuschen. Die Möglichkeit des Irrtums oder des Getäuschtwerdens läßt sich verringern, wenn man auf den Zusammenhang des Wahrgenommenen mit anderen Gegebenheiten achtet – sei es der Situation, sei es des Ausdrucksgeschehens selbst:

Wenn ich beim Anblick einer Wunde dem Verletzten Schmerz einfühle, so pflege ich ihm ins Gesicht zu sehen, um durch den Ausdruck des Leidens meine Erfahrung bestätigen zu lassen. Gewahre ich statt dessen eine heitere oder gleichmütige Miene, so sage ich mir, daß er wohl doch keine Schmerzen haben muß, denn Schmerzen motivieren ihrem Sinne nach unlustvolle Gefühle, die in einem Ausdruck sichtbar werden. Weitere Prüfung (bestehend in neuen Einfühlungsakten und ev. darauf gebauten Schlüssen) kann mich auch zu einer anderen Korrektur führen: daß zwar das sinnliche Gefühl vorhanden, aber sein Ausdruck willkürlich zurückgehalten ist, oder daß der Betreffende wohl den Schmerz empfindet, aber infolge einer Perversion seines Fühlens nicht daran leidet, sondern ihn genießt. Weiterhin verhilft mir das Eindringen in die Sinnzusammenhänge dazu, »äquivoke« Ausdrücke richtig aufzufassen. Ob ein Erröten Scham oder Zorn bedeutet oder eine Folge physischer Anstrengung ist, das entscheidet sich je nach den sonstigen Umständen, die mich veranlassen, das eine oder das andere einzufühlen. Wenn

34 Ebda, S. 89.

der Betreffende vorher eine Dummheit gesagt hat, so ergibt sich mir unmittelbar der eingefühlte Motivationszusammenhang: Einsicht in seine Torheit – Scham – Erröten; wenn er zugleich die Faust ballt oder einen Fluch ausstößt, so sehe ich, daß er zornig ist; hat er sich vorher gebückt oder ist er rasch gelaufen, so fühle ich statt des Motivations- einen Kausalzusammenhang ein. All das unmittelbar, ohne daß es im einzelnen Fall einer »Differenzialdiagnose« bedürfte. Ich ziehe die anderen Fälle so wenig zum Vergleich heran, wie ich beim Verstehen eines Satzes zu überlegen brauche, welche der möglichen Bedeutungen einem äquivoken Worte in dem jeweiligen Zusammenhange zukomme.[35]

Im letzten Teil ihrer Dissertation verwendet Edith Stein die Ergebnisse ihrer phänomenologischen Analyse – wie wir heute sagen würden – ›wissenschaftstheoretisch‹, und zwar für eine Grundlegung der sogenannten ›Geistes-‹ oder ›Kulturwissenschaften‹. Im Unterschied zur naturwissenschaftlichen Methode von Kausalerklärung haben die Geisteswissenschaften sich ihre Gegenstände – Produkte, Hervorbringungen des menschlichen Geistes – durch Akte der Einfühlung verständlich zu machen. Schon Droysen und Dilthey, Rickert und Windelband hatten sich gegen den methodischen Universalitätsanspruch der Naturwissenschaften verwahrt, wie er im 19. Jahrhundert vor allem durch Auguste Comte und John Stuart Mill vertreten worden war. Aber ihre Grundlegungsversuche waren noch nicht reflektiert genug, um sich gegen jenen Anspruch auf Dauer behaupten zu können. Edith Stein wiederum bleibt mit den Ausführungen zur »Einfühlung als Verstehen geistiger Personen«[36] im phänomenologischen Vorfeld der Frage nach einer Grundlegung von Geistes-, Kultur-, Sozial- oder Humanwissenschaften. Der eigentlichen Grundlegung eines Teils dieser Wissenschaften selbst wendet sie sich dann mit zwei großen Untersuchungen zu, die sie schon im Oktober 1919 abgeschlossen hat und in der Folge bei den verschiedenen Versuchen, sich zu habilitieren, zusammengefaßt vorlegt. Sie wurden erst 1922 im fünften Band von Husserls »Jahrbuch für Philosophie und phänomenologische Forschung« unter dem Titel »Beiträge zur philosophischen Begründung der Psychologie und der Geisteswissenschaften« publiziert.

Die »Beiträge« bestehen, wie gesagt, aus zwei Abhandlungen mit den Titeln »Psychische Kausalität« bzw. »Individuum und Gemeinschaft«. Im ersten Beitrag wird, wie es im Vorwort heißt, »die doppelte Grundgesetzlichkeit, die in einem psychischen Subjekt von sinnlich-geistigem Wesen zusammenwirkt – Kausalität und Motivation –« herausgearbeitet; der zweite

35 Ebda, S. 96. 36 Ebda, S. 101.

Beitrag über Individuum und Gemeinschaft »erweitert die Betrachtung vom isolierten psychischen Individuum auf die überindividuellen Realitäten und sucht dadurch weitere Einblicke in die Struktur des geistigen Kosmos zu erzielen«.

Ausgangspunkt ihrer Untersuchungen ist demnach jene irreduzible Doppelnatur des Menschen, die sie das Psychische vom Geistigen und entsprechend die Psychologie von den Geisteswissenschaften unterscheiden läßt. Der Vollständigkeit halber wäre natürlich auch noch vom materiellen und physiologischen Träger dieser Doppelnatur zu sprechen, dem sich die Naturwissenschaften einschließlich der naturwissenschaftlichen Medizin widmen; aber das ist nicht Edith Steins Thema. Ihr geht es zunächst um die Anwendbarkeit des Kausalbegriffs auf den Bereich des Psychischen. Die Realgeltung dieses Begriffs war ja sehr wirkungsvoll von David Hume in Frage gestellt worden, und Kant hatte sie lediglich im allgemeinen als transzendentale Voraussetzung der Erkenntnis von Vorgängen in der Natur überhaupt zu erweisen vermocht, nicht aber in bezug auf bestimmte Gegenstandsbereiche wie das Psychische. Es geht also Edith Stein, anders ausgedrückt, darum, die Gültigkeit der Kausalkategorie für den Bereich des Psychischen nachzuweisen. Zugleich kann sie dessen Begriff selbst näher bestimmen, um später davon das geistige Leben und die Motivation als seine nicht mehr kausal zu verstehende Grundgesetzlichkeit abzuheben. Aber diese Abhebung bedeutet nicht Trennung: Thema des Schlußkapitels ist das Zusammenwirken und Ineinandergreifen von psychischer Kausalität und geistiger Motivation.

Die zweite Abhandlung über Individuum und Gemeinschaft bewegt sich methodisch weitgehend im Rahmen der ersten über psychische Kausalität und geistiges Leben, überschreitet aber das Individuum im Hinblick auf die Gemeinschaft. Mit ihrem Begriff von Gemeinschaft knüpft Edith Stein an den durch Ferdinand Tönnies vor der Jahrhundertwende aufgestellten und populär gewordenen Gegensatz von Gesellschaft und Gemeinschaft an. Sie relativiert aber diese Entgegensetzung und nutzt sie als kritische Instanz für Erscheinungen, die erst Jahre später das politische Leben Deutschlands bestimmen sollten. So heißt es in der Einleitung:

> Wo eine Person der anderen als *Subjekt* dem *Objekt* gegenübertritt, sie erforscht und auf Grund der gewonnenen Erkenntnis planmäßig »behandelt« und ihr beabsichtigte Wirkungen entlockt, da leben sie in *Gesellschaft* zusammen. Wo dagegen ein Subjekt das andere *als Subjekt* hinnimmt und ihm nicht gegenübersteht, sondern *mit ihr lebt* und von seinen Lebensregungen bestimmt wird, da bilden sie miteinander eine *Gemeinschaft*. In der Gesellschaft ist jeder absolut einsam, eine »Monade, die keine Fenster hat«. In der

Gemeinschaft herrscht Solidarität. Es läßt sich zeigen, daß die faktischen personalen Verbände meist Mischformen aus diesen Grundtypen sind, daß aber auch prinzipiell eine Gesellschaft, die *nur* Gesellschaft und nicht bis zu einem gewissen Grade *auch* Gemeinschaft wäre, nicht denkbar ist. Nehmen wir als möglichst reines Beispiel eines »Gesellschaftsmenschen« einen Demagogen, der eine Volksmenge seinen eigenen Zwekken dienstbar machen will. Das Band der Solidarität zwischen ihm und denen, die Objekt seiner »Behandlung« sind, ist zerschnitten. Er beobachtet sie wie der Torero den Stier, dessen Blöße er treffen will. Und sein ganzes Verhalten ist planmäßig abgestimmt auf die Wirkungen, die er ausüben will, im Gegensatz zum Gemeinschaftsmenschen, der sich »naiv« gibt, ohne die Wirkungen seines Auftretens in Rechnung zu ziehen, und naiv Eindrücke empfängt, ohne Beobachtungen anzustellen. Weil aber das Objekt des Gesellschaftsmenschen die Subjektivität ist, braucht er die Haltung des Gemeinschaftsmenschen als Erkenntnismittel. Denn um der fremden Innerlichkeit so nahe zu kommen, wie es für seine Zwecke erforderlich ist, muß man sich ihr hingeben können. Man kann das Subjekt gar nicht zum Objekt machen, ohne es zunächst einmal schlicht als Subjekt hingenommen zu haben. (...) Gemeinschaft ohne Gesellschaft ist also möglich, Gesellschaft ohne Gemeinschaft dagegen nicht.

Insofern hält Stein die Gemeinschaft für grundlegender als die Gesellschaft, und ihre folgenden Untersuchungen beschäftigen sich vor allem mit jener, wobei die sie leitende philosophische Grundfrage lautet, »wie eine Gemeinschaft, als ein Subjekt höherer Stufe, und ein Gemeinschaftsleben möglich ist«. In Übertragung der für das Individuum gewonnenen Gesichtspunkte phänomenaler Beschreibung und ontischer Verfaßtheit spricht sie vom Erlebnisstrom der Gemeinschaft und der Verknüpfung von Gemeinschaftserlebnissen in diesem Strom mittels Assoziation, Motivation, psychischer Kausalität und Willenswirkung. Fundiert sind soche Erlebnisse und ihr Strom durch die Lebenskraft einer Gemeinschaft, welche sich aus der Lebenskraft ihrer Mitglieder speist, aber u. U. auch durch außerhalb stehende Individuen und andere Gemeinschaften. Im Fortgang der Untersuchungen entwickelt Stein eine Rangstufung:

Als höchste Form der Gemeinschaft sehen wir die Vereinigung von lauter freien Personen an, die mit ihrem innersten »persönlichen« oder seelischen Leben vereint sind und deren jede sich für sich selbst und für die Gemeinschaft verantwortlich fühlt. Daneben stehen die Gemeinschaften, in denen nur ein Teil ihrer Glieder freie und selbständige Personen sind, den Geist der Gemeinschaft bestimmen und die Verantwortung für sie tragen (etwa ein Volk, in dem nur in gewissen Kreisen ein Nationalbewußtsein lebt). An dritter Stelle wären die Gemeinschaften zu nennen, in denen es noch ein gemeinsames Leben aus einem einheitlichen Geiste heraus gibt, ohne daß Personen darin leben, die ihren Geist bestimmen. Dabei sind die beiden Fälle zu scheiden: daß es zwar noch *führende* Individuen gibt, die nur keine freien Personen mehr sind, und der andere, daß es sich um Gemeinschaften ohne eigene Führung handelt (...). Als ein fünfter Typus wären schließlich noch die Verbände anzuführen, deren Glieder durch eine Gemeinsamkeit der äußeren Lebensumstände zu einem gemeinsamen Verhalten geführt werden, ohne daß ihnen ein einheitlicher Geist innewohnte.[37]

Es liegt nahe zu fragen, wie diese verschiedenen Typen von Gemeinschaften realisiert sind, wie sie konkret vorkommen. Stein hat der umfassendsten Form der Vergemeinschaftung von Menschen, dem Staat, eine eigene Untersuchung gewidmet und 1925 in Band 7 von Husserls Jahrbuch veröffentlicht. Bevor wir kurz darauf eingehen, sei das Ergebnis der Abhandlung über Individuum und Gemeinschaft zusammengefaßt.

Mit Bezug auf Hegels und Diltheys Rede von der institutionell verfaßten sozialen und kulturellen Welt als dem ›objektiven Geist‹ spricht Stein am Schluß ihrer Abhandlung den empirischen Geisteswissenschaften die Aufgabe zu,

das Geistesleben und alles, was sich in ihm entfaltet und gestaltet, in seinem faktischen Verlauf und Aufbau nachlebend zu verstehen und darstellend zum Verständnis zu bringen.[38]

Von den empirischen Geisteswissenschaften scheidet sie die apriorischen, aller Erfahrung vorausliegenden, sich also in philosophischem Denken konstituierenden. Sie sind nicht als identisch mit dem anzusehen, was man heute ›spezielle Wissenschaftstheorien‹ zu nennen pflegt, sondern sollen – in sachlicher, wenn auch nicht historischer Anknüpfung an das transzendentalphilosophische Programm Kants – die begrifflichen und transzendentalpragmatischen Voraussetzungen klären, zum einen der Psychologie, zum anderen der Geisteswissenschaften – unter denen diese empirischen Disziplinen überhaupt logisch und praktisch möglich sind. Mit ihrer ersten Abhandlung über psychische Kausalität hätte Edith Stein dabei bereits die phänomenologische Grundlegung dessen geleistet, was man ›Individualpsychologie‹ nennen könnte, mit ihrer zweiten Abhandlung entsprechend die Sozialpsychologie fundiert. Was damit erst berührt, aber noch nicht ausgearbeitet vorläge, wäre so etwas wie eine phänomenologische Konstitution der Sozialwissenschaften

[37] Edith Stein, »Beiträge zur philosophischen Begründung der Psychologie und der Geisteswissenschaften«, in: Jahrbuch für Philosophie und phänomenologische Forschung, Bd. 5 (1922), S. 1–283 (repr. Tübingen 1970 [zus. mit der »Untersuchung über den Staat«]), hier S. 251 f.

[38] Ebda, S. 271.

im engeren Sinne, vor allem der Soziologie sowie der Wirtschafts- und der politischen Wissenschaften. In bezug auf letztere hat Edith Stein aber weitere Fundierungsarbeit geleistet, und zwar mit ihrer erwähnten »Untersuchung über den Staat«, die 1925 erschien.

Diese Abhandlung hat zwei Teile. Der erste, »Die ontische Struktur des Staates«, nimmt zunächst eine begriffliche Bestimmung und insoweit auch Abgrenzung des Staates zu Masse, Gemeinschaft und Volk vor, beschäftigt sich dann mit der Funktion des Rechts für Konstitution und Erhalt eines Staates, wendet sich schließlich Fragen nach den äußeren Bedingungen seines Entstehens und Vergehens zu. Im zweiten Teil wird der Staat unter Wertgesichtspunkten betrachtet, was er für die ihm angehörenden Individuen und die Volksgemeinschaften bedeutet, und in welchem Verhältnis er zu ethischen Werten und Normen sowie zur Religion steht.

Edith Stein tritt hier u. a. den – wie sie es nennt – ›rationalistischen‹, d. h. sich auf die Idee des Gesellschaftsvertrags berufenden Theorien von der Legitimität eines Staates entgegen. Sie möchte zwar solche gesellschaftlich-rationalen Gesichtspunkte bei Gründung und Aufbau eines Gemeinwesens nicht leugnen, bestreitet aber, daß mit dieser Konzeption allein Begriff und Realität des Staates einholbar seien. Anstelle des gesellschaftlichen Ursprungs plädiert sie für seinen Ursprung aus der gewissermaßen naturwüchsigen Gemeinschaft von Menschen eines oder mehrerer Völker bzw. Nationen.[39] Stein stellt sich damit gegen eine starke Strömung im modernen staatstheoretischen Denken, bezieht deshalb aber nicht bereits Position gegen seine rationale Organisation, schon gar nicht gegen seine sittlichen Grundsätzen sich verdankende Rechtsform. Im Gegenteil: Mit Blick auf die platonisch-aristotelische Lehre von den verschiedenen Staatsformen meint sie zwar, daß von der Idee des Staates her keine dieser Formen – weder Monarchie noch Oligarchie oder Demokratie – als »die beste« anzusehen sei; »Einheit und Geschlossenheit des Staates« scheinen am besten in der absoluten Monarchie gesichert; die Demokratie habe den Vorzug, daß in ihr »alle Staatsbürger der Idee nach Träger des Staatslebens« seien und der Staat hier »auf der breitesten Basis« ruhe;

aber die Anforderungen, die sie an die Gesamtheit der Staatsbürger stellt, sind – an der durchschnittlichen Beschaffenheit der Menschen gemessen – so hoch gespannt, daß

---

[39] Edith Stein, »Eine Untersuchung über den Staat«, in: Jahrbuch für Philosophie und phänomenologische Forschung, Bd. 7 (1925), S. 1–123 (repr. Tübingen 1970 [zus. mit den »Beiträgen«]), hier S. 70 f.

ihre Erfüllung stets sehr unwahrscheinlich und die Gefahr der Entartung gerade bei dieser Staatsform sehr groß ist.[40]

Nehmen wir aus der Untersuchung über Individuum und Gemeinschaft hinzu, was oben (S. 189) schon ausgeführt wurde, daß »höchste Form der Gemeinschaft (...) die Vereinigung von lauter freien Personen« ist, »deren jede sich für sich selbst und für die Gemeinschaft verantwortlich fühlt«, wodurch jene spezifische Selbstbestimmung des ganz zu sich selbst gekommenen Menschen auch im politischen Bereich erfüllt wird: Dann ist auch für Stein die Demokratie trotz ihrer wesentlich labilen Verfassung – was freilich auch deren Lebendigkeit und Anpassungsfähigkeit ausmacht – eine der Autonomie von Individuen angemessene Staatsform. Aber sie entwickelt keine spezielle Demokratietheorie, sondern sucht Wesen, Werden und Bestehen des Staates ganz allgemein und grundsätzlich zu klären. Damit ist der theoretische Hintergrund geschaffen für ihre politischen bzw. pädagogischen Interessen und Aktivitäten seit der ersten Studienjahre in Breslau. Wir werden noch von den volksbildnerischen Tätigkeiten hören, die sie um 1930 in Deutschland, Österreich, der Schweiz entfaltete und vor allem Aufgaben der Frau in Beruf, Politik und Kirche widmete.

Am 1. Oktober 1916 hatte Edith Stein ihre Assistentenstelle angetreten. Sie hat Einführungskurse in Husserls Philosophie zu halten, vor allem aber eine Unzahl von Notizzetteln zu transkribieren – Husserls Gewohnheit war es, seine Einfälle und Reflexionen zunächst in Kurzschrift auf lose Blätter hinzuwerfen –, zwischen ihnen aus dem Geist ihres Urhebers einen gedanklichen Zusammenhang herzustellen und das so Gewonnene dem Meister zur Stellungnahme vorzulegen. Zunächst sind es in erster Linie Vorarbeiten am geplanten zweiten Band der »Ideen zu einer reinen Phänomenologie und phänomenologischen Philosophie«. Aber inzwischen hatte sich Husserls Konzeption weiterentwickelt, so daß er mit seinen früheren Gedanken nicht mehr einverstanden war. Häufig geschah es, daß Edith Stein nach mühevoller Arbeit an der Entzifferung und Neufassung des Geschriebenen von ihrem Lehrer die Anweisung erhielt, redigierte Texte mitsamt den Entwürfen zu vernichten. Natürlich war eine solche Tätigkeit, die sie zudem zeitlich voll in Anspruch nahm und keinen Raum für eigenes wissenschaftliches Schaffen ließ, auf Dauer unbefriedigend. Das nach dem Zweiten Weltkrieg edierte Nachlaßmaterial (in der als »Husserliana« firmierenden Werkausgabe) verrät für die Zeit des Ersten Weltkriegs deutlich Art und Weise, in der Edith Stein

[40] Ebda, S. 22.

redaktionell verfuhr, Texte einander zuordnete und vorgefundene Gedanken zusammenzog oder auswertete. Das führte gelegentlich zum Vorwurf, sie hätte die Gedanken Husserls geändert. Roman Ingarden, einer ihrer Freunde aus der Göttinger und Freiburger Zeit, bedeutender polnischer Husserl-Schüler und späterer Professor für Philosophie an der Universität Krakau, ist wiederholt solchen Beschuldigungen entgegengetreten.[41] Elisabeth Endres, die sich mit ihnen ausführlich auseinandersetzt,[42] möchte nicht völlig ausschließen, daß Edith Stein, die nach wissenschaftlicher Selbständigkeit strebte und ihre Einführungskurse als »philosophischen Kindergarten« bezeichnete, Vorgefundenes in schöpferischer Aneignung auch umwandelte.[43] Husserl hatte wohl eine ganz und gar dienende Einstellung erwartet. Doch seine Assistentin, die schon als Schülerin und Studentin in Breslau für Gleichberechtigung von Mann und Frau gekämpft hatte, konnte und wollte sich nicht derart unterordnen, daß sie als Konsequenz die eigenen wissenschaftlichen Pläne hätte aufgeben müssen. Husserl hat ihr nicht angeboten, sich bei ihm zu habilitieren, ja es scheint, daß er »aus Prinzip« gegen ein solches Ansinnen von weiblicher Seite war, wie es in einem Brief Edith Steins heißt.[44] Anstatt sie selbst in Freiburg zu habilitieren, wo dies wohl möglich gewesen wäre, unterstützte er ihr entsprechendes Gesuch in Göttingen für den Fall, daß »die akademische Laufbahn für Damen eröffnet werden (sollte)«, mit einem allerdings eindrucksvollen Empfehlungsschreiben vom 6. Februar 1919.[45] Diesen Vorbehalt Husserls – falls die akademische Laufbahn für Damen eröffnet werden sollte – sieht Imhof als ein »gegen die Würde des Menschen verstossende(s) Argument« an, das zu bekämpfen Husserls Pflicht gewesen wäre, »zumal er sich auf dem Kulminationspunkt seiner gesellschaftlichen Stellung befand und somit genügend Einflußmöglichkeiten gehabt hät-

---

41 Roman Ingarden, »Edith Stein on Her Activity as an Assistant of Edmund Husserl«, in: Philosophy and Phenomenological Research 23 (1962/63), S. 155–175; Ders., »Die philosophischen Forschungen Edith Steins« (1968), in: Herbstrith (Hrsg.), Edith Stein – eine große Glaubenszeugin. Leben, neue Dokumente, Philosophie. Annweiler 1986, S. 203–229.

42 Edith Stein (wie Anm. 2), S. 132–135.

43 Vgl. noch Beat W. Imhof, Edith Steins philosophische Entwicklung, Bd. I: Leben und Werk. Basel / Boston 1987 (Basler Beiträge zur Philosophie und ihrer Geschichte, Bd. 10), S. 272 Anm. 269.

44 Zitiert nach Imhof, ebda, S. 269 Anm. 221.

45 Abgedruckt in: Waltraud Herbstrith, Edith Stein. Ein neues Lebensbild in Zeugnissen und Selbstzeugnissen. Freiburg / Basel / Wien 1983, [4]1987, S. 77.

te«.[46] Auch in Göttingen scheitert nämlich ihr Versuch, und zwar, wie es scheint, an unsachlicher kollegialer Rücksichtnahme – man fürchtete die phänomenologische Kritik Edith Steins an der begrifflichen Bewußtlosigkeit einer dort betriebenen Psychologie – und kaschierte solche falsche Rücksichtnahme mit dem Bescheid, daß die Habilitation von Damen noch immer Schwierigkeiten mache. Daraufhin wandte sie sich Anfang Dezember 1919 mit einer Eingabe an das »Preussische Ministerium für Wissenschaft, Kunst und Volksbildung«, um die Benachteiligung von Frauen in der Wissenschaft gesetzlich verbieten zu lassen. Schon am 21. Februar 1920 wurde Edith durch das Ministerium über den entsprechenden Runderlaß an die Universitäten in Kenntnis gesetzt.[47] Aber auch weitere Vorstöße nach Kiel und Hamburg führten nicht zum Erfolg, obwohl sie genau wie ihre männlichen Kollegen um Husserl, die sich dank seiner Förderung »mühelos« habilitieren konnten, »alle Voraussetzungen für die Zulassung« erfüllte.[48] Am Ende stand zu ihrem äußersten Schmerz vorerst das Scheitern aller beruflichen Pläne.

II

In Edith Steins Schriften und Erinnerungen tauchen immer wieder kurze Stücke – Erlebnisse, Reflexionen – religiösen Inhalts auf. So berichtet sie z.B. von einer unscheinbaren, aber für sie bedeutsamen Begebenheit in Frankfurt am Main, wo Edith eine ihrer Fahrten zu Husserl nach Freiburg unterbrach, um Pauline Reinach zu treffen, die Schwester des im Feld stehenden Adolf Reinach, und sich mit ihr die Stadt anzusehen:

> Es machten aber andere Dinge mehr Eindruck auf mich als der Römerberg und der Hirschgraben. Wir traten für einige Minuten in den Dom, und während wir in ehrfürchtigem Schweigen dort verweilten, kam eine Frau mit ihrem Marktkorb herein und kniete zu kurzem Gebet in einer Bank nieder. Das war für mich etwas ganz Neues. In die Synagogen und in die protestantischen Kirchen, die ich besucht hatte, ging man nur zum Gottesdienst. Hier aber kam jemand mitten aus den Werktagsgeschäften in die menschenleere Kirche wie zu einem vertrauten Gespräch. Das habe ich nie vergessen können.[49]

---

46 Leben und Werk (wie Anm. 43), S. 99.
47 Ebda, S. 101 f. und S. 271 Anm. 242.
48 Ebda, S. 99 f.
49 Stein, Autobiographie (wie Anm. 1), S. 282.

Schon in ihrer Dissertation gibt es Hinweise auf Edith Steins Beschäftigung mit der Frage nach unmittelbarer religiöser Erfahrung, die sie aber noch unentschieden läßt. Am Schluß des veröffentlichten Teils dieser Arbeit heißt es lediglich:

Es hat Menschen gegeben, die in einem plötzlichen Wandel ihrer Person das Einwirken göttlicher Gnade zu erfahren meinten, andere, die sich in ihrem Handeln von einem Schutzgeist geleitet fühlten (...). Ob hier echte Erfahrung vorliegt, ob jene Unklarheit über die eigenen Motive, die wir bei der Betrachtung der »Idole der Selbsterkenntnis« [S. 34 ff.] fanden, wer will es entscheiden? Aber ist nicht mit den Trugbildern solcher Erfahrung auch schon die Wesensmöglichkeit echter Erfahrung auf diesem Gebiet gegeben? Jedenfalls scheint mir das Studium des religiösen Bewußtseins als geeignetstes Mittel zur Beantwortung unserer Frage, wie andrerseits ihre Beantwortung von höchstem Interesse für das religiöse Gebiet ist.

Es ist wohl nicht so, daß Edith Stein schon damals die Auseinandersetzung mit ihrem verlorenen Kindheitsglauben oder mit dem unter ihren Freunden hier und dort aufbrechenden Glauben an Christus bewußt gesucht hätte. Andererseits, obwohl ungläubig, betrachtete sie sich nach wie vor als Jüdin. Bei antisemitischen Äußerungen während der Dienstzeit im Lazarett trat sie stets hervor und bekannte sich entsprechend.[50] In ihrer philosophierenden Umgebung jedoch vollzogen sich Konversionen, die sie nicht unberührt ließen. Max Scheler, aus jüdischer Familie stammend, aber evangelisch getauft, war zur katholischen Kirche übergetreten. Edith Stein begegnete ihm zu einer Zeit,

in der er ganz erfüllt von katholischen Ideen und mit allem Glanz seines Geistes und seiner Sprachgewalt für sie zu werben verstand. Das war meine erste Berührung mit dieser bis dahin völlig unbekannten Welt. Sie führte mich noch nicht zum Glauben. Aber sie erschloß mir einen Bereich von »Phänomenen«, an denen ich nun nicht mehr blind vorbeigehen konnte. Nicht umsonst wurde uns beständig eingeschärft, daß wir alle Dinge vorurteilsfrei ins Auge fassen, alle »Scheuklappen« abwerfen sollten. Die Schranken der rationalistischen Vorurteile, in denen ich aufgewachsen war, ohne es zu wissen, fielen, und die Welt des Glaubens stand plötzlich vor mir. Menschen, mit denen ich täglich umging, zu denen ich mit Bewunderung aufblickte, lebten darin. Sie mußten zumindest eines ernsten Nachdenkens wert sein. Vorläufig ging ich noch nicht an eine systematische Beschäftigung mit den Glaubensfragen; dazu war ich noch viel zu sehr von andern Dingen ausgefüllt. Ich begnügte mich damit, Anregungen aus meiner Umgebung widerstandslos in mich aufzunehmen, und wurde – fast ohne es zu merken – dadurch allmählich umgebildet.[51]

50 Ebda, S. 246. 51 Ebda, S. 183.

Noch andere Freunde wandten sich dem Christentum zu. Anna und Adolf Reinach, die Edith in Göttingen so hilfreich und menschlich zur Seite gestanden hatten, traten vom Judentum zum Christentum über, ihre Freundin Hedwig Martius und deren späterer Ehemann Hans Theodor Conrad ließen sich taufen. 1917 fiel Adolf Reinach in Flandern. Husserl bat Edith Stein, Reinachs wissenschaftlichen Nachlaß zu ordnen. Aber sie fürchtete sich vor einer Begegnung mit dessen Frau:

Was kann ich ihr sagen? Wie kann ich sie aufrichten und trösten bei dem schweren Leid, das sie getroffen hat?

So berichtet sie später Pater Johannes Hirschmann SJ.[52] Aber das Überraschende geschah: Frau Reinach bedurfte des Trostes nicht.

Der Aufblick zum Gekreuzigten gab ihr in der Stunde, da sie vom Tod ihres Mannes erfuhr, einen solchen Halt, daß Edith Stein die Kraft des Glaubens an das Kreuz auch in ihrem eigenen Herzen als junge Jüdin erfuhr. Dieser Glaube muß wahr sein; das Leben beweist es.[53]

Gegen Ende ihres eigenen Lebens, als Schwester im Karmel von Echt in Holland, hat sie Pater Hirschmann gegenüber den Stellenwert dieser Erfahrung bestimmt:

Es war dies meine erste Begegnung mit dem Kreuz und der göttlichen Kraft, die es seinen Trägern mitteilt. Ich sah zum erstenmal die aus dem Erlöserleiden geborene Kirche in ihrem Siege über den Stachel des Todes handgreiflich vor mir. Es war der Augenblick, in dem mein Unglaube zusammenbrach und Christus aufstrahlte, Christus im Geheimnis des Kreuzes.[54]

Elisabeth Endres zitiert eine längere Reflexion aus Reinachs Nachlaß – den Edith Stein ja zu ordnen hatte, welche dieser im Herbst 1917 niederschrieb und die etwas von dem Ringen des philosophischen Intellekts mit religiösen Grunderfahrungen spüren läßt:

Wer eines solchen Erlebnisses [der Erfahrung Gottes] teilhaftig geworden ist, der mag hinübergehoben werden über alle Nöte und Zweifel des Lebens, er mag eine Umkehrung und Wandlung in sich erfahren, die mit keinem anderen Erlebnis seines Lebens vergleichbar ist, er mag eine feste Richtung erhalten haben, die nunmehr alle Schritte sei-

52 Siehe Herbstrith, Ein neues Lebensbild (wie Anm. 45), S. 152; vgl. S. 30f.

53 Ebda.

54 Siehe Herbstrith, Das wahre Gesicht (wie Anm. 3), S. 54.

nes Lebens fest und sicher macht – aber was ist über dieses rein individuelle Geschehen im Dasein eines Einzelnen hinaus geschehen? Inwiefern insbesondere ist wahre Erkenntnis gefördert, wie kann ein solches subjektives Erlebnis Gültigkeit beanspruchen für den Einzelnen oder gar für alle Menschen überhaupt? Soviel Zweifel werden sich bei der heutigen erkenntnismäßigen Einstellung der meisten Menschen regen, soviel Abweisung von vornherein, daß man sich kaum die Mühe nehmen wird, die Bedenken genau zu formulieren.[55]

Vom Zusammenbruch des Unglaubens bis zur Annahme des christlichen Bekenntnisses, bis zur Entscheidung für die Taufe und die Bindung an die Kirche liegt auch bei Edith Stein noch ein weiter Weg. Vielleicht spiegelt sich, wie Waltraud Herbstrith annimmt,[56] in einigen Passagen der »Beiträge zur philosophischen Begründung der Psychologie und der Geisteswissenschaften« ihr eigener philosophisch-intellektueller Kampf um den Glauben. In § 3 Kapitel III der ersten Abhandlung über die (sensitive und kognitive) Kenntnisnahme von etwas und die (affektive und volitive) Stellungnahme zu etwas heißt es dort anfangs ganz allgemein:

Die Stellungnahmen sind wie die Kenntnisnahmen etwas, was mir »zuteil« wird. Ich kann sie nicht in der Weise vollziehen wie eine freie Zuwendung. Ich kann mich nicht nach Belieben für oder gegen sie entscheiden.[57]

Aber es gibt – so fährt Edith Stein fort und exemplifiziert dies vornehmlich am religiösen Glauben – die Möglichkeit einer zweiten, höheren, nun aber freien Stellungnahme gegenüber der ersten spontanen und unfreien – eine Möglichkeit, die bei bloßen Kenntnisnahmen fehle:

ich kann mich nach religiösem Glauben sehnen, mich darum bemühen mit allen Kräften, und er braucht mir doch nicht zuteil zu werden.[58]

Wenn aber der Glaube im Sinne der primären Stellungnahme auftritt, dann kann ich mich ihm gegenüber auf dreierlei Weise verhalten: ihn annehmen, ablehnen oder neutralisieren, d. h.: ich kann ihn unwirksam machen, indem ich mich so verhalte, als sei er nicht vorhanden. Diese letzte Art bezeichnet Edith Stein mit Husserl als ›Epoché‹. Natürlich wäre zu fragen, wieweit sich eine solche doch irgendwie künstliche Stellungnahme durchhalten läßt. Aber sie ist sicher manchmal möglich.

---

55 Endres, Edith Stein (wie Anm. 2), S. 126 f.

56 Herbstrith, Das wahre Gesicht (wie Anm. 3), S. 57–59.

57 Stein, Beiträge (wie Anm. 37), S. 42.

58 Ebda, S. 43.

Es gibt für Edith Stein schließlich einen Zustand des menschlichen Geistes jenseits der beschriebenen primären und sekundären Stellungnahmen, einen Zustand, der diese umgreift, in gewisser Weise relativiert und als reines Geschenk erfahren wird:

Es gibt einen Zustand des Ruhens in Gott, der völligen Entspannung aller geistigen Tätigkeit, in dem man keinerlei Pläne macht, keine Entschlüsse faßt und erst recht nicht handelt, sondern alles Künftige dem göttlichen Willen anheimstellt, sich gänzlich »dem Schicksal überläßt«. Dieser Zustand ist mir etwa zuteil geworden, nachdem ein Erlebnis, das meine Kräfte überstieg, meine geistige Lebenskraft völlig aufgezehrt und mich aller Aktivität beraubt hat. Das Ruhen in Gott ist gegenüber dem Versagen der Aktivität aus Mangel an Lebenskraft etwas völlig Neues und Eigenartiges. Jenes war Totenstille. An ihre Stelle tritt nun das Gefühl des Geborgenseins, des aller Sorge und Verantwortung und Verpflichtung zum Handeln Enthobenseins. Und indem ich mich diesem Gefühl hingebe, beginnt nach und nach neues Leben mich zu erfüllen und mich – ohne alle willentliche Anspannung – zu neuer Betätigung zu treiben. Dieser belebende Zustrom erscheint als Ausfluß einer Tätigkeit und einer Kraft, die nicht die meine ist und, ohne an die meine irgendwelche Anforderungen zu stellen, in mir wirksam wird. Einzige Voraussetzung für solche geistige Wiedergeburt scheint eine gewisse Aufnahmefähigkeit zu sein, wie sie in der dem psychischen Mechanismus enthobenen Struktur der Person gründet.[59]

Hier haben wir eine geradezu klassische Schilderung der mystischen Erfahrung eines mit Gott geeinten Lebens, eine Erfahrung, die in Edith Stein alle intellektuellen Zweifel und das vitale Widerstreben gegen eine völlige Hingabe an Gott zur Ruhe brachte. Dieses Selbstbekenntnis stammt aus einem Text, der, wie erwähnt, 1922 veröffentlicht wurde, aber doch wohl schon Ende 1918 fertig vorlag, als sie zunächst in Göttingen, dann auch in Hamburg und Kiel nach einer Möglichkeit zur Habilitation suchte. Das angeführte Zitat belegt somit, wie weit sie schon am Ende des Weltkriegs in Glaube und Erfahrung Gottes hineingewachsen war. Daß ihre Bekehrung zum Christentum gleich der des Augustinus eine plötzliche gewesen sein soll, wie die folgende, immer wieder erzählte Geschichte behauptet, erscheint von daher wenig glaubwürdig. Als sie sich nämlich im Sommer 1921, wie schon zuvor mehrfach, für längere Zeit beim Ehepaar Conrad-Martius in Bergzabern aufhielt, habe sie eines Abends zur Lektüre einen Band aus der Bibliothek ihrer Freunde gewählt; es war die Autobiographie Teresas von Ávila, der großen Reformatorin des Karmelitinnenordens im 16. Jahrhundert. Edith habe die ganze Nacht hindurch gelesen, und am Morgen, als sie das Buch schloß, gesagt: »Das ist

[59] Ebda, S. 76.

die Wahrheit!« und gewußt, welchen Weg sie gehen müsse, nämlich in die katholische Kirche und den Karmelorden.[60]

Auch ihre wichtigsten Biographinnen, Waltraud Herbstrith und Elisabeth Endres, zeigen, daß sich Edith Stein schon Jahre zuvor intensiv mit dem Christentum auseinandersetzte, besonders während der Breslauer Zeit nach 1918.[61] Hier ist vor allem das Zeugnis einer Schülerin wichtig: Gertrud Koebner war von dem jüdischen Philosophen Julius Guttmann, Professor der Breslauer Universität, zur Einführung in die Phänomenologie an sie verwiesen worden und gewann durch die Mitteilsamkeit ihrer Lehrerin einen tiefen Einblick in deren Denken und Leben. Frau Koebners Bericht[62] belegt unter anderem, daß sich Edith Stein nicht nur mit dem Alten und Neuen Testament und der katholischen Liturgie intensiv befaßte, sondern auch Kierkegaards »Einübung ins Christentum« studierte, wobei ihr aber der hier vertretene Individualismus nicht entsprach, und sie offenbar auch schon länger in Teresa von Ávilas Schriften las. Es mag dann durchaus so sein, daß sie von Teresas Autobiographie Klarheit über Weg und Bestimmung gewann. Bemerkenswert ist außerdem, daß sie sich zunächst nicht mit der offiziellen Theologie oder Philosophie der katholischen Kirche befaßte – ihre Beschäftigung mit Thomas von Aquin begann erst Mitte der zwanziger Jahre –, sondern daß es die *spirituelle* und *Gebetskultur* der Kirche war, welche sie in sich aufnahm. Zunächst wohl instinktiv, dann auch philosophisch reflektiert, erfaßte sie, daß, was allem Grund und Ziel ist, nicht innerhalb der Grenzen des Erfahrbaren angetroffen werden kann. Schon jetzt transzendierte sie damit die Philosophie zur mystischen Erfahrung, über das Erkennen und Wissen hinaus zum Nicht-Erkennen und Nicht-Wissen. Diesen Überstieg vollzog sie später noch einmal innerhalb des kirchlichen Bereichs auf ihrem Weg von Thomas zu Johannes vom Kreuz.

Wie angedeutet, entsprachen diesem Weg vielfältige Tendenzen in Ediths Freundeskreis. Husserl selbst beschäftigten mystische Schriften wie die sogenannte »Theologia deutsch« eines anonymen Frankfurter Deutschordensherrn aus der zweiten Hälfte des 15. Jahrhunderts.[63] In einem Brief an Dietrich Mahnke vom 5. 9. 1917 schreibt er:

---

60 Siehe Herbstrith, Ein neues Lebensbild (wie Anm. 45), S. 33, 164.

61 Vgl. Herbstrith, Das wahre Gesicht (wie Anm. 3), S. 61 ff.; Endres, Edith Stein (wie Anm. 2), S. 168 ff.

62 Siehe Herbstrith, Das wahre Gesicht (wie Anm. 3), S. 65–70.

63 Wolfgang von Hinten (Hrsg.), »Der Franckforter« (»Theologia Deutsch«). Kriti-

Die Deutsche Theologie habe ich schon früher wiederholt angesehen und ich habe sie hiermit und liebe sie sehr: wie ich überhaupt große Neigung zur deutschen Mystik habe. Ich meine, zur Mystik Zugang zu haben. Aber ich habe nicht genug darin gelebt.[64]

Auch philosophisch sah Husserl in einer Beschäftigung mit der religiösen Thematik Krönung und Abschluß seiner gedanklichen Bemühungen.[65]

Am 1. Januar 1922 wird Edith Stein getauft und wählt als Taufnamen Theresia in Dankbarkeit gegenüber ihrer geistlichen Mutter. Die evangelische Freundin Hedwig Conrad-Martius ist Patin. Am 2. Februar 1922 firmt sie der Bischof von Speyer, d. h. sie empfängt zur Stärkung im Glauben das Sakrament des Hl. Geistes. Elisabeth Endres macht mit Recht auf den Symbolgehalt beider Tage im liturgischen Kalender der katholischen Kirche aufmerksam:[66] Der 1. Januar ist das Fest der Beschneidung Jesu. Die Beschneidung gilt im Judentum als Zeichen des Bundes; es markiert die Zugehörigkeit des männlichen Juden zum Volk Gottes. Am 2. Februar feiert die katholische Kirche das Fest Mariä Lichtmeß. Es erinnert an den Gang der Mutter Jesu zum Tempel: Damit war die Zeit der rituellen Unreinheit zu Ende, in der sich jede Frau, die gebar, nach dem mosaischen Gesetz für vierzig Tage befindet. War das Neugeborene der erste männliche Nachkomme, dann wurde es von den Eltern im Tempel Gott geweiht. Wie schon Ediths leiblicher Geburtstag, das große jüdische Versöhnungsfest, für sie stets tiefe symbolische Bedeutung hatte, so werden auch diese Tage der geistlichen Wiedergeburt in den Neuen Bund des Messias-Christus keine endgültige Verabschiedung ihres Judentums bedeutet haben, sondern im Gegenteil eine Besinnung auf die jüdischen Wurzeln des Christentums; das Christentum ist nach den Worten des Paulus im Römerbrief (11,13–24) ja nur ein Zweig, der auf die von Gott erwählte Wurzel des Judentums aufgepfropft wurde.

Edith Stein hatte schon bei ihrer Taufe die Absicht, in Teresa von Ávilas Karmel-Orden einzutreten, der auf einzigartige Weise die Prophetien des Alten Testaments mit dem Neuen und damit Juden- und Christentum vereint. Elisabeth Endres merkt zu Recht an:

sche Textausgabe. München 1982 (Münchner Texte und Untersuchungen zur deutschen Literatur des Mittelalters, Bd. 78).

64 Zitiert nach Imhof, Leben und Werk (wie Anm. 43), S. 266 Anm. 171.

65 Ebda, S. 94 mit Anm. 173 und 174 von S. 266.

66 Edith Stein (wie Anm. 2), S. 173 f.

Edith Stein war ein Mensch, der sich nur dem absoluten Anspruch beugen wollte. Es entsprach ihrer Unbedingtheit, daß sie nicht einfach eine fromme katholische Christin sein wollte, sondern die Sache ganz zu ergreifen bestrebt war. Ihr Vorbild war Teresa von Ávila, und ihr Wunsch war konsequent: sich der strengsten Ordnung zu unterwerfen, in den Orden des Karmel eintreten. Nicht nur im Denken liebte sie die hochgestimmte Konsequenz.[67]

Aber zwei Umstände verzögerten ihr Vorhaben schließlich um Jahre: einmal das tiefe Leid, welches sie mit einem solchen Schritt über ihre Konversion hinaus der Mutter zugefügt hätte; zum andern wohlmeinende und auch dringende Empfehlungen von seiten katholischer Berater und Freunde, ihre Begabung doch der Kirche nicht vorzuenthalten und sich nicht dem fruchtbaren Wirken in der Welt durch eine Ordination zu entziehen. Edith berichtet selbst:

Als ich am Neujahrstage 1922 die hl. Taufe empfing, dachte ich, daß dies nur die Vorbereitung zum Eintritt in den Orden sei. Aber als ich einige Monate später nach meiner Taufe zum erstenmal meiner lieben Mutter gegenüberstand, wurde mir klar, daß sie dem zweiten Schlag vorläufig nicht gewachsen sei. Sie würde nicht daran sterben, aber es würde sie mit einer Verbitterung erfüllen, die ich nicht verantworten könnte.[68]

Zunächst war es Generalvikar Joseph Schwind in Speyer, dann Domvikar Günther Schulemann in Breslau, später ihr geistlicher Führer Erzabt Raphael Walzer von der Benediktinerabtei Beuron und schließlich der Jesuit Erich Przywara, die Edith Stein davon überzeugten, daß sie, zumindest vorläufig noch, wichtige wissenschaftliche und pädagogische Aufgaben zu erfüllen habe. Joseph Schwind vermittelte ihr die Stelle einer Deutschlehrerin am Lehrerinnenseminar und der Mädchenschule, welche die Dominikanerinnen des Klosters St. Magdalena in Speyer unterhielten. Hier hat Edith Stein von 1923 bis 1931 gewirkt. Berichte von Schülerinnen belegen immer wieder den tiefen Eindruck von ihrer Persönlichkeit, die durch ihre Unnahbarkeit manchmal auch Furcht erregte. Andererseits empfand man sie als absolut vertrauenswürdig: Schülerinnen und Kolleginnen suchten sie um Rat und Hilfe auf, besonders in religiösen Nöten. Ihre Frömmigkeit wirkte vorbildhaft, weil nichts Aufgesetztes, Gekünsteltes oder Demonstratives daran war. Soweit es die Unterrichtsverpflichtungen erlaubten, verbrachte sie lange Zeiten im Gebet an einem vom Hauptschiff der Klosterkirche uneinsehbaren Platz des Altarraums. Erich Przywara konnte später feststellen, daß ihr Einfluß sich über die

---

67 Ebda, S. 175.

68 Zitiert nach Herbstrith, Das wahre Gesicht (wie Anm. 3), S. 70 f.

Schulen der Dominikanerinnen hinaus auch auf den Ordensnachwuchs erstreckte:

Edith Stein (...) war (...) nicht nur die beste Erzieherin ihrer Schülerinnen, sondern hatte, kraft der weisen Einsicht der damaligen Generalpriorin, einen führenden Einfluß auf die Schwestern und ihren Nachwuchs. St. Magdalena verdankt Edith Stein seine besten Kräfte, die noch heute wissen, wie sehr sie ihre eigentliche Novizenmeisterin war.[69]

Pater Przywara lernte Edith Stein 1925 kennen, als er sie in Speyer besuchte, um das Vorhaben einer deutschen Gesamtausgabe der Schriften Henry Newmans zu besprechen. Dessen Briefe und Tagebücher aus den Jahren 1801 bis 1845 erschienen dann 1928 in München – von ihr übertragen. Przywara regte sie in der Folge dazu an, sich mit Thomas von Aquins philosophischem und theologischem Werk zu befassen. Er empfahl – gewissermaßen als Einstieg in die Welt des Aquinaten und in Anknüpfung an die methodisch orientierte Phänomenologie – eine Übersetzung seiner »Quaestiones disputatae de veritate«, der »Untersuchungen über die Wahrheit«. Diese erschien 1931 und 1932 in zwei Bänden bei einem kleinen Breslauer Verlag, eingeleitet vom führenden deutschen Erforscher der mittelalterlichen Scholastik, Martin Grabmann; als Band III und Band IV fand die Übersetzung dann auch Platz in der Werkausgabe. Mit dieser Arbeit »bahnte« sich »ihre Rückkehr zur philosophischen Arbeit an«, wie sie selbst im Vorwort zum philosophischen Hauptwerk »Endliches und Ewiges Sein« am 1. September 1936 schreibt.[70] Weiter heißt es:

Der hl. Thomas fand eine ehrfürchtige und willige Schülerin – aber ihr Verstand war keine *tabula rasa*, er hatte schon eine sehr feste Prägung, die sie nicht verleugnen konnte. Die beiden philosophischen Welten, die darin zusammentrafen, verlangten nach einer Auseinandersetzung. Der erste Ausdruck dieses Verlangens war der kleine Beitrag zur Husserl-Festschrift: »Husserls Phänomenologie und die Philosophie des hl. Thomas von Aquino«, noch während der Arbeit an den »Untersuchungen über die Wahrheit« geschrieben.

Die »Rückkehr zur philosophischen Arbeit« wird möglich durch eine veränderte Sicht ihrer geistlichen Berufung: Der Wunsch nach dem Karmel, das Führen eines beschaulichen Lebens schließt für sie in rechtem Verständnis eine philosophische oder sonstige ›weltliche‹ Tätigkeit nicht aus. Dazu haben

---

69 Zitiert nach Herbstrith, ebda., S. 75 f.; Dies., Ein neues Lebensbild (wie Anm. 45), S. 179.

70 Werke (wie Anm. 1), Bd. II, S. XII.

nicht nur die steten Mahnungen der geistlichen Betreuer beigetragen, sondern auch das Studium des Thomas. So schreibt sie im Brief an eine Dominikanerin vom 12. Februar 1928:

(...) Natürlich ist Religion nicht etwas für den stillen Winkel und für einige Feierstunden, sondern sie muß Wurzel und Grund alles Lebens sein (...). Daß es möglich sei, Wissenschaft als Gottesdienst zu betreiben, ist mir zuerst so recht am hl. Thomas aufgegangen; (...) und nur daraufhin habe ich mich entschließen können, wieder ernstlich an wissenschaftliche Arbeit heranzugehen.

In der Zeit unmittelbar vor und noch eine ganze Weile nach meiner Konversion habe ich nämlich gemeint, ein religiöses Leben führen heiße alles Irdische aufgeben und nur im Gedanken an göttliche Dinge leben. Allmählich habe ich aber einsehen gelernt, daß in dieser Welt anderes von uns verlangt wird und daß selbst im beschaulichsten Leben die Verbindung mit der Welt nicht durchschnitten werden darf; ich glaube sogar: je tiefer jemand in Gott hineingezogen wird, desto mehr muß er auch in diesem Sinn »aus sich herausgehen«, d. h. in die Welt hinein, um das göttliche Leben in sie hineinzutragen.

Es kommt nur darauf an, daß man zunächst einmal in der Tat einen stillen Winkel hat, in dem man mit Gott so verkehren kann, als ob es sonst überhaupt nichts gäbe, und das täglich: das Gegebene scheinen mir die Morgenstunden, ehe die Tagesarbeit beginnt; ferner, daß man seine besondere Mission dort bekommt, am besten für jeden Tag, und auch nichts selbst wählt; schließlich, daß man sich ganz und gar als Werkzeug betrachtet und speziell die Kräfte, mit denen man besonders arbeiten muß, z. B. den Verstand in unserem Fall, als etwas, was nicht *wir* brauchen, sondern Gott in uns.

(...) Mein Leben beginnt jeden Morgen neu und endet jeden Abend; Pläne und Absichten darüber hinaus habe ich keine; d. h., es kann natürlich zum Tagewerk gehören, vorauszudenken – ein Schulbetrieb z. B. ist ja ohne dies unmöglich –, aber eine »Sorge« für den kommenden Tag darf es nie sein (...).[71]

Im »Versuch einer Gegenüberstellung« von Husserls Phänomenologie und der Philosophie des Thomas in jener Husserl-Festschrift von 1929[72] geht Edith Stein einleitend von einem die beiden Systeme historisch verknüpfenden Verbindungsglied aus, um gewisse Gemeinsamkeiten zwischen ihnen zu verstehen. Dieses Verbindungsglied sieht sie in Franz Brentano, dem bedeutenden Lehrer Husserls in Wien während der Jahre 1883–1886. Brentano (1838–1917), als ehemaliger katholischer Priester und Philosophiedozent – er verließ 1873 aus Protest gegen das Unfehlbarkeitsdogma des Ersten Vatika-

[71] Werke, Bd. VIII, S. 54 f., Brief Nr. 45.

[72] Edith Stein, »Husserls Phänomenologie und die Philosophie des hl. Thomas von Aquino«, in: Festschrift Edmund Husserl. Zum 70. Geburtstag gewidmet. Ergänzungsband zum Jahrbuch für Philosophie und phänomenologische Forschung. Halle 1929 (repr. Tübingen 1974, S. 315–338). Hier zitiert als ›Husserl-Festschrift‹.

nischen Konzils von 1870/71 die katholischen Kirche – war nämlich in besonderem Maße mit der scholastischen Methode, vor allem des Thomas, vertraut. In seiner »Kristallklarheit der Begriffsbildung«, die noch an Aristoteles und der sich auf ihn berufenden Philosophie des Thomas geschult war, führte er seinem Schüler Husserl vor,

daß Philosophie etwas anderes sein könne als ein schöngeistiges Gerede, daß sie, recht betrieben, den höchsten Anforderungen an wissenschaftliche Strenge, die er [Husserl] als Mathematiker zu stellen gewohnt war, genügen könne.[73]

Von hierher ergibt sich eine erste wichtige Gemeinsamkeit zwischen Thomas und Husserl, nämlich *»Philosophie als strenge Wissenschaft«* zu treiben, wie dieser programmatisch in einem Aufsatz von 1910 formulierte.[74]

Es ist dabei nicht an eine Analogie mit irgendeiner anderen Wissenschaft zu denken. Es bedeutet nur, daß Philosophie keine Sache des Gefühls und der Phantasie, der hochfliegenden Schwärmerei oder auch der persönlichen Ansicht, sozusagen Geschmacksache ist, sondern eine Sache der ernst und nüchtern forschenden Vernunft.[75]

Und zwar hat auch philosophische Vernunft methodisch voranzugehen, nicht nur die empirisch forschende. Allerdings unterscheiden sich Thomas und Husserl bezüglich des Charakters und der Reichweite dieser Vernunft: Husserl kennt nur die natürliche Ratio, Thomas darüber hinaus noch eine übernatürliche – sei es göttliche, sei es von Gott erleuchtete. Edith Stein erwägt die Möglichkeit einer christlichen, nämlich aus Voraussetzungen des Glaubens argumentierenden Philosophie im Widerstand zu deren neuzeitlichem Selbstverständnis:

Dem »kritisch« eingestellten Philosophen der Gegenwart wird sich hier die Frage aufdrängen: wenn der Glaube letztes Kriterium aller andern Wahrheit ist, was ist Kriterium für ihn selbst, was verbürgt mir die Echtheit der Glaubensgewißheit? Im Sinne des hl. Thomas sagt man darauf wohl am besten: der Glaube verbürgt sich selbst. Man könnte auch sagen: Gott, der uns die Offenbarung gibt, bürgt uns für ihre Wahrheit. Doch das wäre nur die andere Seite derselben Sache. Denn wollte man es als getrennte Tatbestände nehmen, so käme man, da wir ja des Gottes, den uns die Offenbarung kennen lehrt und der uns persönlich nahe ist, im Glauben gewiß werden, zu einem circulus vitiosus. (...)

Man kann nur darauf hinweisen, daß für den Gläubigen die Glaubenswahrheiten eine solche Gewißheit haben, daß alle andere Gewißheit dadurch relativiert wird, und

[73] Ebda, S. 315.
[74] In: Logos, Bd. I, S. 289–341.
[75] Stein, Husserl-Festschrift (wie Anm. 72), S. 316.

daß er nicht anders kann als jede vermeintliche Erkenntnis preisgeben, die zum Glauben im Widerspruch steht. Die spezifische Glaubensgewißheit ist ein Geschenk der Gnade. Verstand und Wille haben die theoretischen und praktischen Konsequenzen daraus zu ziehen. Zu den theoretischen Konsequenzen gehört der Aufbau einer Philosophie aus dem Glauben.[76]

Edith Stein sah ihre Aufgabe – soweit sie die Philosophie betraf – in der Arbeit an einer solchen Weisheitslehre aus dem Glauben, methodisch angereichert und geschärft durch das von der Phänomenologie zur Verfügung gestellte Handwerkszeug. Ihr Hauptwerk aus dieser Lebensphase, das umfangreichste Werk überhaupt – »Endliches und ewiges Sein« mit dem Untertitel »Versuch eines Aufstiegs zum Sinn des Seins« –, kann als grandiose Ausführung eines solchen Programms angesehen werden. Darauf wird noch eingegangen.

Edith Steins Tätigkeit bei den Dominikanerinnen erschöpft sich nicht im Unterrichten. Einerseits führt sie ein fast klösterliches Leben und verbringt viele Stunden in Meditation und Gebet; andererseits ist sie nach außen hin sehr aktiv, hält Vorträge im katholischen Raum zur Bedeutung des Berufs sowie der Bildung von Frauen und unterhält eine reiche Korrespondenz mit Menschen, die Rat und Hilfe suchen. Auch sozial ist sie aktiv und unterstützt in wirtschaftliche Not Geratene. Die bedeutendsten ihrer Vorträge und Vorlesungen zu Frauenfragen – gehalten zwischen 1928 und 1932 an verschiedenen Orten des deutschsprachigen Raums – finden sich in Band V der Werkausgabe. Wie ihre philosophischen schöpft sie auch die pädagogischen, volksbildnerischen Vorstellungen und Impulse jetzt aus christlichem Geist. Das bedeutet aber keineswegs, daß ihre Einsichten sich – zum Teil wenigstens – nicht auch ohne diese Orientierung aufnehmen ließen, etwa ihre Betonung des Eigencharakters und Eigenwerts der Frau. Sie denkt dabei an eine neue Identität in Theorie und Praxis: Das emanzipative Streben nach Selbstbestimmung, Ebenbürtigkeit und Gleichrangigkeit mit dem Manne werde nun erweitert und ergänzt durch das Bewußtsein ihrer besonderen Stärken, aber auch Schwächen und Gefährdungen. Ein von Edith Stein am 12. April 1928 in Ludwigshafen gehaltener Vortrag »Der Eigenwert der Frau in seiner Bedeutung für das Leben des Volkes« macht diesen Aspekt zum Ausgangspunkt.[77] In der von ihr selbst verfaßten Zusammenfassung heißt es:

---

[76] Ebda, S. 322.

[77] Stein, Werke (wie Anm. 1), Bd. V, S. 205 ff.

In den *Anfängen der Frauenbewegung* wäre dies Thema [»Der Eigenwert der Frau in seiner Bedeutung für das Leben des Volkes»] kaum denkbar gewesen. Damals wurde der Kampf um die »Emanzipation« geführt, d. h. es war im wesentlichen ein *individualistisches* Ziel angestrebt: den Frauen ein freies Auswirken ihrer Persönlichkeit zu ermöglichen durch Erschließung aller Ausbildungswege und Berufe. Um den gegnerischen Einwand der Untauglichkeit zu den »männlichen« Berufen zu widerlegen, verirrt man sich dahin, die *Eigenart* überhaupt zu leugnen; dann könnte auch von einem *Eigenwert* nicht die Rede sein. Die Erfüllung der Frauenforderungen hat diese Überspannung gelöst. Außerdem ist der Kampfplatz auf den Boden der Tatsachen verlegt, da uns eine jahrelange Erfahrung in den verschiedenen Berufszweigen zur Verfügung steht. Für die heutige Situation ist danach charakteristisch:

1. das selbstverständliche Ausgehen von *der Eigenart der Frau* als einer unbestrittenen Tatsache;
2. die Überzeugung, daß in dieser Eigenart ein *Eigenwert* eingeschlossen ist;
3. der vorherrschend *sozialen Einstellung* unserer Zeit entsprechend das Bestreben, *den Eigenwert im Dienst der Volksgemeinschaft fruchtbar zu machen.*[78]

Daß dieser Eigenwert in den Dienst der Volksgemeinschaft gestellt werden soll, befremdet nach allem, was wir über die Mißbräuchlichkeit solchen Dienstes wissen. Natürlich ist er bei Edith Stein vollkommen in strenge moralische und christliche Grundanschauungen eingebettet, so daß die Unterstellung absurd wäre, sie fordere eine unterschiedslose Dienstbereitschaft für beliebige Zwecke. Und auch jene Rede von der Volksgemeinschaft ist, wie wir sahen, von ihrer personal-kommunitären Staatstheorie her zu verstehen und nicht etwa von der organizistisch-biologistischen Auffassung des Staates und Volks als eines lebenden Körpers, welcher von Krankheitserregern – sprich: Zigeunern, Juden, Asozialen oder Homosexuellen – befallen werden kann.

Es ist Edith Steins Anliegen in ihren Vorträgen zur Frauenfrage, den engen Horizont der katholischen Diskussion zu erweitern und den Hörerinnen die Berührungsängste vor modernen Anschauungen zu nehmen – freilich von dem festen Boden einer durchdachten, kirchlichen Position aus. Das möchte ich an ihrer Stellungnahme zu modernen Auffassungen von Ehe und Sexualität illustrieren. Sie widmet dem Thema eine größere Studie mit dem Titel »Probleme der Frauenbildung«, die aus Vorlesungen des Sommersemesters 1932 am Deutschen Institut für Wissenschaftliche Pädagogik erwuchs und zum größeren Teil wenig später in mehreren Folgen der ›Benediktinischen Monatsschrift‹ erschien. Hier heißt es:

[78] Ebda, S. XXXIV.

Die moderne Jugend hat ihr Recht auf das Geschlechtsleben proklamiert. Steht sie noch unter dem Einfluß alter Traditionen oder bewußt aus eigener Überzeugung auf dem Boden einer Weltanschauung, der die Ehe heilig ist, muß ein zielbewußtes Hinstreben auf Familiengründung daraus entstehen. Sind diese Ideale preisgegeben, so ergibt sich als Konsequenz die Praxis der Kameradschaftsehe oder eines vollkommen freien und schrankenlosen Verkehrs. Das zweite hat von Jahr zu Jahr in allen Kreisen in erschreckendem Maße zugenommen, zum Teil als Erscheinungsform des allgemein überhandnehmenden ungehemmten Trieblebens, zum Teil eben infolge der öffentlichen Diskussion die Ehe negierender Theorien, denen eine bloß traditionelle Moral nicht standhalten kann.

Ein festes Bollwerk gegenüber diesen praktisch fortschreitend sich auswirkenden Theorien kann nur eine klar und unanfechtbar begründete Eheauffassung sein. Wir haben eine solche klare und unanfechtbare Begründung allein im katholischen Dogma, das die Ehe als Sakrament und als ihren wesentlichen Zweck die Erzeugung und Erziehung der Nachkommenschaft ansieht. In der klaren Erkenntnis der Bedeutung dieser katholischen Auffassung gegenüber allen zersetzenden Tendenzen der Gegenwart hat unser Heiliger Vater sie in seiner Ehe-Enzyklika[79] in einer aller Welt vernehmlichen Form ausgesprochen. Es muß aber auf diesem Fundament nun weiter aufgebaut werden. Die Diskussion über Sexualprobleme: die Sexualpsychologie, -pädagogik und -pathologie hat so weit um sich gegriffen, sich so stark bereits praktisch in Erziehung und Unterricht, in Heilbehandlung und Lebensgestaltung ausgewirkt, daß es nötig ist, sich von der katholischen Grundlage aus mit all diesen Richtungen kritisch auseinanderzusetzen: kritisch, d. h. nicht einfach negativ, sondern gründlich und ernstlich scheidend, was für uns annehmbar und was nicht annehmbar ist. Denn wir können von den modernen Forschungseinrichtungen in der Tat vieles lernen; die traditionelle katholische Behandlung oder Nichtbehandlung dieser Fragen ist einer Erneuerung fähig und bedürftig, wenn sie dem Ansturm der Zeitfragen genügen will.

Der Aufbau einer wahrhaft katholischen, großzügigen Sexual- und Ehetheorie und daraus abgeleitete Erziehungsgrundsätze sind darum als eine dringliche Aufgabe aller Jugend- und damit auch aller Mädchenbildung unserer Zeit zu bezeichnen. Sie wären zugleich von höchster Bedeutung für unser ganzes Volk, weil eine solche Leitung, die nur von katholischer Seite kommen kann, für alle in gutem Sinn konservativ gerichteten Kreise außerhalb der Kirche einen festen Rückhalt bieten würde.[80]

Es sei aber nicht verschwiegen, daß Edith Stein gelegentlich – in seltsamer Mißachtung der Diskussionssituation über Frauenfragen auch innerhalb der katholischen Kirche – Auffassungen entwickelt, die weit entfernt sind von den radikal-emanzipativen Anfängen ihrer Jugend. In der Ausarbeitung eines Vortrags mit dem Titel »Frauenbildung« bzw. »Grundlagen der Frauenbil-

[79] Gemeint ist die Enzyklika ›Casti connubii‹ Pius' XI.

[80] Stein, Werke (wie Anm. 1), Bd. V, S. 96 f.

dung«, den sie am 8. November 1930 vor dem Bildungsausschuß des Deutschen Katholischen Frauenbundes in Bendorf am Rhein hielt,[81] lesen wir:

Die Natur der Frau ist angelegt auf ihre ursprüngliche Bestimmung: *Gattin und Mutter* zu sein. Beides hängt aufs engste zusammen. Der Leib der Frau ist dazu gebildet, mit einem andern »ein Fleisch zu sein« und neues Menschenleben in sich zu nähren. Dem entspricht es, daß die Seele der Frau darauf angelegt ist, einem Haupt untertan zu sein in dienstbereitem Gehorsam und zugleich seine feste Stütze zu sein, wie ein wohldisziplinierter Körper dem Geist, der ihn beseelt, gefügiges Werkzeug ist, aber auch eine Quelle der Kraft für ihn ist und ihm seine feste Stellung in der äußeren Welt gibt. Und sie ist darauf angelegt, andern Seelen Hut und Heimat zu sein, worin sie sich entfalten können. Beide, die seelische Gefährtenschaft und die seelische Mütterlichkeit, sind nicht an die Grenzen des leiblichen Gatten- und Mutterverhältnisses gebunden, sondern erstrecken sich auf alle Menschen, die in den Gesichtskreis der Frau treten.

Die Seele der Frau muß darum *weit* sein und aufgeschlossen für alles Menschliche; sie muß *still* sein, daß kein schwaches Flämmchen durch wehende Stürme ausgelöscht werde; sie muß *warm* sein, damit zarte Keime nicht erstarren; sie muß *klar* sein, damit nicht in dunklen Ecken und Falten Schädlinge sich einnisten; *in sich geschlossen*, daß nicht Einbrüche von außen das Leben im Innern gefährden; *von sich selbst leer*, damit das fremde Leben in ihr Raum habe; schließlich *Herr über sich selbst* und auch über ihren Körper, damit die ganze Persönlichkeit jedem Ruf dienstbereit zur Verfügung stehe.[82]

In den anschließenden Erörterungen beschreibt sie dann dies »Idealbild der weiblichen Seelengestalt« näher, seine Weite, Stille, Wärme und Leere von sich selbst. Edith Steins Ausführungen lösten erheblichen Widerspruch aus, und sie sah ein, daß ihre Darlegungen weder zeit- noch sachgemäß waren.[83]

Bei der Lektüre dieser Vorträge und Aufsätze zu Aufgabe, Beruf und Bildung der Frau gerät man so leicht in ein Wechselbad der Gefühle: Recht konventionelle, gelegentlich sogar fromm-betuliche Sicht- und Sprechweisen wechseln ab mit scharf belichteten Problemanalysen und – jedenfalls für den kirchlich-katholischen Bereich – mutigen, unzweideutigen Stellungnahmen. Hierfür noch eine Probe auf dem Feld, das heute vor allem von der feministischen Theologie bearbeitet wird – ich meine die Forderung nach einem katholischen Priestertum der Frau. Hier heißt es:

Im heutigen Kirchenrecht kann zweifellos von einer Gleichstellung der Frau mit dem Mann nicht die Rede sein, da sie von allen geweihten Ämtern der Kirche ausgeschlossen

81 Vgl. ebda, S. XXVII f.

82 Ebda, S. 77 f.

83 Vgl. Imhof, Leben und Werk (wie Anm. 43), S. 124 f.

ist. Wie V. Borsinger in ihrer Dissertation über die Rechtsstellung der Frau in der Kirche nachgewiesen hat, ist der heutige Stand eine Verschlechterung gegenüber den Frühzeiten der Kirche, in denen Frauen amtliche Funktionen als geweihte Diakonissen hatten. Die Tatsache, daß hier eine allmähliche Umbildung erfolgt ist, zeigt die Möglichkeit einer Entwicklung in entgegengesetztem Sinn. Und das kirchliche Leben der Gegenwart weist darauf hin, daß wir eine solche Entwicklung zu erwarten haben, da wir in steigendem Maß eine Berufung der Frauen zu kirchlichen Aufgaben – Karitas, Seelsorgshilfe, Lehrtätigkeit – feststellen können. Rechtssatzungen sind aber in der Regel nachfolgende juristische Festlegung von Lebensformen, die sich praktisch bereits durchgesetzt haben. Wie weit eine solche Entwicklung gehen könnte, ist nicht vorauszusagen.[84]

Stein meint dann aber doch skeptisch, daß sie »persönlich an eine Entwicklung bis zur Ermöglichung des Priestertums der Frau nicht glaube«. In einer anderen Studie hatte sie dieselbe Frage schon einmal diskutiert und war zum Ergebnis gelangt, daß dogmatisch nichts gegen eine positive Antwort spreche. Aber die eigentliche und wesentliche Aufgabe der Frau sei doch die der mystischen Liebesvereinigung mit Christus als seine Braut:

Einen höheren Beruf als den der *sponsa Christi* kann es nicht geben, und wer diesen Weg offen sieht, der wird nach keinem andern verlangen.[85]

Im Frühjahr 1931 gibt Edith Stein ihre Lehrtätigkeit bei den Dominikanerinnen in Speyer auf, um intensiver philosophische Studien zu betreiben und sich erneut um eine Habilitation zu bemühen, nun aber speziell für *christliche* Philosophie. Zu diesem Zweck beginnt sie, eine umfängliche Abhandlung über die aristotelisch-thomasische Akt-Potenz-Lehre. Das Wort ›Potenz‹ (griech.: δύναμις) besagt die Fähigkeit eines jeden Seienden zur Aktivität und Selbstentfaltung, das Wort ›Akt‹ (griech.: ἐνέργεια) meint solche Aktivität selbst. Die Studie mit dem Titel »Potenz und Akt« war als Habilitationsschrift gedacht. Aber ihre Sondierungen in Freiburg bei Husserl, Heidegger, Honecker, Engelbert Krebs und Eugen Fink führten letztlich zu nichts, obwohl Edith Stein aufgrund der geführten Gespräche zuversichtlich war. Husserl verfaßte sogar ein neuerliches Empfehlungsschreiben, diesmal in Beantwortung einer Anfrage des Ministeriums für Kultur und Unterricht vom 28. 10. 1930. In seiner Antwort vom 4. 11. 1930 ist er des Lobes voll – mit der leichten Einschränkung:

---

[84] Werke (wie Anm. 1), Bd. V, S. 106. Edith Stein nimmt Bezug auf: H. V. Borsinger, Die Rechtsstellung der Frau in der katholischen Kirche. Leipzig 1931.

[85] Ebda, S. 43.

Ist auch ihre Wendung zum Thomismus und zu einer *Art Synthese desselben mit der neuen Phänomenologie* nicht ganz in meinem Sinn, so bin ich doch im Voraus sicher, daß die größeren Schriften, die sie jetzt vorbereitet, von gediegenem Gehalt sein werden.[86]

Nach dem Abschied von Speyer nahm Edith Stein wieder längeren Aufenthalt bei der Mutter und den daheim gebliebenen Geschwistern in Breslau. Hier konnte sie sich ungestört ihren philosophischen Forschungen widmen, vor allem der Studie »Potenz und Akt«, die sie in den letzten Speyrer Wochen begonnen hatte. Auch an der Heimatuniversität versuchte sie, das Habilitationsvorhaben vorzutragen, fand aber außer höflichem Interesse keine wirkliche Unterstützung. Ihr Habilitationswunsch wurde vor der zuständigen Fakultät nicht vertreten.

Edith Steins Ruf im Frühjahr 1932 an das Deutsche Institut für wissenschaftliche Pädagogik in Münster – unter katholischer Leitung – beendete die Zeit des Wartens. Ihre Aufgabe bestand nun darin, Vorlesungen über christliche Erziehung und deren wissenschaftliche Grundlegung vor jungen Lehrerinnen und Lehrern zu halten. Das war nicht leicht, da sie doch in Pädagogik keine wissenschaftliche Ausbildung genossen hatte, woraus Schwierigkeiten mit den Hörern erwuchsen, die die Fundamente ihrer Auffassungen anzweifelten. Sie äußert sich im Sommer 1932 einmal brieflich:

Ich habe einen ziemlich harten Kampf um die Begründung meiner wissenschaftlichen Existenz zu führen: nicht etwa mit irgendwelchen Menschen – alle tun mir alles zulieb, was sie können –, sondern mit der Situation, die durch meine zehnjährige Ausgeschlossenheit aus der Kontinuität der Arbeit und dem tief innerlich begründeten Mangel an Fühlung mit dem modernen Leben gegeben ist.[87]

Diese Grundlegungslücke sucht Edith Stein in Vorlesungen über den »Aufbau der Person« und über »Theologische Anthropologie« zu schließen. Aber damit überforderte sie wohl ihre Zuhörerinnen und Zuhörer, die ja lediglich den Lehrberuf anstrebten und keine philosophische Fach- oder Grundausbildung. Deshalb will sie Studentinnen und Studenten der Universität als Gasthörer am Institut gewinnen. Imhof fragt sich, »ob sie damit nicht ihre eigentliche Aufgabe verfehlte und nur ihren Traum von einer Universitätsdozentur in die Tat umzusetzen suchte«.[88] Aber Edith übt auch Selbstkritik und gibt in Briefen mehrfach dem Empfinden Ausdruck, durch ihre neunjährige fast klö-

86 Zitiert nach Imhof, Leben und Werk (wie Anm. 43), S. 283 Anm. 400.

87 Werke (wie Anm. 1), Bd. VIII, S. 110f., Brief Nr. 116 vom 9. 6. 1932.

88 Leben und Werk (wie Anm. 43), S. 125.

sterliche Abgeschiedenheit zu Speyer wissenschaftlich wie lebenspraktisch den Anschluß verloren zu haben.[89] Imhof merkt hier mit Recht an, daß sie bei den auch gegenüber ihrer philosophischen Kompetenz aufsteigenden Selbstzweifeln zu vergessen scheint, »daß ein Bewußtwerden der eigenen Grenzen eine natürliche Folge fortgeschrittener Einsicht in die endlose Problematik philosophischen Fragens sein kann«.[90] So schreibt sie am 13. November 1932 an ihre Freundin Hedwig Conrad-Martius:

> Ich bin sehr dankbar für Ihren Aufsatz: nicht nur, weil er mir sachlich sehr einleuchtend war, sondern weil ich daran wieder einmal klar gesehen habe, was echtes Philosophieren ist und wo meine Grenzen sind. Diese Erkenntnis der eigenen Grenzen hat in den letzten Monaten bei mir rapide Fortschritte gemacht. Ich weiß nicht, ob Sie sich erinnern, daß Sie mir vor Jahren einmal etwas darüber gesagt haben – das heißt über den Mangel dieser Erkenntnis und ein allzu naives Selbstvertrauen. Damals habe ich nicht viel davon verstanden. Man versteht ja solche Kritik gewöhnlich erst, wenn einem von innen her das Licht dafür aufgeht. Jetzt, wo ich immer wieder mit Menschen zusammentreffe, die ganz mit ihrer Lebensarbeit verwachsen sind, richtig fachlich dafür gebildet und darin groß geworden, merke ich, daß ich eigentlich überall den Anschluß verloren habe und für diese Welt allseitig untüchtig bin.
>
> Diese Erkenntnis deprimiert mich an sich nicht. Es ist nur nicht ganz leicht, an einem verantwortlichen Posten zu stehen, für den einem so vieles Notwendige fehlt, und wenig Aussicht zu haben, das alles nachholen zu können. Aber solange die Indizien dafür sprechen, daß der Herr mich an dieser Stelle haben will, darf ich nicht desertieren.[91]

Nach einem Jahr findet ihre Tätigkeit am Institut in Münster ein abruptes Ende. Hitler ist am 30. Januar 1933 zum Reichskanzler ernannt worden und beginnt sogleich mit der Durchführung seiner antisemitischen Pläne. Nach dem Tag des Boykotts gegen jüdische Geschäfte am 1. April wird damit begonnen, Juden aus öffentlichen Ämtern und Stellungen zu entfernen. Edith Stein verliert die Dozentur. Man räumt ihr zwar vom Institut aus die Möglichkeit wissenschaftlichen Arbeitens ein. Aber sie sieht klar, daß diese Konzession nur einen Aufschub der endgültigen Entlassung bedeutet, und kündigt von sich aus.

Nun, nach dem völligen Zusammenbruch aller beruflichen Perspektiven und der Unmöglichkeit, weiterhin für die Kirche nach außen tätig zu sein, sieht Edith Stein endlich den Weg offen, jene seit ihrer Konversion gehegten Pläne zu verwirklichen und in den Karmel-Orden einzutreten. Nach einge-

[89] Ebda, S. 124 f. [90] Ebda, S. 128.
[91] Werke (wie Anm. 1), Bd. VIII, S. 122 f., Brief Nr. 126.

hender Selbstprüfung im Gebet[92] stellt sie sich Juni 1933 im Kölner Karmelitinnen-Kloster vor und wird angenommen. Bevor sie aber am 15. Oktober als Postulantin, d. h. Anwärterin eines Lebens im Kloster, dem Kölner Karmel beitreten kann, muß sie den schweren Gang zu ihrer Familie tun und dieser ihre Entscheidung eröffnen. Sich begreiflich zu machen vermochte sie nicht. Die Mutter fragte:

> Warum hast du ihn [Christus] kennengelernt? Ich will nichts gegen ihn sagen. Er mag ein sehr guter Mensch gewesen sein. Aber warum hat er sich zu Gott gemacht?[93]

Auch die Geschwister und Verwandten konnten sie nicht verstehen: Jetzt, wo das jüdische Volk in größte Bedrängnis gerate, verlasse sie es. Das empfanden sie wie einen Verrat, wie eine Flucht vor dem, was bevorstand, in die Sicherheit hinter Klostermauern.[94] Dem war aber nicht so: Sie sah den Ordensbeitritt als Teilhabe am Leiden ihres Volkes. Dieses Leiden ist kein Zeichen göttlichen Fluchs, sondern ist gesegnet im Kreuz Jesu. Als Edith am 15. April 1934 das Kleid empfängt, erhält sie auch den gewünschten Ordensnamen Benedicta a Cruce – die vom Kreuz Gesegnete. Sie stellt sich also bewußt unter das Kreuz, will sich dem Leiden ihres Volkes nicht entziehen.

Aber Edith Stein sieht dem Kommenden auch nicht tatenlos entgegen. Vor ihrem Ordenseintritt versucht sie, zur persönlichen Audienz bei Papst Pius XI. vorgelassen zu werden, um ihn von der Notwendigkeit einer Enzyklika zu überzeugen, d. h. eines weltweiten päpstlichen Rundschreibens, zugunsten der bedrohten Juden. Als ihr lediglich in Aussicht gestellt wird, innerhalb einer Gruppenaudienz vorgelassen zu werden, wendet sie sich schriftlich an den Papst. Ihr Schritt führte zwar nicht zu dem erhofften Ergebnis, war aber auch nicht gänzlich erfolglos. Jan Nota, ein Jesuit, den Edith Stein während der letzten Lebensjahre im Karmel von Echt kennenlernte, ist den Folgen ihrer Intervention nachgegangen. In dem Aufsatz »Edith Stein und der Entwurf für eine Enzyklika gegen Rassismus und Antisemitismus« schreibt er:[95]

---

92 Siehe Herbstrith, Das wahre Gesicht (wie Anm. 3), S. 111–113.

93 Ebda, S. 114.

94 Vgl. Endres, Edith Stein (wie Anm. 2), S. 248–250.

95 Jan H. Nota, »Edith Stein und der Entwurf für eine Enzyklika gegen Rassismus und Antisemitismus«, in: Herbstrith (Hrsg.), Edith Stein – eine große Glaubenszeugin. Leben, neue Dokumente, Philosophie. Annweiler 1986, S. 109–125, hier S. 113 f.

Pius XI. hat Edith Steins Schreiben gewiß nicht beiseite gelegt und nicht nur formal beantworten wollen. Ihr Brief ist einige Zeit auf seinem Schreibtisch geblieben und hat ihn auch innerlich bewegt. Der Papst schrieb dann 1937 den Protest gegen den Nationalsozialismus im allgemeinen (zusammen mit der Enzyklika »Divini Redemptoris« gegen den Kommunismus).

Hier spielt Nota auf das in deutscher Sprache verfaßte und veröffentlichte Schreiben »Mit brennender Sorge« Papst Pius' XI. an.

Und als der Strom des Antisemitismus 1938 nach Italien kam, faßte der Papst den Entschluß, endlich das zu tun, worum Edith Stein schon 1933 gebeten hatte. Im Juni 1938 beauftragte er in einer Privataudienz John La Farge SJ, den Kämpfer für die Rassengleichheit in den Vereinigten Staaten, einen Entwurf für eine Enzyklika gegen den Rassismus und Antisemitismus abzufassen. Pius XI. hatte sein Buch gelesen und schätzte es sehr hoch. Dieser Auftrag war für P. La Farge eine große Überraschung, aber dank der Hilfe des Jesuitengenerals Wladimir Ledóchowski konnte er auf die Mitarbeit von Gustav Gundlach SJ rechnen, der mit solchen Fragen schon etwas besser vertraut war, und von P. Desbuquois SJ von der ›Action Populaire‹ in Paris. Das Ergebnis war ein Entwurf von 125 Seiten.

Aber dieser Entwurf hätte nach Meinung Notas noch gründlich überarbeitet werden müssen. Vor allem die Äußerungen zur theologischen Bedeutung des Judentums waren noch traditionellen Vorurteilen verhaftet, die erst das Zweite Vatikanische Konzil beseitigte. Pius XI. konnte die Arbeit nicht mehr zu Ende führen, weil er am 10. Februar 1939 starb. Sein Nachfolger, Pius XII., hat das Vorhaben nicht mehr weiterverfolgt, sondern integrierte überarbeitete Teile des Entwurfs in verschiedene Lehrschreiben aus den ersten Jahren seines Pontifikats. Insgesamt gesehen aber protestierte die katholische Kirche als größte religiöse Organisation der Welt nicht gegen die angekündigte und einsetzende Vernichtung des jüdischen Volkes.

III

Eigentlich hätte der Klostereintritt die philosophische Tätigkeit Edith Steins beenden müssen, wie sie wohl auch selbst meinte, wenn es in einem Brief heißt: »Karmelitinnen sind nur da, um zu beten.«[96] Doch darin täuschte sie sich sehr. Zwar ist der durch Teresa von Ávila und Johannes vom Kreuz refor-

[96] Zitiert nach Imhof, Leben und Werk (wie Anm. 43), S. 131.

mierte Karmel-Orden eine ganz auf Gebet und Meditation verpflichtete, nach außen hin streng abgeschlossene Kongregation; doch der Provinzialobere und die Hausoberin in Köln glaubten, Schwester Teresia Benedicta a Cruce aufgrund ihrer außergewöhnlichen Fähigkeiten von der Beobachtung vieler Ordensregeln ausnehmen und sie für wissenschaftliche Aufgaben freistellen zu sollen. Man gestattete ihr auch, Besuche zu empfangen und die ausgedehnte Korrespondenz weiterzuführen. So nahm sie etwa Anteil am Geschick Husserls und seinem sich rasch verschlechternden Gesundheitszustand. Sie war empört über die »Frostigkeit«, mit der man in Deutschland auf des Meisters Tod am 27. April 1938 reagierte, nur weil er von Geburt Jude war.[97] Edith hielt Kontakt zu den Geschwistern und nahm regen Anteil an deren immer bedrückender werdenden Geschick trotz aller Ablehnung, die sie wegen ihres Ordenseintritts erfuhr. Sie beobachtete die Zeitereignisse mit wacher Aufmerksamkeit und war sich zu keiner Zeit im unklaren über die mörderischen antijüdischen und kriegsvorbereitenden Absichten der nationalsozialistischen Machthaber.

Über Ursprung und Veranlassung jener Schrift, die ihr philosophisches Hauptwerk werden sollte und die sie in einer ungewöhnlichen Kraftanstrengung neben all den doch bestehenden täglichen Obliegenheiten binnen zweier Jahren abschließen konnte – die Rede ist von »Endliches und ewiges Sein. Versuch eines Aufstiegs zum Sinn des Seins« –, über Ursprung und Veranlassung also schreibt sie selbst im Vorwort, das als Datum den 1. September 1936 trägt:

> Nachdem die Verfasserin in den Orden der *Unbeschuhten Karmeliten* aufgenommen war und ihr Noviziatsjahr beendet hatte, erhielt sie im vergangenen Jahr von ihren Vorgesetzten den Auftrag, den alten Entwurf [gemeint ist die Arbeit »Potenz und Akt«] für den Druck vorzubereiten. Es ist eine ganz neue Fassung entstanden (...) Der Ausgang von der thomistischen Akt-Potenz-Lehre wurde beibehalten – aber nur als Ausgang. Im Mittelpunkt steht die *Frage nach dem Sein*. Die Auseinandersetzung zwischen thomistischem und phänomenologischem Denken erfolgt in der sachlichen Behandlung dieser Frage.

Mit der »Frage nach dem Sein« knüpft Edith Stein an die leitende Fragestellung von Heideggers frühem Hauptwerk »Sein und Zeit« (1927) an und erweitert sie mit ihm zur Frage nach einem »Sinn des Seins«, sucht sie aber ganz anders als Heidegger, zu beantworten, nämlich im Anschluß an die Seins- und Gotteslehre des Thomas, welche wiederum einerseits auf Aristo-

[97] Siehe ebda, S. 131 f.

teles zurückweist, andererseits auf die christliche Gotteslehre von Paulus bis Augustinus. Heidegger beschränkt die Frage nach einem Sinn des Seins auf die nach dem Sinn des endlichen Seins, so wie sich dieser nämlich im »Dasein« des Menschen zeigt und »zeitigt«, insofern Dasein und Zeitlichkeit wechselseitig aufeinander verweisen und nur so in ihrem Sinn zu verstehen sind. Dem setzt Edith Stein mit Thomas die These entgegen, daß endliches, zeitliches Sein sich nur vom ewigen, göttlichen Sein begründen und verstehen lasse. So kann Philosophie, sofern sie sich lediglich auf die natürliche, endliche Vernunft stützt, nur diese Endlichkeit und Begrenztheit erfahren, wenn sie aufrichtig ist und sich nichts vormacht. Deshalb fordert Edith Stein ihre Erweiterung durch eine übernatürliche göttliche oder durch göttliche Offenbarung erleuchtete Vernunft (Kap. I, § 4). Sie plädiert also hier, wie schon anläßlich der Gegenüberstellung von Phänomenologie und thomasischer Philosophie in ihrer Husserl-Festschrift von 1929, für eine aus dem Glauben gewonnene inhaltliche Erweiterung der Weisheitslehre:

Sie bedarf der Ergänzung von der Theologie her, ohne dadurch Theologie zu werden. Wenn es Aufgabe der Theologie ist, die Offenbarungstatsachen als solche festzustellen und ihren eigenen Sinn und Zusammenhang herauszuarbeiten, so ist es Aufgabe der Philosophie, das, was sie mit ihren eigenen Mitteln erarbeitet hat, mit dem, was ihr Glaube und Theologie bieten, in Einklang zu bringen – im Sinne eines Verständnisses des Seienden aus seinen letzten Gründen. In Einklang bringen – das bedeutet zunächst das rein Negative, daß für den gläubigen Philosophen die offenbarte Wahrheit ein Maßstab ist, dem er seine eigene Einsicht unterzuordnen hat: er gibt eine vermeintliche Entdeckung preis, sobald er selbst erkennt oder durch den Ausspruch der Kirche hingewiesen wird, daß sie mit der Glaubenslehre unvereinbar sei. So sehr der Philosoph auf klare Einsicht als letzte Bürgschaft innerhalb seines eigenen Verfahrens bedacht sein muß, so begehrenswert muß ihm – angesichts der unleugbaren Irrtumsmöglichkeit bei aller rein menschlichen Erkenntnis – um der Wahrheit willen die Nachprüfung durch eine übernatürlich erleuchtete und dadurch irrtumsfreie höchste Autorität erscheinen. Gewiß wird er sich ihr nur unterwerfen können, wenn er gläubig ist. Aber es muß auch dem Ungläubigen einleuchten, daß der Gläubige sich ihr nicht nur als Gläubiger, sondern auch als Philosoph unterwerfen muß.[98]

Edith Stein beharrt darauf, ihr Konzept einer christlichen Weisheitslehre – sie gibt im übrigen zu, daß es nicht von Thomas stammt[99] – dieses Konzept also sei noch Philosophie und nicht Theologie:

---

[98] Werke (wie Anm. 1), Bd. II, S. 24 (im folgenden zitiert als ›Endliches und ewiges Sein‹).

[99] Vgl. ebda, S. 12 Anm. 18.

Sie ist dann nicht mehr *reine* und *autonome* Philosophie. Es scheint mir aber nicht berechtigt, sie nun als Theologie anzusprechen.[100]

Glaube als Erkenntnisquelle in der Philosophie! Woher kommt es – so muß man fragen –, daß Edith Stein eine solche Idee favorisiert, die nicht einmal Thomas vortrug? Zwei Ursachen scheinen mir dafür verantwortlich: einmal das Verlangen des Philosophen, sein Fragen möge einmal zu Ende, zur Ruhe, zu einer endgültigen Gewißheit kommen; zum andern Edith Steins Konzeption des Glaubens als einer Erkenntnis – einer wenn auch dunklen, die Unendlichkeit Gottes nicht begreifenden[101] – deren Gewißheit aber über alles rein natürliche Erkennen hinausgeht.[102] Sie erwähnt dabei nicht einmal die uns durch moderne Hermeneutik bewußt gewordene Verständnisproblematik der Kontextgebundenheit sämtlicher Äußerungen, gleichgültig, ob es sich bei ihnen um menschliche handelt oder um in menschlicher Sprache erfolgende göttliche Äußerungen. Für Edith Steins Glaubens- und Offenbarungsauffassung scheint tatsächlich noch ein gewisser fundamentalistischer Zug charakteristisch, der die Schwierigkeit übersieht oder zu gering einschätzt, auch als irrtumsfrei geglaubte Bekundungen angemessen zu verstehen.

Aber christliche Philosophie in Edith Steins Sinne verwendet durchaus die gerechtfertigten Methoden und Resultate der autonom verfahrenden Philosophie. So greift sie auf Augustinus, Descartes und Husserl zurück, um einen unbezweifelbaren Ausgangspunkt zu gewinnen für ihre Untersuchung des Sinns von Sein (Kap. II, § 2):

Ich kann es dahingestellt sein lassen, ob das *Ding*, das ich mit meinen Sinnen wahrnehme, wirklich existiert oder nicht – aber die *Wahrnehmung* als solche läßt sich nicht durchstreichen; ich kann bezweifeln, ob die Schlußfolgerung, die ich ziehe, richtig ist – aber das schlußfolgernde Denken ist eine unbezweifelbare Tatsache; und so all mein Wünschen und Wollen, mein Träumen und Hoffen, mein Freuen und Trauern – kurz alles, worin *ich lebe und bin,* was sich als das Sein des seiner selbst bewußten Ich selbst gibt. Denn überall – in dem »Leben« Augustins, in dem »ich denke« Descartes', im »Bewußt-sein« oder »Erleben« Husserls –, überall steckt ja ein *ich bin*. Es wird nicht daraus erschlossen, wie es die Formel *cogito, ergo sum* anzudeuten scheint, sondern es liegt unmittelbar darin: denkend, fühlend, wollend oder wie immer geistig mich regend, *bin* ich und bin dieses Seins inne. Diese Gewißheit des eigenen Seins ist – in einem gewissen Sinne – die *ursprünglichste Erkenntnis*; *nicht* die *zeitlich* erste, denn die »natürliche Einstellung« des Menschen ist vor allem andern der äußeren Welt zugewandt, und es braucht lange, bis er sich einmal selbst findet; auch *nicht* im Sinne eines *Grundsatzes,*

100 Ebda, S. 25. 101 Vgl. ebda, S. 25 f.

102 Vgl. Husserl-Festschrift (wie Anm. 72), S. 320.

aus dem sich alle andern Wahrheiten logisch ableiten ließen oder auf dem, wie an einem Maßstab, alle andern zu messen wären; sondern im Sinne des mir Nächsten, von mir Unabtrennbaren und damit eines Ausgangspunktes, hinter den nicht weiter zurückgegangen werden kann.[103]

Dieses Ich-bin aber bleibt in sich als ein zeitliches, punktuelles Sein:

ein »Jetzt« zwischen einem »Nicht mehr« und einem »Noch nicht«. Aber indem es sich in seinem fließenden Charakter in Sein und Nichtsein spaltet, enthüllt sich uns die *Idee des reinen Seins*, das nichts von Nichtsein in sich hat, bei dem es kein »Nicht mehr« und kein »Noch nicht« gibt, das nicht zeitlich ist, sondern *ewig*.[104]

So enthüllt sich schon im Grundlegendsten und Nächsten, nämlich dem eigenen Dasein, die Idee Gottes; in dem, was jedem Menschen unmittelbar zugänglich ist, weil es dies Sein ausmacht, leuchtet als Gegenbild zum endlichen die Idee des unendlichen Seins auf. Damit vollzieht Edith Stein eine fundamentale Kritik an Heidegger, den sie noch 1917 in Freiburg kennenlernte und der ihr Nachfolger als Assistent bei Husserl wurde. Für Heidegger gibt es nur das sich im Dasein des Menschen zeitigende Sein. Dagegen macht Edith Stein zweierlei geltend:

Es geht in der Metaphysik um den Sinn des Seins als solchen, nicht nur des menschlichen Seins. Wer die Frage nach dem im Seinsverständnis selbst liegenden Sinn des Seins überspringt und unbekümmert darum das Seinsverständnis des Menschen »entwirft«, bei dem ist Gefahr, daß er sich vom Sinn des Seins abschneidet; und soviel ich sehen kann, ist Heidegger dieser Gefahr erlegen. Das zweite Bedenken: Das Seinsverständnis gehört nicht zur Endlichkeit als solcher, da es endliches Seiendes gibt, dem kein Seinsverständnis eigen ist.[105]

Stein betont aber die Angemessenheit der Heideggerschen Rede von der Geworfenheit des menschlichen Daseins:

Es wird damit vorzüglich zum Ausdruck gebracht, daß der Mensch sich im Dasein vorfindet, ohne zu wissen, wie er hineingekommen ist, daß er nicht aus und durch sich selbst ist und auch aus seinem eigenen Sein keinen Aufschluß über sein Woher zu erwarten hat. Damit wird aber die Frage nach dem Woher nicht aus der Welt geschafft. Man mag noch so gewaltsam versuchen, sie totzuschweigen oder als sinnlos zu verbieten – aus der Eigentümlichkeit des menschlichen Seins erhebt sie sich unabweisbar immer wieder und verlangt nach einem dieses in sich grundlos begründenden, in sich begründe-

---

103 Endliches und ewiges Sein, S. 35 f.

104 Ebda, S. 36 f.

105 Ebda, S. 21 Anm. 33.

ten Sein, nach einem, der das »Geworfene« wirft. Damit enthüllt sich die Geworfenheit als Geschöpflichkeit.[106]

Als Geschöpf ist der Mensch nichts aus sich selbst; er hat sich empfangen, wurde ins Dasein gesetzt, muß darin ununterbrochen gehalten werden, weil er von allein keinen Bestand hat. Wenn Heidegger die Angst des Menschen vor dem Tode, dem Nichtsein, eine »Grundbefindlichkeit« des Daseins nennt und von Dasein als einem »Sein zum Tode« spricht,[107] dann beschreibt er für Edith Stein nur die eine Seite der menschlichen Grundbefindlichkeit.

Denn der unleugbaren Tatsache, daß mein Sein ein flüchtiges, von Augenblick zu Augenblick gefristetes und der Möglichkeit des Nichtseins ausgesetztes ist, entspricht die andere ebenso unleugbare Tatsache, daß ich trotz dieser Flüchtigkeit *bin* und von Augenblick zu Augenblick *im Sinn erhalten* werde und in meinem flüchtigen Sein ein dauerndes umfasse. Ich weiß mich gehalten und habe darin Ruhe und Sicherheit – nicht die selbstgewisse Sicherheit des Mannes, der in eigener Kraft auf festem Boden steht, aber die süße und selige Sicherheit des Kindes, das von einem starken Arm getragen wird – eine, sachlich betrachtet, nicht weniger vernünftige Sicherheit. Oder wäre das Kind »vernünftig«, das beständig in der Angst lebte, die Mutter könnte es fallen lassen?

Ich stoße also in meinem Sein auf ein anderes, das nicht meines ist, sondern Halt und Grund meines in sich haltlosen Seins. Auf zwei Wegen kann ich dahin gelangen, in diesem Grund meines Seins, auf den ich in mir selbst stoße, das *ewige Sein* zu erkennen. Das eine ist der *Weg des Glaubens,*

das andere der des philosophischen Denkens, welches Gottes Existenz schlußfolgernd erkennt.[108]

Stein findet, wie wir sahen, die Idee Gottes im Uransatz jeder ihre eigene Möglichkeit absichernden Philosophie, als Gegenbegriff nämlich zum Bewußtsein des Menschen von sich selbst. Wenn nun dieser Begriff voll entfaltet wird, dann zeigt sich, daß im Unterschied zu allem sonstigen Sein Gott existieren *muß,* sonst wäre er nicht Gott. Stein vermerkt ausdrücklich die Nähe dieses Gedankens zum sogenannten ›ontologischen‹ Argument des Anselm von Canterbury[109] und fügt hinzu, die Schwierigkeit, das Dasein Gottes anhand eines derart gefaßten Begriffs von ihm zu bejahen, beruhe – mit Thomas gesprochen – auf unserem Nichtwissen von Gott.[110] Mir scheint jedoch,

---

106 Ebda, S. 52 Anm. 40. Vgl. M. Heidegger, Sein und Zeit. Tübingen [10]1963, § 38.
107 Sein und Zeit (wie Anm. 108), §§ 40 und 53.
108 Stein, Husserl-Festschrift (wie Anm. 72), S. 56 f.
109 Endliches und ewiges Sein (wie Anm. 98), S. 105
110 Ebda, S. 105 f.

daß die ontische Notwendigkeit im Begriff Gottes klar genug ist und keinen Widerspruch enthält. Aber aus dem Begriff der ontischen Notwendigkeit kann eben nicht gefolgert werden, Gott existiere. Das wäre ein unbefugter Übergang aus der begrifflichen in die reale Ordnung. Nur so viel kann von einem solchen Gottesverständnis aus gesagt werden: *Wenn* Gott existiert, dann ist es ontisch unmöglich, daß er je nicht existiert hat; *wenn* Gott nicht existiert, dann ist es ontisch unmöglich, daß er je existieren wird (denn die Attribute der Ewigkeit und Allmacht lassen ein Entstehen oder Vergehen nicht zu). Es wäre also noch zu zeigen, daß Gott wirklich existiert. Aber wie könnte gezeigt werden, daß es etwas gibt, was notwendig existiert, wie der Begriff Gottes verlangt? Die zahllosen philosophischen Bemühungen um den Nachweis dieser Existenz scheinen ausnahmslos gescheitert. So bleibt am Ende doch als einziger Weg zu Gott der des reinen Glaubens in einer Nacht der Sinne und des Geistes, wie Johannes vom Kreuz meint, den Stein in diesem Zusammenhang anführt[111] und in dessen Glaubens- und Liebesmystik sie sich später tief versenkt.

Schöpft man aber sein Selbst- und Lebensverständnis aus dem Glauben an Gott, dann muß das Dasein, trotz seiner Rätselhaftigkeit im einzelnen, als Ganzes von Sinn durchwirkt erscheinen. Deshalb kann Stein den Beginn des Prologs im Johannesevangelium übersetzen mit »Im Anfang war der *Sinn*«.[112]

Man pflegt ja das Ewige Wort dem »inneren Wort« der menschlichen Rede zu vergleichen und erst das menschgewordene Wort dem »äußeren«, gesprochenen Wort. (...)

Mit *Sinn* bezeichnet das Johannesevangelium eine *göttliche Person,* also nicht etwas *Un*wirkliches, sondern das *Wirklichste,* was es gibt. Er fügt auch sogleich hinzu: »(...) Durch Ihn sind alle Dinge geworden«.

Damit ist alles, was es gibt, im göttlichen Logos zur »Einheit eines *Sinn-Ganzen*« gedacht. Edith Stein veranschaulicht das am Zusammenhang des eigenen Lebens: Mag auch das meiste einem bloß menschlichen Blick als zufällig, sinnlos, unverständlich erscheinen, so verwandelt sich dies in einer gläubigen Schau, die alles aus der Hand Gottes hervorgehen sieht:

Was nicht in *meinem* Plan lag, das hat in *Gottes* Plan gelegen.

So wächst aus dem Glauben die Überzeugung,

daß es – von Gott her gesehen – keinen *Zufall* gibt, daß mein ganzes Leben bis in alle Einzelheiten im Plan der göttlichen Vorsehung vorgezeichnet und vor Gottes allsehendem Auge ein vollendeter Sinnzusammenhang ist. Dann beginne ich mich auf das Licht

---

111 Ebda, S. 29. 112 Ebda, S. 103.

der Glorie zu freuen, in dem auch mir dieser Sinnzusammenhang entschleiert werden soll. Das gilt aber nicht nur für das einzelne Menschenleben, sondern auch für das Leben der ganzen Menschheit und darüber hinaus für die Gesamtheit alles Seienden. Ihr »Zusammenhang« im Logos ist der eines Sinn-Ganzen, eines vollendeten Kunstwerkes, in dem jeder einzelne Zug sich an *seiner* Stelle nach reinster und strengster Gesetzmäßigkeit in den Einklang des gesamten Gebildes fügt. Was wir vom »Sinn der Dinge« erfassen, was »in unseren Verstand eingeht«, das verhält sich zu jenem Sinnganzen wie einzelne verlorene Töne, die mir der Wind von einer in weiter Ferne erklingenden Symphonie zuträgt.[113]

Auch das von ihr damals bereits erahnte Schicksal sah Edith Stein als einen Faden in diesem von Gott gewirkten Sinnzusammenhang. Es war ein Schicksal, das Millionen ihres Volkes ereilen würde. Daraus war in menschlicher Sicht kein Sinn mehr zu ziehen. Und es scheint auch nur wenigen gegeben gewesen, ihren Glauben an Gott unter solchen Umständen zu bewahren.[114]

Die vorgetragenen Überlegungen Edith Steins aus »Endliches und ewiges Sein« sind eingebettet in einen größeren Zusammenhang, den zu referieren hier kein Raum ist. Es geht da nicht nur um die Akt-Potenz-Lehre, sondern auch um die ausgedehnte Erörterung von Unterscheidungen zwischen Wesenheit, Begriff und Wesen, zwischen Einzel- und allgemeinem Wesen, wirklichem und wesenhaftem Sein, Wesen und Wesenskern, Wesenheit und Washaftigkeit; dann – im IV. Kapitel – um Wesen, Substanz, Form und Stoff, um Substanz und Akzidens, um die erste und die zweite Substanz, um Einzelding und Gattung, um die Verschiedenheit der Formen gemäß der aristotelischen Causa formalis im unbelebten materiellen Bereich sowie bei Pflanzen, Tieren und Menschen. Edith Stein entwickelt also die ganze Fülle der metaphysischen Grundunterscheidungen, wie sie bei Aristoteles und in der Hochscholastik ausgearbeitet wurden, und zwar – soweit angängig und möglich – unter Einbeziehung phänomenologischer Resultate, vor allem der ontologischen Untersuchungen ihrer Freundin und Husserl-Schülerin Hedwig Conrad-Martius über Zeit, Materie und die Formen der Dinge.

Nach Klärung der metaphysischen Grundbegriffe und der ontologischen Grundformen dessen, was ist, entfaltet Edith Stein in Kapitel V die scholasti-

---

113 Ebda, S. 109 f.

114 Vgl. Schalom Ben-Chorin, Als Gott schwieg. Ein jüdisches Credo. Mainz 1986; Hans Jonas, Der Gottesbegriff nach Auschwitz. Eine jüdische Stimme. Frankfurt a. M. 1987; Elie Wiesel, Die Nacht zu begraben, Elischa. München / Esslingen 1985.

sche Lehre von den Transzendentalien, um so ihrem Ziel – dem Sinn des Seins – näherzukommen. Zur Andeutung wenigstens, worum es bei den Transzendentalien geht, sei Edith Steins »Einleitender Überblick« (§ 4) vollständig zitiert:

Das *Seiende als solches* und unabhängig von seiner Scheidung nach verschiedenen Formen und Seinsweisen zu bestimmen, ist die Aufgabe dessen, was die *Scholastik Transzendentalien* nennt. Sie drücken das aus, was »jedem Seienden zugehört«. Thomas nennt an einer der grundlegenden Stellen – am Anfang der *Quaestiones disputatae de veritate* – als solch streng allgemeine Bestimmungen des Seienden als solchen: *ens, res, unum, aliquid, bonum, verum* (Seiendes, inhaltlich Bestimmtes, Eines, Etwas, Gutes, Wahres). An manchen anderen Stellen wird noch das Schöne (*pulchrum*) hinzugefügt, es wird als eine besondere Art des Guten behandelt. Zwischen diesen Bestimmungen ist noch ein Unterschied zu machen, je nachdem sie das Seiende in sich selbst bezeichnen oder im Hinblick auf ein anderes Seiendes. Das *Seiende in sich* bezeichnet – nach Thomas – außer diesem Namen selbst (*ens* – das Seiende) *positiv* nur noch der Ausdruck *res* (das inhaltlich Bestimmte). Der Unterschied zwischen diesen beiden transzendentalen Formen ist der, daß *ens* das Seiende bezeichnet, sofern es *ist, res* aber die Washeit oder Wesenheit des Seienden ausdrückt (*quidditatem sive essentiam entis*), also das Seiende mit Rücksicht auf das, *was* es ist. *Negativ* wird das Seiende in sich bestimmt, wenn man es *unum* (Eines) nennt. Denn das besagt, daß es *ungeteilt* ist. Alle anderen transzendentalen Bestimmungen setzen das Seiende in Beziehung zu anderem. Nennt man es *aliquid* (Etwas), so setzt man es in Gegensatz zu *einem anderen* Seienden, und zwar rein formal als »ein Anderes«. Schließlich kann das Sein in seiner *Übereinstimmung* mit einem anderen Seienden betrachtet werden. Als eine transzendentale Bestimmung kann eine solche Übereinstimmung nur in Betracht kommen, wenn es ein Seiendes gibt, dem es eigen ist, mit allem Seienden übereinstimmen zu können. Das trifft nach *Aristoteles* und *Thomas* – zu bei der Seele. Auf die Übereinstimmung ihres *Willens* mit dem Seienden zielt ihr *Streben*, auf die Übereinstimmung des *Verstandes* mit dem Seienden ihr *Erkennen*. Das Seiende als Gegenstand des Strebens heißt das *Gute*, als Gegenstand des Erkennens das *Wahre*. (Das *Schöne* hat mit beiden etwas Gemeinsames: es ist das Seiende als Gegenstand des *Wohlgefallens*, das in dem Erlebnis der objektiven Übereinstimmung des Seienden mit dem Erkennen – in der Ordnung ihres Aufbaus – begründet ist.) Sofern alles Seiende als solches Gegenstand des Erkennens, Strebens und Wohlgefallens ist, sind das Wahre, Gute und Schöne transzendentale Bestimmungen. Es gilt nun den Sinn der transzendentalen Bestimmungen recht zu verstehen. Klar ist, daß sie das Seiende als solches und unabhängig von seiner Scheidung in formal und inhaltlich unterschiedene Gattungen kennzeichnen wollen. Zu fragen ist aber, ob sie seinen Inhalt angeben oder es formal fassen wollen.

In den übrigen Abschnitten des V. Kapitels werden diese Grundbestimmungen alles Seienden näher erläutert. Der Reichtum von Steins Erörterungen kann nicht einmal angedeutet werden. So entfaltet sie in bezug auf das Transzendentale des Wahren den logischen, ontologischen und transzendentalen Wahrheitsbegriff, die Urteilswahrheit, die künstlerische und göttliche Wahrheit sowie die Beziehung von wahr und gut – das letztere als göttliche und geschöpfliche Qualität – sowie den Zusammenhang von Gut und Wert.

Das VI. Kapitel endlich erwägt den »Sinn des Seins« selbst, das VIII. und letzte »Sinn und Begründung des Einzelseins«. Als Brücke dient Kapitel VII, wo das »Abbild der Dreifaltigkeit in der Schöpfung« aufgezeigt wird. Mit der Entwicklung transzendentaler Bestimmungen, die jedem Seienden zukommen, insofern es ist, war zwar schon ein erster bedeutsamer Schritt auf dem Weg zur Erfassung des Sinns von Sein im ganzen und im einzelnen gemacht worden.

Der *volle Sinn* des Seins aber ist mehr als die Gesamtheit der transzendentalen Bestimmungen, weil das Seiende, das *ist*, nicht die leere Form des Seienden, sondern das Seiende in der Fülle seines Was ist.[115]

Es muß also noch die Vielheit dessen, was ist, in den Blick genommen, jedes in seiner Einzelheit und Besonderheit beachtet werden. Hier hat dann auch jene berühmte scholastische Lehre von der Analogia entis ihren Platz. Sie wurde von reformatorischer Seite bestritten, weil sie Gott in eine zu große Nähe und Ähnlichkeit mit der Schöpfung rücke; und allerdings bleibt immer die Formel des 4. Laterankonzils von 1215 zu beachten, die Edith Stein an einer früheren Stelle ihres Werks zitiert:[116] »Inter creatorem et creaturam non potest tanta similitudo notari, quin inter eos maior sit dissimilitudo notanda.« (»Zwischen Schöpfer und Geschöpf kann keine so große Ähnlichkeit festgestellt werden, ohne daß zwischen ihnen eine um so größere Unähnlichkeit festgestellt werden müßte.«) Edith Stein illustriert diese Einzigartigkeit Gottes nicht nur philosophisch durch die Untrennbarkeit von Sein und Wesen Gottes, woraus folgt (wie bereits bemerkt), daß Gott nicht inexistent sein kann, sondern auch an der biblischen Selbstbezeichnung des Schöpfers als »Ich bin der *Ich bin*«.

Es scheint mir höchst bedeutsam, daß an dieser Stelle [nämlich 2 Mos 3,14] nicht steht: »Ich bin *das Sein*« oder »Ich bin *der Seiende*«, sondern »Ich bin der *Ich bin*«. Man wagt es kaum, diese Worte durch andere zu deuten. Wenn aber die *augustinische* Deutung zutrifft, so darf man wohl daraus folgern: Der, dessen Name ist »Ich bin«, ist *das Sein in Person*. Daß das sogenannte *erste Seiende* Person sein muß, ist schon aus vielem, was früher gesagt wurde, zu entnehmen: Nur eine Person kann *erschaffen*, d. h. kraft ihres

115 Endliches und ewiges Sein (wie Anm. 98), S. 308.
116 Ebda, S. 37 Anm. 13.

Willens ins Dasein rufen. Und anders denn als *freie Tat* ist das Wirken der *ersten Ursache* nicht zu denken, weil alles Wirken, das nicht freie Tat ist, verursacht, also nicht das erste Wirken ist. Auf eine Person als Urheber weist auch die *vernünftige Ordnung* und *Zweckmäßigkeit* der Welt zurück: nur durch ein vernünftiges Wesen kann eine Vernunftordnung ins Werk gesetzt werden; nur ein erkennendes und wollendes Wesen kann Zwecke setzen und Mittel darauf hinordnen. Vernunft und Freiheit aber sind die Wesensmerkmale der Person.[117]

Die modernen Naturwissenschaften kommen bei ihrer Arbeit auch ohne die Voraussetzung einer nach Vernunft und Zweckmäßigkeit geordneten Welt aus. Sie können den Sinn des Ganzen nicht wahren oder gar herstellen. Allerdings vermag der Mensch handelnd partiell solche Zusammenhänge zu stiften; aber der Sinn des *Ganzen* kann nicht sein Werk sein. Nur eine religiöse Sicht, eine Sicht, die sich den Blick Gottes auf seine Schöpfung zu eigen macht, vermag an der umfassenden Sinnhaftigkeit festzuhalten. Insofern ist Steins Voraussetzung einer »vernünftigen Ordnung und Zweckhaftigkeit der Welt«, nimmt man sie beim Wort, nur vom Standpunkt ihres Glaubens her verständlich und zulässig.

Kapitel VII unternimmt es, das Abbild des dreieinigen Gottes in der Schöpfung aufzusuchen, und gibt Edith Stein Gelegenheit, auf die durch christliche Gotteslehre angeregten Unterscheidungen zwischen Person und Hypostase, Person und Geist, Person und Individualität, Person und Icherleben, Leib und Seele, Seele und Geist einzugehen. Hieran schließt sie Erörterungen zu Möglichkeit und Wirklichkeit reiner Geister, der ›Engel‹ also, wobei sie vor allem die diesbezügliche Lehre des Dionysios Pseudo-Areopagites aufnimmt. Das trinitarische »Gottesbild im Menschen« (§ 9) sieht sie nach augustinischer Tradition, der sich auch die beiden Reformatoren des Karmel-Ordens, Teresa von Ávila und Johannes vom Kreuz, angeschlossen haben,[118] in der Dreieinigkeit von Gedächtnis, Verstand und Wille, und sie erblickt, über Augustinus hinausgehend, in der *Liebe* den diese Dreiheit durchwirkenden Einheitsgrund – gemäß dem Wort des 1. Johannesbriefs: »Gott ist Liebe«.[119] Wenn diese Liebe im Menschen lebt und wirkt, dann bedeutet das Gottes Wirklichkeit und wirksame Gegenwart in ihm. So verwundert es nicht, sondern ist naheliegend und sachlich gerechtfertigt, wenn Edith Stein diesen mystischen Einheitspunkt im tiefsten Innern mehrfach zur Sprache bringt, woraus der Mensch von Gottes Gegenwart unmittelbar berührt zu werden vermag:

---

117 Ebda, S. 317. 118 Ebda, S. 401 Anm. 92. 119 Ebda, S. 412–420.

Im Innern ist das Wesen der Seele nach innen aufgebrochen. Wenn das Ich hier lebt – auf dem Grunde seines Seins, wo es eigentlich zu Hause ist und hingehört –, dann spürt es etwas vom Sinn seines Seins und spürt seine gesammelte Kraft vor ihrer Teilung in einzelne Kräfte. Und wenn es von hier aus lebt, so lebt es ein *volles* Leben und erreicht die Höhe seines Seins. (...)

Das ist es aber, was die Kenner des *inneren Lebens* zu allen Zeiten erfahren haben: sie wurden in ihr Innerstes hineingezogen durch etwas, was stärker zog als die ganze äußere Welt; sie erfuhren dort den Einbruch eines neuen, mächtigen, höheren Lebens, des übernatürlichen, göttlichen. (...) Die mystische Begnadung gibt als Erfahrung, was der Glaube lehrt: die Einwohnung Gottes in der Seele. Wer, von der Glaubenswahrheit geleitet, Gott sucht, der wird sich in freiem Bemühen eben dahin aufmachen, wohin der mystisch Begnadete gezogen wird: sich aus den Sinnen und den »Bildern« des Gedächtnisses, ja selbst noch aus der natürlichen Tätigkeit des Verstandes und Willens zurückziehen in die leere Einsamkeit seines Inneren, um dort zu verweilen im dunklen Glauben – in einem schlichten liebenden Aufblick des Geistes zu dem verborgenen Gott, der verhüllt gegenwärtig ist. Hier wird er in tiefem Frieden – weil am Ort seiner Ruhe – verharren, bis es dem Herrn gefällt, den Glauben in Schauen zu verwandeln. Das ist, in wenigen Strichen angedeutet, der *Aufstieg zum Berge Karmel*, wie ihn unser heiliger Vater *Johannes vom Kreuz* gelehrt hat.[120]

Diese mystische Lehre hat Stein in ihrem letzten großen, unvollendet gebliebenen Werk dargelegt. Mit ihm übersteigt sie ihr Philosophieren als eine Tätigkeit des Verstandes, auch wo es, christlich vollzogen, den Glauben – mindestens teilweise – zur Voraussetzung hat. Dieser mystische Überstieg war freilich, wie gezeigt, in »Endliches und ewiges Sein« bereits angelegt. Deshalb ist Imhof zuzustimmen, wenn er schreibt:

Das philosophische Hauptwerk bietet somit auch den Schlüssel zum Verständnis ihrer Wende zur Mystik und lässt erahnen, wieso E. Stein knappe drei Jahre, nachdem sie die Korrekturarbeiten an diesem Werk beendet hatte, so leichten Herzens den Weg in den Tod auf sich nehmen konnte.[121]

Während der nächsten Jahre, von 1937 bis 1939, hat sich Stein aus dem Kloster heraus intensiv um das Erscheinen ihres Hauptwerks gemüht. Nach mehreren Versuchen bei anderen Verlagen[122] fand sich schließlich Borgmeyer in Breslau zur Herausgabe bereit, der schon die zweibändige Übertragung von »De veritate« des Thomas betreut hatte. Auch das neue Werk sollte in

120 Ebda, S. 402, 407 f.
121 Imhof, Leben und Werk (wie Anm. 43), S. 140.
122 Dokumentiert bei B. W. Imhof, aaO., S. 134 f.

zwei Bänden erscheinen, aber die Zeitumstände verhinderten es. So muß sie Ende Oktober 1939 in einem Brief aus dem Kloster in Echt feststellen:

Das große opus ruht. Ich bekam in den ersten Monaten hierher die letzten Fahnenkorrekturen des II. Bandes und die ersten Bogen des I. Bandes. Dann ging es nicht weiter, weil der Verleger den Mut verlor. Alle Bemühungen sind gescheitert. Ich weiß nichts mehr zu tun, als die Sache dem Herrn anheimzustellen.[123]

Das Opus konnte dann erstmals 1950 als Band II der Werkauswahl erscheinen. In dieser Ausgabe fehlen zwei Anhänge, mit denen Edith Stein ihre Untersuchung versehen hatte. Sie wurden 1962 separat in Band VI publiziert. Es handelt sich zum einen um die Darstellung der Grundgedanken und Leitsätze von Teresa von Ávilas mystischem Hauptwerk, »Seelenburg«, zum anderen um eine umfängliche Auseinandersetzung mit Heidegger unter der Überschrift »Martin Heideggers Existentialphilosophie«, die sie erneut vom Boden einer christlichen Philosophie aus kritisiert.

Anders als es ihren Absichten beim Eintritt in den Karmel entsprach, blieb Edith Stein auch im Kloster Philosophin. Jede Stunde der strengen Tagesordnung, die sie, freigestellt von häuslichen Arbeiten, nicht Gebet und Meditation zu widmen hatte, wurde, dem Auftrag ihrer Oberen entsprechend, für philosophische Arbeit verwandt, bis die Zeitumstände und neue Aufträge anderes von ihr verlangten. Nach der Reichspogromnacht im November 1938 war es auch ihren Vorgesetzten klar, daß Edith Stein akut gefährdet war und, wenn man sie behielt, die gesamte Klostergemeinschaft. Deshalb trat man an den Karmel von Echt in Holland heran, der – als Folge des Bismarckschen Kulturkampfes – eine Tochtergründung des Kölner Karmel aus dem Jahre 1875 war; dieser erklärte sich bereit, Edith Stein aufzunehmen, und so siedelte sie schon am 31. Dezember 1938 in den Echter Konvent über. Damals, genauer: am 9. Dezember, schrieb sie an die Oberin der Ursulinen in Dorsten, Petra Brüning – ihr seit 1932 freundschaftlich verbunden –, über die Namenswahl beim Klostereintritt – Benedicta a Cruce, die vom Kreuz Gesegnete –:

Unter dem Kreuz verstand ich das Schicksal des Volkes Gottes, das sich damals schon [1933] anzukündigen begann. Ich dachte, die es verstünden, daß es das Kreuz Christi sei, die müßten es im Namen aller auf sich nehmen. Gewiß weiß ich heute [1938] mehr davon, was es heißt, dem Herrn im Zeichen des Kreuzes vermählt zu sein. Begreifen freilich wird man es niemals, weil es ein Geheimnis ist.[124]

123 Werke (wie Anm. 1), Bd. IX, S. 141, Brief Nr. 306.
124 Ebda, S. 124, Brief Nr. 287.

Dieses Geheimnis des Kreuzes, in dem sich die Liebe Gottes unter ihrem Gegenteil, dem Leiden und Sterben, eher verbirgt als enthüllt, füllt nun die letzten Jahre aus. Im Zeichen des Kreuzes, in Angleichung an Christus, opfert sie sich auf für ihr Volk, das jüdische, zum Erhalt des Friedens, der Abwendung des Weltkriegs und für ihre klösterliche Gemeinschaft, die Mitschwestern. Am 9. Juni 1939 verfaßt sie ihr Testament. Es schließt mit den Worten:

Schon jetzt nehme ich den Tod, den Gott mir zugedacht hat, in vollkommener Unterwerfung unter seinen heiligsten Willen mit Freude entgegen. Ich bitte den Herrn, daß er mein Leben und Sterben annehmen möchte zu seiner Ehre und Verherrlichung, für alle Anliegen (...) der heiligen Kirche, insbesondere für die Erhaltung, Heiligung und Vollendung unseres heiligen Ordens, namentlich des Kölner und des Echter Karmel, (...) damit der Herr von den Seinen aufgenommen werde und sein Reich komme in Herrlichkeit, für die Rettung Deutschlands und den Frieden der Welt, schließlich für meine Angehörigen, Lebende und Tote und alle, die mir Gott gegeben hat: daß keines von ihnen verlorengehe.[125]

Wie die letzte Wendung zeigt, spricht Edith Stein ihre Bitte an Gott in deutlichem Bezug zu Jesu Abschiedsgebet aus (Joh 17,12), das seine Jünger der Obhut des himmlischen Vaters empfiehlt. Sie sorgte sich, wie es diese Bitte ja zum Ausdruck bringt, auch im Kloster um ihre Familienangehörigen. In Briefen kommt sie immer wieder auf deren trostlose Lage zu sprechen.

Nach Besetzung der Niederlande im Mai 1940 durch deutsche Truppen war aber auch sie selbst erneut bedroht. Ihre Schwester Rosa, die als einzige aus der Familie einen ähnlichen Weg beschritt und 1936 nach dem Tod der Mutter zur katholischen Kirche konvertierte, gelangte in dieser Zeit auf einer abenteuerlichen Flucht über Belgien nach Echt, wo sie im Kloster den Pfortendienst übernahm.

Nach dreijährigem Aufenthalt stand es Edith Stein zu, sich dem Echter Karmel angliedern zu lassen. Aber die Oberen konnten sich wegen der Unsicherheit der politischen Lage nicht dazu entschließen. Auch war es nicht klug, Rosa die Ordenstracht zu geben. Edith Stein litt unter diesen Dingen; dies beweist ein kleiner Brief, den sie über die Frage ihrer Stabilität [d. h. ihrer Angliederung und Zugehörigkeit zum Echter Karmel] an ihre Priorin richtete.[126]

Darin heißt es:

---

125 Zitiert nach Herbstrith, Das wahre Gesicht (wie Anm. 3), S. 156.

126 Herbstrith, Ein neues Lebensbild (wie Anm. 45), S. 58.

Ich bin mit allem zufrieden. Eine *scientia crucis* [Wissenschaft vom Kreuz] kann man nur gewinnen, wenn man das Kreuz gründlich zu spüren bekommt. Davon war ich vom ersten Augenblick an überzeugt und habe von Herzen: *Ave, Crux, spes unica!* gesagt.[127]

Edith Stein widmete eine Ansprache vor ihren Mitschwestern im Kloster zu Echt diesem Gruß an das Kreuz als der einzigen Hoffnung für die Menschen.[128] Wir erinnern uns: Die Begrüßung des Kreuzes, womit eine Hymne des Venantius Fortunatus beginnt und die in der katholischen Karfreitagsliturgie eine so große Rolle spielt, begegnete uns schon bei Simone Weil (s. S. 156). Beide, Edith Stein und Simone Weil, werden im Verlaufe ihres Lebens immer stärker vom Kreuz gezeichnet, bis ihr Leben schließlich unter seinem Zeichen endet. Edith Stein aber bekam darüber hinaus Gelegenheit, sich mit diesem Symbol auch systematisch auseinanderzusetzen.

Im Sommer 1942 jährte sich die Geburt des Johannes vom Kreuz zum 400. Male. Aus diesem Anlaß erhielt Edith von ihrer Oberin den Auftrag zu einer Studie über die mystische Theologie des Ordensvaters. Die im vorhin angeführten Brief an die Oberin erwähnte Wendung ›Scientia Crucis‹, ›Kreuzeswissenschaft‹, welche paulinische Formulierungen anklingen läßt (vgl. 1 Kor 1,18 ff., bes. 2,2), wird zum Titel des Werks, das nicht abgeschlossen werden konnte und 1954 erstmals erschien, als erster Band der Werksauswahl. Die Einleitung erläutert den zunächst befremdlich klingenden Titel:

Wenn wir von *Kreuzeswissenschaft* sprechen, so ist das nicht im üblichen Sinn von *Wissenschaft* zu verstehen: sie ist keine bloße Theorie, d. h. kein reiner Zusammenhang von wirklich oder vermeintlich – wahren Sätzen, kein in gesetzmäßigen Denkschritten aufgeführtes ideales Gebäude. Sie ist wohlerkannte Wahrheit – eine Theologie des Kreuzes –, aber lebendige, wirkliche und wirksame Wahrheit: einem Samenkorn gleich wird sie in die Seele gesenkt, schlägt darin Wurzeln und wächst, gibt der Seele ein bestimmtes Gepräge und bestimmt sie in ihrem Tun und Lassen, so daß sie aus diesem Tun und Lassen hervorstrahlt und erkennbar wird. In diesem Sinn spricht man von einer Wissenschaft der Heiligen und sprechen wir von Kreuzeswissenschaft.[129]

Nimmt die Kraft einer heiligen Seele in dieser Weise die Glaubenswahrheiten auf, so wird sie zur *Wissenschaft der Heiligen*. Wird das Geheimnis vom Kreuz ihre *innere Form*, dann wird sie zur *Kreuzeswissenschaft*.[130]

---

127 Werke (wie Anm. 1), Bd. IX, S. 167, Brief Nr. 330.

128 Ansprache am 14. September 1939 zum Fest Kreuzerhöhung anläßlich der Gelübdeerneuerung, in: ebda, Bd. XI, S. 124–126.

129 Werke (wie Anm. 1), Bd. I, S. 3 f.

130 Ebda, S. 4 f.

Paulus entwickelt für Edith Stein als erster »eine ausgebildete *Kreuzeswissenschaft*, eine *Theologie des Kreuzes aus innerster Erfahrung*«.[131]

Das *Wort vom Kreuz* ist das Evangelium Pauli – die Botschaft, die er Juden und Heiden verkündet. Es ist schlichtes Zeugnis, ohne jeden Redeschmuck, ohne jeden Versuch, durch Vernunftgründe zu überzeugen. Es schöpft seine ganze Kraft aus dem, *was* es verkündet. Und das ist das Kreuz Christi, d. h. der Kreuzestod Christi, und der gekreuzigte Christus selbst.

Die »Kreuzeswissenschaft« hat drei Teile. Im ersten Teil werden unter dem Titel »Kreuzesbotschaft« die lebensgeschichtlich bezeugten Begegnungen des Johannes vom Kreuz mit dieser Botschaft berichtet: deren Verkündigung durch die Hl. Schrift, die Vergegenwärtigung des Kreuzesopfers Jesu in der Messe, die entsprechenden Visionen des Johannes und schließlich seine Leidenserfahrungen im Kerker von Toledo, wohin ihn Ordensbrüder aus Feindschaft gegen seine Reformbestrebungen brachten. Der zweite zentrale Teil des Werkes hat weitaus größeren Umfang; er beschäftigt sich mit der mystischen Theologie des Johannes. Ein dritter Teil, »Kreuzesnachfolge« genannt, ist nicht zu Ende geführt. Er behandelt seinen Weg mit dem Kreuz – im eigenen Leben und dem ihm vertrauter Mitmenschen, soweit das aus Überlieferung und Briefen noch ersichtlich ist.

Die uns überlieferten Hauptwerke des Johannes vom Kreuz[132] sind – außer Gedichten, Merksprüchen und Briefen – »Aufstieg zum Berge Karmel«, »Dunkle Nacht«, »Geistlicher Gesang« und »Lebendige Liebesflamme«. Am Beginn eines jeden Werks steht ein Poem, von Johannes selbst verfaßt und dann theologisch-mystisch gedeutet. Den ersten beiden Werken ist das Gedicht gemeinsam; es handelt von der dunklen Nacht, einem Symbol für das mystische Dunkel der Sinne und des Geistes, worin Sinne und Geist gekreuzigt werden, zunächst im aktiven Bemühen des Menschen selbst, dann im passiven Erdulden des läuternden, erleuchtenden und in der Liebe vereinigenden Handeln Gottes.

Zunächst klärt Edith Stein den Symbolcharakter von Kreuz und Nacht sowie das Verhältnis beider Symbole zueinander. Dann kommentiert sie Aussagen über die Nacht der Sinne in ihrem aktiven wie passiven Aspekt. Bezüglich des aktiven heißt es unter anderem:

---

131 Ebda, S. 14; das folgende Zitat: 14 f.

132 JOHANNES VOM KREUZ, Sämtliche Werke in 5 Bänden. München 1924, [7,8]1987; DERS., Sämtliche Werke in 4 Bänden. Einsiedeln 1964 u. ö.

Das, worauf es hier eigentlich ankommt, ist die *Ertötung der Freude am Verlangen nach allen Dingen*. Es kann sich ja nicht darum handeln, nicht mehr mit den Sinnen wahrzunehmen. Sie sind die Fenster, durch die in die Kerkerfinsternis unseres leibgebundenen Lebens das Licht der Erkenntnis fällt; und die können wir nicht entbehren, solange wir leben. Aber wir müssen lernen zu sehen und zu hören usw., als sähen und hörten wir nicht. Die Grundeinstellung zur sinnenfälligen Welt muß eine andere werden. Diese Grundeinstellung ist beim natürlichen Menschen durchschnittlich durchaus keine reine Erkenntnishaltung – er steht vielmehr in der Welt als Begehrender und als Mann der Tat. Tausendfach ist er mit ihr verknüpft, weil sie ihm bietet, was sein Verlangen stillt, ihn zu Taten anregt und selbst der Stoff seiner Taten ist. Im allgemeinen läßt er sich in seinem Tun und Treiben von Trieben und Begierden leiten, in Nahrung und Kleidung, Arbeit und Ruhe, Spiel und Erholung, im Verkehr mit andern. Er fühlt sich glücklich und zufrieden, wenn er auf keine außerordentlichen Hindernisse stößt. Keine außerordentlichen – denn daß ein hemmungsloses Ausleben in dieser Welt nicht möglich ist, das ist ihm normalerweise von Jugend an so vertraut, daß es ihm zur zweiten Natur geworden ist. Er weiß durch Erziehung und Erfahrung, daß ungehemmte Triebbefriedigung der eigenen Natur verderblich ist, und wird schon durch die gesunde Vernunft zu einer gewissen freiwilligen Einschränkung und Regelung geführt. In gleicher Richtung wirkt die Rücksicht auf andere, die sich im natürlichen Gemeinschaftsleben als unabweisliche Forderung aufdrängt, das natürliche Recht und das natürliche Sittengesetz. Durch alles das wird aber das natürliche Recht der Triebe nicht angetastet, es wird nur mit andern Rechten in Ausgleich gebracht. Mit dem Einsetzen der *Dunklen Nacht* dagegen beginnt etwas ganz Neues: das ganze behagliche Zuhausesein in der Welt, das Erfülltsein von den Genüssen, die sie bietet, das Verlangen nach diesen Genüssen und das selbstverständliche Jasagen zu diesem Verlangen – all das, was für den natürlichen Menschen das helle Tagesleben bedeutet –, das ist in Gottes Augen *Finsternis* und unvereinbar mit dem göttlichen Licht. Es muß mit allen Wurzeln heraus, wenn für Gott Raum werden soll in der Seele. Dieser Forderung entsprechen heißt mit der eigenen Natur auf der ganzen Linie den Kampf aufnehmen, *sein Kreuz auf sich nehmen* und *sich zur Kreuzigung ausliefern*.[133]

Solches aktive Eingehen in die dunkle Nacht der Sinne bedeutet bereitwillige Aufnahme des Kreuzes.

Aber im Kreuztragen allein stirbt man nicht. Und um die Nacht völlig zu durchschreiten, muß der Mensch der Sünde sterben. Er kann sich zur Kreuzigung ausliefern, aber er kann sich nicht selbst kreuzigen. Darum muß das, was die aktive Nacht begonnen hat, durch die *passive Nacht* vollendet werden, d. h. durch Gott selbst.[134]

Nun zur Nacht des Geistes. Es handelt sich dabei um ein sich vertiefendes Dunkel, worin die Vernunft durch den Glauben gerät. Solche Nacht ist dunk-

133 STEIN, Werke (wie Anm. 1), Bd. I, S. 40 f.

134 Ebda, S. 42 f.

ler als die der Sinne, weil sie die Vernunft des Menschen erfaßt und nicht nur seine Sinnlichkeit.

Der Glaube verlangt den Verzicht auf die natürliche Geistestätigkeit. In diesem Verzicht besteht die aktive Nacht des Glaubens, die eigentätige Kreuzesnachfolge.[135]

Der Mensch muß frei von sich werden für Gott.

Ihm soll er sich mit allen seinen Kräften hingeben. Das wird erreicht durch eine stufenweise fortschreitende *Erziehungsarbeit* und *Entziehungsarbeit*. Gott gibt die Anregung dazu und vollendet sie, aber sie erfordert die Mitwirkung des Menschen durch eigenes geistiges Tun. *Entzogen* werden muß dem Geist alles, womit er sich natürlicherweise beschäftigt. *Erzogen* werden muß er dazu, Gott zu erkennen und sich an Ihm allein zu freuen.[136]

Dies geschieht vom Menschen her, wenn er sich zum Glauben an Gott entscheidet, sich ihm hingibt und sein Herz an nichts anderes mehr hängt. Aber diese Aktivität des Menschen muß durch ein Handeln Gottes abgelöst werden, soll sich der Mensch vollenden und zur angestrebten Vereinigung gelangen. Diese *passive* Nacht des Geistes versetzt die Seele ins Dunkel. Zusammenfassend heißt es:

So vermag sie nichts mehr wahrzunehmen und gibt sich keiner Sache außer Gott hin, um zu Ihm zu gelangen. Sie wird frei von allen Formen, Bildern und Wahrnehmungen, die ein Hindernis für die dauernde Vereinigung mit Gott sind. Sie kann sich auf keine Erleuchtung des Verstandes und auf keinen äußeren Führer mehr stützen, um an ihnen Trost und Befriedigung zu finden.[137]

Johannes vom Kreuz und mit ihm Edith Stein bewegen sich hier in einer geistigen Tradition, die allen großen Religionen eigen ist: Der mystische Weg trennt zunächst, löst den Menschen von sich selbst und einer Lebensführung, in der er Halt findet – naiv-unmittelbar mit sich selbst im Einverständnis lebt. Der mystische Weg löst ihn von allem, was sein bisheriges Leben ausmacht, worauf er sein vitales, intellektuelles und moralisches Selbstvertrauen gründet. Es wird nicht nur *eingesehen*, sondern *erfahren*, daß Lebensgenuß, Erfolg, geistige Brillanz, seelische Hochherzigkeit – kurz: die ganze natürliche Ausstattung des Menschen und all das, was er daraus gemacht hat und worauf er deshalb stolz ist, auf dem Weg zu Gott ein Hindernis darstellt, welches der Mensch selbst gar nicht beseitigen kann, weil dieses Vermögen, diese Leistung wieder ein Anlaß zur Selbstgewißheit wäre. Stattdessen muß der Mensch ganz von sich selbst leer sein, völlig frei von sich werden, soll Gott in

135 Ebda, S. 98.   136 Ebda, S. 101.   137 Ebda, S. 135.

ihn eingehen und sich mit ihm vereinigen können. Wenn ein Mensch aber die totale Entäußerung selbst gar nicht vollziehen kann, dann muß er sie Gott überlassen. Diese passiv zu erleidende Selbstentäußerung wird in allen Traditionen, den christlichen wie den außerchristlichen, als ein Sterben beschrieben.

Gerade auch der religiöse Mensch wird hier in den Tod geführt: Er verliert den Geschmack an religiösen Bildern und Vollzügen. Seine spirituelle Habsucht erfährt eine gründliche Heilung. Auch die befriedigendste und befreiendste Spiritualität kann ja wieder zu einem Besitz werden, der sich zwischen den Menschen und Gott stellt. Aber Gott will den Menschen nackt, entblößt von allem, nur ihm hingegeben. Das muß richtig verstanden werden: Es bedeutet Verlust des Geschmacks am Schönen der Dinge, am Genuß der Sinne, insofern dieser Sinnlichkeit Selbstgenuß beigemischt ist. Das *von sich selbst freie* Empfinden der Schönheit, der Welt und der Liebe zu ihr, die sowohl Simone Weil als auch Hannah Arendt so leidenschaftlich zu preisen wissen, ist das Ziel, in dem alles Existierende auf seinen Ursprung, auf Gott hin transparent wird. Um der Reinigung dieser Liebe willen mag es da vorübergehend notwendig sein, daß schlechthin aller Geschmack an der Welt vergeht, weil ein Mensch noch nicht frei ist, sondern befangen in selbstbezogenem Begehren.

Ähnliches gilt für die geistige Nacht, für den Tod der Vernunft. Rein philosophische Einsicht in die rationale Unzugänglichkeit Gottes mag hier eine dem Menschen obliegende Vorarbeit darstellen. Auch kann die geistesgeschichtliche Situation, recht genutzt, ein Exerzitium für den wahren Glauben sein. In diesem Sinne dient Religionskritik etwa von Feuerbach, Nietzsche, Marx oder Freud der Destruktion gutgemeinter, aber in Selbsttäuschung und intellektueller Unredlichkeit befangener Frömmigkeit. Auch Simone Weil sah darin ja ein heilsames Mittel gegen vermeintliche Rechtgläubigkeit:

> Insofern die Religion ein Quell des Trostes ist, ist sie ein Hindernis für den wahren Glauben, und in diesem Sinne ist der Atheismus eine Läuterung.[138]

Im gleichem Zusammenhang kommt Simone Weil auch auf Johannes vom Kreuz zu sprechen: Die christliche Wahrheit ist dem Verstande unzugänglich.

> Darum nennt der heilige Johannes vom Kreuz den Glauben eine Nacht. Bei denen, die eine christliche Erziehung erhalten haben, heften sich die unteren Seelenkräfte an diese

---

[138] Zeugnis für das Gute. Traktate, Briefe, Aufzeichnungen. Olten / Freiburg 1976, S. 183.

Mysterien, auf die sie doch kein Anrecht haben. Darum bedürfen sie einer Läuterung, deren einzelne Etappen der heilige Johannes vom Kreuz beschreibt. Der Atheismus, der Unglaube bieten ein Äquivalent dieser Läuterung.[139]

Der Verlust christlicher Weltanschauung ist eine Chance für die vollkommene Klarheit in bezug auf Begriff und Möglichkeit des hier geforderten Glaubens, der keinerlei rationale Legitimation hat, sondern unter bestimmten Umständen – etwa im Blick auf Leid und Unglück in der Welt – sogar als Torheit, als Absurdität erscheinen kann. Aber ein solcher Eindruck, ein solches Urteil, wie es paradigmatisch bei Hiob oder angesichts des Todes Christi bei Paulus gefällt wird – von einem nicht-göttlichen Standpunkt aus – dies Urteil also setzt immer noch die eigene rationale Maßstäblichkeit voraus. Auch wird das ja nicht verurteilt: Die Vernunft des Menschen ist autonom; sie kann ihre Maßstäbe nur aus sich selbst beziehen. In diesem Sinn bleibt jener Satz des Protagoras gültig, nach dem der Mensch das Maß aller Dinge sei. Aber eine der eigenen Autonomie vollkommen bewußte Vernunft sucht Aufklärung über die ihr immanenten Grenzen. Kant hat das als erster zu leisten versucht, und in diesem Jahrhundert ist seine Arbeit etwa von Wittgenstein weitergeführt worden. Autonomie der Vernunft auch bezüglich ihrer eigenen Grenzen besagt, daß deren Erkenntnis nur durch sie selbst, von innen also, erfolgen kann, nicht von außen, etwa autoritativ, z. B. durch eine Kirche oder eine Tradition. – Die Vernunft erschöpft sich mit der Sprache, in der sie ihre Erkenntnisse gewinnt und ausspricht. Die Grenzen der Vernunft sind somit die Grenzen der Sprache und dann auch die Grenzen der Welt. Will der Mensch von Gott sprechen oder Gott zum Menschen, so kann das nur gleichnishaft geschehen, in Symbolen oder, wie die Scholastik sich ausdrückte: per analogiam. Gott ist jenseits unserer Erfahrung und der durch sie offenbaren Weltwirklichkeit. Deshalb ist der Glaube, im Bilde des Johannes vom Kreuz, dunkle Nacht; denn er kann sich – zunächst jedenfalls – auf keine Erfahrung stützen. Er selbst ist es dann allerdings, der von sich aus eine neue Art der Erfahrung und die ihr entsprechende göttliche Wirklichkeit konstituiert, aber ausschließlich durch Gott, weil dem Menschen jede Möglichkeit fehlt, selbst die eigenen Grenzen zu überschreiten. Er kann sich allenfalls offenhalten für das Entgegenkommen Gottes in einer aktiven Nacht der Sinne und des Geistes, und da ist der Atheismus unserer Zeit eine Hilfe, wie noch einmal Simone Weil zu Recht bemerkt:

---

139 Ebda, S. 184.

Weil wir de facto in einem Zeitalter des Unglaubens leben, warum den läuternden Gebrauch des Unglaubens vernachlässigen?[140]

Der Verlust eigener Maßstäblichkeit und kritischer Potenz wird aber erst total, wenn Gott selbst ans Werk geht und die Hingabe vollendet. Diese völlige innere Vernichtung kann demnach nicht mehr angestrebt und herbeigeführt werden. Die via crucis als die via regia, der Kreuzweg als der Königsweg – ihn kann der Mensch nicht von sich, aus eigener Kraft gehen; wird jemand gekreuzigt, dann ist ihm jedes Handlungsvermögen, jede Selbstbestimmung genommen. Aber dies Geschehen bedeutet nicht nur Untergang, sondern zugleich Auferstehung, nicht nur Erfahrung der Abwesenheit Gottes und dementsprechend Verzweiflung, sondern zugleich Hoffnung und Erfahrung absoluter Geborgenheit. Ein Gesang des Johannes vom Kreuz zur »Dunklen Nacht« drückt das aus. In der von Edith Stein benutzten Übersetzung heißt es zu Beginn der zweiten Strophe: »Im Dunkel wohl geborgen«. Das Leid ist zugleich Seligkeit, oder wie Simone Weil formuliert:

Die scheinbare Abwesenheit Gottes in dieser Welt ist die Gegenwart Gottes. (...) Denn die Abwesenheit Gottes ist der Modus der göttlichen Anwesenheit (...).[141]

Das mystische Sterben, als Gegenwart Gottes unter dem Anschein seiner Abwesenheit vollzieht sich allerdings nach Edith Stein nicht in der *Welt*, sondern im *Geist* des Menschen, in seinem Innersten, der unsterblichen Seele, dort, wo Gott den Menschen unmittelbar berührt und Wohnung nimmt, sich ihm hingibt und vereinigt. In einer auf das Hohelied des Alten Testaments zurückgehenden Tradition der Liebesmystik beschreibt dies Johannes vom Kreuz bildhaft als eine Verlobung und Vermählung Gottes mit der Seele, und zwar in den beiden Gesängen »Lebendige Liebesflamme« und »Geistlicher Gesang«. Wie schon das Hohelied die Dialektik von Anwesenheit und Abwesenheit des Geliebten beherrscht, so ist sie auch für den mystischen Weg charakteristisch und zwar selbst *nach* jener heiligen Hochzeit von Gott und Mensch. Das tiefste Leiden, das Leiden der Gottverlassenheit, in dem der Mensch Anteil am Leiden Christi gewinnt, hört nie gänzlich auf, wie Edith Stein mit Bezug auf den »Geistlichen Gesang« feststellt:

Es hört selbst in der Seligkeit der bräutlichen Vereinigung nicht auf, ja in gewisser Weise nimmt es mit der wachsenden Gotteserkenntnis und -liebe noch zu, weil mit ihr die Vorahnung dessen, was die klare Anschauung Gottes in der Glorie uns bringen soll, immer fühlbarer wird.[142]

---

140 Ebda. 141 Ebda, S. 208, 199. 142 Werke (wie Anm. 1), Bd. I, S. 227.

Die Kreuzeswissenschaft wurde für Edith Stein gemäß ihrem Anspruch zur persönlichen Erfahrung. Nicht daß sie das Kreuz gesucht hätte; nach Besetzung der Niederlande durch deutsche Truppen bemühten sie und die Oberen sich um eine Versetzung für beide Steins in ein Kloster des Auslands. Edith dachte zeitweise an eine Übersiedlung in den Karmel von Bethlehem; hier hätte sie sowohl als Jüdin wie als Christin leben und überleben können. Ihre Oberen nahmen Anfang 1942 Kontakt zum Karmelitinnenkloster von Le Pâquier im Kanton Fribourg auf. Mit der dortigen Fremdenpolizei geführte Verhandlungen waren erfolgreich, weil sich die Karmelitinnen in der Schweiz verpflichteten, für Edith und Rosa lebenslang zu sorgen. Doch alle Bemühungen um eine Ausreiseerlaubnis blieben vergeblich.[143]

Bald nach Besetzung der Niederlande hatte auch hier die Judenverfolgung begonnen. Die SS beschränkte sich zunächst auf Deportation der nichtchristlichen Juden. Aber im Gegensatz zu den deutschen Kirchen protestierten beide Konfessionen dort gegen die Politik der Ausrottung. Sie richteten zunächst ein Telegramm an den Reichskommissar Seyß-Inquart, in dem es hieß:

> Die hier unterzeichneten niederländischen Kirchengemeinden, tief erschüttert durch die Maßnahmen gegen die Juden in den Niederlanden, wodurch diese von der Teilnahme am normalen Volksleben ausgeschlossen werden, haben mit Entsetzen Kenntnis genommen von der neuen Maßregel, wodurch Männer, Frauen und Kinder und ganze Familien weggeführt werden sollen nach dem deutschen Reichsgebiet. Das Leid, das hierdurch über Zehntausende gebracht wird, das Bewußtsein, daß diese Maßregeln dem tiefsten sittlichen Empfinden des niederländischen Volkes widerstreiten, und vor allem das Widerstreben dieser Maßregeln gegen das, was Gott als Forderung der Gerechtigkeit und Barmherzigkeit aufgestellt hat, zwingt die Kirchengemeinschaften, an Sie die dringende Bitte zu richten, diese Verordnungen nicht zur Ausführung zu bringen. Für die Christen unter den Juden wird uns diese dringende Bitte überdies noch eingegeben durch die Erwägung, daß ihnen durch die Maßregeln die Teilnahme am kirchlichen Leben abgeschnitten wird.[144]

Auch die Zusicherung der Behörden, christliche Juden nicht zu behelligen, beruhigte die katholischen Bischöfe nicht – im Unterschied zu den reformierten Kirchen. Sie ließen am 26. Juli 1942 von den Kanzeln einen Hirtenbrief verlesen – in manchen Kirchen zusammen mit dem zitierten Telegramm an den Reichskommissar –, worin unter anderem nach der Mitschuld »an

---

143 Vgl. Imhof, Leben und Werk (wie Anm. 43), S. 157 sowie S. 305 Anm. 250 ff.

144 Zitiert nach Herbstrith, Das wahre Gesicht (wie Anm. 3), S. 164.

den Katastrophen, die uns heimsuchen«, gefragt und die Bitte an Gott gerichtet wurde, »daß er der Welt bald einen gerechten Frieden geben« und »das Volk Israel, das in diesen Tagen so bitter geprüft wird, stärken möge und es zur wahren Erlösung in Christus Jesus bringen möge«.[145] Zwei Tage später teilte man Edith Stein mit, daß die Familie ihres Bruders Paul und ihre Schwester Frieda nach Theresienstadt transportiert worden waren. Und eine Woche nach dem Hirtenbrief der Bischöfe, am Sonntag, dem 2. August, wurden alle katholischen Juden der Niederlande verhaftet – auch Edith und Rosa Stein. Sie gelangten mit den übrigen am 4. August ins Sammellager Westerbork. Übereinstimmend wird berichtet,[146] wie sich Edith der verzweifelten und hilflosen Menschen annahm, in ruhigen, festen Worten Ermutigung zusprach, half, wo sie konnte, heitere Ruhe und Gelassenheit ausstrahlte. Am 7. August verließ ein Sammeltransport das Lager Westerbork mit Auschwitz als Ziel. Nach allem, was man weiß, sind beide dort zwei Tage später in den Gaskammern umgebracht worden.

Am 1. Mai 1987 hat Papst Johannes Paul II. Edith Stein während seines zweiten Deutschlandaufenthalts in Köln selig gesprochen. Er hat sie – entgegen Verlautbarungen von kirchlicher Seite – nicht als Märtyrin des katholischen Glaubens gefeiert. Der Papst ließ vielmehr keinen Zweifel daran, daß Edith Opfer »gnadenloser Konsequenz einer wahnsinnigen Ideologie« wurde. Mehrfach nannte er in seiner Ansprache die Philosophin und Karmelitin eine »große Tochter des jüdischen Volkes«, für die auch ihre Taufe keineswegs einen Bruch mit diesem bedeutete. Erst als Christin habe die einstige Atheistin vielmehr den Gott der Jugend und des Elternhauses, den Gott Israels, wiedergefunden und sich geopfert »für den wahren Frieden und vor allem für ihr bedrohtes und gedemütigtes jüdisches Volk«. Der Papst rühmte im übrigen mehrfach die holländischen Bischöfe und deren »unüberhörbare« Proteste gegen nationalsozialistisches Unrecht. Er überging jedoch das Schweigen fast aller deutschen Bischöfe zum Massenmord. Daß dieses Schweigen schuldhaft war, wird auch heute noch nicht gesehen, im Gegenteil: man erweckt gelegentlich den Eindruck, als habe es außer von einzelnen Katholiken auch von der offiziellen Kirche tatkräftigen Widerstand gegeben. So bekennt das Sekretariat der Deutschen Bischofskonferenz in einer Erklärung zur fünfzigsten Wiederkehr von Hitlers Machtantritt zwar, daß »viele Glieder der Kirche (...) sich in Unrecht und Gewalttätigkeit verstricken« ließen; anderer-

---

145 Zitiert nach Herbstrith, ebda, S. 165.

146 Siehe ebda, S. 169–174.

seits wird aber betont: »Wir dürfen (...) erneut bezeugen, daß Kirche und Glaube eine der stärksten Kräfte im Widerspruch, ja Widerstand gegen den Nationalsozialismus waren, in mancher Hinsicht sogar die stärkste«.[147] Doch nicht die deutsche katholische Kirche als Institution – im Unterschied zur holländischen – hat solchen Widerstand geleistet, sondern einzelne ihrer Mitglieder, und das meist ohne kirchliche Rückendeckung oder Hilfestellung, ganz auf sich selbst gestellt. Ich glaube, es ist nötig, dies zu betonen, weil hier äußerste Wahrhaftigkeit geboten ist, und es die Unterschiede nicht zu verwischen gilt zwischen Tätern, Mitläufern, Unentschlossenen – und Opfern.

147 Zitiert nach Joachim Köhler, »Edith Stein – ein Opfer des Nationalsozialismus«, in: Herbstrith (Hrsg.), Edith Stein – eine große Glaubenszeugin. Leben, neue Dokumente, Philosophie. Annweiler 1986, S. 85–107, hier S. 87.

Hannah Arendt

I

»Johanna Arendt wurde geboren am 14. Oktober 1906 um 9 ¼ Uhr abends, – an einem Sonntage. Die Geburt hatte 22 Stunden gedauert und verlief normal. Das Kind wog 3695 gr.« – So beginnt die Chronik »Unser Kind« der ersten elf Lebensjahre Hannahs, von ihrer Mutter, Martha Cohn Arendt, mit Akribie geführt und deshalb eine hervorragende Informationsquelle. Hannah Arendt konnte diese Chronik in die Emigration nach den USA retten. Mit anderen wichtigen Dokumenten fand sie sich in ihrem Nachlaß, welcher zum größeren Teil von der Library of Congress in Washington, D. C., aufbewahrt wird. Auf diesem Material fußt auch die maßgebliche Hannah-Arendt-Biographie von Elisabeth Young-Bruehl, die ich meiner Darstellung zugrundelege.[1]

Hannah blieb das einzige Kind von Martha und Paul Arendt. Sie lebten damals in Linden, einem Vorort von Hannover. Beide Eltern stammten aus Königsberg, hatten nach ihrer Heirat eine Zeitlang in Berlin zugebracht, bis der Vater Anstellung als Ingenieur bei einer Elektrofirma in Hannover fand. Paul Arendt hatte sich in seiner Jugend, vor der Heirat, mit Syphilis infiziert, war behandelt worden und blieb symptomfrei bis 1908. Dann zwingt ihn die Krankheit, seinen Beruf aufzugeben. Die Familie zieht nach Königsberg zurück. Dort werden Mutter und Tochter Zeuge eines jahrelangen Siechtums. Paul Arendt stirbt mit 40 Jahren im Oktober 1913.

Hannah Arendts Großvater väterlicherseits hatte mit seiner ersten Frau Johanna, die 1880 starb, zwei Kinder, einen Jungen, Paul, Hannahs Vater, und ein Mädchen, Henriette. Nach dem Tod seiner Frau heiratete er ihre Schwester Klara. Aus dieser Ehe gingen wieder ein Sohn, Alfred, und eine Tochter, Frieda, hervor, die Hannahs Lieblingstante werden sollte. Beide Schwestern, die Hannahs Großvater väterlicherseits heiratete, Johanna – nach der Hannah Arendt benannt wurde – und Klara, waren Töchter eines russischen Juden, Isak Wohlgemuth.

---

[1] Siehe ELISABETH YOUNG-BRUEHL, Hannah Arendt. Leben, Werk und Zeit. Frankfurt a. M. 1986, S. 23 (amerikan. Orig.: Hannah Arendt. For Love of the World. New Haven / London 1982); dort auch obiges Zitat aus »Unser Kind«.

Auch Hannahs Großvater mütterlicherseits heiratete zweimal. Jacob Cohn, 1838 im russischen Teil Litauens geboren, emigrierte 1852 nach Königsberg, um dem Militärdienst zu entgehen, den der Zar für die »unnützen« Juden angeordnet hatte – das waren solche, die weder wohlhabend noch sonst dem Gemeinwohl besonders dienlich waren. Er gründete in Königsberg ein Teeimportunternehmen, das sich zum bedeutendsten Teehandelszentrum des Kontinents entwickelte, indem es den von England beherrschten Weltmarkt um russischen Tee erweiterte.[2] Jacob Cohn hatte drei Kinder aus erster Ehe, weitere vier in zweiter Ehe mit der Russin Fanny Spiero. Hannahs Mutter Martha (1874–1948) war das zweite Kind von Fanny. Martha heiratete 1920 ebenfalls ein zweitesmal, und zwar Martin Beerwald. Die Familie Beerwald wird uns in Hannah Arendts Biographie noch begegnen.

Beide Großeltern gehörten dem Reform-Judentum an, das sich der Aufklärung und dem liberalen Geist des aufstrebenden Bürgertums verpflichtet fühlte mit einem von der Weimarer Klassik geprägten Kulturideal. Sie bewunderten Hermann Vogelstein, den Rabbi von Königsberg, als geistiges und politisches Vorbild: Er gehörte zu den einflußreichsten Führer der liberalen Juden Deutschlands, und war sozialistisch gesonnen, Förderer der SPD. Wie wir es bei Edith Steins Eltern kennenlernten, empfand man deutsch und betrachtete sich als deutsch. Hannahs Eltern stießen Anfang der neunziger Jahre, noch nicht zwanzig Jahre alt, zur sozialdemokratischen Partei, welche damals durch Bismarcks Sozialistengesetze in die Illegalität abgedrängt war.

> Paul, der an der *Altertina* [der Königsberger Universität] sein Diplom als Ingenieur machte, war ein Amateurgelehrter. In seiner Bibliothek standen die griechischen und lateinischen Klassiker, die seine Tochter später mit Begeisterung las. Martha war, wie die meisten Frauen ihrer Schicht und Generation, in der Heimat ausgebildet und dann ins Ausland geschickt worden – in Paris studierte sie drei Jahre lang Französisch und Musik. Hannah Arendts Eltern waren beide nicht religiös. Aber sie schickten ihre Tochter zusammen mit ihren Großeltern Arendt in die Synagoge, und sie unterhielten gute Beziehungen zu Rabbi Vogelstein und seiner Familie – denn sie konnten ihm ja als sozialdemokratische Genossen begegnen.[3]

Während die Großeltern noch dem jüdischen Händlermilieu entstammten und sich ihn ihm bewegten, gelang den Eltern Hannah Arendts der Aufstieg in die bürgerliche Mittelschicht: Man verkehrte in Kreisen von Ärzten, Rechtsanwälten, Erziehern und Musikern.

---

[2] Siehe ebda, S. 39. [3] Ebda, S. 43 f.

Marthas Generation war die erste seit der Zeit Rahel Varnhagens, die eine beträchtliche Zahl von Literatinnen, Künstlerinnen und Musikerinnen hervorbrachte; und in Königsberg gab es literarische Zirkel, Kammermusikgruppen und politische Organisationen, in denen die Frauen vorherrschten. Unter Martha Arendts Freunden galt die Devise, daß Töchter für Berufslaufbahnen erzogen und ausgebildet werden sollten, die ehemals nur den Söhnen offenstanden.[4]

Allerdings stand Frauen ein Studium an der Universität Königsberg erst ab 1906 offen, und der Zugang zu Professuren war Juden in Preußen generell verschlossen.

Die Mutter führte, wie gesagt, detailliert Buch über Hannahs Entwicklung. Von den verabreichten Speisen und Medikamenten, körperlichem, seelischem, geistigem Wachstum, Pflege- und Erziehungserfolgen wie -rückschlägen wird mit beinah wissenschaftlicher Akribie berichtet. Damit nahm Martha Arendt eine Zeitströmung auf, in der das Interesse an Psychologie und Pädagogik des Kindes im Vordergrund stand. William Stern etwa, bei dem Edith Stein in Breslau Psychologie studierte, führte zusammen mit seiner Frau über mehrere Jahre Beobachtungen an seinen drei Kindern durch, die 1914 publiziert wurden. Das älteste dieser Kinder, Günther, lernte Hannah 1929 kennen und ging mit ihm eine Ehe ein, die aber nicht von Bestand war. Wie Young-Bruehl aus ihrer Kenntnisnahme von Marthas Aufzeichnungen berichtet, verfolgte die Mutter das »Ideal« einer »normalen Entwicklung«:[5] Geselligkeit, Freundlichkeit, Lenksamkeit, Zutraulichkeit, aber auch Intelligenz und musische Veranlagung.

Als Martha Arendt die fehlende Musikalität ihrer Tochter vermerkte, begann sie mit Freude, ihre intellektuelle Frühreife festzustellen. Über die sechsjährige Hannah schrieb sie: »Sie lernt leicht und ist augenscheinlich begabt, rechnet ganz besonders gut. Alles Theoretische an der Musik fällt ihr leicht, jedoch das Gehör corrigiert sie nie.« Von Anfang an war es Hannah Arendts Liebe zu Worten und Zahlen, die ihre Mutter beeindruckte. Die Mutter, die Hannah Arendt später als »nicht sehr theoretisch veranlagt« beschrieb, zog ein stark theoretisch veranlagtes Kind groß.[6]

Hannah Arendts Kindheit wurde von der wiederausbrechenden Krankheit des Vaters überschattet. Als sich sein Zustand verschlimmerte, konnten keine Kinder mehr Hannah besuchen und mit ihr spielen. Gemildert wurde diese Situation dadurch, daß sie in einen Kindergarten ging. Mit dem Schulbesuch verlor sich viel Kindliches in Hannahs Verhalten. Statt Puppen fanden nun Geschichten und Bücher ihr ganzes Interesse. Dem Vater begegnete sie sehr

[4] Ebda, S. 45 f. [5] Ebda, S. 47 ff. [6] Ebda, S. 51.

liebevoll und hilfsbereit in seiner Krankheit, die sich rapide verschlimmerte und schließlich in einem allgemeinen körperlichen und geistigen Verfall endete. Im Sommer 1911 mußte er in die psychiatrische Klinik eingeliefert werden. Während der folgenden Leidensjahre schrieb die Mutter nichts über die Entwicklung ihrer Tochter. Erst im Januar 1914 beginnt sie wieder mit den Eintragungen, nachdem ihr Mann im Oktober 1913 gestorben war. Sie findet es sehr merkwürdig, daß Hannah weder beim Tod des Vaters noch des Großvaters, den sie sehr mochte – u. a. deshalb, weil er so gut Geschichten erzählen konnte – irgendwelche Verlustempfindungen zeigte. Kurz darauf nehmen die Ereignisse im Gefolge des Kriegsausbruchs beide schwer in Anspruch. Am 23. August 1914 fliehen sie aus Furcht vor den anrückenden Russen nach Berlin und finden Aufnahme im Hause von Marthas jüngerer Schwester. In Charlottenburg besucht Hannah die Mädchenschule. Nur zehn Wochen später freilich können sie wieder nach Königsberg zurückkehren; die russischen Truppen waren aus Ostpreußen vertrieben.

Von Anfang 1915 bis Mitte 1917 macht eine Serie von ernsthaften Erkrankungen Hannah zu schaffen. Darüber sowie über Erziehungsschwierigkeiten und wachsende Nervosität ihrer Tochter in der Schule ist die Mutter sehr besorgt. Sie schreibt:

> Sie ist von einer außerordentlichen seelischen Sensibilität und leidet unter jedem Menschen, mit dem sie zu tun hat. Ich sehe meine Jugend in ihr wieder und bin traurig, daß sie denselben Leidensweg in bezug auf Menschen machen wird, wie ich. Aber man kann wohl keinem Menschen sein Schicksal ersparen. Könnte sie nicht ihrem Vater ähneln! Die Arendts sind so viel robuster in ihren Gefühlen und können darum das Leben so viel besser meistern wie Menschen unsern Schlages.[7]

Aber obwohl sie immer wieder wochenlang der Schule fern bleiben muß, fällt Hannah nicht zurück, sondern lernt auf dem Krankenlager und bleibt stets eine der besten Schülerinnen, wie die Mutter stolz vermerkt. Ihre letzte Eintragung in »Unser Kind«, die aus dem Jahre 1917 stammt, artikuliert freilich unbestimmt eine neue mit dem Anbruch der Pubertät auftauchende Sorge: »Ist schwierig und fängt an undurchsichtig zu werden.«[8] Nun zeigten sich die der Mutter zunächst nicht sichtbaren Verletzungen, welche jene Todesfälle der siebenjährigen Hannah zugefügt hatten. Wie häufig bei derartigen Kindheitserfahrungen, reagiert auch Hannah mit Gefühlen tiefen Verlassen- und Betrogenseins, wofür sie nicht nur die Toten verantwortlich macht; ihre Ag-

---

[7] Zitiert nach Young-Bruehl, ebda, S. 59.

[8] Ebda, S. 60.

gressivität wendet sich auch gegen den überlebenden Teil, die Mutter, und sie sich verschließt derart, daß diese ratlos ist. In ihrer späteren autobiographischen Skizze »Die Schatten« spricht sie von der hilflosen, verratenen, vaterlosen Jugend.[9]

Hannah Arendts Bewußtsein des eigenen Judentums und die intellektuelle Auseinandersetzung damit als Erwachsene wurde nicht etwa nur durch die Zeitumstände erzwungen – den Aufstieg Hitlers, die Emigration, die Judenvernichtung in Europa –, sondern hat seine Wurzeln bereits in der Schulzeit. Anläßlich eines Fernsehinterviews mit Günter Gaus aus dem Jahr 1964 sagte sie hierüber:

Ich komme aus einer alten Königsberger Familie. Trotzdem – das Wort »Jude« ist bei uns nie gefallen, als ich ein kleines Kind war. Es wurde mir zum erstenmal entgegengebracht durch antisemitische Bemerkungen (...) von Kindern auf der Straße. Daraufhin wurde ich also sozusagen »aufgeklärt«. (...) Ich wußte zum Beispiel als Kind – als etwas älteres Kind jetzt – daß ich jüdisch aussehe. Das heißt, daß ich anders aussehe als die anderen. Das war mir sehr bewußt. Aber nicht in der Form einer Minderwertigkeit; sondern das war eben so. Und dann, meine Mutter, mein Elternhaus sozusagen, war ein bißchen anders, als es gewöhnlich ist. Es war so viel Besonderes daran, auch gegenüber den andern jüdischen Kindern oder den Kindern aus der Familie sogar, daß für ein Kind sehr schlecht festzustellen war, wo war nun das Besondere? (...)

Ich, zum Beispiel, glaube nicht, daß ich mich je als Deutsche im Sinne der Volkszugehörigkeit, nicht der Staatsangehörigkeit, wenn ich mal den Unterschied machen darf – betrachtet habe. Ich besinne mich darauf, daß ich so um das Jahr 30 herum Diskussionen darüber zum Beispiel mit Jaspers hatte. Er sagte: »Natürlich sind Sie Deutsche!« Ich sagte: »Das sieht man doch, ich bin keine!« Das hat aber für mich keine Rolle gespielt. Ich habe das nicht etwa als Minderwertigkeit empfunden. Das gerade war nicht der Fall. Und wenn ich noch einmal auf das Besondere meines Elternhauses zurückkommen darf: Sehen Sie, der Antisemitismus ist allen jüdischen Kindern begegnet. Und er hat die Seelen vieler Kinder vergiftet. Der Unterschied bei uns war, daß meine Mutter immer auf dem Standpunkt stand: Man darf sich nicht ducken! Man muß sich wehren! Wenn etwa von meinen Lehrern antisemitische Bemerkungen gemacht wurden – meistens gar nicht mit Bezug auf mich, sondern in bezug auf andere jüdische Schülerinnen, zum Beispiel ostjüdische Schülerinnen –, dann war ich angewiesen, sofort aufzustehen, die Klasse zu verlassen, nach Hause zu kommen, alles genau zu Protokoll zu geben. Dann schrieb meine Mutter einen ihrer vielen eingeschriebenen Briefe; und die Sache war für mich natürlich völlig erledigt. Ich hatte einen Tag schulfrei, und das war doch ganz schön. Wenn es aber von Kindern kam, habe ich es zu Hause nicht erzählen dürfen. Das galt nicht. Was von Kindern kommt, dagegen wehrt man sich selber. Und so sind diese Sachen für mich nie zum Problem geworden. Es gab Verhaltungsmaßregeln, in

[9] Ebda, S. 64, 95.

denen ich sozusagen meine Würde behielt und geschützt war, absolut geschützt, zu Hause.[10]

Nach dem Abflauen der militärischen Bedrohung Ostpreußens durch die russische Armee, nach Hannahs Überwindung ihrer teilweise psychisch bedingten Anfälligkeit für Infektionen, nach dem Abklingen der Trauer über den Verlust des Vaters waren beide wieder innerlich so frei, ihre engen häuslichen Kreise zu durchbrechen: Martha wandte sich erneut dem politischen Geschehen zu, Hannah ließ sich durch vielfältige geistige Anstöße in ihren Interessen und Aktivitäten bestimmen. Angesichts der Spaltung in die SPD-Majorität um Kautsky, Bernstein und Ebert und die Minoritäten von USPD und Spartakusgruppe neigte Martha ideologisch der ersteren zu; sie dürfte aber wohl auch Kontakte zu den Unabhängigen Sozialdemokraten unterhalten haben, die ihre Zentrale nach der Vertreibung aus Berlin im Jahre 1917 nach Königsberg verlegten.[11]

Obwohl Martha Arendts Kreis die Gruppe Rosa Luxemburgs, den Spartakus-Bund, ablehnte, unterstützte sie die Spartakisten, als deren Aufstand in der ersten Woche des Jahres 1919 zu einem Generalstreik führte. Hannah Arendt erinnerte sich daran, daß sie von ihrer Mutter, die eine glühende Verehrerin Rosa Luxemburgs war, zu den ersten erregten Diskussionen mitgenommen worden war, die im Königsberger Kreis geführt wurden, als die Nachricht aus Berlin kam, daß dort ein Aufstand stattgefunden hatte. Als sie durch die Straßen liefen, rief Martha Arendt ihrer Tochter zu: »Paß auf, das ist ein historischer Augenblick!«[12]

1920 heiratete Martha den seit 1916 verwitweten Martin Beerwald, welcher in der Nachbarschaft wohnte und zwei Töchter hatte – ungefähr fünf Jahre älter als Hannah. Zu unterschiedlich an Temperament und Erziehung freundeten die Mädchen sich nicht miteinander an; verglichen mit den stillen, zurückhaltenden Beerwald-Töchtern war Hannah »starrköpfig, beängstigend intelligent und bei weitem zu selbständig«, so daß auch der Stiefvater nicht mit ihr zurechtkam.[13] Dazu eine Geschichte, die Young-Bruehl überliefert:[14] Hannah hatte durch einen Bekannten, Ernst Grumach, von der jungen Anne Mendelssohn gehört, einer Nachfahrin von Moses Mendelssohns ebenfalls berühmtem Enkel Felix. Hannah wollte nun diese Anne besuchen, deren Familie in Stolp, einer Stadt Hinterpommerns, wohnte. Doch man verbot ihr die

---

10 Zitiert nach Adelbert Reif (Hrsg.), Gespräche mit Hannah Arendt. München 1976, S. 15–17.

11 Young-Bruehl, Hannah Arendt (wie Anm. 1), S. 666 Anm. 9 zu Kap. 1.

12 Ebda, S. 66. 13 Ebda, S. 68. 14 Ebda, S. 68 f.

Reise, weil Familie Mendelssohn einen schlechten Ruf hatte: Annes Vater, ein Arzt, saß eine zweijährige Gefängnisstrafe ab, zu der er wegen unzüchtiger Handlungen an einer Patientin verurteilt worden war. Hannah ließ sich aber von dem Vorhaben nicht abbringen. Eines Nachts verließ sie das Haus durchs Schlafzimmerfenster und fuhr mit der Bahn nach Stolp, was man ihr sehr übel nahm. Aber die auf solche Weise initiierte Freundschaft zu Anne Mendelssohn währte ein Leben lang.

Ihre Eigensinnigkeit und Eigenwilligkeit führte natürlich auch zu Konflikten mit der Schule: Als sie

> verkündete, daß man von niemandem verlangen sollte, morgens um acht in den Griechischunterricht zu gehen und Homer zu lesen, half ihre Mutter, eine Einigung mit den Schulbehörden herbeizuführen. Hannah Arendt ging nicht in den Unterricht, sondern lernte in eigener Regie und legte dann mit großem Erfolg eine sehr strenge, eigens für sie entworfene Sonderprüfung ab.[15]

Sie war schon als Schülerin der Mittelpunkt eines Kreises von jungen jüdischen Studenten, die ihr großes Wissen in Philosophie und Literatur beeindruckte. Mit sechzehn las sie Kants »Kritik der reinen Vernunft« und die »Religion innerhalb der Grenzen der bloßen Vernunft« sowie Jaspers' »Psychologie der Weltanschauungen«. Informationen aus diesem Kreis über Vorzüge und Nachteile bestimmter Studiengänge, Universitäten und Dozenten halfen bei der eigenen Orientierung. So besuchte ihr Freund Ernst Grumach die ersten Vorlesungen Martin Heideggers in Marburg, wo dieser seit 1923 Professor für Philosophie war.

Im Verlauf von Auseinandersetzungen mit einem Lehrer hatte Hannah die Mitschülerinnen zum Unterrichtsboykott aufgerufen. Das führte zum Schulverweis. Sie bezog daraufhin die Universität Berlin und studierte zwei Semester Griechisch und Latein sowie katholische Theologie bei Romano Guardini, dessen christlicher, von Kierkegaard inspirierter Existentialismus sie sehr beeindruckte. Um aber ein reguläres Universitätsstudium absolvieren zu können, bedurfte es des Gymnasialabschlusses. Von seiten der Luisenschule, die sie besucht hatte, gestattete man ihr, das Abitur als Externe zu machen. In einem intensiven sechsmonatigen Ganztagsstudium bereitete sie sich darauf vor und bestand im Frühjahr 1924 die Abschlußprüfung – ein Jahr früher als ihre Klasse.

---

[15] Ebda, S. 73.

Die Prüfung hatte sie mit Angst erfüllt – sie gestand einmal ihrer Freundin Anne Mendelssohn, daß sie eine der angstvollsten Erfahrungen ihres Lebens gewesen sei –, aber sie ging mit gespielter Selbstsicherheit hinein. Öffentliche Auftritte und Situationen, die persönliche oder geistige Prüfungen enthielten, machten ihr weiterhin Angst, doch sie schaffte es dann stets, Unerschrockenheit vorzutäuschen. In diesem Fall hielt die Unerschrockenheit auch noch an, als die Prüfung bestanden war: Sie bekam die kleinen Goldmünzen mit dem Kopf Herzog Albrechts I. von Preußen, die man den erfolgreichen Abiturienten schenkte, heftete sie sich an und besuchte stolz ihre ehemaligen Klassenkameradinnen und Lehrer an der Luisenschule, wodurch sie eindeutig die Botschaft übermittelte, daß ihr der Schulverweis die Möglichkeit gegeben hatte, ihrer Klasse vorauszueilen.[16]

Vom Ruf Heideggers angezogen, als dem »heimlichen König im Reich des Denkens«, wie sie später formulierte, begann Hannah im Herbst 1924 an der Marburger Universität, Philosophie zu studieren, hörte aber auch theologische Vorlesungen bei dessen Freund Rudolf Bultmann. In den Vorlesungen und Seminaren, die Arendt besuchte, trug Heidegger zunächst Gedankengänge und Analysen vor, die ihn während der Ausarbeitung des ersten Teils von »Sein und Zeit« beschäftigten – der dann 1927 als einziger veröffentlicht wurde. Ab 1925 führte er den Studenten seine Auseinandersetzung mit Kant vor, die ein wesentliches Stück des zweiten Teils von »Sein und Zeit« bilden sollte und 1929 unter dem Titel »Kant und das Problem der Metaphysik« separat publiziert wurde. Über vierzig Jahre später, anläßlich seines 80. Geburtstags, hat Arendt auf das Eigentümliche des Denkens zurückgeblickt, welches ihr und anderen damals begegnete und sie zeitlebens nicht losließ, wie es das eigene Werk bezeugt: weshalb diese Charakteristik auch sie selbst kennzeichnet. Zudem hat sie sich in späten Jahren dem Thema des Denkens, was es sei und wie es sich von anderen Tätigkeiten des Menschen abhebe, im unvollendeten Werk »The Life of the Mind«[17] noch einmal ausdrücklich zugewandt. In ihrem Essay aus dem Jahr 1969 (»Martin Heidegger ist achtzig Jahre alt«) heißt es nun:

Dies Denken hat eine nur ihm eigene bohrende Qualität, die, wollte man sie sprachlich fassen und nachweisen, in dem transitiven Gebrauch des Verbums »denken« liegt. Heidegger denkt nie »über« etwas; er denkt etwas. In dieser ganz und gar unkontemplativen Tätigkeit bohrt er sich in die Tiefe, aber nicht um in dieser Dimension – von der man

---

16 Ebda, S. 75 f.

17 Posthum veröffentlicht: Hannah Arendt, The Life of the Mind, Bd. I: Thinking, Bd. II: Willing. New York 1978 (dt.: Vom Leben des Geistes, Bd. I: Das Denken, Bd. II: Das Wollen. München 1979).

sagen könnte, daß sie in dieser Weise und Präzision vorher schlechterdings unentdeckt war – einen letzten und sichernden Grund zu entdecken oder gar zutage zu fördern, sondern um, in der Tiefe verbleibend, Wege zu legen und »Wegmarken« zu setzen (dies der Titel einer Sammlung von Texten aus den Jahren 1929–1962). Dies Denken mag sich Aufgaben stellen, es mag mit »Problemen« befaßt sein, es hat ja natürlich immer etwas Spezifisches, womit es gerade beschäftigt oder, genauer, wovon es gerade erregt ist; aber man kann nicht sagen, daß es ein Ziel hat. Es ist unaufhörlich tätig, und selbst das Wegelegen dient eher der Erschließung einer Dimension als einem im Vorhinein gesichteten und darauf ausgerichteten Ziel. Die Wege dürfen ruhig »Holzwege« sein (nach dem Titel einer Essaysammlung aus den Jahren 1935–1946), die ja gerade, weil sie nicht zu einem außerhalb des Waldes gelegenen Ziel führen und »jäh im Unbegangenen aufhören«, demjenigen, der den Wald liebt und in ihm sich heimisch fühlt, ungleich gemäßer sind als die sorgsam angelegten Problemstraßen, auf denen die Untersuchungen der zünftigen Philosophen und Geisteswissenschaftler hin- und hereilen. Die Metapher von den »Holzwegen« trifft etwas sehr Wesentliches, aber nicht, wie es erst scheint, daß jemand auf den Holzweg geraten ist, von dem es nicht weitergeht, sondern daß jemand dem Holzfäller gleich, dessen Geschäft der Wald ist, auf Wegen geht, die von ihm selbst gebahnt werden, wobei das Bahnen nicht weniger zum Geschäft gehört als das Schlagen des Holzes. (...)

Ich sagte, man folgte dem Gerücht, um das Denken zu lernen, und was man nun erfuhr, war, daß Denken als reine Tätigkeit, und das heißt weder vom Wissensdurst noch vom Erkenntnisdrang getrieben, zu einer Leidenschaft werden kann, die alle anderen Fähigkeiten und Gaben nicht so sehr beherrscht als ordnet und durchherrscht. Wir sind so an die alten Entgegensetzungen von Vernunft und Leidenschaft, von Geist und Leben gewöhnt, daß uns die Vorstellung von einem leidenschaftlichen Denken, in dem Denken und Lebendigsein eins werden, einigermaßen befremdet. Heidegger selbst hat einmal dies Einswerden – einer gut bezeugten Anekdote zufolge – in einem einzigen lapidaren Satz ausgedrückt, als er zu Beginn einer Aristoteles-Vorlesung statt der üblichen biographischen Einleitung sagte: »Aristoteles wurde geboren, arbeitete und starb.« Daß es so etwas gibt, ist zwar, wie wir im Nachhinein erkennen können, die Bedingung der Möglichkeit von Philosophie überhaupt. Aber es ist mehr als fraglich, daß wir dies ohne Heideggers denkende Existenz zumal in unserem Jahrhundert je erfahren hätten. Dies Denken, das als Leidenschaft aus dem einfachen Faktum des In-die-Welt-Geborenseins aufsteigt und nun »dem Sinn nachdenkt, der in allem waltet, was ist« (*Gelassenheit*, 1959, S. 15), kann so wenig einen Endzweck – die Erkenntnisse oder das Wissen – haben wie das Leben selbst. Das Ende des Lebens ist der Tod, aber der Mensch lebt nicht um des Todes willen, sondern weil er ein lebendiges Wesen ist; und er denkt nicht um irgendwelcher Resultate willen, sondern weil er ein »denkendes, d. h. sinnendes Wesen« ist (ebenda S. 16).

(...)

Jeder Denker, wenn er nur alt genug wird, muß danach trachten, das eigentlich Resultathafte seines Gedachten aufzulösen, und zwar einfach dadurch, daß er es aufs Neue bedenkt. (Er wird mit Jaspers sagen: »Und nun, da man erst richtig anfangen wollte, soll man gehen!«) Das denkende Ich ist alterslos, und es ist der Fluch und der Segen der Denker, sofern sie nur im Denken wirklich sind, daß sie alt werden, ohne zu altern. Auch ist es mit der Leidenschaft des Denkens wie mit anderen Leidenschaften – was wir gemeinhin als die Eigenschaften der Person kennen, deren vom Willen geordnete Gesamtheit dann so etwas wie den Charakter ergibt, hält dem Ansturm der Leidenschaft, die den Menschen und die Person ergreift und gewissermaßen in Besitz nimmt, nicht stand. Das Ich, das denkend in dem entfesselten Sturm »innesteht«, wie Heidegger sagt, und für das die Zeit buchstäblich stillsteht, ist nicht nur alterslos, es ist auch, obwohl immer ein spezifisch anderes, eigenschaftslos. Das denkende Ich ist alles andere als das Selbst des Bewußtseins.[18]

Hannah Arendt versteht es in ihrem Rückblick, über die notorische Faszination des frühen Heidegger hinaus das geistige Verlangen seiner Schüler und jene Leidenschaft des Denkens fühlbar zu machen, welche sich auf sie übertrug. Unberührt aber bleibt auch hier die Liebesbeziehung der Marburger Zeit zwischen ihr, einer Achtzehn- bis Zwanzigjährigen, und dem siebzehn Jahre älteren Heidegger (er war seit 1917 verheiratet und hatte zwei kleine Söhne).

Zwanzig Jahre danach gestand er Hannah Arendt, daß sie die Inspiration für seine Arbeit in diesen Jahren, der Impuls für sein leidenschaftliches Denken war. Aber sie behielten dieses Geständnis für sich und kamen überein, das Geheimnis ihrer Affäre so sorgfältig zu hüten, wie sie es 1925 getan hatten. Die Liebesbriefe, die sie einander geschrieben hatten, sollten bewahrt, aber vor den Augen Fremder geschützt werden.[19]

Dieser Briefwechsel befindet sich heute im Deutschen Literaturarchiv in Marbach, ist aber nicht zugänglich.[20]

Dagegen findet sich im Nachlaß ein in dritter Person während des Sommers 1924 für Heidegger geschriebenes und ihm gewidmetes Selbstportrait, »Die Schatten« betitelt, wo sie in expressionistischer Sprache ihre Liebeserfahrung, das Erwachen aus träumerischer Selbstbezogenheit, den Abschied von der Kindheit, aber auch den Schmerz über die Unmöglichkeit andeutet, Heidegger ganz für sich zu gewinnen. Ihre Trauer kommt in Gedichten zum Ausdruck wie diesem:

---

18 Hannah Arendt, »Martin Heidegger ist achtzig Jahre alt,« in: Merkur 23 (1969), S. 893–902, hier S. 895–897; auch in: Dies., Menschen in finsteren Zeiten. München 1989, S. 172–184, hier S. 175–178.

19 Young-Bruehl, Hannah Arendt (wie Anm. 1), S. 92 f.

20 Ebda, S. 24 f.

Hannah Arendt

Spätsommer

Der Abend hat mich zugedeckt
So weich wie Samt, so schwer wie Leid.

Ich weiß nicht mehr wie Liebe tut,
Ich weiß nicht mehr der Felder Glut,
Und alles will entschweben
Um nur mir Ruh zu geben.

Ich denk an ihn und hab ihn lieb
Doch wie aus fernen Landen
Und fremd ist mir das Komm und Gib
Kaum weiß ich was mich bangt.

Der Abend hat mich zugedeckt
So weich wie Samt so schwer wie Leid.
Und nirgends sich Empörung reckt
Zu neuer Freud und Traurigkeit.

Und alle Weite die mich rief
Und alles Gestern klar und tief,
Kann mich nicht mehr betören.

Ich weiß ein Wasser groß und fremd,
Und eine Blume die keiner nennt
Was soll mich noch zerstören?

Der Abend hat mich zugedeckt
So weich wie Samt, so schwer wie Leid.[21]

In Marburg lernt Hannah Arendt den drei Jahre älteren Hans Jonas kennen. Über den Versuchen, Heideggers Erörterungen zu begreifen, werden sie Freunde. Ihnen schließt sich ein anderer Student an, Günther Stern, der Sohn des Psychologen William Stern, bekannter unter dem Pseudonym »Günther Anders«. Er wird sich vier Jahre später mit Hannah Arendt verheiraten. Hans Jonas blieb ihr zeitlebens freundschaftlich verbunden. Obwohl empfindsam und schüchtern, ja fast ängstlich, bildete sie während ihres Marburger Jahres den Mittelpunkt eines Kreises der Philosophie Hingegebenen, die unter Heidegger leidenschaftlich zu denken lernten. Wie Jonas berichtet, fand man bei Hannah Arendt »eine Intensität, eine Zielstrebigkeit, ein Gespür für Qualität, ein Suchen nach dem Wesentlichen, einen Tiefsinn, die ihr etwas Magi-

21 Zitiert nach Young-Bruehl, ebda, S. 99.

sches verliehen«.[22] Hinzu kam die Weite ihrer Bildung: »Daß eine der damals wenigen Studentinnen ohne besonderen Ehrgeiz klassische Texte im Original las und zugleich über ausgeprägte charakterliche Stärke, Mitmenschlichkeit und Attraktivität verfügte, mutete in der traditionellen Männergesellschaft exotisch an. Das mag einer der Gründe dafür gewesen sein, daß Arendt ›die Frauenfrage nie sehr interessiert‹ hat [wie sie später, 1972, in einem Brief bemerkte] und sie sich auf ihre intellektuellen Waffen verließ«, darin Rosa Luxemburg ähnlich.[23]

Nachdem Hannah Arendt die Unmöglichkeit einer bleibenden Erfüllung mit Heidegger erfahren hatte, verließ sie 1925 Marburg und ging für ein Jahr zu Husserl nach Freiburg. Hier fand sie sich erneut mit Hans Jonas zusammen, gewann aber auch neue Freunde, so Benno von Wiese und Kurt Blumenfeld, einen überzeugten Zionisten, der ihr das eigene Judentum wieder vertraut machte. Er und Karl Jaspers, der nach dem Freiburger Jahr auf Heideggers Empfehlung hin ihr Doktorvater wurde, führten sie aus der romantisch-weltfernen Gestimmtheit des bisherigen Philosophierens heraus und eröffneten die Sphäre des politischen Denkens, das ihr Hauptbetätigungsfeld werden und in dem die jüdische Thematik eine herausragende Rolle spielen sollte.

Jaspers war von der Psychiatrie – hier galt seine »Allgemeine Psychopathologie« von 1913 als Standardwerk – über die »Psychologie der Weltanschauungen« von 1919 zur Philosophie gekommen. Doch wiederum interessierten ihn weniger die Inhalte als vielmehr die Denkweisen, die Dimensionen, in denen sich Philosophie bewegt. Er hielt also fest an einer schon in der »Psychologie der Weltanschauungen« praktizierten Methode typologischer Beschreibung, die Max Weber entwickelt hatte, sein Vorbild und Lehrer in Heidelberg. Doch dieser starb schon 1920 – zu früh, um Jaspers auch bei der Ausarbeitung seiner Philosophie lehrend und beratend zur Seite zu stehen. Wie schon bei Heideggers »Sein und Zeit«, so geriet Hannah Arendt auch in die Entstehungsphase seines Hauptwerks, Jaspers' dreibändiger »Philosophie«. Diese Dreiteiligkeit bildet eine Dreiheit der Dimensionen ab, in denen sich nach Auffassung des Autors Philosophie bewegt; sie spiegelt die aristotelisch-scholastische, noch durch Kant kritisch aufgenommene Dreiheit der metaphysischen Ideen von Welt, Mensch (oder Seele) und Gott. Die Titel der 1932 erschienenen Bände lauten »Philosophische Weltorientierung«, »Existenzerhellung« und »Meta-

---

22 Zitiert nach Young-Bruehl, ebda, S. 107.

23 Wolfgang Heuer, Hannah Arendt in Selbstzeugnissen und Bilddokumenten. Reinbek bei Hamburg 1987, S. 21.

physik«, wobei unter letzterem der Versuch philosophischen Denkens angesprochen ist, die Welt und den Menschen zu transzendieren. Über Jaspers, den lebenslangen Lehrer und Freund, sowie ihre ersten Begegnungen mit ihm hat sich Arendt in dem schon erwähnten Gaus-Interview von 1964 so geäußert:

> Sehen Sie, wo Jaspers hinkommt und spricht, da wird es hell. Er hat eine Rückhaltlosigkeit, ein Vertrauen, eine Unbedingtheit des Sprechens, die ich bei keinem andern Menschen kenne. Dieses hat mich schon beeindruckt, als ich ganz jung war. Er hat außerdem einen Begriff von Freiheit gekoppelt mit Vernunft, der mir, als ich nach Heidelberg kam, ganz fremd war. Ich wußte davon nichts, obwohl ich Kant gelesen hatte. Ich habe diese Vernunft sozusagen *in praxi* gesehen. Und wenn ich so sagen darf – ich bin vaterlos aufgewachsen –: ich habe mich davon erziehen lassen. Ich will ihn um Gottes willen nicht für mich verantwortlich machen, aber wenn es irgendeinem Menschen gelungen ist, mich zur Vernunft zu bringen, dann ist es ihm gelungen.[24]

Im Todesjahr Max Webers, 1920, lernte Karl Jaspers Martin Heidegger kennen, der ihn bei seiner philosophischen Orientierungssuche stützte. Sie befreundeten sich, aber die Freundschaft war nicht von langer Dauer. Sie klang ab mit der Veröffentlichung von »Sein und Zeit«; ihre Wege trennten sich mit Heideggers Zuwendung zum Nationalsozialismus. Ab 1926 war Hannah Arendt beider gemeinsame Schülerin. Auch in Heidelberg zog ihre Begabung für Freundschaften eine Reihe von jungen Männern in Bann. Weiterhin studierte sie außer Philosophie Theologie – diese vor allem bei Martin Dibelius, dem Exegeten für das Neue Testament – und deutsche Literatur. Hier fiel ihr Blick auf die deutsche Romantik, zu der sie eine umfassende Studie ins Auge faßte, nach umfangreichen Vorarbeiten aber wieder fallen ließ zugunsten einer Einzeluntersuchung: des Schicksals der Jüdin Rahel Varnhagen, in dem sie die eigenen Identitätsprobleme vorgebildet fand. Zunächst aber wollte sie bei Jaspers promovieren und stellte in zweijähriger Arbeit ihre Dissertation fertig, die nach einer durch Jaspers angeregten Überarbeitung 1929 zu Berlin im Druck erschien. Ihr Thema lautete: »Der Liebesbegriff bei Augustin. Versuch einer philosophischen Interpretation«. Hannah Arendt ist hier noch ganz dem Stil Heideggers verpflichtet, weshalb die Arbeit nicht leicht zugänglich ist. Meine Hinweise zu Inhalt und Problematik folgen der Charakterisierung, die Young-Bruehl in Anhang 2 ihrer Biographie gibt,[25] und der Kritik, die Jaspers als Gutachter übt.[26]

---

24 Zitiert nach REIF, Gespräche (wie Anm. 10), S. 33.

25 YOUNG-BRUEHL, Hannah Arendt (wie Anm. 1), S. 650–663.

26 Das Gutachten ist wiedergegeben in: HANNAH ARENDT und KARL JASPERS: Briefwechsel 1926–1969 (Hrsg.: Lotte Köhler und Hans Saner). München 1985, S. 723 f.

Die Dissertation hat drei Teile. Der erste widmet sich dem Begriff der Liebe als appetitus. Er bezeichnet das Streben und Verlangen des Menschen nach einem dies Streben ganz ausfüllenden und zufriedenstellenden Gut. Schon Aristoteles hatte es als Eudaimonia identifiziert. Damit ist ein schlechthin glückliches, nämlich angstfreies Leben gemeint. Dies aber bleibt menschenunmöglich, weil jedes Leben vom Tod bedroht ist und damit unter der Angst steht. Das vollkommene Gut, das wir ersehnen, wäre demnach ein Leben ohne Tod, eine Gegenwart, deren Zukunft nicht von der Angst vor dem totalen Verlust überschattet ist. Eine solche Gegenwart ohne drohende Zukunft aber ist die Ewigkeit. Liebe als Streben muß somit die unbeständige Erde, das vergängliche Leben hinter sich oder unter sich lassen. Geschieht dies, so ist der appetitus zur caritas geworden, zur Liebe des ewigen Guts. Bleibt der appetitus am Vergänglichen haften, dann heißt er bei Augustinus ›cupiditas‹ oder ›concupiscentia‹ – ›Begehrlichkeit‹. Aber diese caritas ist für Hannah Arendt problematisch: Sie muß die »Welt als Heimat« um des vollkommenen Guts willen opfern, terrena despicere et amare coelestia – das Irdische verachten und das Himmlische lieben, wie es in der christlichen Liturgie heißt. Und weiter entsteht die Schwierigkeit, daß caritas doch von einem selber vergänglichen, aber nichtsdestoweniger auf das Irdische angewiesenen Menschen vollzogen werden soll. Hier muß Augustinus platonisch-plotinisch mit der Autarkie des Nus, der Souveränität des menschlichen Geistes argumentieren, der der Welt nicht mehr bedarf, von ihr unabhängig ist und ihr frei gegenübersteht. Damit aber ist die Frage nach dem Menschen selbst gestellt: Was bin ich? Woher bin ich? Meine physische und meine psychische Natur verdankt sich der Erde und der Mitwelt – aber meine geistige Natur? Auf diese Frage gibt die christliche Schöpfungslehre Antwort. Eingeschlossen in der rechten Selbstliebe, die auf das Zeitüberhobene im Menschen, seinen Nus, geht, sind damit auch die rechte Nächstenliebe – insofern der Geist jedem Menschen zukommt – und die rechte Gottesliebe. Gott ist so nicht nur als *Ziel* des menschlichen appetitus gesehen, sondern auch als *Ursprung*; d. h. caritas blickt nicht nur voraus in die Zukunft, sondern erinnert sich zugleich der wesentlichen Vergangenheit. Damit ist neben dem Wollen das Erinnern zu einem Konstituens menschlichen Selbstvollzugs gemacht; nicht nur das Ende, die Mortalität, sondern auch der Beginn, die Natalität des Lebens kommen gleichgewichtig zur Sprache – gegen Heideggers einseitige Todesverfallenheit des Daseins. Mit dem Gesichtspunkt der Natalität – den Hannah Arendt freilich erst später terminologisch faßt – hat sie ein Kernstück ihres eigenen anthropologischen Ansatzes erarbeitet; 1958 in »The Human Condition« –

deutsch »Vita activa oder Vom tätigen Leben«, 1960[27] – wird sie das ausführen. Entsprechend heißt es in einer Notiz zur Anfang der sechziger Jahre begonnenen, aber nicht abgeschlossenen Bearbeitung ihrer Dissertation für eine beabsichtigte amerikanische Ausgabe:

Die entscheidende Tatsache, die den Menschen als ein bewußtes, sich erinnerndes Wesen determiniert, ist die Geburt oder Natalität, daß wir nämlich durch die Geburt in die Welt eingetreten sind, während die entscheidende Tatsache, die den Menschen als ein begehrendes Wesen determiniert, der Tod oder die Mortalität ist, die Tatsache, daß wir die Welt im Tod verlassen werden. Todesfurcht und Unzulänglichkeit des Lebens sind die Wurzeln des Begehrens, wohingegen auf der anderen Seite die Dankbarkeit, überhaupt das Leben geschenkt bekommen zu haben – ein Leben, das man selbst im Elend schätzt – (...) die Wurzel der Erinnerung ist. Was letzten Endes die Todesfurcht lindert, ist nicht Hoffnung oder Begierde, sondern Erinnerung und Dankbarkeit. »Sei dankbar, so sein zu wollen, wie du bist, auf daß du von dem befreit werden kannst, was du nicht sein willst. Denn du willst ja sein und willst nicht unglücklich sein.«[28]

Nachdem sich die Dissertation im ersten Teil mit der Zukunftsorientiertheit und damit Todesverfallenheit der Liebe als appetitus befaßt hatte, im zweiten Teil mit der die Vergangenheit ins Spiel bringenden Geburtlichkeit bzw. Geschöpflichkeit des Menschen und der caritas als Gottesliebe, versucht der dritte, unabgeschlossene Teil, die Gegenwartsbezogenheit von caritas als Nächstenliebe gemäß Augustinus zu analysieren und zu kritisieren. Ihre Hauptfrage ist hier: Wie kann die auf Gott gerichtete caritas, die auch den Mitmenschen nur insoweit liebt, als er Geschöpf Gottes und Bruder Jesu Christi ist, aber alles Vergängliche verachtet und überstiegen wissen will, wie kann diese caritas menschliche Gemeinschaft begründen? Radikaler formuliert: Wie kann weltlose – in Max Webers Formulierung: »akosmistische« – Liebe die Menschen auch politisch einen? Das Desinteresse des frühen Christentums hieran war neutestamentlich durch die Naherwartung der weltaufhebenden endgültigen Ankunft Christi motiviert. Diese Ignoranz gegenüber der Notwendigkeit des politischen Raumes und seiner Organisation begann Hannah nun auch als grundlegende Schwäche von Heideggers säkularisierter Philosophie der Existenz anzusehen im Unterschied zu derjenigen von Jaspers. Dies geschah nicht ohne den Einfluß Kurt Blumenfelds, des väterlichen Mentors, der ihr die beiden gemeinsame Natalität, das Jüdisch-

[27] The Human Condition. Chicago 1958 etc. (dt.: Vita activa oder Vom tätigen Leben. Stuttgart 1960, München 1967 u.ö.).

[28] Zitiert nach Young-Bruehl, Hannah Arendt (wie Anm. 1), S. 655.

sein, und die darin verborgenen politischen Orientierungsprobleme bewußt machte.

Im Zuge dieser Bewußtwerdung und des ihr Studium begleitenden Interesses an der deutschen Romantik stieß sie auf das Lebensschicksal von Rahel Varnhagen. Nach ihrer Promotion lebte sie in Berlin und Umgebung, zusammen mit Günther Stern, ihrem Freund, den sie dann bald auch heiratete, und bewarb sich von dort mit Hilfe dreier Gutachten, die von Jaspers, Heidegger und Dibelius stammten, um ein Forschungsstipendium bei der Notgemeinschaft der deutschen Wissenschaft – Vorgängerin der Deutschen Forschungsgemeinschaft –, um die Arbeit über Rahel Varnhagen durchführen zu können. Das Stipendium wurde bewilligt. Unterdessen machte Günther Stern einen ersten Anlauf, sich zu habilitieren. Aber in Frankfurt scheiterte er nach vielversprechendem Start mit dem Entwurf einer musiktheoretischen Arbeit, die von Adorno scharf kritisiert wurde (dieser hatte gerade eine marxistisch orientierte musiksoziologische Studie abgeschlossen). Zudem wurde es wegen der wachsenden Flut des Antisemitismus immer schwieriger, an einer Universität Fuß zu fassen.

> Paul Tillich, der 1931 mit Stern über dessen durchgefallene Arbeit zur Philosophie der Musik diskutierte, riet ihm zu erwägen, ob er nicht über ein anderes Thema schreiben wolle, vielleicht über Schelling, und empfahl ihm auch, noch ein weiteres Jahr zu warten, bevor er etwas einreichte – denn zu dieser Zeit würde die Flut des Nationalsozialismus gewiß abgeebbt sein. Das erwies sich allerdings als eine Unterschätzung der Flut, und Günther Stern mußte sich nach einem anderen Lebensunterhalt umsehen.[29]

Er sprach Brecht an, über dessen ›Philosophie‹ er einen Rundfunkvortrag gehalten hatte. Dieser empfahl ihn Herbert Jhering, der Stern im Feuilleton seines Berliner »Börsen-Couriers« einsetzte. Dort legte er sich das Pseudonym »Günther Anders« zu, unter dem er bis heute bekannt ist.[30]

Während dieser Zeit arbeitet Arendt an der Biographie Rahel Varnhagens mit dem Untertitel »Das Leben einer deutschen Jüdin aus der Romantik«. Sie berücksichtigt nicht nur die veröffentlichte Korrespondenz Rahels, die ihr Mann ausgewählt und zensiert hatte, sondern auch das im Besitz der Preußischen Staatsbibliothek befindliche unveröffentlichte Material. Für Hannah Arendt steht Rahel Varnhagen am Beginn der Epoche jüdischer Assimilation, sie selbst aber an deren Ende im Sinne eines endgültigen Scheiterns, da der Antisemitismus mit Hitler zur staatlichen Vernichtungspolitik wird. Das Faszinierende für Hannah an Rahels Biographie ist jedoch, daß, nachdem ihre

---

[29] Ebda, S. 133. [30] Ebda, S. 135 f.

forcierten Assimilierungsversuche scheiterten, das Judentum also durch Konversion zum Christentum und durch Mischehen abzuschütteln, sie sich schließlich dazu durchkämpft, ihre Herkunft gegen die umgebende Gesellschaft zu akzeptieren, freilich in dem bitteren Bewußtsein, eine gesellschaftlich Gezeichnete und Ausgestoßene, ein Paria, zu sein. Ihre letzten Worte auf dem Sterbebett lauten: »Was so lange Zeit meines Lebens mir die größte Schmach, das herbste Leid und Unglück war, eine Jüdin geboren zu sein, um keinen Preis möcht' ich das jetzt missen«.[31] Diese Position erringt sie erst durch Überwindung der weltlosen, in Stimmungen eingesponnenen, die jüdische Identität leugnenden Selbstreflexion und nachdem sie durch die Enttäuschungen wiederholter Liebesaffären und Eheschlüsse, die »die Schande ihrer unehrenhaften Geburt«[32] tilgen sollen, an den Rand ihrer Lebensmöglichkeiten gelangt war.

Hannah Arendts Kritik jener selbstreflexiven Eingesponnenheit der frühen Rahel war zugleich Kritik ihrer eigenen jugendlichen Selbstbezogenheit. Rahels Problem war ihr eigenes: Auch sie hatte Träume abzuschütteln und die politische Realität ins Auge zu fassen, um sich in der Auseinandersetzung selbst zu gewinnen und Möglichkeiten des Handelns auszumessen. Durch Kurt Blumenfeld war sie auf die Möglichkeit des zionistischen Auswegs, aber auch auf seine Gefahren aufmerksam geworden:

> Blumenfelds Kritik an der Assimilation zielte darauf ab, die Juden für die Repressalien des Lebens in einer nichtjüdischen Gesellschaft feinfühlig zu machen und auch vor dem Wiederaufkommen der Intoleranz unter den Juden einer zukünftigen jüdischen Gesellschaft zu warnen. Er wollte die Ungleichheiten aus dem jüdischen Leben verbannen, und einer der Schritte, die seiner Meinung nach auf dem Weg zu diesem Ziel erforderlich waren, war eine scharfe Kritik am ›philanthropischen Zionismus‹. Die Ausdehnung der Nächstenliebe auf die Ostjuden, die verfolgten Juden, die Opfer des Antisemitismus, war, so glaubte er, nicht der Weg, ein Nationalbewußtsein zu schmieden; die Philanthropie verfestige nur die Differenzen zwischen den Juden, die zu ›Parvenüs‹ avanciert waren, und denjenigen, die ihr ›Pariatum‹ nicht aufgeben konnten oder wollten.[33]

Hannah Arendt akzeptierte diese Analyse und hat dem Zionismus gegenüber stets Verständnis gezeigt, ohne ihn aber selbst zu vertreten, wenn sie sich

[31] Hannah Arendt, Rahel Varnhagen. Lebensgeschichte einer deutschen Jüdin aus der Romantik. München 1959, 1975, 1981, S. 15 (Orig.: Rahel Varnhagen. The Life of a Jewess. London 1958).

[32] Young-Bruehl, Hannah Arendt (wie Anm. 1), S. 143.

[33] Ebda, S. 123.

auch, wie wir sehen werden, eine Zeitlang praktisch für zionistische Belange betätigte.

Hannah konnte ihre Varnhagen-Biographie zunächst nicht beenden. Als sie 1933 aus Berlin fliehen mußte, waren elf Kapitel fertig. Erst 1938 schloß sie das Buch mit zwei weiteren Kapiteln ab, die sich aber in Ton und Stimmung stark vom Vorhergehenden unterschieden. Veröffentlicht wurde es zuerst auf Englisch 1958 in einem Londoner Verlag, ein Jahr später dann auch auf Deutsch. In den Schlußkapiteln stellt sie den immanenten Widerspruch des Assimilationsverlangens scharf heraus:

> In einer im großen Ganzen judenfeindlichen Gesellschaft (...) kann man sich nur assimilieren, wenn man sich an den Antisemitismus assimiliert.[34]

Aber Hannah Arendt wollte – darin eines Sinnes mit Rosa Luxemburg – weder die Juden- noch die Frauenfrage isoliert für sich betrachten; sie glaubte, eine Lösung beider sei nur in einer politischen Konzeption möglich, umfassend genug, die Ursachen solcher regionalen gesellschaftlichen Verwerfungen aufzudecken und aufzuheben: die nationalistischen Partikularismen, den neuzeitlichen Aufstieg des Bürgertums, die Technisierung der industriellen Arbeitswelt, eine dadurch ausgelöste Unsicherheit in bezug auf die eigene gesellschaftliche Stellung und eine damit einhergehende Instrumentalisierung mitmenschlicher Beziehungen. Anders als Rosa Luxemburg erwartete sie die Lösung der Juden- bzw. Frauenfrage jedoch nicht vom Sozialismus oder irgendeiner anderen Art festgefügter Lehre. Sie betonte lediglich – so in ihrer Rezension des Buches »Das Frauenproblem in der Gegenwart« von Alice Rühle-Gerstel, einer Psychologin der Adler-Schule (veröffentlicht 1932 in ›Die Gesellschaft‹) –, daß es notwendig sei, politisch aktiv zu werden, daß diese politische Aktivität sich aber ihres Kontextes bewußt sein müsse: die jüdische Frage könne nur im umfassenden nationalen und internationalen Rahmen, die Frauenfrage nur gesamtgesellschaftlich behandelt und gelöst werden, nicht innerhalb jener von Männern vorgeprägten Fronten oder Muster der Auseinandersetzung und Problembewältigung.

Während Hannah Arendt sich unter dem Einfluß Kurt Blumenfelds mehr und mehr der zionistischen Bewegung öffnete, ohne aber jemals ihre kritische Distanz ganz aufzugeben, engagierte sich Günther Stern immer stärker bei den Kommunisten. Nicht die Tatsache, daß Zionisten und Kommunisten einander mißtrauisch beäugten, beide Bewegungen ideologisch auf ganz ver-

---

34 Arendt, Varnhagen (wie Anm. 31), S. 208.

schiedenen Grundlagen beruhten, war Anlaß für die wachsende innere Entfremdung zwischen den Ehepartnern, sondern – wie Elisabeth Young-Bruehl schreibt[35] – zum einen das unterschiedliche intellektuelle Milieu, in dem sie verkehrten, zum anderen die mangelnde geistige und emotionale Offenheit füreinander.

Stern erkannte niemals die wahre Tiefe von Hannah Arendts Hingabe an die Probleme und Bewegungen, mit denen sie sich befaßte, und das war für ihre Beziehung ebenso ausschlaggebend wie ihr unterschiedliches Ansehen und die getrennten Kreise. (...) Dem entspricht, daß Stern, wenn er von seinen Diskussionen mit Bertolt Brecht und dessen kommunistischen Freunden, wo offen über Spielarten des modernen Atheismus und Nihilismus debattiert wurde, nach Hause kam und über die Debatten berichtete, stets vergeblich auf eine Stellungnahme von ihr wartete. Auch war ihm die Seite ihres Lebens unbekannt, die in den Gedichten zum Ausdruck kam. Obwohl sie beide die Dichtung liebten und obwohl Arendt Sterns Versuche schätzte – sogar seine Gedichte auswendig kannte und rezitierte –, wußte er nie, daß sich in einem ihrer Notizbücher Gedichte und poetische Skizzen häuften.

Sie schätzten und liebten einander als »Gefährten für den Tag, jedoch nicht für die Nächte ihrer Träume«; sie waren Stützen füreinander bei der Bewältigung des Lebens, aber nicht Teilhaber am geistig und seelisch Persönlichsten, Intimsten.

Seit 1929, seit dem Anwachsen der nationalsozialistischen Bewegung wurde Arendt die Unvermeidlichkeit einer Emigration immer klarer. Ihre Umgebung verlachte sie. Aber als dann Hitler an die Macht kam und Günther Stern im Februar 1933 nach Paris floh, um der drohenden Verhaftung durch die Gestapo zu entgehen, der Brechts Adreßbuch in die Hände gefallen war – da blieb sie in Berlin, um Widerstand zu leisten;

sie stellte ihre Wohnung in der Opitzstraße als Durchgangsstation für fliehende Feinde des Hitler-Regimes, meist Kommunisten, zur Verfügung. Politischen Flüchtlingen zu helfen, befriedigte ihr Bedürfnis zu handeln, sich zu wehren, sich dem Regime und allen ihren Bekannten, die irgendwie daran beteiligt waren, zu widersetzen. (...) Hannah Arendt betrachtete die Hilfsaktion, an der sie sich in Berlin beteiligt hatte, als eine Mut- und auch Verstandesprobe und fühlte sich ihr ganzes Leben lang all jenen verbunden, die die Lage klar erkannt und – gleichgültig, wie sie zu den Kommunisten standen – die Aktion unterstützt hatten. Der französische Soziologe Raymond Aron, zum Beispiel, half, als er an der Maison Française in Berlin arbeitete, Flüchtlingen, die in sein Land wollten, und dafür stand er immer hoch in Hannah Arendts Achtung, auch wenn sie in Fragen der politischen Theorie tiefe Meinungsverschiedenheiten mit ihm hatte.[36]

---

[35] YOUNG-BRUEHL, Hannah Arendt (wie Anm. 1), S. 156–160.

[36] Ebda, S. 160, 162.

Die tiefste Erschütterung erlebte Hannah Arendt in dem, was sie die Selbstgleichschaltung vieler ihrer intellektuellen Freunde nennt. Hierzu sagte sie in dem Gaus-Interview:

Das Problem, das persönliche Problem war doch nicht etwa, was unsere Feinde taten, sondern was unsere Freunde taten. Was damals in der Welle von Gleichschaltung, die ja ziemlich freiwillig war, jedenfalls noch nicht unter dem Druck des Terrors vorging: das war, als ob sich ein leerer Raum um einen bildete. Ich lebte in einem intellektuellen Milieu, ich kannte aber auch andere Menschen. Und ich konnte feststellen, daß unter den Intellektuellen die Gleichschaltung sozusagen die Regel war. Aber unter den andern nicht. Und das hab ich nie vergessen. Ich ging aus Deutschland, beherrscht von der Vorstellung (...): Nie wieder! Ich rühre nie wieder irgendeine intellektuelle Geschichte an. Ich will mit dieser [Intellektuellen-]Gesellschaft nichts zu tun haben. (...) Ich war der Meinung, das hängt mit diesem Beruf, mit der Intellektualität zusammen. (...) Sehen Sie, daß jemand sich gleichschaltete, weil er für Frau und Kind zu sorgen hatte, das hat nie ein Mensch übelgenommen. Das Schlimme war doch, daß die dann wirklich daran glaubten! Für kurze Zeit, manche für sehr kurze Zeit. Aber das heißt doch: zu Hitler fiel ihnen was ein; und zum Teil ungeheuer interessante Dinge! Ganz phantastische und interessante und komplizierte! Und hoch über dem gewöhnlichen Niveau schwebende Dinge! Das habe ich als grotesk empfunden. Sie gingen ihren eigenen Einfällen in die Falle (...).[37]

Der für Hannah Arendt schmerzlichste Fall eines nicht-jüdischen Intellektuellen, dem zu Hitler etwas ›einfiel‹, das diesen und seine Herrschaft rechtfertigte, war der Heideggers: er begrüßte den Nationalsozialismus als »Seinsschickung« und übernahm 1933 das Rektorat der Universität Freiburg, nachdem sein Vorgänger, ein Sozialdemokrat, sich geweigerte hatte, eine antijüdische Maßnahme zu exekutieren und daraufhin von seinem Posten entfernt worden war. Seine »Zuflucht zu Tyrannen und Führern« hat Hannah Arendt in ihrem 1969 im ›Merkur‹ veröffentlichten Rückblick »Martin Heidegger ist achtzig Jahre alt« als »eine *déformation professionelle*« bezeichnet,[38] die ihn – zumindest vorübergehend – veranlaßte, »der Wirklichkeit in den Gestapokellern und den Folterhöllen der Konzentrationslager, die unmittelbar nach dem Reichstagsbrand erstanden, in angeblich bedeutendere Regionen auszuweichen«.[39] Heidegger hat, wie neuere Untersuchungen zeigen, seine Selbst-

[37] Zitiert nach REIF, Gespräche (wie Anm. 10), S. 20 f.

[38] »Martin Heidegger« (wie Anm. 18), in: ›Merkur‹, S. 901 f., in: Menschen in finsteren Zeiten, S. 183 f.

[39] Ebda, ›Merkur‹, S. 901, aus Anm. 1.

gleichschaltung zeitlebens nicht zurückgenommen oder gar selbstkritisch kommentiert.[40]

Besonders verstörend war für Arendt aber dieser Vorgang bei Juden. Von einem der prominentesten Fälle erfuhr sie erst zwanzig Jahre später. Die Frankfurter Studentenzeitung ›Diskus‹ deckte Januar 1963 einen Versuch Adornos auf, sich den Nazis anzubiedern. Adorno hatte im Juni 1934 in der nationalsozialistischen Monatsschrift »Die Musik« unter anderem Vertonungen eines Gedichtbandes des Reichsjugendführers besprochen; Baldur von Schirach ruft darin unter anderem zum Massenmord auf, was Adorno geflissentlich übersah. Von der Vertonung sagte er, hier werde »dem Bild einer neuen Romantik nachgefragt; vielleicht von der Art, die Goebbels als ›romantischen Realismus‹ bestimmt hat«.[41] Im gleichen Heft des ›Diskus‹ hatte Adorno seine Autorschaft bekannt und bedauert, zugleich aber die »dummtaktischen« Sätze verteidigt und sich dagegen verwahrt, mit Heideggers Faschismus in einem Atemzuge genannt zu werden.[42] Hannah Arendt legt nun nicht den Finger auf diese vordergründigen Anbiederungs- und Selbstrechtfertigungsversuche, sondern auf eine dahinterstehende Mentalität von Verleugnung der eigenen Herkunft und des Verrats an jüdischen Freunden und Volksgenossen:

> Die eigentliche Infamie bestand darin, daß er, halbjüdisch unter lauter Juden, diesen Schritt natürlich ohne Informierung seiner Freunde getan hat. Er hatte gehofft, mit der mütterlich italienischen Seite (Adorno versus Wiesengrund) durchzukommen.[43]

Für den Sommer 1933 plante man in Prag den 18. Zionistenkongreß, auf dem unter anderem die These verfochten werden sollte, die Lösung der Judenfrage in bürgerlicher Emanzipation oder gar Assimilation zu suchen, habe sich nun endgültig als Illusion erwiesen. Um diese These zu stützen, erhielt Arendt von Blumenfeld den Auftrag, in der Preußischen Staatsbibliothek systematisch antisemitische Äußerungen zu sammeln, die sich in Mitteilungsblättern aller Art und in Fachzeitschriften finden ließen. Bei dieser Betätigung wurde sie von der Polizei überrascht und zusammen mit ihrer Mutter, die zu Besuch war, verhaftet. Die Verhöre förderten jedoch – auch dank der Unerfahrenheit

---

40 Vgl. Hugo Ott, Martin Heidegger. Unterwegs zu seiner Biographie. Frankfurt a. M. 1988.

41 Zitiert nach Arendt / Jaspers, Briefwechsel (wie Anm. 26), S. 830, Anm. 2 zu Brief Nr. 399).

42 Ebda, Anm. 3.

43 Ebda, S. 679, aus Arendts Brief Nr. 399 an Jaspers vom 4. 7. 1966.

eines jungen Beamten – nichts Schwerwiegendes zutage, so daß sie schon bald entlassen waren. Beide verließen jetzt schleunigst Deutschland, und zwar auf Fluchtwegen, die, von Juden und Linken organisiert, durch das Erzgebirge nach Prag führten. Von dort reisten sie nach Genf weiter, wo Hannah durch Vermittlung einer Berliner Freundin zunächst beim Internationalen Arbeitsamt des Völkerbundes, dann im Büro einer jüdischen Organisation Anstellung fand. Ende 1933 aber war sie schon in Paris. Da ihr Judesein nun endgültig ein politisches Problem geworden war, wollte sie auch entsprechend politisch handeln: Zunächst arbeitete sie in einer Organisation, die jüdische Palästina-Emigranten für praktische Berufe ausbildete, dann ab 1935 als Generalsekretärin der französischen Abteilung von »Jugend-Alija«, wobei es sowohl um Schulung ging als auch um Beschaffung von Papieren und Geld. Obwohl für die zionistische Bewegung tätig, blieb sie doch bei ihren inneren Vorbehalten, erwog selbst auch nie die Übersiedlung nach Palästina. Sie fürchtete nicht nur einen möglichen jüdischen Nationalismus mit seinen unheilvollen Auswirkungen auf die arabische Umgebung – was sich ja über jede damals mögliche Voraussicht bestätigt hat –, sondern zugleich die in einem jüdischen Staatsgebilde sich verschärfende wechselseitige Intoleranz der verschiedenen religiösen und ethnischen Gruppierungen.

In Paris traf Hannah Arendt ihren Mann Günther Stern wieder. Öffentlich traten sie zunächst noch als Ehepaar auf, aber ihre Ehe war gescheitert und sie wurde 1937 geschieden. Dem gemeinsamen Freundeskreis gehörten neben Arnold Zweig, Bertold Brecht, Walter Benjamin auch Heinrich Blücher an, zu dem Hannah Arendt bald eine nähere Beziehung aufnahm und den sie 1940 heiratete. Heinrich Blücher, 1899 in Berlin geboren, hatte als Journalist gearbeitet und Texte fürs Kabarett, zu Operetten und Filmen geschrieben. 1919 war er der KPD beigetreten, hatte sie aber 1928 wegen ihres stalinistischen Kurses wieder verlassen und sich einer kommunistischen Splittergruppe angeschlossen, wo er 1936 Hannah Arendt kennenlernte. 1934 kam er nach Paris.

Seine erstaunlichen philosophischen Kenntnisse als Autodidakt, seine politischen Erfahrungen und seine packende Art zu reden begeisterten alle, die ihm begegneten. Seit Hannah ihn kannte, begann sie, sich mit der marxistischen Gesellschafts- und Revolutionstheorie und der Imperialismus-Studie Rosa Luxemburgs auseinanderzusetzen, auf die sie sich im zweiten Teil ihres Buchs über den Totalitarismus stützte.[44]

[44] Heuer, Hannah Arendt (wie Anm. 23), S. 31 f.; gemeint ist Luxemburgs »Die Akkumulation des Kapitals«, die Arendt in ihrem Heinrich Blücher gewidmeten polito-

Selbstverständlich hat Hannah Arendt ihre Tätigkeit für jüdische Organisationen intellektuell begleitet, und dies nicht nur, weil sie dazu vielfältig angeregt war durch die Diskussionen in dem weiten Pariser Freundeskreis. Praxis wie Theorie waren darüber hinaus Weisen fortdauernder Lebensklärung und Selbstfindung. Einen Teil ihrer Reflexionen seit der Beschäftigung mit Rahel Varnhagen versammelte sie in dem Bändchen »Sechs Essays«, das erst nach dem Krieg, 1948, erscheinen konnte.[45] Im zentralen Stück der Sammlung, das »Die verborgene Tradition« überschrieben ist, versucht Arendt, was sie, auf Lazare zurückgreifend, als Paria-Dasein des seiner selbst bewußten, sich nicht assimilierenden Juden benennt, aufzuzeigen an Existenz und Werk von Heinrich Heine, dem genannten Bernard Lazare, Charlie Chaplin und Franz Kafka. Diesem Juden als Paria stellt sie den Juden als Parvenu gegenüber: der nichts mit größerem Eifer erstrebt als Assimilation an die umgebende Gesellschaft, um aufzusteigen, seine Herkunft vergessen zu machen und Reputation zu erwerben. Derartige Versuche, durch die bürgerliche Aufklärung legitimiert, mußten spätestens mit der rassistischen Ausgrenzung der Juden als gescheitert gelten. Nun trat das Verborgene ans Licht: daß dies ganze jüdische Volk der Ausgestoßene war. Hierzu heißt es in der Vorbemerkung:

> Daß das Schicksal des jüdischen Volkes in Europa nicht nur das eines unterdrückten, sondern das eines Pariavolkes (Max Weber) war, kam denjenigen zu klarstem Bewußtsein, an welchen die zweideutige Freiheit der Emanzipation und die noch zweideutigere Gleichheit der Assimilation ausprobiert wurden. In ihrem gesellschaftlichen Pariadasein als Individuen außerhalb der Gesellschaft spiegelte sich das politische Dasein des Volkes als Ganzes wider. So konnten jüdische Dichter, Schriftsteller und Künstler die Figur des Paria konzipieren, die eine für die moderne Menschheit sehr bedeutsame neue Idee vom Menschen enthält, deren Einfluß auf die nichtjüdische Welt jedenfalls in groteskem Widerspruch steht zu der geistigen und politischen Wirkungslosigkeit, zu der alle diese großen Juden in ihrem eigenen Volke verurteilt waren. Daß sie dennoch für den rückwärts blickenden Historiker eine Tradition, wenn auch eine verborgene, gebildet haben, liegt weniger an einer bewußt gepflegten Kontinuität als an der Tatsache, daß sie länger als ein Jahrhundert hindurch prinzipiell gleiche Bedingungen erhielten und verschärften, auf die mit einer im Grunde gleichen, aber sich ständig erweiternden Konzeption geantwortet wurde. So schmal die Basis war, auf der die Figur des Paria geschaffen und in jeder Generation neu gewandelt wurde, sie war gerade innerhalb des assimilierten Judentums breiter, als man aus seiner offiziell registrierten Geschichte entnehmen kann.

---

logischen Hauptwerk »Elemente und Ursprünge totaler Herrschaft« von 1951 verarbeitete (siehe unten Anm. 50).

45 Eine erweiterte Neuauflage kam 1976 unter dem Titel »Die verborgene Tradition. Acht Essays« in Frankfurt heraus. Aus dieser Neuauflage wird im folgenden zitiert.

Aus einer Entwicklung, an deren Anfang Salomon Maimon und an deren Ende Franz Kafka stehen, wollen wir im folgenden nur vier wesentliche Konzeptionen des Paria als einer jüdischen Volksfigur herausheben. Dabei will uns scheinen, als ob zwischen Heines »Schlemihl« und »Traumweltherrscher«, Bernard Lazares »bewußtem Paria«, Charlie Chaplins grotesken Darstellungen des Suspekten und Franz Kafkas dichterischer Version von dem Schicksal eines Menschen, der nichts ist als einer, der guten Willens ist, ein sinnvoller Zusammenhang waltet, der allen genuinen Konzeptionen und allen wesentlichen Ideen, wenn sie erst einmal das Licht der Geschichte erblickt haben, eigen ist.[46]

Die Schlußbemerkung zieht folgendes Fazit:

(...) In dieser Welt des 20. Jahrhunderts kann man sich nicht mehr außerhalb der Gesellschaft, als Schlemihl und Traumweltherrscher, einrichten. Es gibt keine »individuellen Auswege« mehr – weder für den Parvenu, der einst auf eigene Faust seinen Frieden mit der Welt gemacht hatte, in welcher man als Jude nicht Mensch sein durfte, noch für den Paria, der auf eine solche Welt individuell verzichten zu können gemeint hatte. Der Realismus des einen war nicht weniger utopisch als der Idealismus des anderen. (...)[47]

Als der Zweite Weltkrieg ausbrach und deutsche Truppen auf Paris vorstießen, waren die aus dem »Reich« geflohenen Juden erneut in höchster Gefahr. Noch bevor Nazi-Behörden zugreifen konnten, hatte die französische Regierung beschlossen, Flüchtlinge aus Deutschland zu internieren. Hannah Arendt kam im Mai 1940 ins Lager von Gurs am Fuße der Pyrenäen, konnte es aber schon nach fünf Wochen wieder verlassen. Ein Jahr später gelang ihr, zusammen mit der Mutter und Heinrich Blücher, über Lissabon per Schiff die Einreise in die Vereinigten Staaten. Damit beginnt für sie ein neuer Lebensabschnitt, in dem sich ihre Berufung zur politischen Denkerin und Philosophin voll entfaltet.

II

Hannah Arendt und Heinrich Blücher kamen im Mai 1941 in New York an, Hannahs Mutter Martha folgte im Juni nach. Zunächst fanden sie Unterstützung bei der Flüchtlingsselbsthilfeorganisation »Self-Help for Refugees«. Noch 1942 gelang es Hannah, eine größere Studie zu publizieren, die man ihr ins Englische übersetzt hatte und die den französischen Antisemitismus der Gegenwart betraf. »From the Dreyfus Affair to France Today« erschien im

---

[46] Ebda, S. 47 f. [47] Ebda, S. 73.

vierten Band der »Jewish Social Studies«. Aber sie wollte unmittelbarer politisch wirken und zwar, wenn möglich, in ihrer Muttersprache. Bei Gelegenheit eines Vortrags Kurt Blumenfelds darüber, ob die Juden eine eigene Armee haben sollten, wurde sie vom Herausgeber der Wochenzeitschrift ›Aufbau‹, Manfred George, angesprochen, der ehemals die Berliner Tageszeitung ›Tempo‹ veröffentlicht hatte. Er bat sie, einen Artikel über Blumenfelds Vortragsthema zu verfassen. Der ›Aufbau‹ war ein politisches Forum deutsch-jüdischer Emigranten. In seinem Umkreis organisierte man zudem vielfältige Hilfeleistungen für neuankommende Flüchtlinge. Mit dem Artikel »Die jüdische Armee – der Beginn einer jüdischen Politik?« machte Arendt Eindruck. Sie verfocht die Auffassung, das jüdische Volk brauche eine Armee, um zu zeigen, daß es Hitlers Kriegserklärung verstanden habe, und um ein eigenes Volksbewußtsein zu finden. Sie wurde feste Mitarbeiterin beim ›Aufbau‹, erhob immer wieder ihre Forderung nach der jüdischen Armee und forderte die Juden zu politischem Handeln auf. Allerdings wollte sie damit nicht dem Zionismus das Wort reden: Es ging Hannah um den Kampf gegen Hitler, nicht um den gegen die Engländer oder Araber in Palästina, der auf eine eigene Staatsgründung abzielte. Doch die kleine Gruppe ihrer Gesinnungsfreunde war chancenlos: Mit der Vernichtungspolitik Hitlers und der Zurückhaltung westlicher Regierungen radikalisierte sich die zionistische Bewegung. Gruppen wie »Irgun«, der der spätere Ministerpräsident Menachem Begin angehörte, propagierten Terrormaßnahmen und führten diese auch durch. Schon bald mußte Arendt das Scheitern ihrer politischen Bestrebungen einsehen; so schloß sie Ende 1942 die Kolumne im ›Aufbau‹.

Von schriftstellerischer Tätigkeit allein hätten sie, ihr Mann und die Mutter nicht leben können. 1943 erhielt Hannah einen Lehrauftrag am Brooklyn College, und auch Blücher fand nach anfänglichen Mißerfolgen bei der Arbeitssuche etwas ihm Genehmes, nämlich die Forschungsassistenz bei einer Organisation für den Kriegseintritt der USA. Diesem Ziel wurden eintreffende Nachrichten über eine planmäßige Vernichtung der Juden dienstbar gemacht. Aber die amerikanische Öffentlichkeit war den Berichten gegenüber skeptisch, und die offizielle Politik blieb zurückhaltend. Hannah Arendt und ihr Mann hatten einen Zweifrontenkrieg zu führen: Es galt einmal, die Amerikaner zum Handeln zu bewegen, zum andern, das Programm des Zionismus zu attackieren: den jüdischen Einheitsstaat in Palästina, worin die Araber – als zahlenmäßige Mehrheit – politisch zur Minorität herabgestuft oder gar zwangsumgesiedelt werden sollten. Stattdessen propagierten beide zusammen mit Martin Buber und Erich Fromm eine Zwei-Staaten-Konfödertion auf palästinensischem Boden, wenn schon die Gründung eines jüdischen Staates unvermeidlich sein sollte.

Für Hannah Arendts Volk, für die Juden, war die europäische Heimat im Jahr 1944 für immer verloren; es gab sie ›nicht mehr‹. Was im Europa der Zukunft, dem ›Noch nicht‹, sein mochte, war unvorstellbar. Wie es im Palästina der Zukunft aussehen würde, entzog sich aller Voraussage. Es gab praktisch nichts, was Hannah Arendt für ihr Volk tun konnte, ohne eine Basis in der zionistischen Gemeinschaft zu haben. Weil die ihr aber fehlte, war sie sehr dankbar für eine Gelegenheit, mit einer politisch unangepaßten Gruppe für die Zukunft zu planen. Ihre erste volle Arbeitsstelle in Amerika trat sie als Forschungsleiterin für die Conference on Jewish Relations an.[48]

Hier bestand ihre Aufgabe darin, eine Liste der jüdischen Kulturgüter in den von Deutschland besetzten Ländern zu erstellen und Möglichkeiten zu erkunden, solche Güter zu retten. Die Liste half der 1948 gegründeten »Commission on European Jewish Cultural Reconstruction«, deren Leiterin Arendt wurde, anderthalb Millionen Bände Hebraica und Judaica, Tausende von Zeremonien- und Kunstgegenständen und mehr als tausend Gesetzesrollen sicherzustellen. In dieser Funktion reiste Arendt 1949 und 1950 sechs Monate lang durch Europa. Bis 1952 war sie für die Kommission tätig.

Salman Schocken, der Leiter des Schocken-Verlags in New York, den Hannah Arendt noch von Berlin her kannte, bot ihr 1946 einen Lektoratsposten in seinem Verlag an. Hier erschienen 1948 Bernard Lazares Schriften in englischer Übersetzung, von ihr herausgegeben und eingeleitet, unter dem Titel »Job's Dungheap« (»Hiobs Dunghaufen«); Lazare hatte, wie erwähnt, die Stichworte ›Paria‹ und ›Parvenu‹ für Arendts Analyse des jüdischen Problems geliefert. Außerdem hatte sie die deutsche Ausgabe von Kafkas Tagebüchern zu betreuen; Vorarbeiten von Max Brod waren nicht sorgfältig gewesen, jede Seite seines Manuskripts mußte anhand des Originals überprüft werden.

Schocken war im Umgang mit Schriftstellern unbeholfen. Außerdem hatte Hannah Arendt den Eindruck, »daß er zwar Verleger ist, aber gar nicht gerne verlegt«.[49] So verprellte er bedeutende Autoren, die sich an ihn wandten. Sie jedoch lernte auf diese Weise eine Reihe von Berühmtheiten kennen, wie z. B. Eliot; und auch unabhängig von der Verlagsarbeit knüpfte Hannah neue Verbindungen, so zu Hermann Broch, dessen Werke sie besprach und um dessen Nachlaß sie sich kümmerte, als er 1951 starb. 1955 erschienen, von ihr heraus-

48 Young-Bruehl, Hannah Arendt (wie Anm. 1), S. 267 f.

49 Zitiert nach Young-Bruehl, ebda, S. 272.

gegeben und eingeleitet, zwei Bände mit Abhandlungen Brochs im Rheinverlag in Zürich.

Aber die literarischen Aktivitäten reichten noch weiter. Sie konzipierte ein größeres Werk, über dessen Niederschrift vier arbeitsreiche Jahre vergingen und das dann 1951 in New York mit dem Titel »The Origins of Totalitarianism« erschien.[50] Während der Ausarbeitung wechselten sowohl Titel wie Teile des Inhalts mehrfach ihre Gestalt. Nur die Dreiteilung – charakteristisch für die meisten der größeren Arbeiten Arendts – stand fest und blieb erhalten. Ursprünglich sollte das Werk »Die Elemente der Schande: Antisemitismus – Imperialismus – Rassismus« heißen, dann gab sie ihm den dramatischen Titel »Die drei Säulen der Hölle«, oder nannte es schlicht »Eine Geschichte der totalen Herrschaft«. – Obwohl sie sich in ihrem Werk nicht über die angewandte Methode ausspricht – übrigens auch nicht über einen Zusammenhang zwischen den drei Teilen, die in der Schlußfassung »Antisemitism«, »Imperialism«, »Totalitarianism« heißen –, wird dem Leser klar, daß es sich hier um kein Werk der Geschichtsschreibung handelt: vielmehr um die Analyse gegebener gesellschaftlicher bzw. politischer Formationen und Bewegungen auf ihre geistes- und ideengeschichtlichen Bedingungen hin. Geschichtsschreibung würde Arendts Meinung nach den Gegenstand dieser Analyse seiner Einzigartigkeit berauben – auch gerade seiner Einzigartigkeit in der Unvorstellbarkeit vernichtender Gewalt –, ihn vergleichbar und insofern verständlich machen; das heißt aber ihn einreihen in die Kontinuität eines Geschichtsablaufs und ihn damit nivellieren – Befürchtungen, welche neuerdings im Zusammenhang mit dem sogenannten ›Historikerstreit‹ wieder laut geworden sind.

> Ich hielt mich von der historischen Schriftstellerei im strengen Sinn fern, weil ich den Eindruck habe, daß diese Kontinuität nur dann gerechtfertigt ist, wenn der Historiker seinen Gegenstand bewahren, der Sorge und den Erinnerungen zukünftiger Generationen anempfehlen möchte. Historische Schriftstellerei in diesem Sinne ist letzten Endes immer Rechtfertigung dessen, was geschah. (...) Auch wurde ein bloß polemischer Zugang vermieden. Er ist nur so lange erlaubt, wie sich der Autor auf den festen Boden traditioneller Werte stellen kann, die fraglos anerkannt werden und auf dem sich Urteile bilden lassen. (...) Ich glaube nicht mehr, daß irgendeine Tradition in sich eine solche Grundlage bieten kann. (...) Es ist nicht das Ziel des Buchs, Antworten zu geben, sondern eher, das Terrain zu sondieren.[51]

---

50 The Origins of Totalitarianism. New York 1951, 1958, 1966 etc. (dt.: Elemente und Ursprünge totaler Herrschaft. Frankfurt a. M. 1955 u. ö.).

51 Zitiert nach Young-Bruehl, Hannah Arendt (wie Anm. 1), S. 286f.

Es ist unmöglich, dieses in deutscher Übersetzung rund 700 Seiten starke Buch in der Vielfalt und Differenziertheit seiner Analysen auch nur vorzustellen, geschweige es zu referieren. Hannah Arendt hat das Werk ihrem Mann gewidmet, ohne dessen »unpublished political philosophy« es nicht hätte verfaßt werden können, wie sie in der amerikanischen Originalausgabe schreibt. Vorangestellt ist ein Wort ihres Lehrers und väterlichen Freundes Karl Jaspers: »Weder dem Vergangenen anheimfallen noch dem Zukünftigen. Es kommt darauf an, ganz gegenwärtig zu sein«, und von Karl Jaspers stammt auch das Geleitwort zur deutschen Ausgabe, woraus ein zentraler Abschnitt angeführt sei:

Das Buch will historische Erkenntnis. Es ist Grund eigener Erfahrung, einer kaum absehbaren dokumentarischen Literatur und damit auf Grund eines bewunderungswürdigen Reichtums an konkretem Wissen mit den Mitteln historischer Forschung und soziologischer Analyse erarbeitet. Aber dies Buch will mehr. Es will durch die Erkenntnis mitarbeiten an der sittlich-politischen Denkungsart, die die Selbstbehauptung des Menschen ermöglicht in einem entwurzelnden Chaos und in der Ermüdung an allen Meinungen unserer Zeit, welche zum Kollektiv des Nichts im Apparat des Terrors geführt haben. Das Mitdenken dieses Buches reinigt nicht nur wie eine philosophische Besinnung, sondern gibt die Einsicht, durch welche eine philosophische Denkungsart in der politischen Wirklichkeit erst urteilskräftig wird. Mit der Vergegenwärtigung des totalitären sittlich-politisch entleerten Zustandes, der mit Fiktionen und einem durch Sinnkonsequenz überwältigend wirksamen Apparat der Täuschungen sogar das Wissen um die Lüge noch zu einem beschwingenden Moment werden läßt, spricht dieses Buch beschwörend zu dem Menschen als Menschen. Für die Verfasserin gilt nicht der alte Satz: So mußte es kommen. Die Konstruktionen der Sinnzusammenhänge, die zu Kausalitäten in der Geschichte werden oder werden können, sind nicht als schlechthin zwingend gemeint. Denn erkannt, sind sie revidierbar. Es liegt am Menschen und nicht an einem dunklen Verhängnis, was aus ihm wird. Wenn uns bei den Darstellungen Hannah Arendts das Gefühl überkommt, es sei unentrinnbar gewesen, so ist das grade nicht ihr Glaube. Weil es anders kommen kann, weil die Einsicht unsere politische Denkungsart klärt und dadurch erneuert, ist das Buch geschrieben. Es macht keine Vorschläge und gibt keine Programme. Denn es will als solches nur historische Erkenntnis. Aber es will wirken in jene Innerlichkeit, wo über die Politik der Geschicklichkeit und der Vordergründe hinaus der sittlich-politische Zustand des Menschen sich wandeln kann, aus dem jene Geschicklichkeit selbst erst mit Sinn erfüllt wird.

Daher halte ich dieses Buch für Geschichtsschreibung großen Stils. Der Geist der Wahrhaftigkeit ist in ihm am Werke, um reale Erkenntnis zu gewinnen, wohl wissend, daß die ganze und vollständige Erkenntnis nicht erreichbar ist, bereit, auf Gründe zu hören, die mit Tatsachen operieren. Aber dieser Geist dient weder einer bodenlosen Objektivität endloser Gleichgültigkeiten, erst recht nicht in der Enge irgendwelcher Interessen, sondern der Menschenwürde. In diesem Buche wirkt die hohe Vernunft eines leidenschaftlich erfahrenden Menschen, der sich dem Äußersten nicht entzogen hat, der die Augen nicht verschließt, wo Nichtsehen bequemer ist, der rücksichtslos mit sich selber kämpft. Dieser Geist ließ sich nicht binden durch Ressentiments oder Byzantinismen irgendeiner Macht gegenüber, sondern von der Liebe zum Menschen und der Welt, die in allem Wissen des Schrecklichen triumphierend die Aktion, und sei es im Kleinsten, vollzieht, vernünftig zum Besseren zu wirken ohne Geborgenheit in einem Wissen.

Hannah Arendt sieht das Wesen totaler Herrschaft vor allem darin, den Menschen seiner Menschlichkeit völlig zu entkleiden, ihm zu demonstrieren, daß er kein Mensch mehr sei, und ihn wegen erwiesener Nutzlosigkeit schließlich zu beseitigen. In den Konzentrations- und Vernichtungslagern haben sich totalitäre Staaten den vollkommenen Ausdruck ihres Wesens und das vollkommene Instrument ihres Herrschaftsanspruchs geschaffen. Dieses Ideal totaler Herrschaft ist erst dann erreicht, wenn alle Menschen gleichermaßen überflüssig sind.

Das Grauen der Konzentrations- und Vernichtungslager ist ein »Grauen vor dem radikal Bösen«. Mit diesem Begriff erreicht in den beiden Schlußabschnitten des 12. Kapitels, wie Elisabeth Young-Bruehl zutreffend formuliert, »das Geschoß von Arendts Analyse sein philosophisches Ziel«.[52] Sie seien deshalb ausführlicher zitiert:

Das eigentliche Ziel der totalitären Ideologie ist nicht die Umformung der äußeren Bedingungen menschlicher Existenz und nicht die revolutionäre Neuordnung der gesellschaftlichen Ordnung, sondern die Transformation der menschlichen Natur selbst, die, so wie sie ist, sich dauernd dem totalitären Prozeß entgegenstellt. Um diese Transformation handelt es sich in den Konzentrationslagern und nicht um das dort verursachte Leiden, von dem es immer zu viel auf der Erde gegeben hat, und nicht darum, wie viele Menschen dort zugrunde gehen. Die totalitäre Expansion im Unterschied zu der imperialistischen ist vor allem darauf bedacht, diesen Laboratorien neues Menschenmaterial zur Verfügung zu stellen, ohne die bereits beherrschten Gebiete allzusehr zu entvölkern. Was in der totalen Herrschaft auf dem Spiele steht, ist wirklich das Wesen des Menschen, und wenngleich es scheint, als könnten ihre Experimente dies Wesen zwar zerstören, aber nicht verändern, so sollte man nicht vergessen, daß dieses Experiment bisher noch immer in beschränktem Maßstab ausgeführt worden ist und daß es zwingende Ergebnisse nicht zeitigen kann, bevor nicht die ganze Welt unter seiner Kontrolle steht.

Bis jetzt scheint der totalitäre Glaube, daß alles möglich ist, nur bewiesen zu haben, daß alles zerstörbar ist, auch das Wesen des Menschen. Aber in ihrem Bestreben, unter Beweis zu stellen, daß alles möglich ist, hat die totale Herrschaft, ohne es eigentlich zu wollen, entdeckt, daß es ein radikal Böses wirklich gibt und daß es in dem besteht, was

52 Ebda, S. 292.

Menschen weder bestrafen noch vergeben können. Als das Unmögliche möglich wurde, stellte sich heraus, daß es identisch ist mit dem unbestrafbaren, unverzeihlichen radikal Bösen, das man weder verstehen noch erklären kann durch die bösen Motive von Eigennutz, Habgier, Neid, Machtgier, Ressentiment, Feigheit oder was es sonst noch geben mag und demgegenüber daher alle menschlichen Reaktionen gleich machtlos sind; dies konnte kein Zorn rächen, keine Liebe ertragen, keine Freundschaft verzeihen, kein Gesetz bestrafen. So wie die Opfer in den Fabriken zur Herstellung von Leichen und den Höhlen des Vergessens nicht mehr »Menschen« sind in den Augen ihrer Peiniger, so sind diese neuesten Verbrecher selbst jenseits dessen, womit jeder von uns bereit sein muß, sich im Bewußtsein der Sündhaftigkeit des Menschen zu solidarisieren.

Es liegt im Sinne unserer gesamten philosophischen Tradition, daß wir uns von dem radikal Bösen keinen Begriff machen können, und dies gilt auch noch von der christlichen Theologie, die selbst Satan noch einen himmlischen Ursprung zugestand, wie von Kant, dem einzigen Philosophen, der in der einzigen Wortprägung seine Existenz zumindest geahnt haben muß, wenngleich er diese Ahnung in dem Begriff des pervertiertbösen Willens sofort wieder in ein aus Motiven Begreifliches rationalisierte. So haben wir eigentlich nichts, worauf wir zurückfallen können, um das zu begreifen, womit wir doch in einer ungeheuerlichen, alle Maßstäbe zerbrochenen Wirklichkeit konfrontiert sind. Nur eines scheint sich hier abzuzeichnen; wir können immerhin feststellen, daß dieses radikal Böse im Zusammenhang eines Systems aufgetreten ist, in dem alle Menschen gleichermaßen überflüssig werden. Die totalen Machthaber sind von ihrer eigenen Überflüssigkeit genauso überzeugt wie von der aller anderen, und die totalitären Henker sind so gefährlich, weil es ihnen offenbar einerlei ist, nicht nur ob sie leben oder sterben, sondern ob sie je geboren wurden oder niemals das Licht der Welt erblickten. Die ungeheure Gefahr der totalitären Erfindungen, Menschen überflüssig zu machen, ist, daß in einem Zeitalter rapiden Bevölkerungszuwachses und ständigen Anwachsens der Bodenlosigkeit und Heimatlosigkeit überall dauernd Massen von Menschen im Sinne utilitaristischer Kategorien in der Tat »überflüssig« werden. Es ist, als ob alle entscheidenden politischen, gesellschaftlichen und wirtschaftlichen Tendenzen der Zeit in einer heimlichen Verschwörung mit den Institutionen sind, die dazu dienen könnten, Menschen wirklich als Überflüssige zu behandeln und zu handhaben. Hierzu gehört auch die überall feststellbare Tatsache, daß Todesangst ein Phänomen ist, das innerhalb des politischen Raumes und in den eigentlichen Massengesellschaften kaum noch eine Rolle spielt. Ganz gleich wie lange die gegenwärtigen totalitären Systeme sich halten können – und der erstaunlich schnelle Untergang des tausendjährigen Reiches der Nazis ist ein Zeichen für die diesen Regimen innewohnende Instabilität –, es steht zu fürchten, daß die Konzentrationslager und Gaskammern, welche zweifellos eine Art Patentlösung für alle Probleme von Überbevölkerung und »Überflüssigkeit« darstellen, nicht nur eine Warnung, sondern auch ein Beispiel bleiben werden. So wie in der heutigen Welt totalitäre Tendenzen überall und nicht nur in totalitär regierten Ländern zu finden sind, so könnte diese zentrale Institution der totalen Herrschaft leicht den Sturz aller uns bekannten totalitären Regime überleben.

Dem Buch über die totale Herrschaft fehlte eine wirkliche Analyse des Stalinismus und seines möglichen Zusammenhangs mit der politischen Philosophie von Marx. Diesem Mangel wollte Arendt abhelfen. Deshalb reiste sie im April 1952 nach Europa, um in verschiedenen Bibliotheken Quellenstudien zu betreiben, und zwar hauptsächlich zur Geschichte der Arbeiterbewegung. Ihre Arbeit wurde durch die Einladung beflügelt, im Rahmen der Christian-Gauss-Seminare eine Vorlesungsreihe in Princeton zu halten. Sie erhielt als erste Frau dieses Angebot. Die öffentliche Hervorhebung dieses Umstands provozierte ihre kritische Reaktion: Sie wollte keine ›Vorzeige-‹ oder ›Ausnahmefrau‹ sein, so wenig wie ein ›Ausnahmejude‹ gegenüber dem »gewöhnlichen«, antisemitischen Diskriminierungen nach wie vor ausgesetzten.

Was Arendt als Frau zu verhindern wünschte, war eine Situation, in der man sie aufgrund ihrer Bildung von den ›gewöhnlichen‹ Frauen unterschied, für ›fremdartig und aufregend‹, unterhaltsam anders, eine einmalige Persönlichkeit hielt. Was sie von und für Frauen forderte, war die Auseinandersetzung mit der politischen und rechtlichen Diskriminierung, und zwar eine Auseinandersetzung, die breit genug angelegt war, um die politischen und rechtlichen Probleme der Frauen auf die aller Gruppen zu beziehen, denen die Gleichheit verwehrt wurde.[53]

Arendts geplantes Marxismus-Buch kam nie zustande. Ihre diesbezüglichen Studien entwickelten sich in verschiedene Richtungen, so daß am Ende an Stelle von einem drei Bücher standen und mehrere Essays. Die Bücher – zwischen 1958 und 1963 veröffentlicht – waren »The Human Condition« – deutsch 1960 unter dem Titel »Vita activa oder Vom tätigen Leben« –, »Between Past and Future. Six Exercises in Political Thought« (1961) und »On Revolution« (1963), auf deutsch »Über die Revolution«. Dies letzte war aus den Vorträgen hervorgegangen, die Arendt 1959 an der Universität von Princeton gehalten hatte.

Ihre Beschäftigung mit dem Marxismus zu Zeiten des Kalten Krieges und der Kommunisten- und Intellektuellen-Jagd durch Senator McCarthy und seine Anhänger erforderte Mut. Es wurde öffentlich darüber nachgedacht, Immigranten die amerikanische Staatsbürgerschaft wieder zu entziehen, wenn Untersuchungsausschüsse sie als unzuverlässig einstuften. Eine Zeitlang lebten Hannah und ihr Mann in Angst vor Denunziation und Verhören; Heinrich Blücher hatte ja eine kommunistische Vergangenheit zu verbergen. Aber alles ging gut: Sie wurden niemals vorgeladen. Doch ihre Besorgnisse galten auch nicht in erster Linie der eigenen Person: Beide sahen im McCar-

---

[53] Ebda, S. 380.

thyismus eine Bedrohung der liberalen amerikanischen Demokratie. Man glaubte, diese zuerst vor linken Feinden schützen zu sollen, jedoch mit Methoden, die ihren Lebensnerv trafen. Im Namen einer Gegnerschaft zu totalitären Systemen wurde so totale Herrschaft gerade befördert; um das Gute zu wahren, paßte man sich dem Gegner so weit an, daß die eigenen Zwecke zum Bösen verkehrt wurden. Mit Stalins Tod im März 1953 und dem einsetzenden ›Tauwetter‹ in den Ost-West-Beziehungen fand auch die McCarthy-Ära ein Ende.

1954 und 1955 hielt Hannah Arendt an den Universitäten von Notre Dame und Berkeley Gastvorlesungen und Seminare über Themen der politischen Philosophie, die großen Anklang fanden. Besonders freute und überraschte sie, als eine zweite Rosa Luxemburg angesehen zu werden. Ein junger Mann hatte geäußert: »Die Rosa ist wiedergekommen«.[54] Arendt beschäftigte sich tatsächlich wieder mit Luxemburgs Schriften. Wie sie zuletzt »Die Akkumulation des Kapitals« für ihre Analysen des Imperialismus in »Elemente und Ursprünge (...)« genutzt hatte, so machte sie nun bei den Überlegungen zu Revolution und Rätesystem vom Begriff der spontanen Revolution Gebrauch und den Gedanken zum russischen Beispiel. Aktuell wurden Arendts Reflexionen mit dem Ungarischen Aufstand im Herbst 1956. Sie glaubte eine Zeitlang, hier werde sich ein in Luxemburgs Sinne demokratisches Rätesystem etablieren. Sie erweiterte die »Elemente« zur zweiten amerikanischen Auflage von 1958 um ein entsprechendes Kapitel. Es erschien auf deutsch separat unter dem Titel »Die ungarische Revolution und der totalitäre Imperialismus«. Hier findet sich folgender Satz:

> Wenn es je so etwas gegeben hat wie Rosa Luxemburgs »spontane Revolution«, diesen plötzlichen Aufstand eines ganzen Volkes für die Freiheit und sonst nichts – spontan und nicht veranlaßt durch das demoralisierende Chaos einer militärischen Niederlage, nicht herbeigeführt durch Staatsstreich-Techniken, nicht organisiert von einem Apparat berufsmäßiger Verschwörer und professioneller Revolutionäre, ohne die Führung selbst einer Partei, also etwas, das jedermann, Konservative wie Liberale, Revolutionäre wie Radikale längst als einen schönen Traum hinter sich gelassen haben –, dann ist es uns vergönnt gewesen, wenigstens Zeuge davon gewesen zu sein.[55]

1958 sollte Karl Jaspers den Friedenspreis des Deutschen Buchhandels in der Frankfurter Paulskirche erhalten, und man bat Hannah Arendt, die Laudatio

---

[54] Ebda, S. 408.

[55] Die ungarische Revolution und der totalitäre Imperialismus. München 1958, S. 11 f.; hier zitiert nach YOUNG-BRUEHL, Hannah Arendt (wie Anm. 1), S. 413 f.

auf ihren Lehrer und Freund zu halten.[56] Jaspers war während der fünfziger Jahre eine in der Bundesrepublik umstrittene Persönlichkeit, weil er mehrfach seiner Sorge um die restaurativen Tendenzen, vor allem über den Wiederaufbau der Bundeswehr öffentlich Ausdruck gegeben hatte. Arendt befürchtete, in diese innenpolitischen Kontroversen hineingezogen zu werden – sie eine Frau, Jüdin, Nicht-Deutsche. Tiefer noch aber war sie aus einem persönlichen Grund beunruhigt:

Sie wußte, daß ihre Preisrede zum ersten Mal ihre persönliche Übereinstimmung und politische Solidarität mit Jaspers in Deutschland publik machen würde, und sie fürchtete, daß ihre öffentliche Laudatio auf Jaspers gleichzeitig als eine Zurückweisung Martin Heideggers interpretiert werden könnte, und das entweder von ihrem Publikum oder von Heidegger selbst. Sie wußte, daß sie Jaspers für alles loben würde, was Heidegger nie gewesen war: moralisches Vorbild, Kosmopolit, Schulbeispiel des öffentlichen Philosophen.[57]

Ihre Preisrede brachte dann »tatsächlich ein gewisses Maß der Verärgerung auf seiten Heideggers mit sich«.[58] Eine weitere, kaum verständliche trat hinzu. Sie berichtet darüber in einem Brief an das Ehepaar Jaspers vom 1. November 1961:

Heidegger – ja das ist eine höchst ärgerliche Geschichte. Sie hat nichts mit der Laudatio zu tun; ich war ja bereits wieder in Verbindung mit ihm. Und ich glaube auch nicht, daß seine Frau im Spiele ist. Das würde Schweigen oder Ausreden oder dergleichen erklären, aber nicht diese offene Feindseligkeit, die eigentlich noch niemals vorgekommen ist. Meine Erklärung (...) ist, daß ich ihm zum ersten Mal im vorigen Winter eines meiner Bücher habe zukommen lassen, und zwar die »Vita activa«. Ich weiß, daß es ihm unerträglich ist, daß mein Name in der Öffentlichkeit erscheint, daß ich Bücher schreibe, etc. Ich habe ihm gegenüber mein Leben lang gleichsam geschwindelt, immer so getan, als ob all dies nicht existiere und als ob ich sozusagen nicht bis drei zählen kann, es sei denn in der Interpretation seiner eigenen Sachen; da war es ihm immer sehr willkommen, wenn sich herausstellte, daß ich bis drei und manchmal sogar bis vier zählen konnte. Nun war mir das Schwindeln plötzlich zu langweilig geworden, und ich habe eins auf die Nase gekriegt. Ich war einen Augenblick lang sehr wütend, bin es aber gar nicht mehr. Bin eher der Meinung, daß ich es irgendwie verdient habe – nämlich sowohl für Geschwindelthaben wie für plötzliches Aufhören mit dem Spiel.[59]

---

56 Hannah Arendt und Karl Jaspers, Reden zur Verleihung des Friedenspreises des Deutschen Buchhandels. München 1958.

57 Young-Bruehl, Hannah Arendt (wie Anm. 1), S. 417.

58 Ebda.

59 Briefwechsel (wie Anm. 26), S. 494, Brief Nr. 297.

Was hat es mit der »Vita activa« auf sich – Hannah Arendts erstem, im engen Sinne philosophischen Buch? Die englisch-amerikanischen Ausgaben tragen den Titel »The Human Condition«, Übernahme des lateinischen »Conditio humana«, in deutscher Übersetzung mit »Die menschliche Bedingtheit« wiedergegeben. Ursprünglich hatte sie den Titel »Amor mundi« (»Liebe zur Welt«) vorgesehen. Der deutsche Titel »Vita activa oder Vom tätigen Leben« gibt den Inhalt angemessener wieder. Arendt hat zwar eine umfassende geschichtsphilosophische Anthropologie im Auge, sie möchte eintreten in

> eine Art Besinnung auf die Bedingungen, unter denen, soviel wir wissen, Menschen bisher gelebt haben, und diese Besinnung ist geleitet, auch wenn es nicht ausdrücklich gesagt ist, von den Erfahrungen und den Sorgen der gegenwärtigen Situation.[60]

Aber tatsächlich nimmt sie nur einen Teil dieser Aufgabe in Angriff, nämlich »dem nachzudenken, was wir eigentlich tun, wenn wir tätig sind«[61] – wobei unter ›Tätigsein‹ nur die leiblichen Tätigkeiten des Arbeitens, Herstellens und Handelns verstanden werden – und zwar, wie gleich zu zeigen sein wird, in scharf voneinander abgegrenztem, terminologisch zugespitztem Sinne. Sogenannte ›geistige‹ Tätigkeiten, die die Tradition teilweise der Vita contemplativa, dem betrachtenden, anschauenden Leben zurechnete, wie z. B. das philosophische Nachdenken über die letzten Gründe dessen, was ist, behandelt Arendt nicht. Sie hatte sich ihre Reflexionen darüber und über das, was sie ›Wollen‹ und ›Urteilen‹ nennt, aufgespart für ihr letztes großes philosophisches Werk, welches unabgeschlossen blieb: »The Life of the Mind« (»Vom Leben des Geistes«).

Fragt man nach dem Anlaß für Arendts Analysen des menschlichen Tätigseins, so liegt er, kurz gesagt, im Verlust an politischer Handlungsfähigkeit gegenüber der griechischen Antike – vorbildhaft repräsentiert in ihrer Polis – und einer damit einhergehenden Umwertung der beiden übrigen Arten des Tätigseins: Das Arbeiten, in der Antike dessen unterste Stufe und den Sklaven vorbehalten – eines freien Bürgers unwürdig, weil lediglich der Lebensfristung dienend, gewinnt in der Neuzeit herausragende Bedeutung. Die Ökonomie, in der Polis dem Bereich des privaten Haushalts zugehörig, tritt gleicherweise in den öffentlichen Raum ein und stellt die Politik unter Dienst, so daß politisches Handeln als Selbstbestimmung freier Bürger seine Autonomie verliert. Ebenso büßt das gegenstands- und weltkonstituierende Herstellen in

---

60 Vita activa (wie Anm. 27), S. 12.

61 Ebda.

der modernen Arbeitsgesellschaft seine eigenständige Bedeutung ein. Nicht mehr die Dauerhaftigkeit von Produkten, und ihr Gebrauchswert stehen im Vordergrund unserer vom Fetisch des Umsatzes beherrschten Industrieproduktion, sondern ihr Konsumwert. So sinkt das Herstellen herab auf die Ebene des an Lebenserhalt und Lebensgenuß orientierten Arbeitens.

Obwohl die moderne Gesellschaft sich für Arendt als Arbeitsgesellschaft definiert, worin der Wert des Menschen danach bestimmt wird, ob und welche Arbeit er hat, so strebt die Gesellschaft zugleich doch danach, diese Arbeit loszuwerden. Einer der Hauptantriebe gesellschaftlicher Entwicklung ist allein darauf gerichtet. Die Berufstätigkeit wird häufig nur noch um des Gelderwerbs willen vollzogen; vor allem die körperliche Arbeit gilt als Last, ob im Haushalt oder sonstwo. Sie hat oft jede aus ihr selbst stammende Befriedigung eingebüßt. Aber verlorengegangen ist auch die Kenntnis der höheren Tätigkeiten, um deretwillen die Befreiung von beschwerlicher oder der bloßen Lebensfristung dienender Arbeit sich lohnen würde. – Es geht Hannah Arendt um den Eigenwert jeder der drei Tätigkeitsformen, wofür die antike und vorneuzeitliche Lebensauffassung – wenigstens teilweise – noch Sinn besaß. Zugleich aber macht ihre Analyse deutlich, daß diese Entwicklung nicht mehr rückgängig zu machen ist, daß die uns normativ vor Augen gestellte Gesellschaftsform der griechischen Polis-Demokratie sich unter modernen Bedingungen nicht wieder herstellen läßt.

Freilich muß man Arendts Analyse keineswegs einfach zustimmen. Vor allem zweierlei zieht Kritik auf sich: zum ersten, daß sie mit scharfen Disjunktionen operiert, was ihre Tätigkeitskategorien betrifft; zum zweiten, daß sie sich an der Dreiklassengesellschaft einer Polis orientiert, die doch nicht unbedingt als ideale Gesellschaftsform gelten kann.

Wie führt Arendt die genannten drei Tätigkeitskategorien ein? Sie sagt, mit der Arbeit sorge man unmittelbar für die Erhaltung seines Lebens. »Die Grundbedingung, unter der die Tätigkeit des Arbeitens steht, ist das Leben selbst« – wobei sie unter ›Leben‹ die biologisch-vitale Sphäre des Menschen meint, die vom Stoffwechsel mit der Natur geprägt ist. In diesem Austausch verhält sich der einzelne wie jedes andere Lebewesen. Er hat noch keine Welt, ist Animal laborans, arbeitendes Tier. Erst im Herstellen schafft der Mensch sich seine Welt, indem er Gegenstände erzeugt. Die so verstandene ist eine Objektwelt, noch keine Mitwelt. »Die Grundbedingung, unter der die Tätigkeit des Herstellens steht, ist Weltlichkeit, nämlich die Angewiesenheit menschlicher Existenz auf Gegenständlichkeit und Objektivität.« Erst im Handeln schließlich bekommt es der Mensch hiernach mit seinesgleichen zu tun. In der personalen, nicht bloß biologischen Pluralität seines Wesens liegt die Grundbedingung für diese Art des Tätigseins. Es ist nicht so, wie der zweite Schöpfungsbericht (Genesis 2) nahelegt, daß Menschen nur äußerlich aufeinander bezogen sind, unter dem Signum gegenseitigen Nutzens etwa zum Zwecke der Hilfe in Not. Vielmehr existiert der Mensch, wie vom ersten Schöpfungsbericht betont, aus seinem personalen Wesen heraus in Gemeinschaft: »So schuf Gott den Menschen als sein Abbild. (...) Er schuf ihn als Mann und als Frau« (Genesis 1,27; vgl. 5,1 f.).

Die drei nur erst umrißhaft skizzierten Grundtätigkeiten und deren Bedingungen fußen ihrerseits auf noch fundamentaleren Gegenheiten des menschlichen Daseins, nämlich seiner Geburtlichkeit oder Natalität und seiner Sterblichkeit oder Mortalität. Dadurch kommt jedem Menschenleben eine bestimmte Spanne zu, die seine Geschichte ausmacht; durch die Folge der Geschlechter konstituiert sich die Geschichte von Völkern und schließlich die Menschheitsgeschichte. Sowohl individuelle als auch kollektive Geschichte ist aber nicht nur, wie angedeutet, von Bedingungen naturhafter Art abhängig, sondern auch von ihren eigenen Hervorbringungen. Die vom Menschen geschaffene Kultur, ja die ganze von ihm hervorgebrachte Welt der Geräte, Werkzeuge, Maschinen wird selber zur Bedingung menschlichen Existierens. So ist zwar zwischen Natur und Kultur, zwischen Natur und Welt zu unterscheiden, insofern die Natur nicht vom Menschen hervorgebracht, sondern nur verändert, bearbeitet, überformt und selbstgesetzten Zwecken dienstbar gemacht wird. Aber auch die Resultate seines Arbeitens und Herstellens werden ihrerseits in vielen Fällen zu notwendigen, wenn auch nicht hinreichenden Bedingungen des ferneren Daseins und Tätigseins – hinreichend deswegen nicht, weil der Mensch selber aktiv werden, frei, aus eigener Initiative in den Lauf der Dinge eingreifen muß, um seine Ziele zu realisieren. Zwar beherrscht er heute in atemberaubender Schnelligkeit immer mehr vormals natürliche Bedingungen. Aber das bedeutet nicht, der Mensch könnte sich jemals von Naturbedingungen gänzlich unabhängig machen, auch wenn diese mehr und mehr in den Hintergrund seines Tätigseins rücken, weil die Verfügungsmöglichkeiten immer weiter in die alltägliche, ihrerseits schon vielfach technisch geprägte Lebenswelt eingreifen.

Nach Arendts Analyse bedeutet dieser Prozeß der Neuzeit und Moderne für den Menschen gesteigerte Weltentfremdung, vermehrten Erfahrungsverlust (§§ 35 und 45). Wissenschaft und Technik nehmen aus dieser Perspektive trotz des gegenteiligen Anscheins einen welt- und damit letztlich menschenvernichtenden Charakter an. Das Leben wird zum höchsten Gut, das Arbeiten im Dienst der Lebensfristung und des Lebensgenusses hat den Sieg über die anderen Tätigkeiten davongetragen (§§ 44–45). Dieses Geschehen erscheint in geschichtsphilosophischer Betrachtungsweise unumkehrbar, so daß sich Fatalismus einstellt in bezug auf moralisch und politisch motivierte Versuche, dem Unheil zu steuern. Aber worin bestünde dann der Sinn von Arendts philosophischer Besinnung? Etwa nur darin, sich des Verhängnisses bewußt zu werden?

Im Widerspruch zum Ergebnis ihres Werks stehen einige einleitende Bemerkungen. Hier skizziert sie zunächst den aktuellen Entwicklungsstand der menschlichen Zivilisation, vor dem die traditionelle philosophische Frage nach der Conditio humana eine neue, dringliche Bedeutung erhält. Erstmals in der Geschichte verlasse der Mensch seine Heimat, die Erde, und betrete andere Himmelskörper; er zerlege die Materie und setze ungeheure Energien frei, die nur im Kosmos, nicht aber im irdischen Haushalt wirkten; er isoliere die genetischen Bausteine des Lebens und rekombiniere sie zu neuen Pflanzen- und Tierarten; schließlich mache er sich daran, menschliches Leben nicht nur in der Retorte heranwachsen zu lassen, sondern bereite sich auch darauf vor, in den menschlichen Genbestand einzugreifen, um physiologische Funktionen zu ›verbessern‹ – nach welchen Maßstäben auch immer – oder gar zu erweitern und zu vermehren. Hier gestattet sich Hannah Arendt die Unterscheidung zwischen dem immanenten Erkenntnis- und Fortschrittsimpuls von Wissenschaft bzw. Technik und der dazu externen moralisch-politischen Fragestellung nach gesellschaftlicher Sanktionierung dieses Impulses:

> Die Frage kann nur sein, ob wir unsere neue wissenschaftliche Erkenntnis und unsere ungeheuren technischen Fähigkeiten in dieser Richtung zu betätigen wünschen; und diese Frage ist im Rahmen der Wissenschaften schlechthin unbeantwortbar, ja sie ist in ihrem Rahmen noch nicht einmal sinnvoll gestellt, weil es im Wesen der Wissenschaft liegt, jeden einmal eingeschlagenen Weg bis an sein Ende zu verfolgen. Auf jeden Fall ist diese Frage eine politische Frage ersten Ranges und kann schon aus diesem Grund nicht gut der Entscheidung von Fachleuten, weder den Berufswissenschaftlern noch den Berufspolitikern überlassen bleiben.[62]

Wenn ich recht sehe, meint Hannah Arendt auch nicht, diese Frage sei bei den Philosophen bzw. den philosophischen Ethikern am besten aufgehoben; damit wäre doch nur eine andere Art des Expertentums favorisiert. Vielmehr wäre ihre Beantwortung Aufgabe *aller* Mitglieder eines Gemeinwesens, einer *demokratisch verfaßten Republik*, letztlich der so organisierten Menschheit.

---

62 Arendt, Vita activa (wie Anm. 27), S. 9.

Um diese Aufgabe zu bewältigen, bedürfte es allseits ausgebildeter Urteils- und Handlungsfähigkeit in der von Arendt entwickelten spezifisch politischen Bedeutung beider Wörter. Die aufgeworfene ethische Problematik setzt eine Möglichkeit solchen Urteilens und Handelns voraus. Worin besteht das Handeln im hier gemeinten Sinne? – Die Analyse dieser Kategorie stellt das Kernstück, den Höhepunkt der »Vita activa« dar. (Die Analyse des Urteilens bleibt ihrem letzten Werk, »Vom Leben des Geistes«, vorbehalten.)

Während das Arbeiten den Notwendigkeiten der Erhaltung und Weitergabe des Lebens, und das Herstellen dem Errichten einer Ding-, Geräte- und Kulturwelt verpflichtet sind, gehört das Handeln – im von Arendt ausgezeichneten Sinne dieses Wortes – in den Raum des interpersonalen Mitseins und erfüllt die Zeit zwischen Geburt und Tod, indem es je und je neue Anfänge des Geschehens aus der Spontaneität dessen setzt, der als Person ein Neuanfang schlechthin ist. Bedingung des Handelns im hier gemeinten Sinne ist also einerseits die personale Pluralität als solche, andererseits die Geburtlichkeit des Menschen oder seine Natalität. Jene Pluralität bedeutet demnach nicht bloße Mannigfaltigkeit von Individuen derselben biologischen Spezies oder Gattung, sondern als personale Pluralität Einzigartigkeit, die im kommunikativen Sprechen und Handeln ihren Ausdruck findet:

> Sprechend und handelnd unterscheiden sich Menschen aktiv voneinander, anstatt lediglich verschieden zu sein; sie [= Sprechen und Handeln] sind die Modi, in denen sich das Menschsein selbst offenbart. Dies aktive In-Erscheinung-treten eines grundsätzlich einzigartigen Wesens beruht, im Unterschied von dem Erscheinen des Menschen in der Welt durch Geburt, auf einer Initiative, die er selbst ergreift.[63]

Indem das Handeln immer neu Anfänge setzt, nimmt es den des Geborenseins aktiv auf und ratifiziert ihn gewissermaßen:

> Weil jeder Mensch auf Grund des Geborenseins ein *initium*, ein Anfang und Neuankömmling in der Welt ist, können Menschen Initiative ergreifen, Anfänger werden und Neues in Bewegung setzen.[64]

Weil solcher Neuanfang der menschlichen Freiheit entstammt, ist er »immer das unendlich Unwahrscheinliche«, »schlechterdings unerwartet und unerrechenbar« und mutet »immer wie ein Wunder an«.[65] Das ist dann nicht bestimmten Eigenschaften des Handelnden geschuldet und aus ihnen erklärbar; auch geht es dabei nicht um Realisierung vorentworfener oder vorgegebener Zwecke – dies wäre für Arendt Herstellen –, sondern um ein Tätigsein, des-

---

[63] Ebda, S. 165. [64] Ebda, S. 166. [65] Ebda, S. 166 f.

sen einziger ›Zweck‹, wenn man noch so reden will, das Miteinander von Personen ist, die dieses Miteinander gemeinsam in Wort und Tat aktualisieren. Der spezifischen Art von Ursprünglichkeit und Zwecklosigkeit des kommunikativen Handelns – diesen Ausdruck übernehme ich von Habermas zur Verdeutlichung des Gemeinten – seinem Selbstwert also, entspricht eine spezifische Art der Durchsichtigkeit oder Transparenz auf den Handelnden hin: Im Handeln offenbart der Mensch, daß er Person ist; er zeigt den anderen aktiv »die personale Einzigartigkeit« seines Wesens. Nur im Miteinander, nicht im Für- oder Gegeneinander, nur im durch kommunikatives Handeln und Sprechen gestifteten öffentlichen Raum, nicht in der gegenseitigen Fremdheit und Isolation, die sich sowohl im Für- als auch im Gegeneinander, sowohl im Selbstopfer als auch in der Selbstsucht, sowohl – um wieder mit Jürgen Habermas zu reden – im instrumentellen als auch im strategischen Handeln zeigen, *nur im Miteinander* also kann zur Erscheinung kommen, *wer* der Mensch jeweils ist; *was* er jeweils ist, welche Eigenschaften er hat und welche Zwecke er verfolgt, läßt sich aus den anderen Weisen seines Tätigseins ersehen.

Arendt sieht den eigentlich öffentlich-politischen Raum allein durch kommunikatives Sprechen und Handeln konstituiert. Er ist der »Erscheinungsraum« nicht nur miteinander agierender Personen, sondern zugleich der sich in diesem Miteinander bildenden Macht, die ihrer Auffassung nach kategorial von Gewalt verschieden ist.[66] Macht wird von Arendt als Potentialität begriffen und erscheint damit sowohl als Voraussetzung wie Ergebnis solchen Handelns:

Macht ist, was den öffentlichen Bereich, den potentiellen Erscheinungsraum zwischen Handelnden und Sprechenden, überhaupt ins Dasein ruft und am Dasein erhält. Das Wort selbst – die griechische δύναμις, die lateinische ›potentia‹ mit ihren Abwandlungen in modernen Sprachen, die deutsche ›Macht‹, die sich von ›mögen‹ und ›möglich‹, und nicht von ›machen‹, herleitet – weist deutlich auf den potentiellen Charakter des Phänomens hin. Macht ist immer ein Machtpotential, und nicht etwas Unveränderliches, Meßbares, Verläßliches wie Kraft oder Stärke. Stärke ist, was ein jeder Mensch von Natur in gewissem Ausmaße besitzt und wirklich sein eigen nennen kann; Macht aber besitzt eigentlich niemand, sie entsteht zwischen Menschen, wenn sie zusammen handeln, und sie verschwindet, sobald sie sich wieder zerstreuen. Wegen dieser Eigentümlichkeit, welche die Macht mit allen Potentialitäten teilt, die zwar aktualisiert, aber nicht materialisiert werden können, ist ihre Existenz so erstaunlich unabhängig von rein

---

[66] Ebda, § 28; vgl. auch H. ARENDT, On Violence. New York 1970 (dt.: Macht und Gewalt. München 1975 u. ö.).

materiellen Faktoren. (...) Die einzige rein materielle unerläßliche Vorbedingung der Machterzeugung ist das menschliche Zusammen selbst. Nur in einem Miteinander, das nahe genug ist, um die Möglichkeit des Handelns ständig offen zu halten, kann Macht entstehen (...). Was eine Gruppe von Menschen als Gruppe zusammenhält, wenn der immer flüchtige Augenblick des Zusammenhandelns verflogen ist, und was wir heute Organisation nennen, ist Macht, die wiederum ihrerseits dadurch intakt gehalten wird, daß die Gruppe sich nicht zerstreut.[67]

Während sich Macht im Sinne Arendts einem Miteinander-Handeln verdankt, das nicht verzweckt, das nicht instrumentalisiert ist, bedeutet Gewalt die Instrumentalisierung, Verzweckung des Umgangs von Menschen miteinander. Hier tritt an die Stelle kommunikativen Handelns das Herstellen. Die Kategorie des Herstellens pervertiert den kommunikativen Bereich. Das Herstellen ist an Leistung, Ergebnis, Erfolg, Wirkung, Ziel orientiert, dem Handeln geht es um das Miteinander, um Gemeinsamkeit, um Verständigung bei angemessener Berücksichtigung aller in einen Konflikt verwickelten Interessen. Klar ist, wie bei solchem Tätigsein das Miteinander-Reden, das Sprechen stets eine wesentliche Rolle spielt. Darin bestätigt sich für Arendt die Auffassung des Aristoteles, wonach der Mensch als ζῷον πολιτικόν zugleich ein ζῷον λόγον ἔχον ist, daß der Mensch als politisches, staatliches Wesen also immer zugleich ein Wesen ist, das Logos, Sprache, Vernunft hat – oder kurz: daß er Person ist, bevor er zum Animal laborans und Homo faber wird, also arbeitet und herstellt.

Es mag überraschen, diesen emphatischen Begriff der Person und des nur ihr eigenen Tätigseins als Konstituens des öffentlich-politischen Raums aufgefaßt zu sehen. Wir sind geneigt, das Zugewandtsein von Personen gerade dem nicht-öffentlichen, nicht-politischen Bereich, den – wie wir sagen – ›persönlichen‹ Beziehungen vorzubehalten, wo weder Macht noch natürlich Gewalt Platz hat, den dagegen politischen Raum von Interessen- und Machtkonflikten beherrscht zu sehen und von Versuchen, diese Konflikte taktisch oder strategisch den eigenen Gunsten entsprechend zu entscheiden: z. B. durch klug geführte Verhandlungen, deren Ergebnis ein meist nicht ganz fairer Kompromiß ist. Taktik und Strategie, das Planen und Verfolgen von Zielen verbannt Arendt aber aus dem Bereich des Politischen. Das erscheint unrealistisch. Andererseits hat sie mit dem Phänomen der Macht zweifellos ein genuines Moment von Politik benannt. Wie ist den sich hier auftuenden Schwierigkeiten zu begegnen?

---

[67] Vita activa (wie Anm. 27), S. 194 f.

1976 unternahm Jürgen Habermas in einem Aufsatz mit dem Titel »Hannah Arendts Begriff der Macht«[68] einen bedenkenswerten Versuch zur Klärung. Er verwendet dazu die von ihm andernorts entwickelten und auch von mir an dieser Stelle aufgenommenen Begriffe des kommunikativen, strategischen und taktisch-instrumentellen Handelns. Nur kommunikatives, auf gerechte Verständigung durch vernünftige Argumente angelegtes Handeln vermag politische Institutionen zu konstituieren und die durch sie aktualisierbare Macht zu legitimieren. Jedoch kann den Erwerb und die Behauptung politischer Macht auch strategisches, an Gewinn und Erfolg orientiertes Handeln gewährleisten. Und beides ist schließlich möglich durch ein rein instrumentelles, sich Macht- und Gewaltmitteln bedienendes Tun. Weiter gibt Habermas zu bedenken, daß Gewalt nicht nur von Handlungen, sondern auch von Strukturen ausgehen kann, die politischen Institutionen zugrundeliegen:

> Strukturelle Gewalt manifestiert sich nicht *als Gewalt*, sie blockiert vielmehr unbemerkt jene Kommunikationen, in denen sich legitimationswirksame Überzeugungen bilden und fortpflanzen. (...) In systematisch eingeschränkten Kommunikationen bilden die Beteiligten subjektiv zwanglos Überzeugungen, die aber illusionär sind; damit erzeugen sie kommunikativ eine Macht, die, sobald sie institutionalisiert wird, auch gegen die Beteiligten selbst gewendet werden kann.[69]

Für Habermas greift Arendts Konzeption politischen Handelns nur für den – allerdings wesentlichen – Fall der *Konstitution* und *Legitimation* von Macht, nicht für den Kampf um sie und ihren Gebrauch. Aber gerade diese letzten beiden gehören zur Wirklichkeit des politischen Lebens; sie können nicht als illegitimes Eindringen anderer vor- oder außerpolitischer Formen des menschlichen Tätigseins angesehen werden. Gegenüber modernen Einseitigkeiten der politischen Theorie immerhin, wonach Handeln in diesem Bereich *nur* strategischer oder instrumenteller Art ist, kann nach seinen Worten

> Hannah Arendt mit Recht geltend machen, daß die strategischen Auseinandersetzungen um politische Macht doch die Institutionen, in denen sie verankert ist, weder hervorgerufen haben noch aufrechterhalten. Nicht von Gewalt leben politische Institutionen, sondern von Anerkennung.[70]

---

[68] In: J. Habermas, Politik, Kunst, Religion. Essays über zeitgenössische Philosophen. Stuttgart 1978, S. 103–126 (auch in: Adelbert Reif [Hrsg.], Hannah Arendt. Materialien zu ihrem Werk. Wien / München / Zürich 1979, S. 287–305.

[69] Ebda, S. 121. [70] Ebda, S. 117.

Aber Arendt vermochte in den modernen Verfassungsstaaten nur mehr Relikte jener antiken Polis-Ordnung zu gewahren, wo Macht allein aus dem Miteinander freier Bürger erwächst. Die Revolutionen der Neuzeit, vorab die amerikanische, schienen ihr momenthaft Chancen wirklich politischen Handelns zu eröffnen. In »On Revolution« von 1963[71] ging sie diesen geschichtlichen Gelegenheiten nach. Selbst an der amerikanischen Revolution von 1776, die sie für politischer hält als die französische, mißfällt ihr dabei, daß deren Verfassung nicht lokalen Bürgerversammlungen, den town-hall meetings, die eigentliche Macht überträgt, sondern Abgeordneten, an welche das Volk seine Verfügungsgewalt delegiert. Den politischen Geist der Antike sieht sie nur selten verwirklicht – dann nämlich, wenn Bürger revoltieren und ihr Geschick in Gestalt revolutionärer Räte selbst in die Hand nehmen, wie etwa zu Zeiten der Pariser Kommune oder der russischen und ungarischen Revolutionen von 1917 und 1956. Konsequenterweise unterstützte Arendt Bürgerrechtsbewegungen zur Wiedergewinnung verfassungsmäßig garantierter Rechte und propagierte den zivilen Ungehorsam gegenüber Maßnahmen und Verordnungen staatlicher Bürokratie, die die Selbstbestimmung einschränken oder aushöhlen.[72] In einer Überwucherung durch Interessengruppen und Parteien, welche sich staatstragend geben, aber nur partikuläre Interessen ihrer Klientel im Auge haben, erblickte sie die eigentliche Bedrohung der westlichenen Demokratien. Getreu ihrer Grundunterscheidung zwischen dem nichtpolitischen Bereich des Arbeitens bzw. Herstellens und dem politischen Bereich des Handelns sah Arendt das Hauptproblem nicht wie Marx und der Marxismus in der Frage nach einem gerechten Wirtschaftssystem, sondern in der Verwirklichung bürgerlicher Freiheit und Selbstbestimmung. In diesem Punkt erfuhr sie energischen Widerspruch. Man akzeptierte ihre Favorisierung des Rätegedankens, duldete aber nicht die strenge Trennung von Politik und Ökonomie.

»Über die Revolution« stand zunächst im Schatten des ebenfalls 1963 erschienenen Buchs Hannah Arendts über den Eichmann-Prozeß, das heftige Kontroversen in der ganzen westlichen Welt auslöste. Dann aber fand es doch sein Publikum, vor allem bei Studenten, die sich der politischen Theorie widmeten. Elisabeth Young-Bruehl schreibt:

---

[71] On Revolution. New York 1963, 1965 (dt.: Über die Revolution. München 1963 u.ö.).

[72] Vgl. Hannah Arendt, »Civil Disobedience«, in: ›The New Yorker‹ vom 12.09.1970, S. 70–105 (dt.: »Ziviler Ungehorsam«, in: Marie Luise Knott [Hrsg.], Zur Zeit. Politische Essays. Berlin 1986, S. 119–159).

In der Anfangszeit der Studentenbewegung in Berkeley drängten sich Arendts Buch und Albert Camus' *Der Mensch in der Revolte* geradezu als Lektüre auf. Die Studenten reagierten auf Arendts Eintreten für das, was die American Students for a Democratic Society ›partizipatorische Demokratie‹ (participatory democracy) und was Rudi Dutschke vom deutschen SDS (Sozialistischer Deutscher Studentenbund) ›Basisdemokratie‹ nannten – wobei überall Räte diskutieren und entscheiden sollten.[73]

Arendt hat diese studentischen Erörterungen mit lebhaftem Interesse, auch mit eigenen Diskussionsbeiträgen und Stellungnahmen begleitet und sich in mehreren Veröffentlichungen und Interviews zu den Zielen der Studentenbewegung bekannt, sie im Sinne ihrer Grundforderung nach politischer Handlungsfreiheit und Selbstbestimmung begrüßt.[74]

Als 1965 Peter Nettls große Luxemburg-Biographie erschien, wurde Arendt um eine Rezension gebeten. Sie ergriff die Gelegenheit, sich erneut mit dem Räte- und Revolutionskonzept zu befassen. Ihre Rezension – auf deutsch 1968 im Dezemberheft des ›Monat‹ publiziert – betont die absolute Souveränität Rosa Luxemburgs in Gedanke und Tat. Außerdem findet Arendt bei ihr die eigene Trennung von Politik und Ökonomie vorweggenommen. Luxemburg hatte in dem von der Rezensentin als »genial« bezeichneten ökonomischen Hauptwerk »Die Akkumulation des Kapitals« die Marxsche Kapitalismus-Analyse widerlegt, wonach das kapitalistische System an seinen immanenten Widersprüchen zugrundegehen werde. Diese Absage aber bedeutete keine Liquidierung ihrer politischen Vorstellungen: sie glaubte weiterhin an die Möglichkeit spontaner Revolutionen und basisdemokratischer Selbstbestimmung, beides vom Ideal ökonomischer Gerechtigkeit geleitet. – In ihrer Rezension rechnet Hannah Arendt, sich darin dem Autor Peter Nettl anschließend, mit dem sogenannten ›Luxemburgismus‹ ab, der, später von kommunistischer Seite konstruiert und als Abweichung von der reinen Parteilehre verdammt, Rosas kühne Gedanken als »harmlose Kinderkrankheit« erscheinen lassen sollte. Diese Abrechnung verbindet Arendt mit einer ironisch-skeptischen Volte gegen die Selbstgerechtigkeit sich revolutionär gebährender Neuerer, welche das eigene Altern nicht bemerken. Zugleich verweisen uns diese Bemerkungen auf jene bereits bezeichnete Quelle ihrer politischen Hoffnungen: Wie Rosa Luxemburg erwartet sie das Neue nicht von

---

73 Hannah Arendt (wie Anm. 1), S. 551.

74 Z. B. in »On Violence« (wie Anm. 66) oder in dem unter der Überschrift »Politik und Revolution« mit A. Reif geführten Gespräch: siehe Reif, Gespräche (wie Anm. 10), S. 41 ff.

von einer Lehre, schon gar nicht von den Dogmen einer Partei, die immer Recht hat, sondern von der zu sich selbst gekommenen und ihrer selbst bewußten, keiner Autorität bedürftigen Spontaneität miteinander sprechender und handelnder Bürger. In diesem Sinne heißt es in Arendts Rezension:

> Eine jede Bewegung der »Neuen Linken« aber begrub, sobald sie sich in eine »Alte Linke« verwandelte, also meist, wenn ihre Mitglieder die Vierzig überschritten hatten, ihre ursprüngliche Begeisterung für Rosa Luxemburg zusammen mit ihren Jugendträumen, und da sie sich gewöhnlich nicht die Mühe gemacht hatten zu lesen, geschweige denn zu verstehen, was sie zu sagen hatte, fiel es ihnen leicht, sie mit dem herablassenden Philistertum ihres frischerworbenen Status abzutun. Der »Luxemburgismus«, der postum aus polemischen Gründen von Partei-Schreiberlingen erfunden worden war, brachte es nicht einmal zu der Ehre, offiziell als »Verrat« angeklagt zu werden, sondern galt als harmlose Kinderkrankheit. Nichts von dem, was Rosa Luxemburg geschrieben oder gesagt hatte, überlebte, mit Ausnahme ihrer überraschend genauen Kritik an der bolschewistischen Politik während der frühen Stadien der Russischen Revolution, und auch diese nur, weil sie von enttäuschten Exkommunisten als bequeme, wenn auch völlig unzulängliche Waffe gegen Stalin verwendet werden konnte. (...) Ihre neuen Bewunderer hatten ebensowenig mit ihr gemein wie ihre Verächter. Ihr hochentwickeltes Verständnis für die eigentlichen Unterschiede und ihr untrügliches Urteil, ihre persönlichen Neigungen und Abneigungen, würden es ihr unter keinen wie immer gearteten Umständen erlaubt haben, Lenin und Stalin in einen Topf zu werfen – ganz abgesehen davon, daß sie niemals zu den »Gläubigen« gehört, niemals die Politik als Religionsersatz aufgefaßt (...) hatte (...).[75]

Die letzte Bemerkung wirft auch ein Licht auf Arendts Selbsteinschätzung als Philosophin und politische Theoretikerin: Der Zweck ihres Denkens, Redens und Tuns ist noch ein vorletzter; sie wehrt sich gegen seine Gleichsetzung mit einem letzten, unbedingten Sinn des Daseins.

III

Am 24. Mai 1960 wurde Adolf Eichmann von israelischen Agenten aus Argentinien nach Israel entführt. Ihm, als Organisator der nationalsozialistischen Judenvernichtung, sollte in Jerusalem der Prozeß gemacht werden. Hannah Arendt bot dem Herausgeber des ›New Yorker‹ an, den Prozeß als

[75] »Rosa Luxemburg«, in: »Der Monat«, Nr. 243 (Dez. 1968), S. 28–40, hier S. 30; auch in: Dies., Menschen in finsteren Zeiten (wie Anm. 18), S. 49–74, hier S. 54.

Berichterstatterin zu verfolgen. Der ›New Yorker‹ ist nach Arendts eigenen Worten eine »Zeitschrift, deren Spezialität die ausführliche und ungewöhnlich gründliche, kritische Berichterstattung über Dinge ist, die im allgemeinen öffentlichen Interesse liegen«.[76] Ihr persönliches Interesse an der Prozeßteilnahme drückte sie in zwei Briefen vom 20. Dezember 1960 und vom 2. Januar 1961 so aus:

> Ich glaube, Sie werden verstehen, warum ich über diesen Prozeß berichten möchte; ich habe die Nürnberger Prozesse verpaßt, habe diese Leute nie leibhaftig gesehen, und das ist wahrscheinlich meine letzte Chance.
>
> An diesem Prozeß teilzunehmen ist irgendwie, so meine ich, eine Verpflichtung, die ich meiner Vergangenheit gegenüber habe.[77]

Er begann am 11. April 1961, das Urteil wurde im Dezember gesprochen. Für Arendt war nicht nur der Prozeß enttäuschend im Sinne einer fruchtbaren Ernüchterung, insofern sowohl Staatsanwalt als auch Verteidiger ihrer Ansicht nach die grundsätzliche Bedeutung der hier aufgeworfenen rechtlichen und moralischen Fragen nicht erfaßten; sondern vor allem hatte sie ihr Vorurteil über die teuflische Bosheit oder dämonische Besessenheit von Eichmann, dem Judenvernichter, zu revidieren. Das radikal Böse erschien nun in einer neuen Gestalt: als »schiere Gedankenlosigkeit«. In der Vorrede zum Eichmann-Buch heißt es hierzu:

> Außer einer ganz ungewöhnlichen Beflissenheit, alles zu tun, was seinem Fortkommen dienlich sein konnte, hatte er überhaupt keine Motive; und auch diese Beflissenheit war an sich keineswegs kriminell, er hätte bestimmt niemals seinen Vorgesetzten umgebracht, um an dessen Stelle zu rücken. Er hat sich nur, um in der Alltagssprache zu bleiben, niemals vorgestellt, was er eigentlich anstellte. Es war genau das gleiche mangelnde Vorstellungsvermögen, das es ihm ermöglichte, viele Monate hindurch einem deutschen Juden im Polizeiverhör gegenüberzusitzen, ihm sein Herz auszuschütten und ihm wieder und wieder zu erklären, wie es kam, daß er es in der SS nur bis zum Obersturmbannführer gebracht hat und daß es nicht an ihm gelegen habe, daß er nicht vorankam. Er hat prinzipiell ganz gut gewußt, worum es ging, und in seinem Schlußwort vor Gericht von der »staatlicherseits vorgeschriebenen Umwertung der Werte« gesprochen; er war nicht dumm. Es war gewissermaßen schiere Gedankenlosigkeit – etwas, was mit Dummheit keineswegs identisch ist –, die ihn dafür prädisponierte, zu einem der größ-

---

[76] HANNAH ARENDT, Eichmann in Jerusalem. Ein Bericht von der Banalität des Bösen. München 1964, Reinbek bei Hamburg 1978 u. ö., S. 12 (Orig.: Eichmann in Jerusalem. A Report on the Banality of Evil. New York 1963, 1965).

[77] Zitiert nach YOUNG-BRUEHL, Hannah Arendt (wie Anm. 1), S. 452.

ten Verbrecher jener Zeit zu werden. Und wenn dies »banal« ist und sogar komisch, wenn man ihm nämlich beim besten Willen keine teuflisch-dämonische Tiefe abgewinnen kann, so ist es darum doch noch lange nicht alltäglich. Es dürfte gar nicht so oft vorkommen, daß einem Menschen im Angesicht des Todes und noch dazu unter dem Galgen nichts anderes einfällt, als was er bei Beerdigungen sein Leben lang zu hören bekommen hat, und daß er über diesen »erhebenden Worten« die Wirklichkeit des eigenen Todes unschwer vergessen kann. Daß eine solche Realitätsferne und Gedankenlosigkeit in einem mehr Unheil anrichten können als alle die dem Menschen vielleicht innewohnenden bösen Triebe zusammengenommen, das war in der Tat die Lektion, die man in Jerusalem lernen konnte. Aber es war eine Lektion und weder eine Erklärung des Phänomens noch eine Theorie darüber.

Nicht weniger beunruhigend als dieser bisher unbekannte Verbrechertypus ist die Art des Verbrechens, das hier zur Verhandlung stand. Zwar ist sich alle Welt nachgerade darüber einig, daß das, was in Auschwitz geschah, beispiellos ist; aber die Kategorien, mit denen dies Beispiellose nun politisch und juristisch erfaßbar ist, sind immer noch gänzlich ungeklärt. Denn der hierfür neuerdings eingeführte Begriff des Völkermords (Genocid) ist zwar in gewissem Sinne zutreffend, aber nicht ausreichend, schon weil Völkermorde nicht beispiellos sind – sie waren in der Antike an der Tagesordnung, und die Jahrhunderte der Kolonisation und des Imperialismus kennen mehr oder minder geglückte Versuche in dieser Richtung zur Genüge. Der aus dem englischen Imperialismus stammende Ausdruck »Verwaltungsmassenmord« (administrative massacres, den die Engländer bewußt ablehnten als ein Mittel, die Herrschaft über Indien aufrechtzuerhalten) dürfte der Sache erheblich angemessener sein und zudem den Vorteil haben, mit dem Vorurteil, daß solche Ungeheuerlichkeiten nur einem fremden Volk oder einer andersgearteten Rasse gegenüber möglich sind, aufzuräumen. Ganz abgesehen davon, daß Hitler seine Massenmorde bekanntlich mit dem »Gnadentod« der »unheilbar Kranken« begann und die Absicht hatte, sie mit »erbgeschädigten« Deutschen (Herz- und Lungenkranken) zu enden, liegt es auf der Hand, daß das Ordnungsprinzip, nach dem gemordet wird, beliebig bzw. nur von historischen Faktoren abhängig ist. Es ist sehr gut denkbar, daß in einer absehbaren Zukunft automatisierter Wirtschaft Menschen in die Versuchung kommen, alle diejenigen auszurotten, deren Intelligenzquotient unter einem bestimmten Niveau liegt.[78]

Arendts »Bericht von der Banalität des Bösen« – so der Untertitel – löste eine weltweite, sich über Jahre hinziehende Diskussion aus. Die hitzig, ja teilweise beleidigend geführten Kontroversen kreisten vor allem um zwei Punkte: einmal die angebliche Banalisierung des Täters Eichmann und seiner Taten, zum anderen die Mittäterschaft von den Nazis eingesetzter Judenräte bei der Endlösung. Zum ersten Punkt nahm Arendt in einem kurzen Gespräch Stellung, das sie mit Thilo Koch am 24. Januar 1964 für die Fernseh-

---

78 Eichmann in Jerusalem (wie Anm. 76), S. 16 f.

sendung »Panorama« des ersten Programms führte – anläßlich der amerikanischen Debatten um ihr Buch:

Der Untertitel: *»Von der Banalität des Bösen«*, ist vielfach wirklich mißverstanden worden. Nichts hat mir ferner gelegen, als das größte Unheil unseres Jahrhunderts zu bagatellisieren. Was banal ist, ist darum weder eine Bagatelle noch etwas häufig Vorkommendes. Ich kann einen Gedanken oder ein Gefühl banal finden, auch wenn noch niemand dergleichen je vorher geäußert hat und die Konsequenzen in eine Katastrophe führen. So hat z. B. Tocqueville in der Mitte des vorigen Jahrhunderts auf die damals noch recht originellen, aber gleichzeitig sowohl »verderblichen« wie oberflächlichen Rasse-Theorien von Gobineau reagiert. Das Unheil war folgenschwer. War es darum auch *bedeutungsschwer*? Man hat vielfach versucht, (...) den Nationalsozialismus in die Tiefen der deutschen oder sogar der allgemein europäischen geistigen Vergangenheit zu verfolgen. Ich halte diese Versuche für falsch und auch für verderblich, weil sie das eigentlich hervorstechende Merkmal des Phänomens, nämlich seine bodenlose Niveaulosigkeit wegdisputieren. Daß etwas gleichsam aus der Gosse geboren werden kann, ohne allen Tiefgang, und doch Macht über nahezu alle Menschen gewinnt, das ist doch gerade das Furchtbare an dem Phänomen.

(...) Ich bin nicht der Meinung, daß ich Eichmann entdämonisiert habe, sondern daß er dies selbst besorgt hat, und zwar so gründlich, daß es bis an die Grenzen des echt Komischen ging. Ich habe nur darauf hinweisen wollen, wie es um die »Dämonie« bestellt ist, wenn man sie sich von Nahem ansieht.

(...) Gerade weil die Verbrecher nicht von den uns bekannten bösen und mörderischen Motiven getrieben wurden – sie haben gemordet, nicht um zu morden, sondern weil es zur Karriere gehörte –, hat es uns allen nur zu nahe gelegen, das Unheil zu dämonisieren und eine geschichtliche Bedeutung in ihm zu entdecken. Und ich gebe zu: Es ist leichter zu ertragen, das Opfer eines Teufels in Menschengestalt (...) zu sein, als das eines beliebigen Hanswursts, der noch nicht einmal verrückt oder ein besonders böser Mensch ist. Was wir alle an der Vergangenheit nicht bewältigen können, ist doch nicht etwa die Zahl der Opfer, sondern gerade auch die Schäbigkeit dieser Massenmörder ohne Schuldbewußtsein und die gedankenlose Minderwertigkeit ihrer sogenannten Ideale. »Man hat unseren Idealismus mißbraucht« – so hört man es heute nicht selten von ehemaligen Nazis, die sich eines Besseren besonnen haben. Ja, in der Tat – aber was für eine minderwertige Angelegenheit ist dieser Idealismus immer gewesen![79]

Die Banalität des Bösen im Nationalsozialismus gewinnt auch nicht dadurch, daß dem Vernichtungsdrang, wie bei Hitler, quasi-metaphysische oder pseudo-religiöse Prinzipien zugrunde liegen.[80]

---

79 Reif, Gespräche (wie Anm. 10), S. 37f.

80 Vgl. J. L. Hartog, »Als Hitler den Massenmord prophezeite«. in: ›Die Zeit‹, Nr. 5 vom 27. 02. 1989, S. 41 f.

Mit ihrer Kooperationsthese berührte Arendt eine wunde Stelle im jüdischen Selbstbewußtsein. Das erklärt immerhin die wütenden Reaktionen, die Versuche, Arendt zu diffamieren, ihr Selbsthaß oder einen Kantischen Moralpurismus zu unterstellen. Wer gerechter urteilte, meinte doch, sie habe zu leichtfertig verallgemeinert, sich nicht genügend in das Qualvolle aufgezwungener unmoralischer Alternativen hineinversetzt und es an Mitgefühl fehlen lassen für die derart in unlösbare Dilemmata Gezwungenen. Man hielt dem entsprechend verständnisvolle Passagen aus ihrem Buch »Elemente und Ursprünge (...)« entgegen – mit Bezug auf das Verhalten jüdischer Opfer in den KZs. Aber Arendts Kritik ging es nicht um jene *letzte Phase* der Endlösung, die Deportationsphase, sondern um *die Zeit davor*, wo ihrer Ansicht nach Möglichkeiten bestanden, eine Mitarbeit zu verweigern und erfolgreich Widerstand zu leisten. Im Buch fehlte es freilich an Verständnis für das sich schon hier auftuende Erkenntnisproblem, welches sie dann in einem Brief vom 18. Juli 1963 anzusprechen wußte:

> Es gibt eine wichtige Entschuldigung für sie [die Führer der Judenräte]: Die Kooperation entwickelte sich allmählich, und es war in der Tat schwierig zu beurteilen, wann der Augenblick gekommen war, wo man eine Grenze überschritt, die man niemals hätte überschreiten dürfen.[81]

Arendt war der Meinung, das Thema – Kooperation zwischen Judenräten und Nazis – werde im Eichmann-Prozeß bewußt verschwiegen oder umgangen. Dies war der Grund, es selbst, so gut sie vermochte auszusprechen: als etwas nicht spezifisch Jüdisches, sondern – horribile dictu – fast allgemein Menschliches:

> Mein Bericht hat sich bei diesem Kapitel aufgehalten, das der Jerusalemer Prozeß der Welt nicht in seinem wahren Ausmaß vor Augen führte, weil es den tiefsten Einblick in die *Totalität des moralischen Zusammenbruchs* gewährt, den die Nazis in allen, vor allem auch den höheren Schichten der Gesellschaft ganz Europas verursacht haben – nicht allein in Deutschland, sondern in fast allen Ländern, nicht allein unter den Verfolgern, sondern auch unter den Verfolgten.[82]

Das radikal Schlechte hatte sich Hannah Arendt gezeigt im Gewand einer »furchtbaren *Banalität des Bösen*, vor der das Wort versagt und an der das Denken scheitert«.[83] Das Denken scheitert, weil keine Motivation auszuma-

---

[81] Zitiert nach Young-Bruehl, Hannah Arendt (wie Anm. 1) S. 474.

[82] Eichmann in Jerusalem (wie Anm. 76), S. 162.

[83] Ebda, S. 300.

chen ist. Solange das Böse, wie auch immer niederträchtig und erschreckend, sich Motiven verdankt, sich auf Gründe beruft, ist es nicht unfaßbar, sondern begreiflich. Zugleich bleibt darin ein Gutes – wenigstens als Horizont und Möglichkeit – mitanerkannt. Das sich vom Guten absetzende Böse kann Tiefe haben; das motivlose Böse aber besitzt solche nach Arendt nicht, sondern ist ein Oberflächenphänomen, das in die Breite geht und wuchert und deshalb nie radikal sein kann. Das banal Böse – hier revidiert sie ihre Meinung – entbehrt jeder Radikalität, wenn es auch und gerade aufgrund seiner Unbegreiflichkeit im Verein mit der Ausgebreitetheit und Macht Entsetzen auslöst. So schreibt Arendt 1963 an Gershom Scholem:

> Es ist in der Tat meine Meinung, daß das Böse niemals »radikal« ist, daß es nur extrem ist und daß es weder Tiefe noch irgendeine dämonische Dimension besitzt. Es kann die ganze Welt überwuchern und verwüsten, eben weil es sich wie ein Pilz auf der Oberfläche ausbreitet. Es ist »resistent gegen den Gedanken«, wie ich gesagt habe, weil der Gedanke danach strebt, Tiefe zu erreichen, an die Wurzeln zu gehen, und in dem Augenblick, da er sich mit dem Bösen befaßt, wird er vereitelt, weil da nichts ist. Das ist »Banalität«. Nur das Gute besitzt Tiefe und kann radikal sein.[84]

Arendt wurde z. B. von Jaspers widersprochen, daß sie *das* Böse in unzulässiger Verallgemeinerung als banal bezeichnet habe und nicht *dieses* sich in Person und Tat von Eichmann zeigende.[85] Das Thema hat sie aber weiter beschäftigt bis zu den Erörterungen über Denken, Wollen und Urteilen in ihrer Fragment gebliebenen Trilogie »Vom Leben des Geistes«. Sie wäre abgeschlossen worden, hätte Arendt sich wunschgemäß nach Abklingen der Kontroversen um das Eichmann-Buch wieder dem philosophischen Nachdenken zuwenden können.

Nicht die steigenden Lehrverpflichtungen hinderten daran – von 1963 an hatte sie eine Professur für Gesellschaftstheorie an der Universität von Chicago inne –, sondern die politische Unruhe der sechziger Jahre, welche von den Vereinigten Staaten auf die ganze westliche Welt übergriff. Während der Kuba-Krise im Oktober 1962 waren beide Supermächte an den Rand einer atomaren Auseinandersetzung geraten, am 23. November 1963 starb Präsident Kennedy durch ein Attentat in Dallas. Fortgesetzte Rassendiskriminierung im Süden der USA läßt die Bürgerrechtsbewegung erstarken. Bundestruppen müssen eingesetzt werden, um einen durch das Oberste Bundesgericht als verfassungswidrig gebrandmarkten Ausschluß schwarzer Kinder

---

84 Zitiert nach YOUNG-BRUEHL, Hannah Arendt (wie Anm. 1), S. 507.

85 Briefwechsel (wie Anm. 26), S. 578, Brief Nr. 345 vom 13. 12. 1963.

von Schulen der Weißen aufzuheben und die freie Schulwahl zu ermöglichen. Das mit Kennedy einsetzende und unter Präsident Johnson wachsende militärische Engagement in Vietnam ruft eine Protestbewegung hervor, die ihren Rückhalt vor allem an den Universitäten hat. Anti-Vietnam-Demonstrationen begleiten während der späten sechziger Jahre die Politik in den westlichen Industrienationen und verbinden sich mit einer allgemeinen Kritik an konservativen oder autoritären Strukturen im gesellschaftlichen und politischen Bereich.

Hannah Arendt fühlt sich zur Stellungnahme verpflichtet. Sie schreibt für die ›New York Review of Books‹ politische Kommentare und Rezensionen, tritt aus Protest gegen den Vietnam-Krieg verschiedenen Organisationen bei, unterschreibt Petitionen, hält Vorträge, besucht Tagungen. Was sie umtreibt, ist wieder ihre Sorge um die Demokratie in Amerika. Es wird ein Krieg geführt, der nicht erklärt ist und gegen die Verfassung verstößt. Doch das Geschehen wird offenbar von der Exekutive bestimmt, das Parlament bleibt zu ohnmächtigem Protest verurteilt. – Hannah Arendt sieht indes keinen Anlaß zur Resignation: Sie begrüßt die Bürgerrechtsbewegung, unterstützt sie öffentlich und finanziell. Die Studentenproteste erscheinen ihr als Zeichen der intellektuellen und moralisch-politischen Sensibilität. Daß die Pentagon-Papiere ans Licht der Öffentlichkeit kamen und die Watergate-Affäre aufgedeckt wurde, war der Wachsamkeit einer freien Presse zu verdanken. Vom überall sichtbar werdenden öffentlichen Verantwortungsbewußtsein des Bürgers, der Ausbreitung und Stärkung entsprechender Initiativen gingen Impulse aus für eine direktere Form politischer Mitbestimmung, die sie an ihre politische Leitideen gemahnten – griechische Polis und sozialistische Räte.

Hannah Arendts Analysen und öffentliche Stellungnahmen zur Tagespolitik »wurden kaum je widerspruchslos hingenommen, aber sie waren sehr gefragt«.[86] Die Autorin erhielt zahlreiche Ehrungen, allein die »Ehrendoktorwürde von einem Dutzend amerikanischer Universitäten; sie wurde ins National Institute for Arts and Letters und in die American Academy of Arts and Sciences aufgenommen«.[87] 1959 verlieh ihr die Stadt Hamburg den Lessing-Preis. – Bei dieser Gelegenheit hielt sie eine bewegende Rede über Grunderfahrungen ihres Denkens und Lebens: »Von der Menschlichkeit in finsteren Zeiten«.[88] 1967 erhielt sie den Sigmund-Freud-Preis der Deutschen Akademie

---

86 Young-Bruehl, Hannah Arendt (wie Anm. 1), S. 521.

87 Ebda, S. 535.

88 Von der Menschlichkeit in finsteren Zeiten. Rede über Lessing. München 1960.

für Sprache und Dichtung in Darmstadt, dessen korrespondierendes Mitglied Arendt seit 1958 war. Ebenfalls 1967 wurde sie auf eine Professur an der New School for Social Research, New York, berufen, der sogenannten »Exil-Universität«, wo in den ersten Jahrzehnten nach dem Zweiten Weltkrieg vor allem aus Deutschland vertriebene Wissenschaftler lehrten.

Aber der äußeren Anerkennung folgen herbe persönliche Verluste. Am 26. Februar 1969 stirbt 86jährig Karl Jaspers. Bei der öffentlichen Gedenkfeier der Universität Basel am 4. März sagte Hannah Arendt unter anderem:

> Hie und da taucht unter uns einer auf, der das Menschsein exemplarisch verwirklicht und etwas, was wir sonst nur als Begriff oder Ideal kennen würden, leibhaftig verkörpert. Jaspers hat auf eine einmalige Weise die Verbindung von Freiheit, Vernunft und Kommunikation gewissermaßen an sich selbst exemplifiziert, in seinem Leben exemplarisch dargestellt, um es dann in der Reflexion wieder zu beschreiben, so daß wir fortan diese drei, Vernunft, Freiheit, Kommunikation, nicht mehr gesondert, sondern als eine Dreieinigkeit denken müssen.[89]

Am 31. Oktober 1970 stirbt ihr Mann Heinrich Blücher an einem Herzinfarkt im Alter von 71 Jahren. Er war Professor für Philosophie am Bard-College in Annendale-on-Hudson, New York. Hannah Arendt schreibt der Freundin Mary McCarthy:

> Ich habe Dir, glaube ich, nicht erzählt, daß ich zehn Jahre lang ständig in der Angst gelebt habe, daß genau ein solcher plötzlicher Tod eintreten würde. Oft grenzte diese Furcht an wirkliche Panik. Wo die Furcht und die Panik waren, ist jetzt eine völlige Leere.[90]

Sie war, nach eigener Aussage, »völlig erschöpft«[91] und fragte sich und die Freunde: »Wie soll ich jetzt weiterleben?«[92] Schließlich half die Philosophie ihr über diese Krise hinweg, die Lust an der einsamen Freiheit des Denkens. Jahre zuvor hatte Arendt begonnen, ihre Untersuchungen zur Conditio humana fortzuführen. In »Vita activa« hatte sie »das Leben des Geistes« weitgehend ausgespart. Es war lediglich von den Leibestätigkeiten die Rede gewesen, vom Arbeiten, Herstellen, Handeln. Nun sollte es um die Vita contemplativa, die Geistestätigkeiten des Denkens, Wollens und Urteilens gehen, letzteres im Anschluß an Kant näherhin als politische Urteilskraft verstanden.

---

89 Arendt / Jaspers, Briefwechsel (wie Anm. 26), S. 719.

90 Zitiert nach Young-Bruehl, Hannah Arendt (wie Anm. 1), S. 594.

91 Ebda.

92 Ebda, S. 596.

Arendt konnte ihre Trilogie nicht mehr fertigstellen. Sie vollendete lediglich die ersten beiden Teile. »Das Denken« trug sie 1973 – etwas verkürzt – in den Gifford Lectures an der Universität von Aberdeen in Schottland vor, ein Jahr später am gleichen Ort im selben Rahmen die ersten Kapitel von »Das Wollen«. Sie konnte aber diese Vorlesungsreihe aufgrund eines beim Vortragen erlittenen Herzinfarkts nicht abschließen. Auf der Intensivstation eines Aberdeener Krankenhauses und während des anschließenden Urlaubs im Tessin erholte sie sich jedoch zunächst wieder. Die Arbeit an ihrer Trilogie setzte sie fort und begann mit Vorbereitungen für den dritten Band über das Urteilen. Zu diesem Zweck vertiefte sie sich in die nachgelassenen Notizen Kants, vor allem jene zu politischen Themen.

Ich lese mit außergewöhnlichem Vergnügen den guten alten Kant und beschäftige mich sonst mit niemandem. Das macht mich glücklich.[93]

Es war vereinbart worden, daß sie im Frühjahr 1976 zunächst die unterbrochene Vorlesungsreihe über das Wollen zu Ende führte. Mit der Ausarbeitung des letzten Bandes hatte es Hannah Arendt deshalb nicht eilig. Sie ordnete ihre Notizen über das Urteilen für eine erste Niederschrift. Am Abend des 4. Dezember 1975, nach der Begrüßung von Freunden, die zum Essen geladen waren, erlitt sie einen zweiten, tödlichen Herzinfarkt. Hannah Arendt wurde an der Seite ihres Mannes auf dem Gelände des Bard-College bestattet.

»Vom Leben des Geistes« wurde ihr philosophisches Vermächtnis. Elisabeth Young-Bruehl hat dies Werk treffend als einen »Traktat über die gute Regierung des Geistes« gekennzeichnet, in dem Arendt versuche,

durch eine kompliziert verwobene Kette von Überlegungen und Analysen ein Bild von den drei geistigen Instanzen zu zeichnen, die einander überprüfen und ausgleichen wie die drei Gewalten eines Staates. Keine der Instanzen sollte über die beiden anderen herrschen; jede sollte frei leben und gedeihen. Die Vorbedingung für eine solche geistige Harmonie ist die interne Freiheit jeder der drei Instanzen.[94]

Dadurch, daß der Abschluß fehlt, die Beziehung des Urteilens zum Denken und Wollen nicht ausgeführt ist, kann man sich zwar eine Vorstellung vom Ideal jener guten Regierung machen mit ihrer Gleichberechtigung der Instanzen, »aber es fehlt noch eine Verfassung für die geistige Republik«.[95]

---

93 Zitiert nach Young-Bruehl, ebda, S. 633.

94 Ebda, S. 623.

95 Ebda.

Das Motto, welches Arendt Heideggers Schrift »Was heißt Denken?« entnahm und den Ausführungen voranstellt, gibt trotz seiner apodiktischen Kürze einen ersten Einblick in den Gegenstand:

> Das Denken führt zu keinem Wissen wie die Wissenschaften.
> Das Denken bringt keine nutzbare Lebensweisheit.
> Das Denken löst keine Welträtsel.
> Das Denken verleiht unmittelbar keine Kräfte zum Handeln.

Denken ist eine Geistes- oder Vernunfttätigkeit. Mit Kant hebt Arendt das Denken vom Erkennen ab; Erkennen ist nämlich keine Tätigkeit der Vernunft, sondern des Verstandes und bezieht sich auf die Erscheinungen der Dinge. Das reine Denken in Gestalt des Philosophierens ist autonom, zweckfrei. Es kann zwar auch dem Erkennen dienstbar gemacht werden, etwa in den Wissenschaften. Doch als die nach Aristoteles höchste Form menschlichen Tätigseins hat das Denken keinen außer seiner selbst liegenden Zweck. Während der sogenannte ›gesunde Menschenverstand‹ (frz.: le bon sens; engl.: common sense) sich der bekannten fünf Sinne und eines zusätzlichen sechsten, sie alle umfassenden und integrierenden Sinnes, des sensus communis oder Gemeinsinnes, bedient, um die Wirklichkeit zu erfassen, soweit sie überhaupt sinnlich erfaßt werden kann, geht es der Vernunft nicht um die zufällige Wirklichkeit der Weltdinge, sondern um die notwendigen Beziehungen zwischen Gedanken, denen keine Wirklichkeit entsprechen muß. Mit Leibniz zu reden, hat der Verstand als Erkenntnisvermögen es mit zufälligen Tatsachenwahrheiten zu tun, während die Ratio als Denkvermögen um notwendige Vernunftwahrheiten ringt.

> Die Fragen, die unser Erkenntnisdrang stellt, ergeben sich aus unserer Neugierde bezüglich der Welt, unserem Bestreben, alles zu untersuchen, was unserem Sinnesapparat gegeben ist. Die vom Erkenntnisdrang aufgeworfenen Fragen lassen sich im Prinzip alle mittels der Alltagserfahrung und des gemeinen Verstandes beantworten; sie unterliegen genau wie die Sinneswahrnehmungen und -erfahrungen korrigierbaren Irrtümern und Täuschungen. Selbst die Unaufhaltsamkeit des Fortschritts der modernen Wissenschaft, die sich ständig korrigiert, indem sie Antworten fallen läßt und Fragen neu formuliert, widerspricht nicht dem Grundziel der Wissenschaft – die Welt, wie sie den Sinnen gegeben ist, zu sehen und zu erkennen – und ihr Wahrheitsbegriff leitet sich von der Alltagserfahrung her, daß es unwiderlegbare Daten gibt, die Irrtum und Täuschung beseitigen. Doch die Fragen, die das Denken aufwirft und die der ureigensten Beschaffenheit der Vernunft entsprechen – nämlich Fragen des Sinnes – können der gemeine Verstand und seine Verfeinerung, die Wissenschaft, grundsätzlich nicht beantworten. Die Frage nach dem Sinn ist für den gemeinen Verstand »sinnlos«, denn der sechste Sinn hat ja die

Funktion, uns in die Welt der Erscheinungen einzufügen und in der von unseren fünf Sinnen gelieferten Welt heimisch werden zu lassen; und damit ist die Sache für ihn abgeschlossen.[96]

Dieser Sinn, welcher sich für Arendt schon in der Alltagssprache bekundet, nämlich in Beurteilungstermen wie ›wahr‹, ›(moralisch) gut‹ oder ›gerecht‹,[97] kann nur erfragt, aber nicht erkannt werden:

Indem die Menschen unbeantwortbare Sinnfragen stellen, qualifizieren sie sich als fragende Wesen. Hinter all den Erkenntnisfragen, auf die die Menschen Antworten finden, stehen die unbeantwortbaren Fragen, die als völlig eitel erscheinen und stets in diesem Sinne kritisiert worden sind. Würden die Menschen [aber] jemals das Sinnstreben, das wir Denken nennen, verlieren und keine unbeantwortbaren Fragen mehr stellen, so wäre es mehr als wahrscheinlich, daß sie nicht nur jene Gedankendinge nicht mehr herstellen könnten, die wir Kunstwerke nennen, sondern auch die Fähigkeit verlören, all die beantwortbaren Fragen zu stellen, auf denen jede Zivilisation beruht. In diesem Sinne ist die Vernunft die apriorische Bedingung des Verstandes und der Erkenntnis.[98]

Aber mit Kant, dem sich Arendt hier bei ihrer strikten Unterscheidung von Vernunft und Verstand anschließt, wäre zu unterscheiden zwischen einer theoretisch-spekulativen Vernunft, die zur Erkenntnis unfähig, und einer moralisch-praktischen Vernunft, die sehr wohl dazu befähigt ist. Jene seit Sokrates, Platon und Aristoteles nicht zum Schweigen kommende Frage nach dem guten und gerechten und insofern sinnvollen Leben ist also für Kant einer Beantwortung durchaus zugänglich, weil sie als moralisch-praktisches Problem keiner theoretischen Lösung bedarf. Im Grunde akzeptiert Arendt auch diese Unterscheidung, glaubt also, daß mit Kant oder über ihn hinaus der Sinn menschlichen Lebens sowohl individuell als auch kollektiv gewonnen und verwirklicht wird – durch moralisch-sittliche bzw. durch politische Urteilskraft und das aus ihr fließende Handeln. Solches Urteilen setzt Denken aus praktischer Vernunft voraus, dem dann Wollen und Handeln zu folgen haben.

Aber bevor wir uns diesem Wollen und jenem Urteilen in Arendts Analyse zuwenden, sei noch einmal hervorgehoben, daß sie Kants Auffassung teilt, der spekulativ-metaphysische Gedanke entspreche dem untilgbaren Bedürfnis der Vernunft, die Grenzen des Erkennbaren zu überschreiten. Beides ist darin enthalten: die Unvermeidlichkeit des Fragens und die Unmöglichkeit einer Antwort. Solche Unabweisbarkeit vergeblichen Fragens gilt es zu ver-

96 Vom Leben des Geistes (wie Anm. 17), Bd. I, S. 67 f.

97 Ebda, S. 61. 98 Ebda, S. 71.

stehen: »Was bringt uns zum Denken?« Die klassische Antwort lautet: Das Staunen ist der Anfang von Philosophie. Aber bei diesem Anfang kann kein Mensch stehenbleiben; das Denken kommt in Gang – damit zugleich aber auch die eigene Infragestellung: Philosophische Reflexion ist seit Sokrates immer auch dabei, das selbsterzeugte Gedankengeflecht wieder aufzulösen.

Demzufolge wirkt das Denken notwendigerweise zerstörend, unterminierend auf alle verfestigten Kriterien, Werte, Maßstäbe für Gut und Böse, kurz, auf die Sitten und Verhaltensregeln, die Gegenstand der Moral und Ethik sind. Diese gefrorenen Gedanken, scheint Sokrates zu sagen, stellen sich so zwanglos ein, daß man sie im Schlaf anwenden kann; doch wenn dich der Wind des Denkens, den ich jetzt in dir erwecken werde, aus dem Schlaf geweckt und völlig wach und lebendig gemacht hat, dann wirst du erkennen, daß du nichts in der Hand hast als Ratlosigkeit, und das beste ist immer noch, sie zu unserer gemeinsamen Sache zu machen.[99]

Manche von Sokrates' Schülern haben aus solcher Ratlosigkeit den falschen Schluß gezogen: Beliebigkeit. Ihre praktischen Folgerungen waren

Zügellosigkeit und Zynismus. Nicht damit zufrieden, daß ihnen das Denken ohne eine Doktrin gelehrt worden war, machten sie aus den Nichtergebnissen der Sokratischen denkenden Untersuchung negative Ergebnisse: Wenn wir nicht definieren können, was Frömmigkeit ist, dann seien wir doch unfromm – so ziemlich das Gegenteil von dem, was Sokrates mit dem Reden über die Frömmigkeit zu erreichen gehofft hatte. (...)

Jede kritische Untersuchung muß ein Stadium durchlaufen, das zumindest hypothetisch die anerkannten Meinungen und »Werte« negiert, indem es ihre Konsequenzen und stillschweigenden Voraussetzungen herausarbeitet, und in diesem Sinne kann man im Nihilismus eine stets vorhandene Gefahr des Denkens sehen.[100]

Aber das Nichtdenken ist keine Alternative. Hannah Arendt hatte ja in ihrem Buch über Eichmann gezeigt, wie gerade Gedanken- und Phantasielosigkeit die Ursache eines schlechthin Bösen zu sein vermag. Kollektive Gedankenlosigkeit besorgte – wie sie anmerkt – in Nazi-Deutschland leichthin eine kollektive Umwertung moralischer Normen: Nun sollte man töten, und man tat es; nun sollte man denunzieren, und man folgte. Ein Gleiches wiederholte sich nach dem verlorenen Kriege: »die Umkehrung der Umkehrung«, wie Arendt sagt, »daß sich die Deutschen nach dem Zusammenbruch des Dritten Reiches so überraschend leicht, ja geradezu automatisch ›umerziehen‹ ließen«.[101] Demgegenüber ist Sokrates für sie das Beispiel eines denkenden Menschen:

[99] Ebda, S. 174 f. [100] Ebda, S. 175 f. [101] Ebda, S. 177.

Die Athener sagten ihm, das Denken sei subversiv, der Wind des Denkens sei ein Wirbelsturm, der alle herkömmlichen Wegweiser umwehe, an denen sich die Menschen orientierten, er bringe Unordnung in die Städte und verwirre die Bürger. Sokrates bestreitet zwar, daß das Denken verderbe, aber er behauptet auch nicht, daß es irgend jemanden bessere. Es weckt aus dem Schlummer, und das erscheint ihm als ein großes Gut für die Stadt. Doch er sagt nicht, er habe mit seinem Untersuchen begonnen, um ein solcher großer Wohltäter zu werden. Was ihn selbst betrifft, so ist nur zu sagen, daß ein Leben ohne Denken sinnlos wäre, obwohl das Denken die Menschen nie klug macht oder ihnen die Antworten auf seine Fragen liefert. Der Sinn von Sokrates' Tun lag in diesem selbst. Oder anders gesagt: denken und völlig lebendig sein ist dasselbe, und daraus folgt, daß das Denken immer wieder neu anfangen muß; es ist eine Tätigkeit, die das Leben begleitet und sich mit Begriffen wie Gerechtigkeit, Glück, Tugend beschäftigt, die uns die Sprache selbst als Ausdruck für den Sinn all dessen bietet, was im Leben geschieht und uns zustößt, dieweil wir leben.[102]

Das Denken oder Philosophieren, die Suche nach Weisheit, nach Sinn verderben den Menschen nicht, sie bessern ihn aber auch nicht, sagt Sokrates. Es ist vielmehr umgekehrt: Man muß seiner Meinung nach schon gut sein, um philosophieren zu können; die Liebe zu Schönheit, Gerechtigkeit und Weisheit ist Voraussetzung solchen Denkens; Schlechtigkeit – von Sokrates mit Unwissenheit und Gedankenlosigkeit gleichgesetzt – macht unfähig zum Philosophieren, wie diese dann allerdings als Ausdruck der Liebe zum Guten, des Verlangens nach Gerechtigkeit schlechterdings zur Bosheit unfähig macht.

Damit sind wir bei der Problematik des Wollens angelangt und damit dem zweiten Band von »The Life of the Mind«; denn Sokrates scheint die Existenz eines Willens zu leugnen, wenn er moralische Schlechtigkeit auf Unwissenheit darüber zurückführt, was ein Mensch zu tun und zu lassen hat. Tatsächlich hat wohl die antike Philosophie den Begriff des Willens nicht gekannt und damit auch nicht die mit seiner Behauptung verknüpften Probleme, welche sich vor allem um die Frage nach dessen Freiheit drehen: sei es aus theologischer Perspektive in bezug auf die Allmacht und Allwissenheit Gottes, sei es aus naturwissenschaftlicher in bezug auf die Annahme eines alle Naturabläufe vollständig determinierenden Kausalgesetzes. Erst mit der Stoa und dem Christentum hat sich die Philosophie nicht nur selbstreflektierend dem Denken und seiner Möglichkeit sowie dem Sein der Welt und dessen göttlichem Grund, sondern auch dem Wollen und seinen Bedingungen zugewandt. Das Heil jedes einzelnen wurde nun ja von persönlichen Entscheidungen abhängig gemacht; einem jeden – so lehrte die Kirche – war es anheim gestellt,

102 Ebda, S. 177 f.

sich retten, sich aus der Unfreiheit selbstverschuldeter Bosheit befreien zu lassen. – Ohne ausdrückliche Thematisierung hatte Arendt vom Wollen schon in der »Vita activa« gesprochen, wo nicht nur die Natalität oder das Geborenwerden eines jeden Menschen etwas Neues, zuvor nie Dagewesenes bedeutet, sondern alles menschliche *Handeln* in dem erläuterten, besonderen Sinn des Wortes je und je Anfänge setzt und damit ein Vermögen des Anfangens impliziert. Die Leugnung dieses Vermögens gehört aber nicht einem überwundenen Stadium in der Philosophiegeschichte an, sondern findet sich auch gegenwärtig, etwa bei bestimmten Vertretern analytischer Sprachphilosophie, so dem Oxforder Philosophen Gilbert Ryle in seiner vor vierzig Jahren erschienenen Untersuchung »The Concept of Mind« (dt.: »Der Begriff des Geistes«). Insofern besitzt Arendts Untersuchung durchaus Aktualität.

Sie zeichnet in ihrem Buch die Geschichte des europäischen Denkens nach, soweit es die Frage des Willens, das Problem seiner Freiheit und der Beziehung zu Denken und Handeln umkreist. Das erste Kapitel – »Die Philosophen und der Wille« – gibt einen ersten, noch wenig historisch geordneten Einblick in verschiedene Sorten von Problem- und Diskussionslagen, was sie summierend zu der Äußerung veranlaßt, offenbar seien Philosophen

> erblich unfähig, mit gewissen Erscheinungen des Geistes und seiner Stellung in der Welt zurechtzukommen, und man könne von den Denkern eine angemessene Einschätzung des Willens ebensowenig erwarten wie eine solche des Körpers.[103]

Die Kapitel II–IV entfalten dann in extenso und chronologisch geordnet die einschlägigen philosophischen Positionen zum Thema von der klassischen Antike und Spätantike (Kap. II), über die beiden Hauptkontrahenten des Mittelalters, Thomas von Aquin und Duns Scotus (Kap. III), bis zur Neuzeit (Kap. IV), wobei seltsamerweise Kant kaum Berücksichtigung findet – er nimmt allerdings in »Das Denken« eine starke und in »Das Urteilen« die beherrschende Stellung ein –, wohl aber der Deutsche Idealismus, dann Nietzsche und Heidegger. Den Abschluß (in § 16) bilden Folgerungen aus einer Philosophie des Willens zu politischem Handeln.

Aristoteles' Lehre von der Prohairesis, dem Vermögen zu wählen, hält Arendt »als Musterbeispiel dafür geeignet, wie bestimmte Probleme der Seele vor Entdeckung des Willens gestellt und gelöst wurden«.[104] In der Nikomachischen Ethik und seiner Schrift »Über die Seele« hält Aristoteles der von

103 Vom Leben des Geistes (wie Anm. 17), Bd. II, S. 37.

104 Ebda, S. 12.

Sokrates und Platon vertretenen Auffassung kritisch entgegen, daß unsere Vernunft für sich selbst genommen gar nichts in Bewegung setzt, daß Einsicht für sich allein noch keinen Antrieb zum Handeln liefert. Er sieht diesen Antrieb aber auch nicht in der Begierde oder dem Verlangen nach etwas; denn Begierden kann man im Namen der Vernunft widerstehen. Weder die Vernunft allein noch das Begehren bestimmen den Menschen im Normalfall zur Tätigkeit – ausgenommen natürlich die Fälle, in denen das Begehren zu mächtig ist, um noch von der Vernunft beherrscht zu werden.

> Hier beschäftigt sich Aristoteles mit einer Erscheinung, die später, nach der Entdeckung des Willens, als der Unterschied zwischen Wille und Neigung gefaßt wird. Sie wurde zum Eckpfeiler der Kantischen Ethik, tauchte aber zum erstenmal in der mittelalterlichen Philosophie auf – etwa in Form von Meister Eckharts Unterscheidung zwischen »der Neigung zum Sündigen und dem Willen zum Sündigen, wobei die Neigung keine Sünde ist«, womit die Frage der schlechten Tat selbst völlig ausgeklammert wird: »Täte ich nie Böses, hätte aber den Willen zum Bösen, (...) so ist es ebenso große Sünde, als hätte ich alle Menschen getötet, obwohl ich gar nichts getan habe«.[105]

Nach dieser Bemerkung Arendts könnte man meinen, Aristoteles habe den Begriff des Willens erreicht, wenn ihm auch eine Bezeichnung dafür gefehlt habe, zumal er sowohl von der Prohairesis als auch von Freiwilligkeit und Unfreiwilligkeit (ἑκών, ἑκούσιος – ἄκων, ἀκούσιος) spricht.[106] Aber das Verlangen behält den Vorrang gegenüber der praktischen Vernunft, so daß diese ihm dient und ein dem Verlangen schlechthin überlegenes Wollen in Aristoteles' Konzeption keinen Platz hat. Das gilt auch für die Prohairesis, insofern sie eine durch Phronesis, d.h. durch vorausschauend-planende Überlegung geleitete Wahl ist – im Sinne des Vorzugs für eine von mehreren Möglichkeiten. Die Funktion dieser Wahl besteht darin, zwischen Verlangen und Vernunft zu vermitteln, wobei aber alle Zwecke schon feststehen und keiner Wahl unterliegen:

> Das Wahlvermögen ist immer notwendig, wenn Menschen auf einen Zweck hin handeln (heneka tinos), da man die Mittel wählen muß, doch der Zweck selbst, das Endziel der Handlung, um dessentwillen sie überhaupt unternommen wurde, unterliegt keiner Wahl. Das Endziel der menschlichen Handlungen ist eudaimonia, das Glück im Sinne des »guten Lebens«, das sich alle Menschen wünschen; alle Handlungen sind bloß verschiedene Mittel, die man erwählt hat, um es zu erreichen.[107]

---

105 Ebda, S. 56.

106 Aristoteles, Nik. Ethik, 1109b30–1114b25.

107 Vom Leben des Geistes (wie Anm. 17), Bd. II, S. 59.

Das Ziel selbst steht also nicht zur Disposition. Es kann Gegenstand des philosophischen Nachdenkens sein, nicht aber der moralischen Beurteilung; denn es ist von Natur aus vorgegeben und für alle Menschen gleich. Das sich damit nur auf Mittel, nicht auf Zwecke erstreckende Vermögen zur Wahl zwischen vorgegebenen Alternativen eröffnet bloß einen beschränkten Raum der Freiheit; es bleibt eben in bezug auf die Zwecke »weder spontan noch autonom«.[108] Arendt sieht Kants Begriff des guten Willens insofern noch Aristotelischer Tradition verhaftet, als dieser sich der praktischen Vernunft – dem νοῦς πρακτικός – unterwirft, wobei er seinen Kategorischen Imperativ allerdings nicht aus der vernunftlosen Natur, sondern aus sich selbst zieht.

Deshalb behauptet Kant immer wieder, jedes »du sollst«, das nicht von außen kommt, sondern im Geiste selbst entsteht, ziehe ein »du kannst« nach sich. Es geht offenbar um die Überzeugung, daß alles, was von uns abhängt und nur uns betrifft, in unserer Macht stehe, und diese Grundüberzeugung haben Aristoteles und Kant gemeinsam, wenn sie auch die Bedeutung des Reiches der menschlichen Verhältnisse sehr verschieden einschätzen. Erst dann wird die Freiheit zum Problem und der Wille als unabhängiges, autonomes Vermögen entdeckt, wenn die Menschen das Zusammenfallen des Du-sollst und des Ich-kann zu bezweifeln beginnen, wenn sich die Frage erhebt: *Steht alles, was nur mich betrifft, auch in meiner Macht?*[109]

Nein, sagt Paulus im siebten Kapitel seines Briefs an die Römer – ja, sagt Epiktet, der stoische Philosoph.

Im Römerbrief beschreibt Paulus eine innere Erfahrung, die des Ich-will-und-ich-kann-*nicht*. Diese Erfahrung, der die Erfahrung der göttlichen Gnade folgt, ist überwältigend. Er erklärt, was ihm geschah, und wie und warum die beiden Ereignisse [nämlich das Gute zu wollen, es aber nicht tun zu können] miteinander zusammenhängen.[110]

Arendt deutet nun die Erfahrung des Paulus, das Gute zwar zu wollen, es aber nicht ausführen zu können, stattdessen das Böse zu tun, welches er nicht will, als Erfahrung eines inneren Widerspruchs zwischen zwei Weisen oder zwei Instanzen des Wollens im Menschen – ein Widerspruch, den das Gesetz oder Gebot Gottes hervorruft:

Daß das Gesetz unerfüllbar sei, daß der Wille zu seiner Erfüllung einen anderen Willen wachrufe, den Willen zur Sünde, und daß der eine Wille nie ohne den anderen sei – davon handelt Paulus im Römerbrief.

Paulus spricht freilich nicht von zwei Willen, sondern von zwei Gesetzen – dem Gesetz des Geistes, das ihn Wohlgefallen haben läßt am Gesetz Gottes im »inwendigen Menschen«, und dem Gesetz seiner »Glieder«, das ihn tun heißt, was er in seinem Inner-

[108] Ebda, S. 61. [109] Ebda, S. 62. [110] Ebda, S. 71.

sten selbst haßt (Römer 7,22 f.). Das Gesetz selbst wird verstanden als die Stimme eines Herrn, die Gehorsam fordert; das Du-sollst des Gesetzes verlangt und erwartet eine freiwillige Unterwerfung, ein zustimmendes Ich-will. Das alte Gesetz sagt: du sollst das und das tun; das neue Gesetz sagt: du sollst *wollen*. Der Wille wurde entdeckt aufgrund der Erfahrung eines Imperativs, der *freiwillige* Unterwerfung forderte, und in dieser Erfahrung lag eine wundersame Freiheit beschlossen, die keinem der antiken Völker – Griechen, Römern oder Juden – bewußt gewesen war, nämlich daß es im Menschen ein Vermögen gibt, durch das er, unabhängig von Notwendigkeit und Zwang, ja oder nein sagen kann, das tatsächlich Gegebene anerkennen oder ablehnen kann, auch sein eigenes Selbst und seine Existenz; und daß dieses Vermögen bestimmen kann, was er tun wird.

Doch dieses Vermögen ist etwas merkwürdig Paradoxes. Es wird durch einen Imperativ wachgerufen, der nicht nur sagt »Du sollst« – wie wenn der Geist zum Körper spricht und, wie Augustinus es später ausdrückte, der Körper sofort und gewissermaßen geist-los gehorcht –, sondern der sagt: »Du *sollst wollen*«, und das bedeutet bereits, daß ich, was immer ich letzten Endes tue, antworten kann: ich will, oder: ich will nicht. Das Gebot selbst, das Du-sollst, stellt mich vor die Wahl zwischen einem Ich-will und einem Ich-will-nicht. d. h., theologisch gesprochen, zwischen Gehorsam und Ungehorsam. (...)

Hätte der Wille nicht die Möglichkeit, nein zu sagen, so wäre er kein Wille mehr; und gäbe es nicht einen Gegenwillen in mir, der gerade durch das Gebot des Du-sollst wachgerufen wird, würde nicht, mit Paulus zu reden, »die Sünde in mir wohnen« (Römer 7,20), so brauchte ich überhaupt keinen Willen.[111]

Mir scheint fraglich, ob die Rede von einem Widerspruch im Willen selbst bzw. zwischen zwei ›Seiten‹ des Willens tatsächlich der von Paulus im 7. Kapitel des Römerbriefs beschriebenen Erfahrung gerecht wird. Er redet doch eher vom Widerspruch zwischen dem Wollen des Guten und der Unfähigkeit, es zu vollbringen, von dem also, was seit Platon und Aristoteles ›ἀκρασία‹, ›Willensschwäche‹ oder besser ›Ohnmacht des Willens‹ heißt. Aber an anderer Stelle – dies ist Arendt zuzugeben – spricht Paulus davon, daß es geradezu der Zweck des Gesetzes sei, den Widerspruch des Menschen, seinen Gegenwillen also, hervorzulocken, um ihn so für die rettende Gerechtigkeit Gottes zu bereiten.

Während Paulus die Ohnmacht des Willens verkünde, behaupte Epiktet – so Arendt – dessen Allmacht:

Wo liegt das Gute? Im Willen. Wo liegt das Böse? Im Willen. Wo liegt beides nicht. In dem, was nicht in der Macht des Willens steht.[112]

---

111 Ebda, S. 66 f.

112 Epiktet, Gespräche, Buch II, Kap. 16, zitiert nach Arendt, ebda, S. 72.

Doch der Ausdruck ›Allmacht‹ ist irreführend; auf die Macht, etwa auf das Vermögen des Willens, durch Handeln in den Weltlauf einzugreifen, so daß sich dieser Lauf ändert und anderes geschieht, wird hier gar nicht reflektiert. Vielmehr betont Epiktet gerade, es komme für die wesentliche Beurteilung des Willens auf derlei Macht oder Ohnmacht überhaupt nicht an: Der Wille ist gut oder böse ganz unabhängig von dem Guten oder Bösen, welches er wirkt oder auch nicht wirkt. Daß die Güte des Willens den einzigen Gesichtspunkt zur Beurteilung eines Menschen und seiner Taten darstellt, ist, wie von Arendt selbst angedeutet und oben erwähnt, auch Meister Eckharts Ansicht sowie Kern und Ausgangspunkt von Kants Ethik.

Diese Lauterkeit eines guten Wollens ist für Epiktet freilich nicht unangefochten. Wie für Paulus befindet sich der gute Wille nach Arendts Analyse auch für ihn in einem ständigen Kampf mit seinem gleichursprünglichen Widerpart.

Das Selbst des Philosophen, regiert vom wollenden Ich, das ihm sagt, daß nichts es hindern oder beschränken könne als der Wille selbst, steht in einem nie endenden Kampf mit dem Gegenwillen, der gerade durch den Willen wachgerufen wird. Der Preis für die Allmacht des Willens ist sehr hoch; das Schlimmste, was aus der Sicht des denkenden Ichs dem Zwei-in-einem geschehen kann, nämlich »im Zwiespalt mit sich selbst zu liegen«, ist zum festen Bestandteil der menschlichen Existenzbedingungen geworden. Und daß dieses Schicksal nicht mehr dem »schlechten Menschen« des Aristoteles zufällt, sondern im Gegenteil dem guten und weisen Menschen, der gelernt hat, sein Leben unabhängig von allen äußeren Umständen zu führen, das legt die Frage nahe, ob diese »Heilung« des menschlichen Elends nicht schlimmer sei als die Krankheit.

Doch bei diesem ganzen Trauerspiel gibt es doch eine entscheidende Entdeckung, die kein Argument aus der Welt schaffen kann und die zumindest erklärt, warum das Gefühl der Allmacht wie auch das der menschlichen Freiheit aus den Erfahrungen des wollenden Ichs entstehen konnte. Ein Gesichtspunkt, den wir bei Paulus nur streiften, nämlich daß aller Gehorsam die Fähigkeit zum Ungehorsam voraussetzt, steht ganz im Mittelpunkt der Überlegungen Epiktets: das Vermögen des Willens, zuzustimmen oder abzulehnen, ja oder nein zu sagen, jedenfalls sofern es um die eigene Person geht. Deshalb stehen Dinge, die in ihrer reinen Existenz nur von mir abhängen – nämlich die »Eindrücke« der äußeren Dinge –, auch in meiner Macht; ich kann nicht nur die Welt verändern wollen (was freilich von zweifelhaftem Interesse für jemanden ist, der von der Welt, in der er sich befindet, völlig losgelöst ist), ich kann auch allem und jedem die Wirklichkeit in Form eines Ich-will-nicht entziehen. Diese Macht muß für den menschlichen Geist etwas Schreckenerregendes, wahrhaft Überwältigendes gehabt haben, denn es hat nie einen Philosophen oder Theologen gegeben, der nach gebührender Beachtung des in jedem Ja steckenden Nein keine volle Kehrtwendung gemacht und nachdrückliche Zustimmung verlangt hätte, wie etwa Seneca in einem von Meister Eckhart mit großem

Beifall zitierten Satz dem Menschen rät, »alle Ereignisse so hinzunehmen, als hätte man sie selbst herbeigewünscht«. Sieht man freilich in dieser umfassenden Zustimmung nichts weiter als das letzte und tiefste Ressentiment des wollenden Ichs gegenüber seiner existentiellen Ohnmacht in der Welt, wie sie wirklich ist, so wird man hier auch nur ein weiteres Argument dafür sehen, daß dieses Vermögen fiktiv sei, eine letzte Bestätigung dessen, daß es ein »künstlicher Begriff« sei.[113]

Wenn man also wie Epiktet und Kant die Qualität des Menschen und seines Tuns in den Willen allein legt und ihn von allen Wirkungen abschneidet, dann wird sein Vorhandensein selber zweifelhaft. Der Wille – so scheint es – muß in Wirkungen zur Erscheinung kommen, soll er wirklich sein oder wenigstens als wirklich angenommen werden können. Dieser Forderung steht aber eine Einsicht entgegen, die für Kants kritische Erkenntnistheorie zentral ist, daß nämlich weder die vorgeblichen Wirkungen des Willens noch ihre moralische Qualität ihm unzweifelhaft zugeordnet werden können und daß, selbst wenn eine solche Zuordnung sicher möglich wäre, die moralische Qualität der Wirkungen mit der moralischen Qualität des Willens selbst inkommensurabel ist: Denn bei den Wirkungen geht es immer nur um Einzelnes, Kontingentes, Situationsspezifisches, bei der Selbstbestimmung des Willens zum Guten oder Bösen aber um die Totalität einer den Grund und das Ganze der Existenz bestimmenden Entscheidung, die dann gerade nicht mehr beliebig revidierbar ist und deshalb auch nicht als Vorzugswahl im Sinne der Aristotelischen Prohairesis vorgestellt werden darf – so als ob es jemals besser sein könnte, das Böse zu wählen.

Bekanntlich hat Augustinus, nicht nur als christlicher Theologe, sondern auch als Philosoph, erstmals die ganze Fülle der Fragen zur Willensproblematik in einer Breite und Tiefe behandelt, welche immer wieder in Zustimmung und Widerspruch anregend einwirkte auf spätere Epochen des europäischen Denkens. Auch er kennt die Erfahrung des Paulus, bleibt aber als Philosoph nicht bei der bloßen Beschreibung stehen, sondern sucht die systematische Erklärung. Daß auch er sich dabei in Ausweglosigkeiten verläuft, ist der Sache selbst zu verdanken. Wie Epiktet spricht Augustinus von zwei Willen im Menschen, doch er beschreibt sie wie Paulus als geistlich, dem Geiste Gottes gehorchend, bzw. fleischlich, was heißt: der Sünde, dem Bösen verhaftet. Er fragt, was den Willen wollen macht, was ihn zur Aktivität bestimmt. Sogleich droht die Gefahr eines unendlichen Regresses: Es läßt sich ja weiter fragen, was denn die Bestimmung des Willens ihrerseits dazu bestimmt, den Willen

---

113 Arendt, Vom Leben des Geistes (wie Anm. 17), Bd.II, S. 81 f.

zu bestimmen usw. Eine Antwort mißlingt so. Der Begriff des Willens muß derart gefaßt werden, daß zu seiner Erklärung auf nichts außerhalb zurückgegriffen wird. Er wäre unfrei, würde er sich nicht selbst zur Aktivität bestimmen. Aber ist diese Selbstbestimmung denn nicht bereits Aktivität? Wie kommt es dazu? Offenbar hebt hier jede Erklärung die Autonomie des Willens auf, läßt der Verzicht auf eine Erklärung aber die Vernunft unbefriedigt. Wenn Augustinus davon spricht, daß der Wille seine eigene Ursache ist, oder wenn Kant von der absoluten Spontaneität des Willens redet, dann halten beide an dessen Autarkie und Autonomie fest, machen sie aber nicht verständlich. In ähnliche Aporien gerät Augustinus bei dem Versuch, die Allmacht und Allwissenheit Gottes mit der menschlichen Willensfreiheit zu vereinbaren. Auch hier greift er auf Paulus zurück, der sich diesem Problem vor allem in den Kapiteln 9–11 des Römerbriefs gewidmet hatte. Augustinus löst es, indem er mit dem Ewigsein Gottes Ernst macht, worauf hier nicht näher eingegangen werden kann.

Ich überspringe in Arendts Werk das dritte Kapitel, welches die beiden mittelalterlichen Antipoden zu der uns hier beschäftigenden Thematik bestreiten: Thomas von Aquin, der den Vorrang des Verstandes vertritt, und Duns Scotus, der dem Willen Vorrang vor allen übrigen Vermögen des Menschen einräumt. Arendt ihrerseits überspringt in der Geistesgeschichte aus zweifelhaften Gründen ebenso Kants und Schopenhauers Willenslehre wie die Willensmetaphysik Fichtes und Schellings. Erst Nietzsche und dann noch Heidegger werden auf ihre Auffassungen hin befragt. Einige Hinweise Arendts seien referiert.

Auch für Nietzsche entsteht das Wollen am Widerstand und erfährt sich selbst in dessen Überwindung. Macht ist nicht Ziel des Willens, wie der irreführende, nicht von Nietzsche stammende Titel einer posthumen Aphorismensammlung – »Der Wille zur Macht« – suggeriert, sondern die Erfahrung der Macht gehört zur Selbsterfahrung des Willens, die ein Ich-kann, die Überwindung von Widerständen enthält. Insofern ist der Ausdruck ›Wille zur Macht‹ »redundant«.[114]

Der Nietzschesche Übergang vom Ich-will zum vorweggenommenen Ich-kann, der das Paulinische Ich-will-und-ich-kann-*nicht* und damit alle christliche Ethik negiert, beruht auf einem uneingeschränkten Ja zum Leben, das heißt, das Leben, wie es außerhalb aller geistigen Tätigkeiten erfahren wird, wird zum höchsten Wert erhoben, an dem alles andere zu messen ist. (...) Doch der Nietzschesche Wille ist nicht durch das in ihm

114 Ebda, S. 111.

steckende Ich-kann beschränkt; er kann zum Beispiel die Ewigkeit wollen, und Nietzsche sieht einer Zukunft entgegen, die den ›Übermenschen‹ hervorbringen wird, das heißt, eine neue Menschenart, die stark genug ist, um im Gedanken an eine ewige Wiederkehr zu leben.[115]

Die Spontaneität und Freiheit des Willens sowie das Bewußtsein seiner Macht sind mit dem Gedanken von der ewigen Wiederkehr des Gleichen unvereinbar; denn dieser Gedanke besagt ja, daß alles, was geschieht, eine Wiederholung dessen ist, was geschah, und insofern mit Notwendigkeit geschieht, woran auch ein Anders-Wollen nichts ändert. Bezüglich der Vergangenheit ist der Wille tatsächlich machtlos, wie Arendt betont; aber auch bezüglich der Zukunft? Wäre dem wirklich so, dann müßte man das Bewußtsein des Willens von seiner Macht als illusionär abtun, und es wären wieder Zweifel daran erlaubt, ob es so etwas wie den Willen überhaupt gibt. Doch für Nietzsches Übermenschen behält er wie bei Epiktet eine entscheidende Funktion, nämlich das, was ohnehin geschieht, zu wollen, die Notwendigkeit zu lieben, die Sinnlosigkeit der ewigen Wiederkehr des Gleichen auszuhalten und so seine Suche nach Sinn zu überwinden. Vermag der Wille nichts mehr in der Welt zu wirken, weil alles, was geschieht, ohne ihn geschieht, so ist er in dieser Hinsicht frei von Verantwortung; er bedarf insofern keiner Moral und kann auch nicht schuldig werden. Der Glaube an die eigene Freiheit, Verantwortlichkeit und Schuldfähigkeit ist irrig.

> Der Übermensch hat alle diese Irrtümer überwunden, seine Erkenntnisse sind stark genug, um entweder den Impulsen des Willens zu widerstehen oder seinen eigenen Willen umzukehren, von seinen Schwankungen zu erlösen und ihn zu jener Stille zu führen, in der »Wegsehen« die »einzige Verneinung« ist, weil nur noch der Wunsch da ist, »ein Segnender und ein Ja-Sager« zu sein, alles »Seiende um seines Seins willen zu segnen«, das »Ja-und-Amen-Lied« zu singen,

wie es in »Also sprach Zarathustra« heißt.[116] Hier erscheint die Lehre von der ewigen Wiederkehr des Gleichen, die den Willen zur Ohnmacht verurteilt, versöhnt mit der Lehre vom Willen zur Macht, vom Übermenschen also: Der Wille bejaht die Notwendigkeit, bejaht damit auch seine Ohnmacht in der Welt, und behauptet sich so gegenüber der Wirklichkeit, sie akzeptierend, als ob er sie selbst gewirkt hätte.

Heidegger, dessen frühes Hauptwerk »Sein und Zeit« vom Willen oder Wollen nicht handelt, hat sich in Vorlesungen der Jahre 1936 bis 1940 mit

---

115 Ebda, S. 155 f.

116 Zitiert nach Arendt, Vom Leben des Geistes (wie Anm. 17), Bd. II, S. 164.

Nietzsches Philosophie auseinandergesetzt. Diese Vorlesungen erschienen 1961 in zwei Bänden unter dem Titel »Nietzsche«. Darin wendet sich Heidegger gegen den Willen zur Macht und kritisiert ihn als einen Willen zur Herrschaft, der sich – etwa mit der Technik – die Zukunft unterwerfen und verfügbar machen möchte und darüber die Herkunft des Menschen aus dem Sein vergißt. Diese Seinsvergessenheit ist nach Heidegger nicht nur ein Kennzeichen unseres alltäglichen Daseins, sondern auch und gerade des philosophischen Denkens. Er selbst hatte sich dessen schuldig gemacht mit dem, was er später den ›Subjektivismus‹ von »Sein und Zeit« nannte und, wie Arendt meint, mit der vorübergehenden Hinwendung zum Nationalsozialismus. Durch eine in den späten dreißiger Jahren, zur Zeit der Nietzsche-Vorlesungen einsetzende Wende seines Denkens, die er »Kehre« nennt, sucht Heidegger auch die eigene Seinsvergessenheit und seinen Willen zur Macht zu heilen. Er stellt der Philosophie die Aufgabe, ihrer eigenen Herkunft aus dem Sein nachzudenken und in solchem Andenken zu einem ursprünglichen Denken zu gelangen. In Nietzsches Willen zur Macht sieht er die aus dem »Schrecken vor der Leere« geborene Selbstbehauptung des Willens. Diese »Leere besteht in der Auslöschung des Willens, im Nichtwollen«. Aber der Wille will das Nichtwollen nicht. Hierin stimmt Heidegger Nietzsche zu: »Eher will er noch *das Nichts* wollen, als *nicht* wollen«.[117] Und ›das Nichts wollen‹ heiße für Nietzsche – so meint Heidegger – »die Verneinung, die Vernichtung, die Verwüstung wollen«.[118]

In diesem radikalen Nietzscheverständnis ist der Wille wesentlich zerstörerisch, und gegen dieses Zerstörerische wendet sich Heideggers ursprüngliche Kehre. Nach dieser Deutung ist das eigentliche Wesen der Technik der Wille zum Wollen, nämlich die ganze Welt seiner Herrschaft zu unterwerfen, dessen natürliches Ende nur die vollständige Zerstörung sein kann. Die Alternative zu einer solchen Herrschaft ist das »Seinlassen«, und Seinlassen als Tätigkeit ist Denken, das dem Ruf des Seins folgt. Die Stimmung, die dieses Seinlassen des Denkens durchwaltet, ist das Gegenteil der Stimmung der Zweckhaftigkeit beim Wollen; später, in seiner Neudeutung der »Kehre«, spricht Heidegger von »Gelassenheit«, die dem Seinlassen entspricht und »bereit macht« auf ein »Denken, das nicht ein Wollen ist« [Gelassenheit, S. 33]. Dieses Denken steht »jenseits des Unterschieds zwischen Aktivität und Passivität«, weil es jenseits des »Reiches des Willens« steht (...).[119]

---

117 Friedrich Nietzsche, Zur Genealogie der Moral. 3. Abh., Nr. 1.

118 Nietzsche, Bd. I–II. Pfullingen 1961, hier Bd. II, S. 267.

119 Arendt, Vom Leben des Geistes (wie Anm. 17), Bd.II, S. 170. Arendt nimmt Bezug auf Martin Heidegger, Gelassenheit. Pfullingen 1959.

Es ist ein Danken geworden.

Daß der Mensch gegenüber dem Sein *dankbar* sein sollte, läßt sich als eine Abwandlung des Platonischen thaumazein [= Staunen] sehen, des Anfangs aller Philosophie. Wir haben uns ja mit diesem *bewundernden* Staunen beschäftigt, und es ist weder etwas Seltsames noch Überraschendes, daß es sich in einem modernen Zusammenhang wiederfindet; man braucht nur an Nietzsches Lob des »Ja-Sagers« zu denken oder statt akademischer Spekulationen einige der großen Dichter dieses Jahrhunderts ins Auge zu fassen. Dann wenigstens zeigt sich, wie bedeutungsvoll eine solche Bejahung als Lösung der scheinbaren Sinnlosigkeit einer völlig säkularisierten Welt sein kann.[120]

Und Arendt zitiert Verse Rilkes, Audens und Mandelstams. Natürlich wäre auch an religiös-mystische Einstellungen zu denken, wie sie uns etwa bei Simone Weil begegneten, die ihrerseits Anschauungen der Stoa und des Hinduismus aufnahm.

Mit Deutschlands Niederlage 1945, der »Stunde Null«, schien für Heidegger wieder, wie schon 1933, die Möglichkeit einer Zeitenwende gekommen, nun nicht mehr im Sinne eines Willens zur Macht, sondern eines »Willens zum Nichtwollen«, wie Hannah Arendt sich ausdrückt,[121] eines Willens zum Seinlassen, zur Gelassenheit. Aber die Realität Nachkriegsdeutschlands unter Adenauer mit Wirtschaftswachstum, Kaltem Krieg und Aufrüstung ließ solche Erwartungen schnell ersterben. Das Seinlassen war wesentlich nur denkend zu beschwören.

Im letzten Abschnitt über das Wollen (§ 16) sucht Hannah Arendt den Übergang vom – wie sie sagt – »philosophischen« Wollen zum politischen Wollen, d. h. zum Handeln im durch die »Vita activa« ausgezeichneten Sinne des Wortes. Sie betont das Problematische einer jeden philosophischen Behandlung des Willens, weil Philosophen dem reinen Denken und damit dem βίος θεωρητικός verpflichtet seien und deshalb stärker dazu neigten, »die Welt zu interpretieren« statt »sie zu verändern«.[122]

Aber nicht einmal das philosophische Wollen und die entsprechende Freiheit sind bei den anerkannten Vertretern gut aufgehoben:

Zweifellos hat den Philosophen stets die Notwendigkeit mehr ›gepaßt‹ als die Freiheit, denn für ihr Geschäft brauchten sie eine tranquillitas animae (...), einen inneren Frieden, der (...) wirksam nur gewährleistet werden konnte durch ein Hinnehmen der Weltverhältnisse.[123]

120 Ebda, S. 176.
121 Ebda, S. 179.
122 Ebda, S. 185.
123 Ebda, S. 185 f.

Das führte entweder, wie wir sahen, zur Bejahung dieser Notwendigkeit, einer letzten, äußersten Betätigung und Selbstbestätigung des Willens, der allerdings zum Wirken in der Welt nicht mehr zureicht, oder aber zu seiner Leugnung. Insofern das Geschäft des Philosophen im Denken besteht und dies Arendts Auffassung nach eine wesentlich einsame Tätigkeit ist, sieht der so Denkende gar keine Notwendigkeit, sich mit dem Handeln und der politischen Freiheit zu befassen, welche wesentlich die Pluralität des Menschen zur Voraussetzung haben. Deshalb erscheint es verständlich, daß Hannah Arendt sich selbst nicht als Philosophin, sondern als politische Theoretikerin betrachtet. Aber plausiblerweise wäre sie als beides anzusprechen; denn ihre Trilogie behandelt ja eigenen Bestimmungen gemäß *philosophische* Tätigkeiten. Und nicht nur Kant, dessen politischer Theorie und Urteilslehre sie sich im abschließenden Band widmen wollte, sondern fast alle bedeutenden Philosophen der klassischen Antike, des Mittelalters und der Neuzeit haben auch den Bereich des Handelns und der Politik bedacht.

Da Hannah Arendt nicht mehr dazu kam, den geplanten Teil über das Urteilen auszuarbeiten, entschlossen sich die Nachlaßverwalter und Herausgeber ihres unveröffentlichten Werks, Vorarbeiten zum Thema und darauf Bezug nehmende Vorlesungen zu edieren: man gewinnt so eine Vorstellung davon, wie sie Kants Lehre der Urteilskraft für eine Theorie des politischen Urteilens auswerten wollte. Dabei ist zunächst ein Text heranzuziehen, den Arendt dem ersten Band über das Denken als »Postscriptum« angefügt hatte. Hier heißt es:

> Mein Hauptgesichtspunkt für die Ausgrenzung der Urteilskraft als einer besonderen Fähigkeit unseres Geistes wird der sein, daß Urteile weder durch Deduktion noch durch Induktion zustande kommen; kurz, sie haben nichts mit logischen Operationen gemein – wie wenn man sagt: Alle Menschen sind sterblich, Sokrates ist ein Mensch, also ist Sokrates sterblich. Wir werden uns auf die Suche machen nach dem »stummen Sinn«, der – soweit er überhaupt behandelt worden ist – stets, selbst bei Kant, als »Geschmack« vorgestellt und daher der Ästhetik zugerechnet wurde. In praktischen und moralischen Fragen nannte man ihn »Gewissen«, und das Gewissen urteilte nicht; es sagte einem als die göttliche Stimme, sei es Gottes oder der Vernunft, was man tun sollte, was man nicht tun sollte und was man zu bereuen hatte.[124]

Schon zu Beginn dieses Textes wird Arendts Verfahrensweise deutlich, für ihren Gedankengang zentrale Ausdrücke – hier die Worte ›Urteil‹ und ›urtei-

---

124 Vom Leben des Geistes (wie Anm. 17), Bd. I, S. 211; vgl. Das Urteilen. Texte zu Kants politischer Philosophie. München 1985, S. 14 (Orig.: Lectures on Kant's Political Philosophy. Chicago 1982).

len‹ – terminologisch zuzuspitzen, ihnen eine bestimmte, eng umgrenzte Bedeutung zu geben – im Beispiel etwa die an einem logischen Schluß beteiligten Sätze oder den Schlußsatz selbst nicht ›Urteile‹ zu nennen. Vielmehr geht es, wie sie am Ende der Nachschrift andeutet, gerade um jene Fähigkeit des Menschen und deren Legitimierung, Handlungen in ihrer geschichtlichen Einmaligkeit, Unableitbarkeit und Angemessenheit zu beurteilen, ohne sich dabei in letzter Instanz auf Prinzipien berufen zu können, weil ja gerade auch deren rechte Wahl und Auswahl ihrerseits der Beurteilung bedürfte. Was Arendt letztlich konstruktiv vorschwebte, war die beiden zunächst getrennten Fähigkeiten des Denkens und Wollens im Urteilen zur Einheit zu führen. Diese Momente stehen allerdings in einer gewissen Spannung zu ihrer angestrebten Synthese: Im moralisch-politischen Urteilen ist *das Handeln* im Blick und damit Welt und Zeit; beim Urteilen als Synthese von Denken und Wollen geht es um »das Leben des Geistes«, etwas der Innerlichkeit des Menschen Angehörendes, das welt- und zeitlos ist und sich vielleicht eher verweilender Anschauung, wie z. B. dem ästhetischen Urteil, erschließt. Man kann eine Parallele zu dieser zweifachen Stoßrichtung in den beiden kaum miteinander verknüpften Teilen von Kants »Kritik der Urteilskraft« sehen, seinem nach der »Kritik der reinen Vernunft« und »Kritik der praktischen Vernunft« dritten großen kritischen Werk. Es bildet den Ausgangspunkt der dreizehnstündigen Vorlesung über Kants politische Philosophie, welche Arendt im Herbst 1970 an der New School for Social Research in New York hielt, wo sie eine Professur innehatte, und die den zentralen Abschnitt im Nachlaßband über das Urteilen darstellt. Urteilskraft hat es nach Kant mit dem unableitbar Besonderen zu tun.

> Dieses Besondere hat seinerseits zwei Aspekte. Der erste Teil der *Kritik der Urteilskraft* befaßt sich mit den eigentlichen Gegenständen des Urteils, beispielsweise mit einem Gegenstand, den wir »schön« nennen, ohne in der Lage zu sein, ihn unter eine allgemeine Kategorie der Schönheit als solcher zu subsumieren. Wir haben keine Regel, die hier angewandt werden könnte. (...) Der andere Aspekt des Besonderen, der im zweiten Teil der *Kritik der Urteilskraft* behandelt wird, liegt in der Unmöglichkeit, irgendein besonderes Produkt der Natur aus allgemeinen Ursachen abzuleiten.[125]

Mit diesem kurzen Hinweis auf die doppelte Funktion der Urteilskraft aus ihrer zweiten Vorlesung beläßt sie es einstweilen. Von der dritten bis zur neunten Vorlesung beschäftigt sich Arendt mit Kants politischer Theorie, wie er sie vor allem in kleineren Abhandlungen der Jahre 1784 bis 1795 nieder-

---

125 Das Urteilen (wie Anm. 124), S. 25.

legte, etwa in der »Beantwortung der Frage: Was ist Aufklärung?« (1784), »Über den Gemeinspruch: Das mag in der Theorie richtig sein, taugt aber nicht für die Praxis« (1793), »Zum ewigen Frieden« (1795) oder im zweiten Abschnitt von »Der Streit der Fakultäten« (1798), wo die Frage behandelt wird, »ob das menschliche Geschlecht im beständigen Fortschreiten zum Besseren sei«. Arendt verficht die These, daß Kant seine politische Theorie aus der Perspektive des Zuschauers und nicht des Handelnden entwickelt habe (9. Vorlesung) und daß sich darin eine von ihm nicht geschriebene politische Philosophie, d. h. eine Theorie des politischen Urteilens verberge. Am nächsten komme dem die »Kritik der ästhetischen Urteilskraft«, welcher sich Arendt daher in den letzten vier Vorlesungsstunden zuwendet. – Die hier gebotenen Hinweise können aber eine ausgearbeitete Theorie dessen nicht ersetzen, was der Autorin vorschwebte, wenn sie vom Urteilen sprach. Ronald Beiner versuchte deshalb in einer großangelegten Zusammenschau all ihrer Äußerungen zu dieser Geistestätigkeit – in den veröffentlichten und unveröffentlichten Arbeiten – die mutmaßlichen Grundgedanken des nicht mehr zur Ausführung gelangten Werks zu entwickeln. Seine Rekonstruktion bildet den zweiten Teil des von ihm herausgegebenen Bandes über das Urteilen. Es entspräche aber nicht der Absicht unserer Darstellung, sich an einer solchen Rekonstruktion zu beteiligen.

Elisabeth Young-Bruehl berichtet,[126] daß Hannah Arendt noch eine Fortsetzung ihres letzten Werks beabsichtigte. Das unabhängige, von Eigeninteressen und falschen Rücksichtnahmen auf Öffentlichkeit und politische Machtpositionen freie Urteilen – so lehrte sie ihre Erfahrung mit den Untersuchungen des Kongresses in Sachen Watergate[127] – ist am ehesten im Alter möglich, wenn es nicht mehr um Karriere, Profilierung, Erfolg geht und Angriffe oder Niederlagen nicht mehr gefürchtet werden. Sie las Ciceros Schrift »De senectute« (»Über das Alter«) und nahm sie sich als Vorbild für ihr eigenes Unternehmen, über diese geistige Freiheit im Alter zu schreiben. Doch hätte sie die Fähigkeit zum unabhängigen Urteil wohl nicht auf das Alter beschränken wollen. Sie würde darauf hingewiesen haben, daß Gleichmut und Gelassenheit – als Voraussetzungen solcher Objektivität – prinzipiell zu jeder Lebenszeit erworben werden können.

---

126 Hannah Arendt (wie Anm. 1), S. 622.

127 Ebda, S. 606, 621.

Ich möchte deshalb mit einem Wort schließen, das Papst Johannes XXIII. auf seinem Sterbebett sprach und in dem Hannah Arendt die Essenz ihres eigenen Lebens und Denkens ausgesagt fand:

> Jeder Tag ist ein guter Tag geboren zu werden,
> jeder Tag ist ein guter Tag zu sterben.[128]

[128] Zitiert nach ARENDT, Angelo Giuseppe Roncalli – der christliche Papst. Bemerkungen zum Geistlichen Tagebuch Johannes' XXIII, in: DIES., Menschen in finsteren Zeiten. München / Zürich 1989, S. 75–88, hier S. 88.